SALMA EL-WARDANY

ALLES, WAS WIR UNS NICHT SAGEN

ROMAN

Aus dem Englischen von
Melike Karamustafa und Bettina Hengesbach

PENGUIN VERLAG

Die Originalausgabe erschien 2022
unter dem Titel *These Impossible Things*
bei Trapeze, London.

MIX
Papier | Fördert gute Waldnutzung
FSC® C083411
FSC
www.fsc.org

Klimaneutral*
Druckprodukt
ClimatePartner.com/14044-1912-1001

Penguin Random House Verlagsgruppe FSC® N001967

1. Auflage

Redaktion: Susann Säuberlich
Umschlaggestaltung: Favoritbuero
Umschlagabbildungen: Anna Morrison
Satz: GGP Media GmbH, Pößneck
Druck und Bindung: CPI books GmbH, Leck
Printed in the EU
ISBN 978-3-328-60286-6
www.penguin-verlag.de

Für meine Mutter,
die großartigste Frau der Welt.

Für meinen Vater,
der mir einen Dad geschenkt hat, als ich keinen hatte.

Für Salwa und Tasneem,
dafür, dass sie mein Leben erhellen.

Malak

»Gibt es eigentlich so was wie *Eid*-Sex? Wie Geburtstags-Sex, meine ich, sozusagen das muslimische Äquivalent.«

Malak löst den Blick von den Büchern, in denen sie gerade noch gelesen hat, und sieht ihre Freundin mit offenem Mund an.

Jenna liegt auf dem Bauch, die Ellbogen aufgestellt, das Kinn in die Hände gestützt. Ihr Gesichtsausdruck lässt vermuten, dass sie die Frage ernst meint.

»Muslime können doch sicher auch Geburtstags-Sex haben«, sagt Malak.

»Das meine ich nicht«, erwidert Jenna in übertrieben geduldigem Ton.

Ehe Malak antworten kann, mischt sich Kees ein, die neben Jenna liegt und versucht, ein Nickerchen zu halten. »Natürlich weiß sie nicht, worauf du hinauswillst, Jenna«, sagt sie gereizt. »Weil das eine absolut hirnverbrannte Frage ist.«

Jenna verdreht die Augen und wendet sich wieder Malak zu. »Du und Jacob zum Beispiel, was macht ihr an Eid? Es ist ein Tag, an dem gefeiert wird, und Jacob scheint immer sehr interessiert zu sein.«

Wieder kommt Kees Malak zuvor, diesmal mit einem schnaubenden Lachen. »Jep, und mit *feiern* ist gemeint, in die Moschee zu gehen, zu beten und mit der ganzen Familie zu essen – nicht, deinem Freund einen zu blasen.«

»Um Himmels willen, halt die Klappe.« Malak wirft ihre leere Wasserflasche nach Kees. »Sie hat die Frage nicht dir gestellt. Schlaf weiter!«

Kees murmelt etwas vor sich hin, das an niemand Bestimmtes gerichtet ist, und lässt den Kopf wieder sinken, sodass ihr Gesicht von der Sonne beschienen wird.

Malak sieht Jenna an, die geduldig auf eine Antwort wartet. »Du hattest noch kein einziges Mal Sex, Süße. Bis zum nächsten Eid ist es noch ewig hin. Und abgesehen davon bist du – ich weise nur ungern auf diese Tatsache hin – mit niemandem zusammen. Außer es gibt etwas, das du uns erzählen möchtest?«

Kees öffnet ein Auge, nimmt den Arm vom Gesicht und hebt interessiert den Kopf.

»Sicher nicht«, gibt Jenna zurück. »Ich hab ja nur gefragt.«

»Was?« Jacob, der gerade angekommen ist, lässt seine Tasche ins Gras fallen, zieht die Jacke aus, legt sich zu ihnen und bettet den Kopf in Malaks Schoß.

Stöhnend lässt sich Kees wieder zurücksinken.

»Ob es so was wie Eid-Sex gibt«, erklärt Jenna.

»Klar. Malak und ich hatten schon oft Sex am Eid-Tag.«

Entrüstet richtet sich Jenna auf. »Ha! Siehst du, es gibt also doch Eid-Sex.«

Malak seufzt. »Er ist nicht mal Muslim, Jenna.«

»Und du bist Jungfrau.« Jacob runzelt verwirrt die Stirn.

»Ja, vielen Dank, dass ihr beide auf das Offensichtliche hinweist.« Jenna fuchtelt mit den Armen herum – für den dramatischen Effekt, wie Malak annimmt.

»Na ja, wer blöde Fragen stellt …«, murmelt Kees.

Während sich das Wortgefecht fortsetzt, sieht Malak zwischen den beiden hin und her. Sie fragt sich, ob sich so Mütter fühlen, die ihre Kinder beobachten: frustriert, aber von Liebe erfüllt.

Als Letzter stößt Harry, Kees' Freund, zu ihrer Gruppe. Er beugt sich herunter, um Kees auf die Lippen zu küssen, wie man es nur tut, wenn niemand zusieht – zärtlich und kurz innehaltend. Dann dreht er sich Jacob zu. »Was war los? Ich habe vor der Bibliothek auf dich gewartet.«

Mit schuldbewusster Miene setzt sich Jacob auf. »Tut mir leid, Mann, ich wollte dir eigentlich schreiben, dass wir uns einfach hier treffen. Aber dann hab ich dich mit deinen Rugby-Freunden gesehen und wollte nicht stören.«

Harry kneift die Augen zusammen. »Du wolltest einfach nur nicht mit den Jungs reden, stimmt's?«

»So ist es. Sorry, Kumpel«, erwidert Jacob und legt sich grinsend wieder hin.

»Worüber habt ihr eben gesprochen?« Harry war offenkundig zufrieden mit der Antwort. Vermutlich hat er bereits gewusst, wie sie lauten wurde.

»Jenna will wissen, ob es so was wie Eid-Sex gibt«, sagt Jacob.

»Hatten wir jemals Eid-Sex, Keesy?« Harry sieht seine Freundin an.

»Es gibt keinen Eid-Sex, Harry«, erwidert sie genervt. »Außerdem, wann haben wir uns überhaupt mal an Eid gesehen? Ich bin jedes Jahr Gefangene der menschlichen Samosa-Herstellungskette, auf der meine Mum besteht.«

»Wollen wir Eid-Sex dieses Jahr zu einer offiziellen Angelegenheit machen?«

»Darf ich dich an die Samosas erinnern, Harry?«

»Ich könnte vorbeikommen und helfen. Deine Mum wäre sicher begeistert von mir.«

Weil alle anfangen zu lachen, wirkt Harry ein wenig verletzt und murmelt, dass er es zumindest gern versuchen würde. Er legt sich neben Kees, die ihm mit den Fingern einer Hand durchs Haar fährt und mit der anderen nach seiner greift.

Ein lauter Piep-Ton von Jennas Handy durchbricht die plötzlich eingetretene Stille. Als sich ihre Miene aufhellt, lächelt Malak.

»Mit wem schreibst du?«

»Und ich dachte schon, du fragst nie.«

Alle richten ihre Aufmerksamkeit auf Jenna, genau so, wie sie es mag. Sie braucht die Nachmittagssonne nicht, um zu strahlen. Malak kennt Frauen, die es hassen, mit den Partnern ihrer Freundinnen Zeit zu verbringen, für Jenna dagegen sind es zwei weitere Augenpaare in ihrem willigen Publikum für die Auftritte, die sie schon ihr ganzes Leben lang zelebriert. Seit sie auf Malak und Kees zumarschiert ist, die sich in einer Ecke des Spielplatzes der islamischen Wochenendschule verkrochen hatten, und ihnen vorgeschlagen hat, eine Krankheit vorzutäuschen, um den Unterricht zu schwänzen, sind sie ihre Zuschauerinnen. Schon als Siebenjährige ist Jenna herausragend gewesen. Der Moment, in dem sie vor Schmerzen geweint und hysterisch darauf bestanden hat, dass sie Malak und Kees an ihrer Seite brauche, während sie auf ihre Eltern wartete, hat ihr Dreiergespann als unzertrennlich zementiert. Selbst zukunftsweisende Entscheidungen, wie zum Beispiel, welche Universität sie besuchen würden, treffen sie als Gruppe, um sicherzugehen, dass ihr kleiner Kreis niemals zerbricht. Die eingetroffenen

Freunde waren für Jenna nicht mehr als das vierte und fünfte Rad am Wagen sowie zusätzliche Leute, an denen sie üben konnte.

»Er heißt Mo, und ich habe ihn online kennengelernt. Natürlich.« Jenna geht nahtlos in ihre Performance über.

»Lass mich raten«, sagt Kees. »Er ist Arzt.«

»Noch nicht. Aber nach seinem Abschluss wird er einer sein. Wie auch immer, halt die Klappe. Ich studiere auch Medizin.«

»Womit wir bei deinem ersten Problem wären«, schnaubt Kees.

»Kees! Ich versuche dir gerade von dem Mann zu erzählen, der möglicherweise die Liebe meines Lebens und außerdem das sechste und damit finale Mitglied dieser Gruppe sein könnte.«

»Ignorier sie einfach, Jenna, und erzähl weiter«, fordert Malak.

Jenna neigt den Kopf in anmutiger Zustimmung, jede Bewegung auf elegante Weise kalkuliert. »Er ist über eins neunzig groß. Dunkler Typ. Wunderschön. Sein Kiefer weckt in einem den Wunsch, ihm tagelang übers Gesicht zu lecken. Große Hände. Ihr wisst, was ich von großen Händen halte.«

Alle nicken.

»Er ist trainiert und muskulös, aber nicht bullig, was toll ist, natürlich sehr gepflegt, und er ernährt sich gut. Oh, und Stil hat er auch. Keine abgewetzten weißen Turnschuhe weit und breit in Sicht.« Sie mustert demonstrativ Harrys und Jacobs Schuhe, die weniger weiß als dreckig sind.

Die beiden verdrehen gleichzeitig die Augen.

»Mal abgesehen von seinen sauberen Schuhen und seinem ableckwürdigen Gesicht – hat er sonst noch irgendwelche

Qualitäten?« Malak hat mehr Geduld in Bezug auf Jennas Liebesleben als Kees. Vielleicht weil Jenna so unumstößlich daran glaubt, am Ende das zu bekommen, was sie will. Was ihr wiederum Hoffnung für ihre eigene Beziehung mit Jacob macht.

»Na ja, wir haben uns erst gestern kennengelernt. Ich hatte noch nicht wirklich Zeit, mehr über ihn herauszufinden.«

»Moment mal«, wirft Kees ein. »Hattest du gestern nicht eigentlich ein Date mit Saleh? Ich dachte, der wäre nach wie vor Spitzenreiter?«

»Ach ja. Ich hab mich verspätet, deswegen war er wütend und ist abgehauen. Zuerst hab ich geglaubt, er macht Witze, aber als ich ankam, war er tatsächlich weg. Wie unhöflich ist das bitte? Mo war in der Gegend, also hab ich ihm geschrieben, ob wir uns stattdessen treffen wollen, weil wir an dem Tag einen Match hatten und ich kein komplettes Outfit inklusive Make-up verschwenden wollte.«

Malak ahnt, welche Richtung das Gespräch nehmen wird.

Kees hat sich aufgesetzt und starrt ihre Freundin an. »*Wie* spät warst du dran, Jenna?«

»Zwei Stunden«, erwidert diese mit einem Schulterzucken, das absolut keine Reue erkennen lässt.

Die Jungs brechen in schallendes Gelächter aus.

Jenna grinst sie an. Wenn es zwei Menschen gibt, auf die sie sich als Publikum verlassen kann, dann sind es Harry und Jacob.

Kees, mit ihrer rigorosen Einstellung zu Effizienz und als Leidtragende von Jennas katastrophalem Zeitmanagement, lacht nicht. »Warum bist du nicht in der Lage, die grundlegenden Prinzipien von Zeit zu begreifen, Jenna?«

»*So* spät war ich gar nicht.«

»Stimmt, warst du nicht. Du hattest nämlich bereits den Punkt erreicht, an dem man sagen würde, dass du ganz einfach nicht aufgetaucht bist.«

»Pünktlichkeit geht gegen meine Natur.« Jenna schnappt sich die Tüte mit Weintrauben, die neben anderen Snacks zwischen ihnen liegt, und schiebt sich hektisch eine nach der anderen in den Mund.

»Was soll das denn heißen?«, fragt Kees.

»Ich bin Araberin, oder? Wir haben eine genetische Unfähigkeit, zu einer bestimmten Zeit an einem bestimmten Ort anzukommen. Selbst wenn wir es versuchen, ist es uns physisch unmöglich, weil wir damit gegen die Biologie arbeiten würden.«

Kees keucht. »Wie bitte?«

»So ist es, Süße.« Gelassen reicht Jenna die Trauben an Jacob weiter, um die Hände frei zu haben und ihren Standpunkt mit ausladenden Gesten verdeutlichen zu können. »Jedes arabische Land erreicht unterschiedliche Verspätungsgrade, und die Palästinenser gehören zu den Schlimmsten. Als Syrer kommst du vielleicht nur eine Stunde zu spät zu Verabredungen. Da die Türkei zum Teil in Europa liegt, haben sie dort ein ganz gutes Gefühl für Zeit und sind niemals mehr als eine halbe Stunde zu spät dran. Wenn du aus dem Sudan stammst, bist du dazu verpflichtet, dich mindestens drei Stunden zu verspäten. Und in Ägypten ist es quasi unmöglich, sich zu treffen, weil für die Menschen dort Zeit weniger etwas Reales als vielmehr eine Illusion ist. Die tauchen vier Stunden zu spät auf und halten das für pünktlich. Weil Palästina an Ägypten grenzt, wird die ganze Unpünktlichkeit sozusagen auf uns übertragen, weswegen wir auch ständig zu spät dran sind. Wenn ich zwei Stunden zu spät komme, bedeutet das also eigentlich, dass ich früh dran bin, deswegen habe ich wirklich keine Ahnung, was sein Problem war.«

Kees sieht sie mit einem Ausdruck absoluten Unglaubens an, so als würde sie sowohl Jennas Gedankengänge als auch ihre eigene Entscheidung, sich mit jemandem anzufreunden, der einer solchen Logik folgt, infrage stellen. »Das ist das Bescheuertste, was ich jemals gehört habe. Malak, kannst du mit ihr reden?«

Malak hat bisher verzweifelt versucht, ihr Lachen zu unterdrücken und sich aus der Diskussion herauszuhalten. Jenna im Schauspielerinnen-Modus ist vor allem deswegen amüsant, weil es Kees so wahnsinnig auf die Palme bringt.

»Aber du bist zur Hälfte britisch, Jenna«, merkt sie diplomatisch an.

»Und?«

»Gemäß deiner geografischen Zuordnung von Unpünktlichkeit sollte die britische Effizienz auf jeden Fall etwas ausmachen. Da die Engländer meist zu früh dran sind, müssten sich das Britische und das Palästinensische in der Hinsicht praktisch gegenseitig aufheben. Du solltest also zu jeder Verabredung superpünktlich sein.«

Kees wirft ihr einen skeptischen Blick zu.

»Ich fürchte, so funktioniert das nicht.« Jenna lässt sich neben Harry ins Gras fallen. »Das arabische Gen ist dominant, dadurch übertrumpft es mein britisches Bedürfnis nach Pünktlichkeit. Im Ernst, so ist das. Ich hab's über die Jahre versucht, aber leider liegt es nicht in meiner Hand. Gegen die Gene, die Gott dir gegeben hat, kannst du nicht ankämpfen.«

»Deine Mum ist Engländerin«, sagt Malak lachend. »*Das* sind die Gene, die Gott dir gegeben hat.«

»Ich weiß. Aber nach sieben Jahren in Palästina sind die ganzen arabischen Gewohnheiten in sie hineingesickert – wie bei der Osmose –, und inzwischen kommt sie fast nie zu irgendwas pünktlich.«

»Du bist bescheuert«, sagt Kees.

Jenna wirkt unbeeindruckt.

»Aber Saleh ist jordanisch.« Malak appelliert hartnäckig an Jennas Logik. »Jordanien und Palästina haben auch eine gemeinsame Grenze. Wie kann es dann sein, dass er die Genetik-Theorie nicht durchschaut und auf dich gewartet hat?«

»Ich weiß«, ruft Jenna empört und stützt sich auf die Ellbogen. »Dasselbe habe ich auch gedacht, aber genau das ist es, was Assimilation mit einem macht. Saleh ist ein Verräter seinesgleichen, und wenn er das Spiel der Kolonialisten mitspielen will, dann muss er das mit sich selbst ausmachen.«

Nun muss sogar Kees grinsen.

Malak stachelt Jenna weiter an. »Noch mal: Eine Seite deiner Familie ist britisch. Macht dich das nicht selbst zur Kolonialistin?«

»Ich begehre dagegen auf. In diesem Moment stehe ich quasi für den gesamten Widerstand.«

»Dann würdest du also keinen Briten daten? Harry und Jacob sind auf jeden Fall eine bessere Wahl als die meisten der Irren, die du uns gezwungen hast kennenzulernen.«

Jacob greift nach Malaks Hand und küsst sie liebevoll. »Ich bin mir sicher, dass war als Kompliment gemeint, Baby, aber da solltest du noch dran arbeiten.«

Harry nickt zustimmend. »Wir gehören nicht zum Adel, aber ich denke, man kann ziemlich sicher sagen, dass wir ein ganzes Stück oberhalb der Typen rangieren, die Jenna bisher angeschleppt hat.«

Malak winkt ab. »Klappe. Jenna weiß, was ich damit sagen will.«

»Stimmt«, bestätigt Jenna. »Aber wenn du glaubst, dass ich jemals so ende wie ihr, bist du komplett irre geworden.«

»Hey!«, ruft Jacob. »So schlecht sind Harry und ich auch nicht.«

Jenna nimmt Jacobs Hand in ihre und drückt sie. Ihr Gesichtsausdruck ist ernst geworden. »Ihr seid zwei der besten Männer, die ich kenne – *die* besten, um ehrlich zu sein. Aber das macht euch nicht zu Muslimen, und ihr seid nach wie vor weiß. Und ganz egal, wie großartig ihr seid, macht euch das nicht weniger weiß und nicht mehr muslimisch, und ich sehe, wie euch vier das spaltet. Ich sehe, wie ihr euch liebt und dass es trotzdem keinen Unterschied macht. Ihr lebt mit Geheimnissen und Geflüster und erfundenen Uni-Wochenend-Trips, damit Kees und Malak zwei Tage mit eurer Familie verbringen können. Und danach fahren die beiden zu ihren Eltern nach Hause, die nicht mal eure Namen kennen. Also ja, ihr seid die Besten, aber ich werde mich nicht dazu verdammen, mich in jemand zu verlieben, mit dem ich niemals zusammen sein kann. Meine Mum würde mich umbringen, wenn ich einen nicht-muslimischen Mann anschleppe.«

Das Lachen verebbt. Die Jungs lehnen sich an die Frauen, die sie lieben, versuchen, mit ihren Händen die Lücken zu füllen, weil es Worte nicht vermögen.

Das Schweigen dauert eine Minute an, bis Malak herauspresst: »Aber deine Mum war auch keine Muslimin, als dein Dad sie seinen Eltern vorgestellt hat. Sie müsste das doch besser verstehen als jede andere.«

»Osmose, Baby«, erwidert Jenna überheblich.

Kees, die nicht länger darüber nachdenken möchte, jemand zu lieben, den sie nicht mit nach Hause bringen kann, beugt sich vor. »Darf ich dich daran erinnern, Jenna, dass du mal mit einem Mann namens Mohanned ausgegangen bist, den all deine Freunde Mohammed genannt haben, weil sie den Unterschied nicht begriffen haben? Er konnte dir nicht in die Augen sehen, weil er das für respektlos hielt, und er hat bei euren Dates Handschuhe getragen für den Fall, dass sich eure Finger berühren und er dafür in der Hölle landet. Deine Aussichten sind also auch nicht die besten, Süße. Du hast dich eure ganze Beziehung lang wie eine Leprakranke gefühlt und ihm ins Gesicht geschaut, während er auf deine Schuhe gestarrt hat. Nicht gerade ein Rezept für Romantik.«

Ihr Lachen zerreißt die Stille, und innerhalb eines Herzschlags ist die Leichtigkeit zurück. Es ist immer einfacher, über Dinge zu lachen, als zu weinen.

Der Nachmittag dehnt sich vor ihnen aus. Die Hitze macht Malak schläfrig. Es ist ein grausames Paradox, während der Sommermonate zum Lernen gezwungen zu sein. Sie hat sich im Laufe ihres Bachelorstudiums an lange Sommer ohne Verantwortung gewöhnt, aber dann kam der Abschluss. Die Aussicht, die Uni zu verlassen, während Jenna ihr Studium verlängert und Kees für ein Postgraduiertenstudium bleibt, war mehr, als sie ertragen konnte. Folglich hat sie sich in Form eines Masters an die akademischen Hallen geklammert und dafür gesorgt, dass ihr Kreis für ein weiteres Jahr intakt blieb.

Manchmal wird ihr bewusst, dass sie alle in diesem perfekten Moment existieren und dass er irgendwann enden muss. An anderen Tagen fühlt es sich an, als würde es immer so bleiben.

Dies ist einer dieser Momente. Körper auf dem Rasen ausgestreckt. Ängste, die weggelacht werden, weil sie zu groß sind, um über sie zu sprechen. Jennas theatralische Einlagen, die ihnen helfen, sich gut mit Dingen zu fühlen, die eigentlich nicht gut sind.

Mit dem Sommer vor sich, mit der Hitze, die ihre Visionen zu Träumen verschwimmen lässt, scheint Malak alles möglich. Allem haftet der Duft nach Glück an. Der Abgrund und die Bedrohung durch Veränderung, Verantwortung und Vollzeitjobs sind zu viele Morgen entfernt, um heute darüber nachzudenken.

Sie gähnt und spürt, wie ihre Augenlider schwer werden. Ihr Körper rutscht nach unten und gesellt sich zu Jacobs. Kees streitet weiter mit Jenna und übt sich darin, die Anwältin zu sein, zu der sie ausgebildet wird.

Eine Handvoll Blüten weht über ihre Köpfe hinweg. Der Wetterbericht verspricht Rekordtemperaturen. Die Stadt hat nie besser ausgesehen, und die Universitätsgebäude, die sich in jede Richtung ausstrecken, leuchten weiß in der Sonne, ihre Türme ruhen in einem perfekten Himmel. In der Vorstadt blickt eine Frau in die Ferne, ein neugeborenes Baby wiegend, das endlich aufgehört hat zu weinen, und glaubt zum ersten Mal, dass sie es schaffen kann. Zwei Straßen weiter begegnen sich in einer Bäckerei zwei Fremde; später werden sie ihren Freunden erzählen, dass es vielleicht möglich ist, sich auf den ersten Blick zu verlieben. Studierende arbeiten an Ecktischen in Cafés, und sie alle glauben, dass der Rest ihres Lebens gerade erst beginnt. Mo nimmt seinen Latte vom Barista entgegen und sieht lächelnd auf sein Handy. Er fühlt sich mehr wie er selbst, als er es seit Langem getan hat. Vier Blocks entfernt sieht Saleh die Frau an, die er eines Tages heiraten wird, und ist überglücklich, dass sein Date am Abend zuvor nicht aufgetaucht ist. Eine Reinigungskraft blickt aus dem Fenster auf die Gruppe von Freunden auf der Wiese und freut sich, dass er genug Geld gespart hat, damit seine Kinder zu ihm fliegen können. Langsam bahnt sich die Brise ihren Weg durch sie alle hindurch, und sie glauben zumindest für einen Moment an die Utopie.

Malak lauscht den Streitereien um sich herum. Die Hoffnung füllt voll und rund ihren Mund. Sie kann ihre Süße beinahe schmecken, weshalb sie später an diesem Abend, als Jacob sie verlässt und die Utopie zu einer bloßen Philosophie wird, über die man sich lustig machen kann, ein so heftiger Schock durchfährt, dass sie für einen Moment schwören könnte, ihre Zähne würden zerschmettert.

Bilquis

Kees fährt am Wochenende nach Hause. Bevor sie ankommt, versucht sie, die Sünden zwischen ihren Zähnen herauszupulen. Versucht, zu dem Fiebertraum zu werden, den sich ihre Eltern vorgestellt haben, als sie in ihrer Hochzeitsnacht in ihrem Dorf saßen und England nicht mehr als eine Geschichte gewesen war, die ihre Grandma früher zwischen Mangosteinen und Kürbiskernen erzählt hat.

Sie hat die Hände ihrer Großmutter. Groß und gegerbt, und egal, wie viel Creme sie in die Linien einmassiert, ihr Leben wird kein bisschen weicher. Die Frauen in ihrer Familie sind aus harten Dingen geformt.

Statt den Bus zu nehmen, läuft sie die fünfundvierzig Minuten nach Hause, weil sie Zeit braucht, die Version von sich selbst zu finden, die ihrer Mutter am besten gefällt. Die Version, die die Familie zusammen- und munter hält, frei von jeglicher Scham, die etwas überschatten könnte. Die Version einer ältesten Tochter, die es der Familie ermöglicht, das Kinn hoch über der Brust zu tragen.

Ihre langen Haare wehen im Wind und sind freier, als sie sich fühlt. Ihre dunkle Haut riecht immer noch nach dem Mandelöl, mit dem Umee sie eingerieben hat, obwohl mindestens zwei Monde vergangen sind, seit sie das letzte Mal zu Füßen ihrer Mutter gesessen hat, und Kees sich härter als früher fühlt. Es wird außerdem immer schwieriger, die richtige Version von ihr selbst herauszufiltern, die sie mit nach Hause bringen kann.

Um die Ecke des Zuhauses ihrer Kindheit, irgendwo zwischen Park und Waschsalon, schafft sie es, sie zu finden. Die Kees, die im Alter zwischen elf und sechzehn Jahren stehen geblieben ist. Das waren womöglich die Jahre, in denen sie genau, ganz und gar und absolut das gewesen ist, was ihre Eltern wollten. Fleißig. Gewissenhaft. Ehrgeizig. Ernst. All das ist sie geblieben, aber im Laufe der Zeit haben sich andere Seiten ihrer selbst gezeigt. Rebellische. Liebende. Verliebte. Sexuelle. Seiten, über die man am Esstisch oder sonst irgendwo in den vier Wänden eines Hauses, das sich in Schweigen hüllt, nicht spricht.

Manche Menschen gehen sorglos mit Worten um. Verwenden sie verschwenderisch und rücksichtslos. Werfen damit um sich, als würden sie nie ausgehen. In ihrer Familie sind Worte die letzten Reiskörner am Boden der Tüte. Das Auskratzen der Butterdose. Sie sind genauso wie die Pennys, die ihre Eltern jeden Monat sorgfältig und heimlich gesammelt haben in der Hoffnung, dass sie schließlich zu einem größeren Geldhaufen werden würden, der sie alle retten würde.

Kees wusste nicht, ob die Worte, die sie gespart haben, jemals herauskommen würden und ob sie vielleicht, wenn sie häufiger benutzt worden wären, gar nicht hätten gespart werden müssen.

In ihrer Familie wurden die Dinge anders ausgedrückt. Auf ihren Vater hat stets eine Tasse Tee gewartet. Sie bedeutete »Ich liebe dich«. Das Familienessen, das auf dem Tisch gestanden hat, sagte: »Hier kümmern wir uns um dich.« Zu fragen, wie es einem ging, bedeutete, sich darüber zu beschweren, dass man zu lange im Badezimmer gewesen war. Zu brüllen, dass man beim Überqueren der Straße nicht in beide Richtungen geschaut hatte, hieß: »Ich liebe dich.« Liebe steckte unter dem Deckmantel von Wut und rauen Stimmen, was sie nicht weniger liebevoll machte, sie hatte nur eine andere Form.

Kees dreht ihren Schlüssel im Schloss und tritt in dem Moment durch die Haustür, in dem ihr Vater Itasham aus dem Wohnzimmer kommt, um sie zu begrüßen. Sein Sessel steht in der perfekten Position. So kann er sowohl die neuesten Katastrophenmeldungen aus Pakistan im Fernsehen verfolgen als auch das Tor zu ihrem Vorgarten im Blick behalten. Er hat alle seine Kinder beobachtet, wie sie im Laufe der Jahre immer wieder den Weg durch den Garten genommen haben, und er weiß exakt, wie lange jedes einzelne von ihnen von der Straße bis zur Haustür braucht.

»Beta, wie war die Fahrt?«, fragt er.

Kees neigt den Kopf, damit seine Hand für einen kurzen Augenblick darauf ruhen kann. Die Bücher unter einen Arm geklemmt, beugt sie sich vor, um den anderen zu einer unbeholfenen Umarmung um ihren Vater zu legen.

Er mag es nicht. Jedes Mal zieht er sich so schnell wie möglich zurück, aber sie tut es trotzdem.

»Gut, Abaji. Der erste Zug ist ausgefallen, wie üblich.«

»Das Land müsste von jemand Besserem geführt werden, dann wären die Züge vielleicht pünktlich.«

»Da kann ich dir nur zustimmen«, erwidert sie heiter. »Ich finde, du solltest bei der nächsten Wahl als Premierminister kandidieren. Ich bin deine Kampagnen-Managerin.«

Ihre Mutter kommt aus der Küche und zieht sie in eine Umarmung. »Hör auf, den Kopf deines Vaters mit Politik zu füllen, Bilquis. Es ist schlimm genug, dass er jeden Monat zu den Gemeindesitzungen geht. Du bringst ihn noch so weit, dass er nach Westminster rennt, und was würde dann aus der Familie werden, hm?«

Ehe Kees antworten kann, begegnet sie dem Blick ihrer Schwester Saba, die gerade die Treppe herunterkommt. Sie verdrehen beide gleichzeitig die Augen hinter dem Rücken ihrer Mutter.

»Eine Familie mit mehr Geld, Umee. Da wären wir, wenn Abaji für die Regierung arbeiten würde.« Saba drückt Kees fest an sich. »Bist du bereit?«, flüstert sie ihr ins Ohr. »Gleich geht sie auf eine von uns los.«

In diesem Moment betritt Kees' jüngerer Bruder Hakim das Haus und trifft ihren Vater mit der Tür am Rücken, womit er sich einen Klaps auf den Hinterkopf von seiner Mutter einhandelt.

»Sei vorsichtig, Hakim. Warum trampelst du immer herum wie ein Büffel? Du bringst deinen Vater noch um, und dann wird er niemals Premierminister.« Sie murmelt, dass Politik jedes Abendessen ruiniere, und marschiert Richtung Küche davon.

Kees lacht über Hakims verwirrten Gesichtsausdruck.

»Reden wir schon wieder darüber, dass Abaji in die Politik geht?«, fragt er.

»Klar tun wir das«, antwortet Saba. »Kees ist zu Hause, worüber sollen wir uns sonst unterhalten?«

»Hey, ich habe nicht damit angefangen«, erwidert Kees lachend, »Abaji hat das Thema angesprochen.«

»Lass gut sein«, knurrt Hakim und schickt einen stummen Fluch am Vater vorbei in ihre Richtung.

Itasham gibt ihm ebenfalls einen Klaps auf den Hinterkopf. »Nicht fluchen, Hakim.«

Immer noch lachend, umarmt Kees ihn. »Wann ist mein kleiner Bruder dermaßen groß geworden? Hör auf, so schnell erwachsen zu werden.«

Hakim windet sich schnell aus ihrer Umarmung, drückt dabei ihre Hand und grinst Kees auf eine Weise an, die verrät, dass er sich freut, sie zu Hause zu haben. Es ist sechs Monate her, dass sie zuletzt hier gewesen ist, was nicht besonders lange ist, aber zu lange gemessen daran, dass sie nur eine Stunde entfernt wohnt. Schon nimmt die vertraute Schuld wieder den Platz in ihrem Magen ein.

Saba streckt eine Hand aus und gibt Hakim einen dritten Klaps auf den Kopf, einfach nur, weil ihr Vater zwischen ihnen steht und es eine der wenigen Gelegenheiten ist, dass sie es tun kann, ohne eine Revanche zu kassieren; Saba ist jemand, die eine Gelegenheit nutzt, wenn sie sich bietet.

Wie üblich ruft Hakim nach ihrer Mutter, was ihm einen weiteren Klaps von allen dreien einbringt, die ihm sagen, er solle aufhören, das Muttersöhnchen zu spielen.

Ein erneuter Schrei Hakims lässt ihre Mutter in den Korridor stürmen. Sie erteilt Befehle und erinnert sie daran, dass es bei diesem Tempo niemals Abendessen geben werde, wenn sie sich nicht nützlich machten.

Die Aussicht, innerhalb der nächsten halben Stunde nichts zu essen zu bekommen, ist so ernüchternd, dass sie alle loslaufen, um zu helfen. Hakim holt die Getränke aus der Garage, Saba nimmt Teller aus Hängeschränken, und Itasham räumt einen Platz auf dem Boden frei.

In den Momenten zwischen den Bemühungen ihres Vaters, dem Schimpfen ihrer Mutter und den harmlosen Zankereien der Geschwister fragt sich Kees, wie man von einer Person erwarten kann, sich zwischen Familie und Liebe zu entscheiden. Als ob sich die beiden Dinge gegenseitig ausschließen würden. Als ob sie nicht getrennt geboren und Teil desselben Atemzugs wären.

Sie denkt an Harry, aber bevor sie Gelegenheit hat, schwermütig zu werden, führt ihr Vater sie am Arm in die Küche und fragt sie nach ihrer Meinung zur letzten Rede auf der Labour Party Conference und was der neueste Insider-Klatsch ist.

»Du weißt doch, dass ich nur online dabei war, Abaji. Ich habe keinen direkten Kontakt zu den Parlamentsmitgliedern, und ich habe definitiv keine Zeit, tatsächlich an den Conferences teilzunehmen.«

Wie üblich, wenn sie zu Hause ist, besteht ihre Mutter darauf, dass Kees das Roti macht, und auch wenn sie es niemals zugeben würde, freut sie sich darüber.

Sie wäscht sich die Hände, krempelt die Ärmel hoch und beginnt, den Teig zwischen den Händen auszurollen. Sie macht das, seit sie zehn Jahre alt gewesen ist und darum gebettelt hat, das Roti für die Familie backen zu dürfen. Damals hat sie auf einem Stuhl gestanden, während ihre Mutter ihr beigebracht hat, wie man den perfekten Kreis formt, ihn zwischen den Handflächen klopft und anschließend auf der flachen heißen Platte backt, bevor er sich über einer offenen Flamme aufplustern muss. Die Zubereitung kommt einem Tanz gleich, den sie schon beinahe ihr ganzes Leben lang tanzt. In diesen kleinen Teigbällchen steckt eine große Tradition von Frauen, die vor ihr da waren. Junge Mädchen, die den Hals gereckt haben, um den schnellen Bewegungen ihrer Mütter und den blitzenden goldenen Armreifen zu folgen, während sie lernten, wie man das Familienbrot backt. Kees' Mutter hat so neben ihrer Mutter und ihre Mutter neben ihr gestanden. In der Weitergabe von etwas so Einfachem hat sie immer großen Trost gefunden. Sie stellt es sich gern so vor, dass sie selbst durch die kleinsten alltäglichen Aufgaben irgendwie mit den Generationen an Frauen verbunden ist, die Teig geknetet und so still Liebe in ihre Familien eingewoben haben. Es ist auch der Moment, der Kees und ihrer Mutter allein gehört, um über den Tag zu reden. Saba ist nie daran interessiert gewesen, Roti zu backen, und Hakim wurde nie gefragt, und so gehört die halbe Stunde vor dem Abendessen ihnen.

Inzwischen bereitet Kees das Roti zu, ohne nachzudenken. Längst hat sich die Herstellung in das Gedächtnis ihrer Muskeln eingeschrieben, jede Drehung des Brotes in ihre Sehnen gestempelt, damit das Brot auch dann noch perfekt und rund wird, wenn sie etwas vergisst oder müde ist.

Ihre Mutter nimmt ihr Kinn in die Hand und mustert sie eingehend. »Du siehst müde aus, Beta, und dünn. Warum isst du nicht?«

Der Ernst ihrer Mutter bringt Kees zum Lachen. Warum kann niemand in dieser Familie einfach sagen »Ich mache mir Sorgen um dich«?

»Ich esse viel, Umee. Ich lerne den ganzen Tag, was viele Wiederholungen des Stoffes bedeutet. Und das bedeutet viele Snacks.«

»Snacks, hm? Am Wochenende bereite ich vernünftiges Essen zu, das du mitnehmen kannst.«

Es klingt so, als hätte sie nicht sowieso geplant, Kees mit einer ganzen Tasche Currys für das Gefrierfach an die Uni zurückzuschicken.

»Okay, Umee, das ist nett.« Es hat keinen Sinn, ihre Mutter zu bitten, sich die Mühe zu sparen, weil sie sich trotzdem immer die Mühe machen wird. Außerdem wäre sie dumm, das Essen abzulehnen. Es ist viel besser als die Bohnen auf Toast, die es bei ihr in letzter Zeit ständig gab.

Sie essen alle gemeinsam, die Gerichte zwischen ihnen auf dem Fußboden ausgebreitet, und unterhalten sich über die Dinge, die gleichzeitig alles und nichts bedeuten. Wer demnächst heiratet und was in der Moschee passiert ist. Wie üblich füllt Kees' Mutter nach der Mahlzeit Curry in leere Margarine-Packungen, wickelt Roti in Alufolie und schickt Hakim mit dem Paket zur Nachbarin, Mrs Carson.

Im Haus ist es still. Kees sitzt auf dem Bett in ihrem alten Kinderzimmer und starrt die Bollywood-Poster an der Wand an. Sie stehen für all die Träume aus einem anderen Leben, in dem sie und Saba die Tänze aus den Filmen einstudiert und Szenen daraus im Garten nachgespielt haben.

Sie vergewissert sich, dass die Tür geschlossen ist, und ruft Harry an.

Er meldet sich nach dem zweiten Klingeln. »Hey, Baby.« Erschöpfung klingt in seiner Stimme mit.

Wenn Kees zu Hause ist, hat sie meist das Gefühl, als würde sie in der Zeit zurückreisen. Die Regeln des Erwachsenenlebens, die Tage und Nächte, die man weit entfernt von der Hüfte seiner Mutter verbracht hat, verblassen, und man ist plötzlich wieder an sie gebunden, als wäre man niemals gegangen. Manchmal ist das ein tröstender Gedanke, aber meistens ist er traurig und schnürt einem die Luft ab. Als wenn die Zeit für einen niemals voranschreiten würde.

»Glaubst du, dass sie wieder zusammenkommen?«

In den letzten Wochen hat sie ihm die Frage immer wieder gestellt. Sie ist sich im Klaren darüber, dass es nicht gut ist, sie erneut auszusprechen, kann sich aber nicht davon abhalten; und hier, zurück in ihrem Elternhaus, umgeben von ihrer Familie, scheint sie ihr noch dringlicher.

Harry weiß, dass es ihr nicht wirklich um Malak und Jacob geht. Sie meint eigentlich ihn und fragt, ob sie es schaffen werden, ob er genug Verständnis für sie aufbringt und ob sie genug Kompromisse eingehen wird – und sie, falls es ihnen gelingt, einander allen Widrigkeiten zum Trotz lieben können.

Er gibt ihr die einzig mögliche Antwort, die lautet, er wisse es nicht. Weil er es tatsächlich nicht weiß. Und in Momenten wie diesen gibt es nicht viel mehr zu sagen.

Sie hört, dass Saba die Treppe heraufkommt. Schnell beendet sie den Anruf und wirft das Handy quer über das Bett, wie eine Diebin, die beim Stehlen erwischt wird.

Ihre Schwester stürmt ins Zimmer und lässt sich neben sie fallen. »Kann ich dir etwas erzählen?«

»Ich hab das Gefühl, das tust du so oder so«, antwortet Kees schlecht gelaunt. »Und warum sitzt du praktisch auf meinem Schoß? Das Konzept von Intimsphäre ist dir offensichtlich vollkommen fremd.«

»Ich bin verliebt«, platzt Saba heraus, Kees' letzten Kommentar ignorierend.

Kees starrt sie an, den Mund leicht geöffnet. »Wie kannst du verliebt sein?«, fragt sie dümmlich.

Saba verdreht die Augen. »Weil wir nicht alle so herzlos, kalt und frei von jeglichem Gefühl sind wie du.«

Kees beißt sich auf die Zunge. Nicht zum ersten Mal fragt sie sich, ob sie ihren Freund zu gut versteckt hält. Ob sie ein so verfälschtes Alter-Ego geschaffen hat, das an der Liebe nicht interessiert ist, sie sogar verachtet, damit niemand in der Familie sie je danach fragt, und ob sie damit zu weit gegangen ist. Sie hat nie die romantischen Sehnsüchte oder den dringenden Hunger nach Liebe erlebt, von dem ihre Schwester bereits ihr ganzes Leben verfolgt wird, aber sie findet es übertrieben, sie deshalb als kalt und herzlos zu bezeichnen.

Dies ist jedoch nicht der richtige Moment, ihre kleine Schwester vom Gegenteil zu überzeugen. So begnügt sie sich damit, ihr einen spielerischen Klaps zu verpassen. »Was meinst du mit ›verliebt‹? Hast du überhaupt einen Freund? Du bist neunzehn. Viel zu jung.«

Saba wirft ihr einen vernichtenden Blick zu. »Kees, ich verliebe und entliebe mich schon mein ganzes Leben lang«, erklärt sie stolz. »Das ist nichts Neues.«

Kees schnaubt sarkastisch, kommt jedoch zu dem Schluss, dass ihre Schwester vermutlich recht hat. Es hat bereits begonnen, als Saba im Alter von zehn Jahren ihre unsterbliche Liebe für Shah Rukh Khan erklärt hat. Seitdem hat es immer jemand gegeben – den neuesten Bollywood-Star, den Jungen aus dem Koran-Unterricht, den Cousin aus Pakistan, den Sohn der Nachbarn … Sie hat sich stets schneller ver- und entliebt, als die Jahreszeiten wechseln, und sie hat jede einzelne Minute genossen. Falls es überhaupt jemand gibt, der bereit ist, sich zu verlieben, dann ist es vermutlich Saba.

Kees nimmt ihren Becher mit Tee, nippt daran und ist fest entschlossen, das Richtige zu sagen. »Okay, wie habt ihr euch kennengelernt?«

»Der Heiratsvermittler hat uns einander vorgestellt. Ich hab Mum und Dad vor ein paar Monaten gesagt, dass ich heiraten möchte, und seitdem habe ich mich immer wieder mit neuen Leuten getroffen.«

Kees' Vorsatz, eine verständnisvolle Schwester zu sein, löst sich so schnell in Luft auf, wie er entstanden ist. Sie verschluckt sich an ihrem Tee und fragt schrill: »Der Heiratsvermittler?«

Hakim streckt seinen Kopf zur Tür herein. »Klingt so, als hättest du es ihr erzählt.« Er grinst Saba an.

Kees verflucht die dünnen Wände ihres winzigen Elternhauses, schickt ein stummes Dankgebet an Gott dafür, dass er sie hat einsehen lassen, dass es besser war auszuziehen, um an die Uni zu gehen, und fordert Hakim auf zu verschwinden.

»Bist du verrückt geworden? Du kannst auch ohne all das jemand kennenlernen. Ganz natürlich. Du bist hübsch und jung und hast jede Menge Zeit. Es ist schließlich nicht so, als hättest du keine Optionen.«

»Das stimmt, aber ich möchte jemand aus der richtigen Familie kennenlernen.«

»Was zur Hölle ist die *richtige* Familie, Saba?«

»Jemand, der Muslim und Pakistaner ist und gut und liebenswürdig und den unsere Eltern für passend halten. Ich bin bereit, Kees. Ich bin nicht wie du. Politik ist mir ziemlich egal, und ich möchte auch keine Anwältin werden.«

»Wer sagt, dass du Anwältin werden sollst, Saba? Du kannst jeden Beruf ergreifen, der dir gefällt.«

»Ich habe nicht wirklich Interesse daran, Karriere zu machen. Ich möchte Kinder haben und ihre dicken kleinen Füße küssen und für die Menschen kochen, die ich liebe.«

»Du hast nie kochen gelernt. Du weißt nicht mal, wie man Roti macht. Womit willst du bitte deine Familie ernähren?«

Saba sieht verletzt aus. Kees greift nach ihrer Hand, um sie entschuldigend zu drücken, aber Saba zieht sie zurück.

»Das ist egal. Umee sagt, dass ich genug Zeit habe, alles zu lernen. Sie bringt es mir bei. Bis das erste Kind kommt, kenne ich sämtliche Rezepte auswendig.«

»Und was ist davor? Bevor du Kinder hast?«, fragt Kees verärgert. »Wenn es nur ihn und dich gibt und du keinen Job hast? Sitzt du dann zu Hause rum und wartest auf ihn, während du lernst, Dal zu kochen?«

»Natürlich nicht. Ich mache meinen Uni-Abschluss.«

»Und dann was?«

Saba errötet. »Bis dahin bin ich wahrscheinlich schon schwanger.«

Das Rufen ihrer Mutter, Kees solle herunterkommen, verhindert, dass sie etwas erwidern kann.

Kees geht ins Wohnzimmer und sieht ihren Vater vorwurfsvoll an. »Deshalb wolltest du, dass ich dieses Wochenende nach Hause komme, oder?«

»Ja, Beta, die *Rishta* kommt morgen, und wir möchten, dass die Familie alle kennenlernt. Aber wir wollten auch sicherstellen, dass du damit einverstanden bist, wenn Saba vor dir heiratet.«

Ihre Mutter gibt ein verächtliches Schnauben von sich. Kees vermutet, dass sie das wohl von ihr hat. »*Leh!* Natürlich ist sie einverstanden. Sie beschäftigt sich mit nichts anderem außer Wohltätigkeitsorganisationen und Politik. Sie denkt über solche Dinge nicht mal nach.«

Kees nimmt schmerzhaft zur Kenntnis, dass dies nicht der richtige Zeitpunkt ist, ihrer Mutter das Gegenteil zu beweisen, indem sie ihr offenbart, dass sie sehr oft darüber nachdenkt, ob sie den Mann wird heiraten können, den sie liebt.

»Beta, es wäre gut zu wissen, was du denkst«, sagt ihr Vater. »Wir haben immer auf deine Meinung vertraut.«

Manche Abende verlangen, dass man zu Fuß geht. Man kann nicht einfach in einen Bus oder ein Auto steigen, weil man ihn dann verpasst – den exakten Moment, in dem sich der Sommerhimmel von blau über rosa zu schwarz verfärbt.

Kees läuft von der Haltestelle, obwohl ihre Tasche schwer ist und die Margarine-Packungen mit Curry, die ihre Mutter ihr mitgegeben hat, an ihren Schultern zerren. Sie schiebt den Riemen der Tasche höher und geht weiter, das Kinn leicht gesenkt, als wäre sie bereit, einen Segen zu empfangen.

Saba wird heiraten, und das Leben verändert sich. Sie möchte den Lauf der Zeit aufhalten. Den Himmel daran hindern, sich zu drehen, den Sommer daran zu enden, ihre Schwester daran, ihr kleines vollgestopftes Elternhaus zu verlassen, in dem sie aufgewachsen sind, um in einem sehr viel größeren Haus mit einer neuen Familie und anderen Gepflogenheiten zu leben. Sie ist jung, Veränderungen sollten ihr gefallen, aber das ist noch nie so gewesen.

Sie dreht den Schlüssel im Schloss und stößt die Tür auf in dem Wissen, dass Harry da ist. Er hat seine eigene Wohnung, aber auch einen Schlüssel zu ihrem Ein-Zimmer-Apartment, weil er lieber hier schläft, wo es keine lauten Mitbewohner gibt, die morgens in die Küche trampeln.

Als Kees in ihre erste eigene Wohnung gezogen ist, hat sie ihm erklärt, dass sie nicht jede Nacht zusammen verbringen könnten. Es würde sie zu sehr belasten. Es ist schon fast amüsant, wie schnell man seine Gewohnheiten ändern kann, wenn man verliebt ist. Mittlerweile erhebt sie nie Einwände.

Es ist ihr lieber, wenn er da ist, und heute Abend freut sie sich sogar darüber, dass er da ist.

Er liegt auf dem Sofa und schaut eine Dokumentation im Fernsehen an. Als Kees reinkommt, springt er auf, nimmt ihr die Tasche ab, mustert sie und schließt sie in die Arme.

»Du bist traurig. Was ist los?«

»Aus mir wird keine gute Anwältin, wenn mein Gesichtsausdruck so leicht zu deuten ist.«

»Ich bin's nur, und ich plane nicht, vor Gericht gegen dich anzutreten.«

»Saba heiratet.« Sie lehnt die Stirn an seine Brust.

Schweigend hebt er sie hoch, trägt sie zum Sofa und beginnt, sie zärtlich auszuziehen. Jedes Kleidungsstück, das er von ihrem Körper schält, ersetzt er durch Küsse, bis sie nackt auf ihm sitzt. Durch das geöffnete Fenster weht der Abend herein, die Stadt unter ihnen ist lebendig. In diesem Moment spielen Hochzeiten und Schwiegereltern keine Rolle mehr, weil die Dämmerung die beste Zeit ist, an Magie zu glauben.

Später, als ihr Schweiß sie aneinanderklebt und ihre Atmung sich verlangsamt hat, spürt Kees, wie ihr eine heiße Träne über das Gesicht läuft. Obwohl ihr nicht nach Weinen zumute ist, weiß sie, dass es zu viele Gefühle in ihrem Inneren gibt – und ob es ihr gefällt oder nicht, sie werden auf jede erdenkliche Weise aus ihr herauskommen. Man kann nicht so viel Traurigkeit in einen Körper stopfen und glauben, dass sie einfach darin bleibt. Wie Wasser, das zum Meer fließt, wird sie immer ihren Pegel finden.

»Alles passiert aus einem bestimmten Grund, oder nicht?«, fragt sie Harry, die Worte gedämpft an seiner Brust.

»Ja«, murmelt er in ihre Haare.

»Also *muss* es einen Grund dafür geben, dass Gott uns zusammengebracht hat.«

»Na ja, vielleicht sind wir einfach füreinander geschaffen.«

»Wenn wir füreinander geschaffen sind, warum hat er mich dann zur Muslimin gemacht und dich zum Katholiken? Ist das seine Art, einen Witz zu reißen?«, fragt sie bitter.

»Hey, hey, komm her.« Harry setzt sich auf und zieht sie mit sich hoch.

Er platziert ihre Beine rechts und links von sich, sodass sie seinen Körper umschließen. Dann hebt er ihr Kinn und streicht ihr die Haare aus dem Gesicht. Er sieht ihr in die Augen, von denen sie weiß, dass sie voller Wut sind, weil es leichter ist, wütend zu sein, als sich Sorgen zu machen.

»Du und ich, wir *sind* füreinander geschaffen. Wir glauben an denselben Gott, Bilquis. Wir beten nicht zu unterschiedlichen Mächten. Er hört uns beide. Wir entscheiden uns nur dafür, ihn auf unterschiedliche Weise zu verehren. Obwohl es nicht einfach ist – solange das Schwerste für uns ist, dass du in die Moschee gehst und ich in die Kirche, finde ich, dass wir verdammt viel Glück haben. Weil das eine Nichtigkeit ist. Ja, deinen Eltern, deiner Familie und der ganzen Gemeinde wird es nicht gefallen, und auf meiner Seite wird es auch genug Leute geben, die dagegen sind. Katholiken sind nicht gerade für ihre Toleranz bekannt. Aber du wirst sonntags mit mir in die Kirche kommen, und ich gehe mit dir am Freitag in die Moschee, und irgendwann werden der ganze Scheiß und die Anfeindungen gegen uns aufhören. In fünfzig Jahren werden zwei junge Menschen aus zwei verschiedenen Welten wie wir hier sitzen, wahnsinnig verliebt ineinander, und sie werden sich fragen, wie um Himmels willen sie je ihren Eltern davon erzählen sollen. Und einer von beiden wird sagen: ›Ja, aber denk an Bilquis und Harry, sie haben es getan, und niemand interessiert sich mehr dafür. Schau dir an, wie glücklich sie sind.‹ Irgendwann findet jedes Drama ein Ende, und wenn es so weit ist, werde ich immer noch mit dir hier sein.«

Eine weitere salzige Träne läuft über ihre Wange. Anstatt etwas zu erwidern, küsst Kees ihn fest auf die Lippen. Was nützen Worte an diesem Punkt? Sie weiß ohnehin nicht, was sie sagen soll. Sie weiß nicht einmal, ob sie um Harry, um sich selbst oder um ihre Familie weint.

Doch eines weiß Kees gewiss: dass irgendwo auf dem Weg, egal welche Entscheidung sie trifft, jemandem das Herz gebrochen wird.

Malak

Der Tag bricht an, und zum ersten Mal in ihrem Leben verflucht Malak die Sonne. Das fahle Herbstlicht ist nicht stark, aber hell genug, um sie geblendet zusammenzucken zu lassen.

Das Haus ist bereits zum Leben erwacht. Sie fühlt sich, als wäre sie zu spät dran für einen Tag, dem es egal ist, ob sie existiert oder nicht. In den letzten Monaten hat sie gelernt, den Morgen zu hassen. Sie verachtet den Gedanken, dass er einen weiteren Tag ohne Jacob bringt.

Wie es zu ihrer Routine geworden ist, stolpert sie ins Badezimmer, wäscht sich und kehrt zurück, um sich in ihrem Zimmer auf die Matratze zu setzen, den Rücken an die kalte Heizung gepresst, den Koran in der Hand. Auf schwarze Buchstaben starrend, die sie nur aus der Erinnerung und endlosen Stunden in der Islamschule kennt, liest sie den Koran jeden Morgen, sucht nach Antworten in einer Sprache, die sie nicht spricht. Seit Wochen schon macht sie das, doch das leblose grüne Buch hat ihr nicht den Frieden gebracht, den sie sich erhofft hat.

Heute fühlt es sich noch schwerer an als gestern. Als wäre sie in der Nacht von einem Lastwagen überfahren worden und müsste jetzt ihre Knochen wieder zusammenfügen, um den Tag zu überstehen, wohl wissend, dass sie in der nächsten Nacht im Schlaf wieder brechen werden. Deswegen weiß sie nicht, warum sie sich überhaupt die Mühe macht.

Sie beendet ihr Morgengebet, beugt sich vor und berührt mit der Stirn die Matte. Unterwirft sich Gott und fragt sich, wo zum Teufel Er ist und warum Er es ihr nicht leichter macht. Wenn man einen Mann für einen anderen verlässt, sollte es sich schöner anfühlen als das hier.

Ein Teil von ihr weiß, dass es so nicht funktioniert, trotzdem ist sie wütend. Darüber, dass sich das Leben nicht für sie entfaltet hat. Darüber, dass die Vögel nicht zwitschern und die Verehrung nicht durch ihre Adern fließt. Sie führt alle Bewegungen aus und versucht, ihr ganzes Herz dem Glauben zu schenken, aber es ist schwer, etwas zu verschenken, von dem man sich nicht ganz sicher ist, ob es einem überhaupt zusteht, es zu verschenken.

Das vertraute Stechen setzt hinter ihren Lidern ein. Sie erhebt sich aus der knienden Position und zwingt ihr Gehirn, sich auf die Worte zu konzentrieren, die sie aussprechen soll. Mitten in der Verkündung, dass es nur einen Gott gibt und der Prophet Muhammad sein Diener und Gesandter ist, beginnen ihre Tränen zu fließen. Sie ist sich nicht sicher, ob es Tränen der Wut sind, denn trotz all der Male, die sie sich in den letzten Wochen gefügt hat, ist das schleichende Gefühl, dass es das vielleicht nicht wert ist, immer noch da. Vielleicht ist sie einfach nur traurig und vermisst Jacob. Vielleicht geht es gar nicht um Gott.

Der Abend, an dem es geendet hat, hat sich anders abgespielt, als sie es sich vorgestellt hatte. Kein Donnergrollen am Himmel. Niemand hat geweint. Niemand hat geschrien. Niemand hat gestritten. Es war ein Gespräch, das man beim

Abendessen hätte führen können, der Sommerabend so freundlich, wie sie es zueinander waren.

Er hat es vorgeschlagen, sie hat es beendet, und obwohl die Trennung auf gegenseitigem Einverständnis beruhte, glich sie einem Schreckgespenst, das leise und unbemerkt durch die Tür geschlüpft war. Der Abend hatte den Tag verdrängt. Mit verschlungenen Gliedern saßen sie in seinem Schlafzimmer und haben sich Wiederholungen einer Sendung angesehen, an deren Namen sie sich jetzt nicht mehr erinnern kann.

Als sie ihn gefragt hat, warum er das Thema ausgerechnet in jenem Moment angesprochen habe, lautete seine Antwort: »Es ist einfach schwer.«

Sie gab ihm recht. »Es ist immer schwer.«

»Ich weiß.« Er wirkte unsicher. Als hätte er sie gerade in einer großen Menschenmenge aus den Augen verloren und würde sich fragen, wie das passieren konnte. »Es tut weh, dich so sehr zu lieben und gleichzeitig zu wissen, dass es nicht gut für uns enden wird.«

Aber damit hatte er unrecht. Sie hatten viele Dinge gemeinsam beendet, und das auf eine gute Weise. Tage in einer gegenseitigen Umarmung. Die Sätze des anderen. Sie hatten das Ende von drei gemeinsamen Jahren zusammen gefeiert. Hatten Streits mit einem Lachen beendet und Tränen mit Küssen. Sie wussten also ganz genau, wie man Dinge beendet.

Dann ist sie aufgestanden, hat ihm einen Abschiedskuss gegeben und ein Taxi zu Kees genommen. Sie konnte nicht nach Hause, nachdem sie ihrer Mum bereits angekündigt hatte, bei ihrer Freundin zu übernachten. Selbst Liebeskummer musste sich den Regeln und der Logistik von Heimlichtuerei fügen.

Kees hat nur wenig dazu gesagt. Sie hat Harry aufs Sofa geschickt und Malak in ihr Bett gebracht. Dort hat sie sie in den Arm genommen, während all die Tränen, die sie zurückgehalten hatte, in das Laken sickerten. In jener Nacht hat sie geglaubt, nie wieder zu weinen aufhören zu können.

Kees hat stumm mit ihr geweint, in dem Wissen, dass es eine Trauer gibt, die zu groß ist, um sie in Sätze zu zwängen, und Malak war dankbar. Sie wussten beide, dass sie alle am nächsten Morgen wieder so tun mussten, als sei alles in Ordnung. Die Zeit zu leiden war jetzt.

Die Stirn auf die Matte gedrückt, während Blätter gegen das Fenster wehen und die Tage sich träge vor ihr erstrecken, fühlt sich Malak leer. Sie beendet ihr Gebet und steht auf. Ein weiteres Gebet. Immer noch nicht näher an Gott.

Sie hat Zeit in der Moschee verbracht. Ehrenamtlich in einer Suppenküche gearbeitet. Ihrer Mutter im Haushalt geholfen. Ihren Vater von der Arbeit abgeholt. Hat sich größeren Dingen als einem gebrochenen Herzen gewidmet, aber an den meisten Tagen findet sie sich in eine Bettdecke gehüllt wieder, während sie alte Bilder von sich und Jacob ansieht oder an die Wand starrt. Das Leben, das sie führt, fühlt sich schal an.

Die wenigen Momente, in denen sie sich besser gefühlt hat, sind die gewesen, in denen Kees vorbeigekommen und zu ihr ins Bett geschlüpft ist, den Laptop auf Kissen balancierend, unermüdlich lernend, während Malak auf der Karten-App ihres Handys träge in verschiedene Länder hinein- und herausgezoomt und sich gefragt hat, wie es wohl wäre, an einem dieser Orte zu leben.

Oder als Jenna sie ins Spa geschleppt hat, weil es in Jennas

Weltsicht nichts gibt, was durch Geldausgeben nicht besser wird.

Am lebendigsten fühlt sich Malak, wenn die beiden in ihrer Nähe sind und sich gegenseitig necken, aber kaum dass sie weg sind, spürt sie, wie sie zu treiben beginnt, ohne Anker, und wieder über die winzige Weltkugel in ihrem Telefon scrollt.

In der Küche erwartet sie die gleiche Szene wie immer: Ihr Vater, der über die Zeitung gebeugt dasitzt, im Hintergrund läuft Nile TV im Fernsehen, während ihre Mutter mit einer ihrer Freundinnen telefoniert. Sie hat nie verstanden, wie sie immer telefonieren können. Muss keine von ihnen arbeiten oder hat etwas zu erledigen?

Ihr älterer Bruder Samir bügelt ein Hemd und hält alle paar Sekunden inne, um Nachrichten auf seinem Handy zu beantworten. Sein dümmlicher Gesichtsausdruck verrät ihr, dass er Elizabeth schreibt, und für eine Sekunde hasst sie ihn. Hasst ihn dafür, dass er mit Elizabeth zusammen ist und niemals mit ihr Schluss machen muss, wenn er nicht will. Hasst es noch mehr, dass ihre Eltern von ihr wissen und sie ab und zu zum Essen einladen.

»Elizabeth – wie die Queen«, hat ihr Vater gesagt, als er sie kennenlernte, und alle mussten lachen, auch Malak. Nur dass es ihr inzwischen nicht mehr besonders lustig erscheint.

Samir sieht auf und schenkt ihr ein mitleidiges Lächeln, was bedeutet, dass ihre Augen noch verquollener und röter als sonst sind, andernfalls wäre es ihm kaum aufgefallen. Sie fühlt sich schuldig, für einen Moment wütend auf ihn gewesen zu sein.

»*Sabah el kheir, Baba*. Was ist in Kairo los?«

Ihr Vater schüttelt theatralisch den Kopf und glättet die Zeitung. »Das ist nicht gut, *Habibti*. Unser Land geht vor die

Hunde. *Whalahi*, wenn es zur Revolution kommt, gehe ich zurück und kämpfe. *Masr oum el dounia*. Wir sind die Mutter der Welt. Wir müssen ein Zeichen setzen.«

Malak und Samir verdrehen die Augen. Ihr übergewichtiger, viel zu bequem gewordener und heimlich in England verliebter Vater würde niemals zurückgehen, um in irgendeiner Revolution zu kämpfen, aber als Ägypter ist er moralisch und politisch verpflichtet, bei allem auf die dramatischste Weise zu übertreiben.

»Yo, Sis«, sagt Samir an Malak gewandt, »komm mal mit raus und hilf mir mit meiner Krawatte.«

Sie wirft ihm einen vernichtenden Blick zu, doch bevor sie eine Gelegenheit hat, ihm zuzuraunen, dass er sie mal kann, sagt ihr Vater: »Hilf deinem Bruder, Mädchen.«

Sie nimmt Samir die Krawatte aus der Hand, geht mit ihm gemeinsam zur Treppe und stellt sich eine Stufe über ihn. Während sie ihm die Krawatte um den Hals bindet, fragt sie sich, ob sie wohl damit davonkommen würde, ihn zu erwürgen.

Er reißt die Krawatte wieder an sich. »Lass mich los. Ich brauche keine Hilfe.«

»Warum hast du mich dann darum gebeten?«

»Du siehst beschissen aus.«

Sie will sich an ihm vorbeidrängen, aber er hält sie am Arm fest, zieht sie ins Wohnzimmer und schließt die Tür, damit ihre Eltern sie nicht hören.

»Ich meine es ernst, Malak. Deine Augen sind verquollen, als hättest du eine üble allergische Reaktion. Du trägst seit vier Wochen Jogginghosen und siehst aus, als hättest du seit einem Jahr nichts gegessen. Du lässt dich gehen. Ehrlich gesagt ist das total abartig.«

Malak wünscht sich, ihn erwürgt zu haben, als sie die Chance dazu gehabt hat.

»Oh, entschuldige bitte, dass ich deinen Ansprüchen nicht genüge, aber das ist mir egal«, faucht sie. »Was interessiert dich das überhaupt? Du bist doch viel zu sehr mit deiner Freundin beschäftigt, mit der du – wenn ich dich daran erinnern darf – nicht Schluss machen musst. Erspar mir also deinen Vortrag darüber, dass ich mich zusammenreißen und mein gebrochenes Herz vergessen soll, solange es deinem so gut geht.«

»Du hättest mit ihm zusammenbleiben können«, sagt Samir. Sie wissen beide, dass das leere Worte sind. »Hör mal, mir ist klar, dass du trauerst, aber du musst deinen Liebeskummer besser vor Mum und Dad verstecken. Sie haben mich schon gefragt, ob du depressiv bist und ob sie dir einen Therapieplatz besorgen sollen.«

Malak packt Samir an den Schultern und zieht ihn weiter von der Tür weg. »Wehe, du sagst ihnen, dass ich eine Therapie brauche. Ich schwöre dir, dann erzähle ich ihnen von dem Mal, als du mit Elizabeth nach Paris geflogen bist und behauptet hast, du wärst für die Arbeit unterwegs.«

»Verdammt, Malak, lass mich los und beruhig dich. Ich werde ihnen gar nichts sagen. Ich hab ihnen erzählt, dass du wegen deines Masters gestresst bist. Aber du musst ihnen langsam mal ein Zeichen geben, dass es besser wird, weil sie sonst nämlich bald was unternehmen werden. Und wenn du glaubst, dass wir dich nachts nicht weinen hören, dann bist du dümmer, als ich dachte. Wir wohnen in einer Sozialwohnung, Malak, die Wände sind nicht besonders dick.«

Malak blickt auf ihre Füße. Sie ist sich nicht sicher, ob sie aus Verlegenheit oder Scham weint.

Samir nimmt sie in den Arm. »Hör zu«, sagt er mit sanfter Stimme. »Ich steh auf deiner Seite, mach dir deswegen keine Sorgen. Aber denk vielleicht wenigstens mal darüber nach, ein wenig öfter aus dem Haus zu gehen und ab und an zu duschen, okay?«

Sie lacht zwischen Tränen und Nicken.

»Und zieh was anderes an als Jogginghosen, das ist *echt* abartig.«

Malak schiebt Samir von sich und sieht an sich herab. Ihre Trainingshose ist mit Minuten-Nudelsuppen-Flecken und etwas anderem gesprenkelt, von dem sie sich nicht sicher ist, worum es sich handelt. Sie fährt sich mit einer Hand durch das verfilzte Haar und kommt zu dem Schluss, dass Samir nicht ganz unrecht haben könnte.

»Liz und ich gehen heute Abend mit ein paar Freunden aus«, sagt er. »Ich weiß, dass du gerade auf deinem ›Keinen Alkohol trinken, den ganzen Tag Koran lesen und versuchen, eine gute Muslimin zu sein‹-Trip bist, aber warum kommst du nicht mit? Wenigstens kurz. Es wird dir guttun, aus dem Haus zu kommen, und Liz würde sich wahnsinnig freuen, dich zu sehen. Sie hat gesagt, dass du nicht auf ihre Anrufe und Nachrichten reagierst.«

Malak wischt sich die Nase am Ärmel ab und will gerade Nein sagen, als sie den angewiderten Blick ihres Bruders bemerkt und sich fragt, wann genau sie eigentlich zu jemandem geworden ist, der sich die Nase an den Klamotten abwischt.

Sich durch Samirs Augen zu sehen, schlägt den Liebeskummer. »Okay, ich komme mit. Versprich mir aber, dass du nicht versuchst, mich aufzuheitern.«

»Ich schwöre es.«

Ihre Mutter hat endlich aufgehört zu telefonieren und ruft laut, dass Samir zu spät zur Arbeit komme. Schnell gehen sie zurück in die Küche.

An den Türrahmen gelehnt, beobachtet Malak, wie sich ihre Mutter um den verlorenen Sohn kümmert. Ihr Vater schenkt wie üblich niemandem Beachtung. Im Hintergrund spricht der Nachrichtenreporter über die politischen Spannungen in Mubaraks Regierung. Die Straßen der Innenstadt von Kairo huschen über den Bildschirm.

Obwohl es keine guten Nachrichten sind, holt Malak ihr Handy aus der Tasche und öffnet die Weltkarte. Ihre Finger schweben über Ägypten, sie zoomt die Küstenlinie heran. Erinnert sich an den einen Sommer, den sie mit ihren Cousinen und Cousins am Strand verbracht haben. Wie sie frischen Fisch gegessen haben, der vom Boot ihres Onkels aus gefangen worden war, und wie sich jeder einzelne Tag angefühlt hat wie ein ganzer Sommer.

Sie liest noch einmal die unerwartete Nachricht, die ihre Cousine aus Kairo geschickt hat. Die politische Lage in Ägypten mag angespannt sein, aber in England ist sie kaum entspannter – vielleicht hat Gott ihr doch etwas zu sagen.

Malak

Das Problem bei Hochzeiten ist, dass es nie wirklich um die Braut und den Bräutigam geht. Sie bieten lediglich eine Gelegenheit, dem Rest der Welt zu zeigen, was man hat, was man bald haben wird und was sie nicht länger haben können. Es geht dabei nicht einmal um die jungen Leute. Hochzeiten sind etwas für Tanten und Onkel, die in aller Öffentlichkeit sitzen und debattieren, wer gut aussieht, wem es nicht so geht und wessen Kinder perfekt zueinander passen. Sie sind etwas für die Großmütter und Großväter, die sich, über ihre Spazierstöcke gebeugt, darüber austauschen, wie es früher einmal gewesen ist. Sie sind etwas für die langjährigen Ehepaare, die ihrer Routine und einander überdrüssig geworden sind und eine Hochzeit brauchen, um sich daran zu erinnern, warum sie das alles überhaupt getan haben. Vor allem aber sind sie für die Eltern der Braut und des Bräutigams. Eine triumphale Zurschaustellung ihrer Nachkommen zur Anerkennung ihrer elterlichen Fähigkeiten. Auf Hochzeiten bietet sich die Gelegenheit zu sagen: Schaut her, wir haben es nicht komplett vermasselt!

Während sie dabei zusieht, wie Saba und ihr Verlobter Amer von Tanten und Onkeln umzingelt dasitzen, fragt sich Malak, ob sie nun als Versagerin gilt. Ist es die Schuld ihrer Mutter oder ihres Vaters, oder liegt es nur an ihr selbst?

Sie beobachtet, wie Saba lacht und Amers Hand hält. Die Art, wie er sie ansieht, bringt Malak dazu, jeden zu hassen, vor allem aber sich selbst.

Sie möchte an das glauben, was sie sieht. Versucht, eine andere Miene aufzusetzen, die der guten Freundin der Familie, die angesichts der baldigen Eheschließung glücklich lächelt, aber ihre Zähne sind fest aufeinandergepresst.

Sie merkt nicht, dass Kees neben sie getreten ist, bis diese ihre Hand drückt.

»Danke, dass du gekommen bist.«

»Sei nicht albern, Kees. Ich würde doch nicht die Verlobung deiner Schwester verpassen. Ich weiß, wie schwierig es für dich ist.«

»Wenn sie nur ...«

Malak spürt den vertrauten Kloß im Hals. Das Stechen in ihren Augen, das mit jeder Erwähnung des Mannes einhergeht, den sie zurückgelassen hat.

»Wo ist eigentlich Jenna?«, fragt sie schnell, um das Thema zu wechseln. Es gibt Momente, in denen man mit seiner Freundin weinen kann – eine Verlobungsfeier gehört nicht dazu.

»Wie immer zu spät. Ganz ehrlich, ich habe keine Ahnung, wie sie im Leben klarkommt.«

»Wenn man vom Teufel spricht ... Da ist sie, und nur eine Stunde zu spät.« Malak deutet auf Jenna, die sich einen Weg durch die vielen Gäste zu ihnen bahnt.

Kees blickt ihr entgegen. »Sie sieht wunderschön aus.«

»Wann tut sie das nicht?«

Ein blassrosa Kleid aus weicher Seide ist um Jennas Körper gewickelt, und eine lange Schleppe weht hinter ihr her. Ihr Haar, unkonventionell im Bandana-Stil in einen Hidschab geschlungen, stützt eine riesige rosa-weiße Lilie, die sie in den Knoten in ihrem Nacken gesteckt und überraschend elegant über ihr Ohr drapiert hat. Wenn Malak ihre Haare in einen Schal gewickelt und eine schlaffe Blume hineingesteckt hätte, wäre das Ergebnis absolut lächerlich gewesen, aber Jenna sieht atemberaubend aus. Sie ist die Art Frau, die andere Frauen neidvoll betrachten, ehe sie sich Make-up-Tutorials im Internet ansehen. Mit ihren großen mandelförmigen braunen Augen und den perfekten symmetrischen Zügen ist Jenna wunderschön, ganz egal, was sie mit ihrem Gesicht veranstaltet. Malak möchte den Frauen, die Jenna auf der Straße und in Waschräumen anstarren, immer zurufen, dass sie es genauso gut gleich lassen können. Dass es keine wimpernverlängernde Mascara, kein Vitamin-C-Serum oder Outfit gibt, um wie eine Frau auszusehen, der beim Blick in den Spiegel gefällt, was sie sieht.

Sie küsst Jenna auf beide Wangen. »Du bist nur eine Stunde zu spät, geht's dir gut?«

»Ich bin betrunken.« Jenna dreht sich kichernd zu Kees um, die sie ansieht, als würden all ihre Albträume mit einem Schlag Realität.

»Oh mein Gott, Malak, sie ist betrunken«, zischt Kees.

Malak schließt für einen kurzen Moment die Augen. Konnte dieser Abend noch schlimmer werden? Sie wendet sich, um Fröhlichkeit bemüht, an Jenna. »Was ist los, Süße?«

Diesmal kichert Jenna über etwas, das weder Malak noch Kees verstehen. »Nichts. Was ist mit *euch* los?«

Malak unterdrückt ein Seufzen. »Ach, nicht viel. Warum bist du betrunken, Süße?«, fragt sie beiläufig.

»Oooh ... ich hab mit Lewis gelernt, und danach sind wir auf einen Drink rausgegangen. Ich hab auch nur zwei, drei gehabt, aber ich hatte vergessen, dass ich heute noch nichts gegessen hab.«

»Mhm«, murmelt Malak.

»Keine Sorge, ich hab was mitgebracht. Lewis hat mir seinen Flachmann gegeben.« Jenna zieht eine silberne Flasche aus ihrer Clutch.

Kees reißt ihr den Flachmann aus den Händen und reicht ihn sicherheitshalber an Malak weiter, der Jenna die Flasche sofort wieder abnimmt.

»Warum in Gottes Namen schleppst du Alkohol auf die Verlobungsparty meiner Schwester, Jenna?«, zischt Kees leise.

»Entschuldige mal«, sagt eine plötzlich ziemlich empörte Jenna, »ist nicht fast die ganze muslimische Gemeinde hier?«

»Eben.«

»Genau«, bestätigt Jenna. »Du weißt, dass die alle versuchen werden, uns mit ihren Versager-Söhnen zu verheiraten. Wie auch immer, komm mal runter. Da ist Wodka drin, den kann man nicht riechen. Unterwegs hab ich praktisch eine ganze Flasche Mundwasser getrunken, und ich kaue schon den ganzen Abend Kaugummi. Niemand wird was merken. Sieh mal.« Sie atmet Kees ins Gesicht, die aussieht, als wollte sie Jenna erwürgen.

Plötzlich verstummt die Musik, und der Adhan ist über die Menge hinweg zu hören. Die Unterhaltungen verstummen abrupt, die Gäste suchen eilig ihre Kopftücher und Gebetsteppiche zusammen.

»Scheiße, ich muss meiner Mum helfen«, murmelt Kees.

Jenna schüttelt den Kopf. »Süße, du solltest während des Adhans echt nicht fluchen.«

Kees sieht sie ungläubig an. »Du hältst einen Flachmann mit Wodka in der Hand, Jenna.«

»Oh, ja … ja, stimmt.« Jenna nickt langsam.

Kees wirkt, als stünde sie am Rande eines Nervenzusammenbruchs. Malak muss sich ein Grinsen verkneifen.

»Alles gut, geh schon. Ich bleibe bei Jenna.«

Die wendet sich in Richtung der betenden Gäste. Kees greift mit panischem Gesichtsausdruck nach ihrem Kleid, um sie festzuhalten. »Du bist betrunken, Jenna. Du kannst jetzt nicht zu Gott beten.«

»Glaub mir«, mit abwesendem Blick tätschelt Jenna Kees' Arm, »das sind die Augenblicke, in denen ich ihn am meisten brauche.« Sie geht zu den anderen Gästen hinüber und schließt sich den Frauen an, die sich gerade fertig machen, um im hinteren Bereich des Raumes zu beten.

»Gott, hilf uns, sie bringt mich noch ins Grab«, fleht Kees.

Malak beruhigt sie. »Keine Sorge, ich passe auf, dass sie keinen Ärger macht. Sie kommt ständig betrunken nach Hause. Wenn sie es jedes Mal an ihren Eltern vorbeischafft, ohne dass die was merken, dann packt sie das heute Abend auch. Ich behalte sie im Auge. Und jetzt geh zu deiner Mum, sie ruft nach dir.«

Tante Abida gestikuliert bereits wild in Kees' Richtung, seit der Gebetsruf begonnen hat.

»Halt sie bitte einfach nur von Sabas Schwiegereltern fern«, murmelt Kees.

»Mach ich, keine Angst. Gib mir deine *Dupatta*, damit ich mitbeten kann.«

Sie nimmt den smaragdgrünen Schal von Kees' Schultern und verpasst ihr einen Schubs in Richtung Abida, bindet sich das Tuch rasch um die Haare, streift die Schuhe von den Füßen und stellt sich in die Reihe neben Jenna, die mit geschlossenen Augen glücklich auf der Stelle schwankt. Malak hofft, dass die Leute ihre Bewegungen als überbordende Hingabe interpretieren.

Malak betet so regelmäßig wie seit Jahren nicht mehr, und doch fühlt sie sich weiter von Gott entfernt als je zuvor. Als der Imam die ersten Worte des Gebets rezitiert, hebt sie ihre Hände und gibt sich dem Ritual hin in der Hoffnung, dass das vertraute Gefühl zurückkehrt, das sie früher beim Beten überkam. Die sanfte Welle, die sie durchfuhr. Obwohl sie nicht behaupten würde, dass es Frieden gewesen ist, den sie damals empfunden hat, so hat sie dennoch gespürt, wie sie innerlich weicher wurde. Vor allem beim gemeinsamen Gebet. Wenn alle ihre Stimmen erhoben haben, um gleichzeitig »Ameen« zu sagen, war dies der Moment, in dem sie sich weniger allein auf der Welt gefühlt hat. Als ob ihr Körper gewusst hätte, dass es eine bessere Art zu leben gibt.

In letzter Zeit hat sie dieses weiche Gefühl nicht gespürt. Sie ärgert sich darüber, dass sie ihre Gebete als hohl und leer empfindet. Dass ihre Liebe zum Glauben geflohen ist, wenn sie sie am meisten braucht.

Als sie sich erst nach rechts und anschließend nach links dreht, um ihr Gebet zu beenden, hört sie, wie Jenna eine Unterhaltung mit der Frau neben ihr anfängt, und überlegt sich schnell eine Ausrede, um sie wegzulocken.

»Süße, wir sollten deine Gespräche heute Abend auf ein Minimum beschränken.«

Jenna hat einen Schluckauf. Nach einem Hicksen antwortet sie: »Ich glaube, damit könntest du recht haben.«

»Du musst etwas essen und trinken, damit du wieder nüchtern wirst.«

»Oh nein, muss ich das wirklich?«, jammert Jenna. »Dann wird die Veranstaltung hier viel weniger erträglich.«

»Ich weiß. Glaub mir, ich wäre gerade auch sehr gern betrunken.«

»Ach ja, wie läuft es denn mit deiner Alkohol-Abstinenz? Du nimmst es mit der *Bismillah* in diesen Tagen besonders ernst, hm?«

»Um ehrlich zu sein, läuft es nicht besonders gut.« Malak steuert Jenna zwischen Onkeln und Tanten hindurch. »Im Moment will ich mich einfach nur abschießen, aber ich fürchte, dass ich nicht wieder aufhören kann, wenn ich erst mal angefangen habe.«

»Das ist es, was Trennungen einem antun.« Jenna hickst wieder.

Sie wollen gerade in den Raum abbiegen, in dem das Essen aufgebaut ist, als sie Tante Najma über den Weg laufen, die sie beide in eine feste Umarmung schließt.

»Oh nein.«

Tante Najma sieht Jenna beleidigt an. Nach einem Stoß mit dem Ellbogen von Malak fügt sie hinzu: »Entschuldige, ich bin nur gerade auf mein Kleid getreten. Wie geht es dir, Tante? Du siehst heute Abend wunderschön aus.«

Die besänftigte Tante Najma winkt Jennas Kompliment schrill lachend und mit einer Theatralik ab, die bühnenreif war. Schließlich stellt sie die unvermeidliche Frage: »Und wann heiratet ihr zwei Mädchen?«

Malak vermeidet es, Jenna anzusehen, deren Körper sich neben ihr bereits merklich anspannt. In perfektem Gleichklang liefern sie die Antwort, die sie auswendig gelernt haben, kaum dass sie in die Pubertät gekommen sind.

»Inshallah, Tante, inshallah.«

»Inshallah, inshallah«, flüstert jede Frau in Hörweite, ein inbrünstiges Gebet, dass Gott ihre Töchter mit geeigneten, erfolgreichen und vor allem muslimischen Ehemännern segnen möge.

»Du hast also noch keinen gefunden?«, fragt Tante Najma, die sich noch nie mit einer allgemeingültigen Antwort zufriedengegeben hat.

Malak liebt die Frauen, die seit ihrer Geburt ein Teil ihres Lebens sind. Aber es sind auch die Frauen, die mit ihr geschimpft und sie losgeschickt haben, um Besorgungen zu machen. Die mit ihrer Mutter gesprochen haben, wenn sie etwas falsch gemacht hat. Und die damit ebenso viel Angst in ihr hervorgerufen haben wie Liebe. Wenn es ein Dorf braucht, um ein Kind großzuziehen, kennt dieses Dorf keine Grenzen, und mit Tanten umzugehen, die keine Grenzen kennen, ist schwer genug, aber es mit einer betrunkenen Jenna am Arm zu tun, stellt Malaks Geduld auf eine ganz neue Art und Weise auf die Probe.

»Nein, Tante«, antwortet sie.

»Auch nicht an der Uni? Du musst immer Ausschau halten, sonst verpasst du deine Chance. Auf dem Parkplatz, an der Bushaltestelle, in Warteschlangen – du musst überall Ausschau halten. Auch im Supermarkt, und sogar bei der Post.«

Malak spürt eher, als dass sie es sieht, dass Jennas Mund offen steht. Sie fühlt die Anspannung in ihren eigenen Schultern wachsen, als eine weitere Tante, die gerade vorbeikommt, stehen bleibt, als hätte sie die Fragen gerochen wie ein Löwe auf Beutejagd, und hinzufügt: »Manchmal sogar im Aufzug. Ich kenne eine, die jemand im Aufzug gefunden hat. Hältst du im Aufzug die Augen offen?«

Tante Najma nickt gelassen, als wäre die Hoffnung, auf dem Weg in den zwölften Stock einen passenden Ehemann zu finden, absolut berechtigt.

»Normalerweise habe ich die Augen in Fahrstühlen auf.« Jahre des gelebten Respekts vor den Älteren sorgen dafür, dass Jenna ihre Zunge im Zaum hält, aber sie weiß nicht, wie lange ihr das noch gelingt.

»Was ist mit Parkhäusern? In Parkhäusern sind viele Männer, das habe ich selbst gesehen. Oder am Flughafen. Da gibt es nichts anderes zu tun, als nach einem zu suchen. Der perfekte Ort.«

Eine dritte Tante stößt zu ihnen. Das Rudel versammelt sich.

Jenna hat wieder begonnen, auf der Stelle zu schwanken. Malak betet, dass sie den Mund hält. »Ich schwöre es euch, Tanten, ich habe noch keinen Ehemann gefunden, aber sobald es so weit ist, lasse ich es euch wissen. Allerdings bin ich mir nicht sicher, ob ich in Parkhäusern suchen sollte. Die Männer da wären vermutlich nicht besonders geeignet.«

Es ist ein kleiner Versuch, ein bisschen Humor einzustreuen; ihr Kommentar wird jedoch mit ernsthaften Beteuerungen aufgenommen, dass sie den Mann ihrer Träume überall finden könne, solange sie nur aufmerksam genug sei.

Sie werden von Kees gerettet, die in diesem Moment zu ihnen stößt und hektisch verkündet, dass sie dringend Malaks und Jennas Hilfe beim Servieren des Essens brauche.

Kees erntet das übliche wohlwollende Lächeln und den Segen, mit dem sie grundsätzlich überschüttet wird. Immer ernst, immer fleißig, kann Kees nichts falsch machen, wenn es nach den Älteren geht. Malak fragt sich, wie weit der Segen der Frauen reichen würde, wenn sie ihnen verriete, dass Kees jede Nacht mit einem Mann im Bett liegt, der kurz darauf in ihr und noch dazu weiß ist.

Kees lotst sie von den Tanten weg zu einem Tisch, auf dem zwei mit Essen vollgehäufte Teller warten. »Was ist mit dem Versprechen passiert, sie von den anderen fernzuhalten?«, fragt sie Malak mit hochgezogener Augenbraue.

»Tante Najma ist passiert«, antwortet Malak säuerlich. »Sie hat mich über mein Liebesleben ausgefragt, und offensichtlich musste die halbe muslimische *Umah* mitmachen, weil wir, Gott bewahre, alles andere als verheiratet sind.«

»Ich hab dich unterstützt«, bemerkt Jenna und nimmt einen der Teller.

Malak wirft ihr einen vernichtenden Blick zu, den Jenna sichtlich mit Vergnügen ignoriert.

»Wenn ich noch eine einzige Unterhaltung darüber führen muss, warum ich nicht verheiratet bin, flippe ich aus. Ich kapiere nicht, was mit diesen Frauen nicht stimmt. Die haben mir sogar geraten, in Aufzügen nach einem Mann zu suchen.«

Jenna lacht laut auf, einen Hähnchenschenkel in der einen Hand und den Teller gefährlich schief in der anderen. Mehrere Reiskörner fliegen aus ihrem Mund.

Kees schüttelt angewidert den Kopf. »Wie jemand so gut aussehen und gleichzeitig essen kann wie ein Schwein, ist mir ein Rätsel.«

»Lass mich in Ruhe«, lautet Jennas genuschelte Antwort aus einem Mund voller Hühnchen.

»Was zur Hölle glauben die bitte, das in Aufzügen passiert?«, fragt Malak aufgebracht. »Und wie viel Zeit soll ich in so einem Ding verbringen? Ist ja nicht so, als würde ich den lieben langen Tag Gebäude rauf- und runterfahren in der Hoffnung, dass irgendwann im elften Stock Mr. Darcy einsteigt.«

»Selbst wenn«, erwidert Jenna, »wäre er immer noch kein Muslim, du wärst also nach wie vor unverheiratet.«

Malak und Kees ignorieren sie.

»Und warum glauben alle, dass ich klammheimlich irgendwo einen Ehemann verstecke?«

Jenna deutet mit dem angenagten Hähnchenschenkel auf Malak. »Das ist zumindest *eine* gute Sache, die deine Trennung von Jacob hat: Du musst ihn nicht mehr verstecken. Kees arbeitet immer noch härter als jede CIA-Agentin, um Harrys Existenz zu verheimlichen. Also sozusagen der Silberstreif am Horizont für dich, oder wie man das nennt.«

»Verdammt noch mal, Jenna«, zischt Malak. »Manchmal bist du wirklich ein Arschloch.«

Sie tritt aus dem Gemeindesaal in die Dunkelheit. Wäre sie doch erst gar nicht zu dieser Feier gekommen. Sie fragt sich, warum ein gebrochenes Herz nicht für eine Krankenhauseinweisung ausreicht und einen so von allen gesellschaftlichen Pflichten befreit.

Man kann keinen Brustkorb aufbrechen und erwarten, dass die Leute es nicht bemerken. Herzen brechen laut. Heulen wie Sirenen um drei Uhr morgens. Jeder im Umkreis hört es, aber alle wissen, dass sie nichts tun können, und da dem so ist, senken sie ihren Blick und gehen weiter. Wenn der Donner kracht und die Sirenen vorbeiziehen und der Wind heult, gibt es nicht viele Menschen, die stehen bleiben, um den Sturm zu betrachten. Ein gebrochenes Herz zu haben, bedeutet auch, dass man egoistisch wird.

Malak lehnt ihren Kopf gegen die Säule des Musikpavillons und lässt die kühle Abendluft ihre Haut streicheln. Sie weiß, dass es egoistisch war, Kees mit einer betrunkenen

Jenna zurückzulassen, aber in der Gemeindehalle war es zu heiß, und die Nacht hat sie bereits zu sehr eingehüllt. Ihre Zunge ist zu schwer. Ihre Schultern sind zu hochgezogen.

Alles ist urkomisch und süß, wenn man verliebt ist. Die Tanten, die auf einen Ehemann drängen, während die betrunkene Freundin auf deine Schulter gestützt hin und her schwankt, sind Teil einer Geschichte, über die man beim Frühstück lachen wird. Aber wenn man müde ist und die Traurigkeit ein Schmerz im Kreuz ist, den man nicht lindern kann, egal wie oft man sich dehnt und streckt, werden all die lustigen Dinge zu Steinen, die einen niederdrücken.

Die Musik aus dem Saal schwebt über den Garten der Moschee hinweg zu Malak, die ihr grünes Kleid hoch über die Schenkel schiebt, um sich abzukühlen, ohne sich darum zu kümmern, ob jemand sie so sieht. Keiner der älteren Leute wird sie hier suchen, und selbst wenn, können sie sie mal. Es ist dunkel, und sie sitzt mitten in einem menschenleeren Garten, umgeben von Büschen. Wenn Gott ein Problem damit hat, dass sie so viel Bein zeigt, kann Er das an einem anderen Tag mit ihr besprechen, und genau das wird sie den zitternden Tanten sagen.

Ein Rascheln zwischen den Büschen lässt sie aufhorchen. Schritte nähern sich. Kees und Jenna. Als junge Mädchen haben sie sich regelmäßig hier versteckt, vor lästigen Aufgaben, schimpfenden Tanten und um nicht am Arabischunterricht teilnehmen zu müssen. Malak hätte angenommen, dass sie in ihrem Alter kein Versteck mehr brauchen, um vor alten Tanten zu flüchten, aber offensichtlich ändern sich manche Dinge nie.

Jenna balanciert zwei Teller mit Essen, Kees hat sich eine Colaflasche unter den Arm geklemmt, in den Händen hält sie Gläser.

»Tut mir leid, Süße.« Jenna drückt Malak einen der beiden Teller in die Hand und gibt ihr einen Kuss auf die Stirn. »Du hast recht, ich hab mich wie ein Arschloch benommen. Was ich über dich und Jacob gesagt habe, war nicht so gemeint.«

Die vertrauten Tränen sammeln sich in Malaks Augen. Sie drückt Jennas Hand. »Ich weiß.«

Kees gibt ihr ein Glas und schenkt Cola ein. Jenna rafft ihr Kleid um die Hüfte und setzt sich hinter Malak, damit sie sich bei ihr anlehnen kann. Einen Arm um Malaks Taille geschlungen, sagt sie: »Es wird besser werden.«

»Das wird es«, bestätigt Kees.

Malak stößt ein spöttisches Lachen aus. »Wann?«

Niemand sagt etwas.

»Ist noch was von dem Wodka übrig, Jenna?«, fragt Malak.

»Was glaubst du denn? Klar, hier.«

»Ich dachte, du trinkst gerade keinen Alkohol.« Kees hebt eine Augenbraue.

»Hab ich auch nicht. Aber wie sich herausgestellt hat, ist mir das gerade scheißegal. Her mit dem Zeug, Jenna.«

»Mylady«, säuselt Jenna und schüttet Wodka in das hingehaltene Glas mit Cola. »Sicher, dass du nicht auch was willst, Kees?«

»Oh ja, klar«, schnaubt Kees. »Ich hab mein ganzes Leben keinen Alkohol getrunken, um ausgerechnet auf der Verlobungsfeier meiner kleinen Schwester, umgeben von unseren Müttern und allen Tanten, die wir kennen, damit anzufangen.«

Jenna zuckt mit den Schultern. »War ja nur 'ne Frage.«

Malak trinkt einen Schluck, der Alkohol läuft scharf ihre

Kehle hinab. Sie lacht bitter auf. »Schon lustig, oder? Ich habe in den letzten Wochen mehr mit Gott gesprochen als in meinem ganzen bisherigen Leben. Ich habe die Regeln so genau befolgt wie noch nie. Fünfmal am Tag habe ich mich zum Beten hingekniet, habe keinen Alkohol getrunken und hatte definitiv keinen Sex, und trotzdem habe ich mich ihm nie ferner gefühlt. Aber jedes Mal, wenn wir ausgegangen sind und ich getrunken hab, schwöre ich, habe ich Gott gesehen. Ich habe ihn in meiner Brust gespürt. Selbst dann, wenn ich nackt mit Jacob im Bett lag. Und hier, im Garten einer Moschee, umgeben von Musliminnen, während ich die Regeln genauso befolge, wie man es uns beigebracht hat, ist er nirgendwo zu finden.«

»Das hat vielleicht was mit der Trennung zu tun und damit, dass du Jacob vermisst«, sagt Kees leise.

»Was für einen Sinn ergibt das bitte?« Malak setzt sich aufrecht hin. »Wenn das der Fall ist, hätte ich genauso gut mit ihm zusammenbleiben können.«

»Vielleicht hättest du das tun sollen«, erwidert Kees.

Die plötzliche Stille trifft Malak wie ein Fausthieb. Die Musik aus dem Gemeindesaal geht im Rauschen in ihren Ohren unter. Ihr wird schwindelig.

»Was?«, fragt sie leise.

»Ja, wovon redest du, Süße? Ich dachte, ich bin die Betrunkene.«

»Ich meine ja nur«, sagt Kees. »Ist es das alles wert?«

Malak stößt ein ungläubiges Schnauben aus und fragt sich, ob heute Abend alle komplett den Verstand verloren haben. Vielleicht ist Mittsommer. Oder es liegt am Mond. Irgendetwas muss sich verschoben haben, dass ihre Freundin so bescheuerte Fragen stellt.

Sie windet sich aus Jennas Arm. »Schau dir deine Schwester an, Kees. All die Tanten, die sie selig lächelnd ansehen, als wären gerade sämtliche ihrer Träume wahr geworden. Schau dir an, wie unsere gesamte Gemeinde innegehalten hat, um deine Schwester zu ehren und zu lieben und mit ihr zu feiern. Wer wird *uns* feiern? Wer wird *uns* mit Süßigkeiten füttern, Blumen um unsere Hände winden und uns den Segen aussprechen, wenn wir mit Männern zusammenbleiben, die keine Muslime sind? Du weißt, dass sie Muslime sein müssen. Das ist die oberste Regel. Bring irgendwen mit nach Hause, Hauptsache, er ist Muslim. Er könnte ein Drogendealer mit fünf Kindern aus fünf verschiedenen Ehen sein – solange er weiß, welche Worte er sprechen muss, wenn der Gebetsruf ertönt, dürfen wir ihn mit nach Hause bringen. Schleppt eure Sünder an, eure Bad Boys, bringt die Männer, die ihr ganzes Leben noch nichts erreicht haben und bei ihren Müttern leben, die für sie einkaufen – solange sie Muslime sind, bitte schön, ihr könnt unsere Töchter haben. Es ist erbärmlich.«

»Warum kümmert es dich dann überhaupt?« Kees ist wie immer pragmatisch, lösungsorientiert.

Malak schaut nach unten, sieht, wie die Tränen dunkelgrüne Flecken auf ihrem Kleid hinterlassen, noch bevor sie spürt, dass sie ihr über das Gesicht laufen. »Weil ich die Süßigkeiten möchte und die Blumen«, sagt sie leise. »Ich möchte mit Segen überhäuft werden. Ich möchte das Gewicht meiner Leute hinter mir fühlen, wenn ich die Hände meines Mannes in meine nehme. Ich möchte, dass meine Mutter und mein Vater lächeln, weil sie sich insgeheim freuen, dass die Hochzeit ihrer Tochter besser gelaufen ist als die von Tante Najmas Tochter. Ich möchte, dass die Tanten denken, ich hätte noch nie Sex gehabt, und am Abend bei mir sitzen, Öl in meine Haare und Henna auf meine Hände streichen und Witze darüber machen, wie die Hochzeitsnacht werden wird. Ich möchte nicht heimlich und beschämt heiraten. Ich möchte, dass meine Liebe meinen Vater dazu veranlasst, seinen Kopf hoch erhoben zu tragen, anstatt dass er ihn vor Scham hängen lässt. Ich möchte, dass meine Mutter das ganze Jahr über mit der Hochzeit prahlt. Wenn ich mit Jacob zusammenbleibe, bekomme ich nichts von alledem. Meine Eltern werden ihn nie akzeptieren; und glaubst du etwa, dass es dieser Haufen, der um deine Schwester herumtanzt, tun wird?«

»Aber das alles existiert nur so lange, wie wir mitspielen«, sagt Kees. »Wie sollen wir uns jemals verändern, wenn wir es so machen, wie es immer gemacht wurde? Wie die Älteren es erwarten?«

Malak lacht, obwohl nichts daran lustig ist. »Oh bitte, Kees. Das ist keiner deiner Fälle. Aktivismus hilft da nicht.«

Der Seitenhieb strafft Kees' Schultern, sie hebt das Kinn, und mit einem Blitzen in den grünen Augen erwidert sie: »Aktivismus ist der einzige Weg, mit dem wir unser Tun ändern können. Dein Widerwille, überhaupt etwas zu unternehmen, ändert einen Scheiß.«

»Ach, dann ist es jetzt also meine Schuld?« Malaks Verärgerung schlägt in Wut um.

»Das habe ich nicht gesagt. Aber du akzeptierst es nur deswegen, weil du keinen Ausweg siehst. Du hast es nicht mal versucht. Du hättest deiner Mum von Jacob erzählen können.«

»Ach, du meinst, so, wie du deiner Mum von Harry erzählt hast?«

»Das ist was anderes.«

»Wieso? Warum ist das was anderes, Kees?«

»Ich habe ihm nicht das Herz gebrochen, deshalb«, schnauzt Kees.

Jenna lässt den Flachmann sinken und macht Anstalten aufzustehen. »Ladys, lasst uns reingehen und was vom Nachtisch holen.«

»Klappe, Jenna«, sagen die beiden anderen gleichzeitig.

Jenna, immer bestrebt, Konflikten aus dem Weg zu gehen, setzt sich ruhig wieder hin und trinkt einen weiteren Schluck Wodka. Vermutlich dankt sie Lewis im Stillen dafür, dass er sie dazu gebracht hat, den Flachmann mitzunehmen.

»Ich habe ihm das Herz gebrochen?« Malak kann hören, wie sich ihre Stimme zu einem unangenehm schrillen Ton steigert. »Siehst du das so? Dass ich die böse Hexe bin?«

»Sei nicht dramatisch«, erwidert Kees.

»Um ehrlich zu sein, denke ich, das hier ist genau der richtige Zeitpunkt, um dramatisch zu werden.«

»Du hättest es ganz einfach nicht tun müssen, Malak. Warum ausgerechnet jetzt?«

»Wir machen nächste Woche unseren Abschluss«, sagt Malak wütend. »Die Uni ist für uns vorbei, Kees. Jenna hat noch ein Jahr, wir nicht. Du hast schon eine Jobzusage, es ist an der Zeit, erwachsen zu werden. Was hast du denn geglaubt, wie lange das hier andauern kann? Es ist vorbei. Der Traum endet in der Sekunde, in der sie uns die Abschlusszeugnisse überreichen. Du wirst genauso zur Vernunft kommen und mit Harry Schluss machen, weil du weißt, dass es keine andere Möglichkeit gibt. Es ist dumm von dir, es so lange hinauszuzögern.«

Malak ist sich bewusst, dass es der einfachste Weg ist, Kees dumm zu nennen, ihr wehzutun, aber unter dem Mond, in ihrer unendlichen Traurigkeit, während sich der Alkohol nach so langer Zeit warm in ihrem Magen ausbreitet, und mit dem permanenten Verlangen danach, ihren Schmerz herauszuschreien, sind ihr die Gefühle ihrer Freundin egal. Und genau deshalb ist Liebeskummer so eine egoistische Sache. Er macht einen selbstsüchtig, selbst wenn man es vorher nicht gewesen ist. Verschafft einem die Lizenz, alle Vorsicht in den Wind zu schlagen, und zwar nicht auf die gute, tollkühne Art, indem man Fallschirm springen geht oder darum bittet, geküsst zu werden. Man wirft die Fürsorge und Mühe und die Gefühle anderer Menschen über Bord, weil man von seinen eigenen niedergedrückt wird und keine Kraft mehr hat, irgendetwas zurückzuhalten. Man sagt Dinge, die man nicht wirklich meint.

In diesem Zustand fährt Malak fort: »Es wird enden, Kees. Tu das Richtige und beende es jetzt. Ihr habt keine gemeinsame Zukunft.«

Die Luft steht still. Nichts bewegt sich. Als wüsste der Wind, dass diese Frauen unterschiedlicher Meinung sind und das Einzige, was zu tun bleibt, zu verschwinden ist. Malaks Worte hängen über ihnen. Jenna versucht hörbar, den Kloß in ihrem Hals herunterzuschlucken. Kees' Gesicht ist starr vor Wut, als das Unaussprechliche, von dem sie sich versprochen haben, es nie zueinander zu sagen, zwischen ihnen erscheint wie eine langsam fließende Träne.

Jedes Mal, wenn Kees zu der Frage »Glaubst du, wir werden …« angesetzt hat, hat Malak sie mit den Worten »Sprich es nicht einmal aus« zum Schweigen gebracht, und umgekehrt genauso. Das Wort »Trennung« hat keinen Einlass erhalten in ihre geflüsterten Ängste, ihre betrunkensten Momente oder ihr tränenreiches Schluchzen, wenn die Liebe sie zum Weinen brachte, und doch ist es nun hier, plötzlich ins Leben gespuckt.

Für einen winzigen Augenblick denkt Malak über die Grausamkeit ihrer Worte nach, aber der Moment vergeht wie ein schneller Atemzug, und alles, was in ihr zurückbleibt, ist weiß glühende Wut darüber, dass Kees, die Klügste von allen, nicht sieht, wie dumm sie sich verhält.

Kees tritt einen Schritt zurück. »Du meinst immer, dass du in allem recht hast, Malak, aber dir wird das Herz brechen, wenn du merkst, wie sehr du dich geirrt hast. Du hast dich für all diese Tanten und Onkel da hinter uns in der Gemeindehalle in Stücke gerissen, und wofür? Damit sie an dem einen Tag im Jahr, an dem sie zu deiner Hochzeit auftauchen, lächeln? Damit sie deiner Mutter zuraunen können ›Was für ein braves Mädchen‹, wenn du nicht mal dabei bist? Du hast dein Herz gebrochen und einen guten Mann für eine Gemeinde verlassen, die sich einen Scheiß für dich interessiert. Klar, sie schmücken dich mit Blumen und zeichnen Henna auf deine Handflächen, aber wenn die Teller abgeräumt sind und keine Musik mehr spielt, wer steht dann neben dir? Die restlichen dreihundertvierundsechzig Tage des Jahres werden sie nicht da sein, aber klar, für diesen einen Tag bist du bereit, nach ihren Regeln zu leben.«

Kees' Stimme ist immer kälter geworden, hat jede Wärme mit sich genommen. Jenna schlingt die Arme um ihren Oberkörper, als müsse sie sich wärmen.

»Und weißt du was, Malak?«, fährt Kees fort. »Mit wem auch immer du endest, mit irgendeinem arabischen Mann, den deine Eltern und all die Tanten und Onkel für großartig halten: Er ist der Mann, zu dem du jeden Abend nach Hause kommen, mit dem du dich jeden Abend in ein Bett legen musst. Sie werden nicht den lieben langen Tag da sein, um dir dabei zu helfen, dass deine Ehe funktioniert. Sie müssen nicht neben ihm liegen. Sie müssen nicht neben ihm aufwachen. *Du* musst all diese Dinge tun. Du musst dafür sorgen, dass es funktioniert, wenn es das nicht tut, und es reparieren, wenn etwas kaputtgegangen ist, weil sie sich auf keinen Fall einmischen werden. Dieses ganze Gerede über das Dorf, das sich kümmert – wo zur Hölle sind diese Menschen bitte, wenn du sie brauchst?«

Kees kann nicht sagen, ob sie panisch ist oder wütend, selbstgerecht oder verletzt. Etwas entgleitet ihr, und ihr Rückgrat fühlt sich weicher an, was sie die Zähne zusammenbeißen und zu dem Schluss kommen lässt, wie üblich die Stärkere von ihnen beiden zu sein. Sie verurteilt Malak für ihre Schwäche, und in diesem Moment gelingt es ihr endlich, all die Dinge auszusprechen, die sie noch nie zuvor gesagt hat, nicht einmal zu sich selbst.

»Und hier kommt noch etwas, das sie dir nicht sagen: Sie werden dich dafür nicht *mehr* lieben. Malak Abdel-Aziz, die immer von allen gemocht werden muss. Jedermanns Liebling. Zu ängstlich, um Nein zu sagen, und ständig damit beschäftigt, allen um sich herum zu gefallen. Jetzt hast du dein eigenes Herz gebrochen und dich von innen nach außen umgekrempelt. Wie fühlt sich das an? Wie fühlt es sich an zu wissen, dass es ihnen scheißegal ist, denn wie können sie dich mehr mögen, wenn sie nie erfahren, was du aufgegeben hast? Wenn du nachts allein bist und darüber nachdenkst, was du alles getan hast, um sie glücklich zu machen, und dass sie deswegen nicht einmal geblinzelt haben, dann frage dich: Bin ich jetzt verdammt noch mal glücklich?«

»Fahr zur Hölle, Kees.« Malak dreht sich wütend um und rennt weg. Als sie das Tor zum Hof der Moschee erreicht, hört sie Kees schreien.

»Das werde ich! Aber zumindest bin ich dabei mit der Person zusammen, die ich liebe!«

Jenna

»Du denkst, dass du etwas Besseres bist und mehr Glück hast als ich. Dich bester Gesundheit und Kraft erfreust. Du bedauerst mich. Aber bald schon wird sich das Blatt wenden. Dann werde *ich dich* bedauern. Ich werde auf unvergleichliche Weise über dich und euch alle hinauswachsen.«

Leise schluchzend lässt Jenna den Tränen freien Lauf, steht auf und tritt ins Licht, nur um sich im nächsten Moment fallen zu lassen in dem Wissen, dass man sie auffangen wird.

Ola hält sie fest, zieht sie in seine Arme und senkt seine Lippen für einen Kuss, der halb wahre Leidenschaft, halb Schauspielerei ist, auf ihre.

»Cut!«, ruft Sarah. Die Deckenlampen gehen an, und der Rest des Ensembles applaudiert. »Wundervoll, Jenna. Bist du dir sicher, dass ich dich nicht doch überzeugen kann, deine Karriereträume als Ärztin an den Nagel zu hängen und stattdessen beruflich auf der Bühne zu stehen?«

Jenna verbeugt sich mit einer übertriebenen Geste. Sie wischt sich die Tränen von der Wange, die mit dem Ende der Szene versiegt sind. »Auf keinen Fall. Aber du darfst mich gern weiter als Hauptdarstellerin buchen«, erwidert sie selbstbewusst.

»Ich werde darüber nachdenken. Vielleicht gebe ich die Rolle in der nachsten Spielzeit aber auch jemand anderem.«

Bisher hat Jenna bei beinahe jedem Stück an der Uni die weibliche Hauptrolle übernommen. Ihr ist bewusst, dass sie besser ist als die meisten, die Beste hier, und wahrscheinlich sollte sie ein wenig bescheidener mit diesem Bewusstsein umgehen, aber Rampenlicht und Lob sind viel zu verführerisch. »Okay, Süße, schon klar«, sagt sie grinsend.

Sarah verdreht die Augen. »Großartige Leistung, auch von dir, Ola. Dein Heathcliff wird mit jedem Tag besser. Okay, Leute, das war's für heute Abend. Wir sehen uns morgen.«

Jenna dreht sich zu Ola um. »Musst du auch zum Parkplatz?«

Gemeinsam verlassen sie das Gebäude und überqueren den Campus. Die Luft ist kühl, ein stetiger Wind wirbelt Jennas Haare auf. Sie zieht die Jacke enger um die Schultern und denkt, dass sie die Dunkelheit schon jetzt satthat. Eine Veränderung liegt in der Luft. Sie spürt eine Kälte, die sie nicht allein der bevorstehenden Jahreszeit zuschreibt.

Ola spricht die ganze Zeit weiter. Sie versucht, sich wieder auf die Unterhaltung mit ihm zu konzentrieren.

»… deswegen finde ich es sehr klug von ihnen, sich fortschrittlich zu zeigen, was denkst du?«

»Was genau meinst du?«

Kopfschüttelnd sieht er sie an. »Hörst du mir überhaupt zu?«

»Ja, klar. Manchmal bin ich einfach nur dermaßen von deinem umwerfenden Äußeren abgelenkt, dass ich unaufmerksam werde.«

Er hebt eine Braue. »Lassen sich die Männer, die du zu bezirzen versuchst, von solchen Sätzen um den Finger wickeln?«

»Sag du es mir.« Sie grinst.

»Okay, ja, leider. Zumindest bis zu einem gewissen Grad«, erwidert er lachend. »Ich glaube, dies ist der richtige Zeitpunkt für einen kurzen Exkurs zum Thema umgekehrter Sexismus. Hätte *ich* den Satz gesagt, hätte ich jetzt ein ernsthaftes Problem.«

Jenna hakt sich bei ihm unter. »Stimmt. Aber ich darf so was sagen, weil mich keine Machtstrukturen stützen, deswegen ist dein Argument hinfällig.«

»Ich bin Schwarzer. Mich stützen die Machtstrukturen genauso wenig wie dich.«

»Trotzdem bist du ein Mann. Also hast du zumindest das Schwanz-Privileg.«

Er sieht sie mit funkelnden Augen an. »Jep. Was dich allerdings nie davon abgehalten hat, das Privileg meines Schwanzes zu genießen.«

»Bleibt die Frage, wer der Privilegierte ist, wenn ich vor dir knie.«

»Mach dir nichts vor, Jenna, du kniest nie. Du zwingst mich zum Stehen, während du sitzt.«

»Sieh es als Wiederherstellung des Machtgleichgewichts zwischen uns. Ich bin gegen jede Art von weiblichem Kniefall vor einem Mann, in welchem Kontext auch immer. Wir haben jahrhundertelang gekniet, und ich habe dem ein Ende gesetzt.«

»Du beendest also im Alleingang den Sexismus, indem du dich weigerst, auf die Knie zu gehen, während du mir einen bläst?«

»Steter Tropfen höhlt den Stein.«

»Heißt das, du wirst mir ab sofort häufiger einen blasen? Mit der Art Aktivismus könnte ich mich auf jeden Fall anfreunden.«

»Da bin ich mir sicher«, gibt Jenna sarkastisch zurück.

Während sie die Wiese vor dem Studierendenwerk überqueren, ruft jemand ihren Namen. Sie dreht sich um und entdeckt Sofia aus einem ihrer Kurse, die ihr aus einer Gruppe von Menschen und Biergläsern zuwinkt.

»Kennst du eigentlich jeden an dieser Uni?« Ola sieht sie aus dem Augenwinkel an.

»Natürlich nicht«, erwidert sie zögernd.

»Sicher? Jedes Mal wenn ich mit dir unterwegs bin, grüßt dich jemand oder bleibt stehen, um sich mit dir zu unterhalten.«

Jenna fragt sich, was ihn daran stört. »Ich unterhalte mich eben gern. Interessierst du dich nicht für andere Menschen?«

Das Licht einer Straßenlaterne streift Olas Gesicht. Er ist wirklich umwerfend mit seinen hohen Wangenknochen, die Jenna noch bei keinem anderen Mann gesehen hat. Irgendetwas an ihnen weckt immer wieder den Wunsch in ihr, sein Gesicht zu berühren.

»Ich finde Menschen faszinierend. Ich könnte sie den ganzen Tag lang beobachten. Mich nächtelang mit ihnen unterhalten, um herauszufinden, warum sie bestimmte Dinge tun.«

Sie laufen weiter. Je näher sie dem Parkplatz kommen, desto stiller wird es um sie herum. Die Studierenden trinken in warmen Bars und Pubs oder versuchen, einen passenden Körper in einem Einzelbett in einem beengten Wohnheimzimmer zu finden.

Jenna war immer froh, mit Beginn ihres Studiums nicht zu Hause ausgezogen zu sein. Allein der Gedanke an ein enges Bett und geteilte Waschräume lässt sie schaudern.

»Menschen tun Dinge aus den immer gleichen Gründen. Macht. Gier. Verlangen«, antwortet Ola.

Jenna verdreht die Augen. »Für einen Theatermenschen bist du ekelhaft pragmatisch veranlagt.«

Als sie ihr Auto – einen cremefarbenen Mini – erreichen, fragt sie: »Willst du dich noch kurz mit reinsetzen?«

Die Hände tief in den Taschen versenkt, nickt Ola. In der Sekunde, in der sie ihn gefragt hat, ob er auch zum Parkplatz gehen würde, haben sie beide gewusst, dass ihr Spaziergang auf genau diese Weise enden würde. Sie fragt ihn nicht jedes Mal. Aber an Abenden wie diesem, wenn sie das Gefühl hat, auf der Bühne alles richtig gemacht zu haben, möchte sie immer mit ihm im Auto sitzen.

Ohne ein weiteres Wort steigen sie ein. Im Dunkeln beugt er sich zu ihr rüber, um sie zu küssen. Sie streckt die Hand aus, berührt sein Gesicht, seufzt glücklich in seinen geöffneten Mund. Sein Gewicht hüllt sie ein wie eine tröstende Decke, und sie spürt, wie sich seine Hitze langsam auf ihren Körper überträgt. Lächelnd vertieft sie den Kuss.

Mit einem geübten Handgriff betätigt er den Hebel neben ihrem Sitz und bringt ihn in Liegeposition. Seine Hände sind mit ihrem Körper vertraut, er weiß, wo er sie berühren und wie er ihre Haut streicheln muss. Er ist einer der wenigen Männer, die begreifen, dass der Körper einer Frau nicht unter Druck gesetzt werden darf. Dass Timing alles ist. Er weiß, wie lange er warten muss und wie er seine Atmung kontrollieren kann, bis sich sein Herzschlag verlangsamt und seine Hände träge werden, sodass sich alles in die Länge zieht und es weder Hektik noch Gefummel gibt. Nachdem er ihre Haut lang genug gestreichelt hat, stoßen ihre Hüften gegen seine Hände, ungeduldig und gierig.

Er senkt seine Lippen wieder auf ihre, sodass er genau in dem Moment, in dem er seine Fingerspitzen in sie taucht, ihr

Stöhnen mit seinem Mund auffangen kann. Etwas, das eines seiner Lieblingsgefühle in ihm auslöst, auch wenn er nicht genau weiß, warum. Nicht weiß, warum dies zu tun sich anfühlt, als würde er Schmetterlinge sammeln.

Jenna spürt seine Finger in sich; gedämpft hört sie, wie jemand in einen Wagen steigt. Wie ein Studierender gefährlich nahe an ihrem Auto vorbeigeht, während er sich mit einem Freund unterhält. Nichts davon stört sie auch nur im Geringsten. Der Parkplatz ist nicht ohne Grund als »Quickie-Stop« unter den Studierenden verschrien.

Ola hat dafür gesorgt, dass sie es bequem hat. Während er sie küsst und seine Finger ihren Weg in sie hinein und wieder heraus finden, legt sie ihre Hände an seinen Hinterkopf und saugt seine Zunge tiefer in ihren Mund. Sie bleiben so miteinander verschlungen, bis Ola ihren letzten leidenschaftlichen Schrei mit einem weiteren Lächeln herunterschluckt.

Sie legt einen Arm hinter den Kopf und sieht ihn grinsend an. Bemerkt, dass sich seine Jeans hinter dem Gürtel und den Knöpfen, die geöffnet werden wollen, wölbt, und grinst wieder. Es freut sie jedes Mal, wenn sie die Männer, die so hart gearbeitet haben, um sie zum Kommen zu bringen, nicht berührt hat. Einige Leute würden sie egoistisch nennen, aber Kees hat es immer als das Schließen der geschlechtsspezifischen Orgasmuslücke bezeichnet. Der Satz ist bei ihr hängen geblieben. Und wenn ihr danach ist, macht sie sich ebenfalls die Arbeit.

Heute Abend nicht.

»Ich muss los.«

»Schreib mir, wenn du zu Hause bist.«

»Du weißt, dass ich das nicht machen werde.«

»Ja.« Ola steigt aus dem Auto. »Fahr vorsichtig.«

Als er die Tür hinter sich zuschlägt, hat sie bereits ihre Jeans zugeknöpft und den Motor gestartet.

Sie hupt zum Abschied und verlässt den Parkplatz, ein angenehm warmes Pulsieren zwischen den Beinen. Ein produktiver Tag.

Als sie später an diesem Abend auf dem Sofa sitzt und gemeinsam mit ihren Eltern einen Film ansieht, dem sie nur ihre halbe Aufmerksamkeit schenkt, erinnern sich die Muskeln in ihren Fingern an den Gruppenchat mit ihren Freundinnen, wollen ihnen von ihrem neuesten Orgasmus mit Ola erzählen. Die letzte Nachricht, die auf dem Display erscheint und in der Malak Jenna fragt, wann sie vorhat, bei der Verlobungsfeier aufzukreuzen, erinnert sie daran, dass dieser Chat inzwischen schweigt und nicht mehr genutzt wird. In den vergangenen zwei Monaten ist er zu einem verlassenen Gebäude verkümmert. Jahre der Unterhaltungen sind zu Erinnerungen verblasst, alte Nachrichten, die sie an Abenden durchscrollt, an denen sie die anderen vermisst. Also an den meisten. Orgasmen, von denen man seinen Freundinnen nicht erzählen kann, sind Orgasmen, die weniger Freude bereiten. Viele Dinge bereiten inzwischen weniger Freude.

Stattdessen öffnet sie die Nachrichten von Mo, die regelmäßig auf ihrem Display aufploppen. Er ist hartnäckig. Obwohl sie sich nach ihrem ersten Date erst nicht zurückgemeldet hat. Selbst wenn sie ihm nur mit einem einzelnen Emoji antwortet. Ihm fällt immer etwas ein, das er ihr schreiben kann. Meistens antwortet sie erst dann, wenn sie sich langweilt oder nichts anderes zu tun hat.

Ihr erstes Date mit Mo war nicht weiter bemerkenswert. Sie hat die Unterhaltung in Gang gehalten, weil sie schon immer gut darin gewesen ist. Sie weiß, wie man einer Person das Gefühl gibt, der einzige Mensch im Raum zu sein. Sie hat den Verdacht, dass das der Grund dafür ist, warum Männer sie mögen. Sie gibt ihnen ein gutes Gefühl, und das reicht den meisten aus.

Mo ist respektvoll und nett und alles andere gewesen, was ein jordanischer Junge sein sollte. Höflich hat er ihr die Tür aufgehalten und darauf bestanden zu zahlen. Er hat sie weder geküsst noch irgendwelche anderen Annäherungsversuche unternommen. Und sie hat ihn genauso wenig berührt. Das tut sie bei muslimischen Männern nie. Sie weiß, dass es eine Grenze gibt, die man mit ihnen nicht überschreitet, zumindest nicht, solange man nicht gewillt ist zu heiraten.

Am nächsten Tag hat er ihr Blumen geschickt, eine Geste, die Jenna gefallen hat. Deswegen hat sie ihm das fehlende Funkensprühen verziehen und ihm weiterhin geschrieben. Man sollte sich jede Möglichkeit offenhalten.

Aus dem Augenwinkel beobachtet sie, wie sich ihre Eltern zueinanderbeugen und sich einen Kuss geben. Als sie ein Kind gewesen ist, hat sie angesichts der übertrieben romantischen Gesten der beiden die Augen verdreht; doch nun, da sie erwachsen ist, ist es etwas, das sie bewundert und nach dem sie strebt. Aber als jemand, die ihre Freundinnen vermisst und Typen in der Hoffnung küsst, dass sie die Lücke füllen, die sie hinterlassen haben, verleiht es ihr ein Gefühl der Leere.

Wieder will sie den Mädels schreiben, tut es aber nicht. Seit jenem Abend haben Kees und Malak kein Wort mehr miteinander gewechselt. Sie versteht nicht, wie sie zu dritt funktionieren sollen oder was der Sinn einer Freundinnen-Clique ist, wenn sie in zwei Hälften geteilt ist.

Stattdessen antwortet sie Mo, dass sie dieses Wochenende Zeit für ein Treffen hat. Er schreibt ihr sofort zurück, dass er sich um alles kümmern werde.

Bevor sie darüber nachdenken kann, warum sie sich mit ihm trifft, wirft sie das Handy aufs Sofa und nimmt sich noch ein Stück Kuchen. Sie weiß schon jetzt, dass die Chemie zwischen ihnen nicht stimmt. Seit dem zweiten Date, bei dem sie sich gewünscht hat, überall anders als mit ihm zusammen zu sein. Die Mädels hätten gelacht und ihr gesagt, dass sie den Typen absägen soll, anstatt ihre Zeit zu verschwenden. Aber sie sind nicht hier, und sie hat niemandem von der zweiten Verabredung erzählt. Sie ist wütend und weiß nicht, warum. Auch diesmal hat sie keine Ahnung, warum sie sich auf ein drittes Date eingelassen hat.

Es ist schon seltsam, was man tut, wenn die Frauen in deinem Leben plötzlich fehlen, denkt sie.

Malak

Sie träumt, dass sie in einem roten Meer ertrinkt. Beim Aufwachen registriert sie, dass sich ein roter Fleck zwischen ihren Schenkeln ausgebreitet und der vertraute Schmerz in ihrem Rücken eingesetzt hat.

Die Geräusche des Hauses murmeln ihr Sonntagslied. Sie steht auf und zieht das Laken vom Bett ab. Mit dem blutigen Bündel im Arm geht sie in die Küche und lässt es vor der Waschmaschine auf den Boden fallen.

Ihr Bruder sieht kurz von seinem Puten-Bacon-Sandwich auf. »Diesmal besonders schlimm?«

»Wann ist es das nicht?«

Sie nimmt einen Teller aus dem Hängeschrank und setzt sich zum Essen neben Samir. Der sonntägliche Brunch ist seit ihrer Kindheit ein festes Ritual in der Familie. Eine Tradition, die ihre Mutter eingeführt hat, um wenigstens einen Tag in der Woche heilig und unantastbar zu machen. Ein Moment, in dem die ganze Familie zusammenkommt, um zu essen und zu reden. Auch nach dem Beginn ihres Studiums und während ihrer ersten Jobs gab es kaum einen Sonntag, den sie nicht zusammen verbracht haben. Der Sinn dieser Tradition ist ihr damals klar geworden. Ihre Mutter war so klug, vorauszusehen, dass sie eines Tages alle viel beschäftigter und seltener zu Hause sein würden. Sie wusste, dass die Zeit mit der Familie gehegt und gepflegt werden muss.

An Tagen wie heute ist Malak ihrer Mutter dankbar für ihre Beharrlichkeit. Zumindest hier gibt es etwas Konstantes und Vertrautes. Samir und sie sind bislang jeden Sonntag zum Brunch in der Küche erschienen. Selbst mit Kater, selbst wenn sie es samstagnachts nicht in ihr eigenes Bett geschafft haben, sind sie am Sonntagmorgen nach Hause gekrochen wie Gläubige in die Kirche.

Sie nimmt den ersten Bissen von ihrem Pfannkuchen und beobachtet, wie ihr Vater ihre Mutter im Nacken streichelt. Plötzlich verspürt sie einen Kloß im Hals und muss ein Schluchzen unterdrücken. Die in Sorge gerunzelte Stirn ihrer Mutter und die Hand ihres Vaters, die er in ihre Richtung ausstreckt, reichen aus, um sie in Tränen ausbrechen zu lassen. Sie verschränkt die Arme auf dem Tisch, legt den Kopf darauf und schluchzt.

Samir murmelt Worte des Mitgefühls, ihre Mutter streichelt ihr über den Rücken, und ihr Vater hält ihre Hand. Während sie alle über sie wachen, weint sie sich zwischen den Pfannkuchen aus, die nun nicht mehr zu genießen sind.

Schließlich holt sie langsam und zitternd Luft und denkt, unterbrochen von Schniefen, einen kurzen Moment daran, ihren Eltern zu erzählen, dass ihr Herz gebrochen ist und sie nicht weiß, wie sie jemals wieder jemand lieben soll, aber sie tut es nicht. Da ist etwas in ihr, eine Ahnung, dass es nicht allein Liebeskummer ist, der sie innerlich zerreißt. Dass etwas seit Jahren Wurzeln in ihr geschlagen hat und ihr gebrochenes Herz nun ein wenig öffnet, das all ihre Bedürfnisse in ihrem Inneren eingeschlossen gehalten hat.

Sie kann nicht damit aufhören, mit den Fingern über die

Landkarte zu fahren, und das Verlangen danach, mehr ägyptisch als englisch zu sein, verschlingt sie. Ihr ist bewusst, dass sich ihre Familie über ihr schlechtes Arabisch lustig macht, während ihre Freundinnen und Freunde sie für bilingual halten. Sie sind alle ganz begeistert, wenn sie ihre Abstammung erwähnt; jeder träumt von Ägypten. Selbst ihre Eltern spinnen Geschichten über die glorreichen Zeiten, und man kann ihnen nicht lauschen, ohne sie selbst erleben zu wollen. Die meisten Menschen sind mit dem Märchen von Aschenputtel aufgewachsen, sie dagegen hat Geschichten der ägyptischen Sängerin Umm Kulthum gehört und darüber, dass selbst der Präsident gekommen ist, wenn sie sang.

Ihr ganzes Leben lang war Ägypten ganz nah. Sie hat es satt, sich danach zu sehnen. Hat genug von dem Verlangen nach etwas, das ihr gehören soll, dem sie sich aber nie wirklich zugehörig gefühlt hat.

Als sie mit zwölf Jahren erstmals den Ort besucht hat, den ihre Eltern ihre Heimat nennen, fiel es ihr leicht zu glauben, einen Anspruch darauf zu haben. Inzwischen ist sie alt genug, um zu wissen, dass es mehr braucht, sich ein Zuhause zu schaffen. Ihre Mutter hat ihr erzählt, dass es in Ägypten eine Redewendung gibt, die besagt, dass diejenigen, die vom Wasser des Nils trinken, immer wieder zu ihm zurückkehren werden. Sie fragt sich, ob es wahr ist. Ob Mythos und Genetik sie rufen und ob sie, am Arm eines weißen Mannes, der das Wort »*assalamualaikum*« nicht aussprechen kann, ohne zu klingen, als hätte er Steine im Mund, diesem Ruf niemals wird folgen können. Doch jetzt hat sich ihr Herzschmerz Bahn gebrochen, ihr Inneres ist geöffnet, und die ganze Sehnsucht ihres Lebens ist herausgekommen, um zu spielen.

»*Hayati, ya rohy*, was ist los?«, fragt ihre Mutter. »Sind die Schmerzen so schlimm?«

»Natürlich liegt es nicht an ihrer Periode«, erwidert ihr Vater an ihrer Stelle. »Sie ist seit Wochen traurig. Sag mir, was Baba für dich tun kann, Habibti. Samir, stell Wasser auf, deine Schwester braucht einen Tee.«

Samir weiß vermutlich, dass Tee nicht helfen wird; gleichwohl steht er schweigend auf und kommt der Aufforderung seines Vaters nach.

Zwischen Schluchzen und Teetrinken erzählt Malak schließlich, dass sie sich rastlos fühle. Dass sie nicht wisse, wer sie ist. Was von ihr erwartet wird. Ihre Mutter sagt, dass es am Abschluss des Studiums liege und jeder sich in ihrer Situation so fühle. Aber Malak beharrt, dass es um mehr gehe. Samir stimmt ihr mit der Begründung zu, dass er selbst keinen Zusammenbruch gehabt habe, nachdem er mit der Uni fertig gewesen sei, womit er sich einen Tritt unter dem Tisch von seinem Vater einhandelt, aber nur einen sanften, denn Samirs Einwurf bringt Malak zum Lachen, und sie sind alle froh über jedes noch so kleine Lächeln von ihr.

Ihre Mutter schlägt eine Auszeit vor. Samir einen Tag im Spa. Ihr Vater plädiert für einen Familienurlaub. Und Malak erwähnt einen Umzug nach Kairo. Die Idee kommt ihr in demselben Moment über die Lippen, in dem sie ihre Gedanken streift. Der Verlust hat sie mutig gemacht.

Mit einem Daumenwisch öffnet sie erneut die Landkarte auf ihrem Handy. Sie führt den Erwerb besserer Sprachkenntnisse in Arabisch an und die Gelegenheit, Zeit mit der Familie verbringen zu können.

Die Gesichter ihrer Eltern hellen sich auf. Ihre Mutter sagt, dass es ihr guttun werde, zwischen Studium und Beruf Zeit in der Heimat zu verbringen. Weist darauf hin, dass ihre Tochter viel zu viele Stunden über den Schreibtisch gebeugt gesessen habe und frische Luft brauche. Worauf ihr Vater spöttisch anmerkt, dass sie die in Kairo nicht bekommen würde, aber wenn ihr Herz danach begehre, könne ihn nichts glücklicher machen.

»Du bist eine Tochter der Wüste, Hayati«, sagt er. »Ägypten wird dich immer nach Hause rufen.«

Samir erwidert, dass sein Vater es all die Jahre ziemlich geschickt vermieden habe, diesem Ruf zu folgen, womit er sich einen deutlich härteren Tritt unter dem Tisch einfängt.

»Ich fände es toll, wenn du eine Weile in Kairo lebst.« Er reibt sich das Schienbein. »Du kannst dir ein nettes Apartment nehmen, in dem Elizabeth und ich dich besuchen kommen. Sieh zu, dass die Wohnung ein Gästezimmer hat, ja?«

»Ich ziehe nicht für dich dorthin, Samir. Es ist … Ich weiß auch nicht … Vielleicht ist es doch nicht das Richtige?« Nachdenklich kaut Malak an einem Fingernagel. Das hat sie sich erst in den letzten Monaten angewöhnt.

»Denk einfach mal drüber nach«, schlägt Samir vor. »Es ist auf jeden Fall eine gute Idee, sich eine Auszeit zu nehmen, ehe man ins Berufsleben startet. Nine-to-five ist nämlich ein Witz. Ich wünschte, ich hätte so was gemacht.«

»*Bezupt!*«, ruft ihr Vater aus. »Denk darüber nach, aber zuerst kochen wir einen Tee.«

Samir stellt ein weiteres Mal den Wasserkocher an.

Die Fingerspitzen noch immer zwischen den Lippen, sieht Malak ihre Mutter an. »Mama?«

»Natürlich ist es eine gute Idee; du kannst bei meiner Schwester wohnen, deiner Tante Hala. Und wer weiß, wen du dort kennenlernst.« Lächelnd richtet sie Malak einen frischen Teller Pfannkuchen her.

»Ich denke erst mal nur darüber nach, Mama. Das ist alles.«

»Natürlich, Habibti.« Ihre Mutter stellt den Teller vor sie. »Denk darüber nach.«

Der Brunch kommt langsam wieder in Gang. Zwischen den Bissen tauschen sie Meinungen aus, und die Möglichkeit auf etwas Neues, das Antworten mit sich bringt, lässt Malaks Appetit zurückkehren wie schon seit Wochen nicht mehr.

Ja, sie wird darüber nachdenken.

Nach diesem Brunch passiert alles ganz schnell. Die Tage scheinen zu rennen, und der langsame Übergang zum Winter fühlt sich nicht so schlimm an wie sonst. Malak nimmt an ihrer Abschlussfeier an der Uni teil, zum zweiten Mal, diesmal, um ihr Masterzeugnis entgegenzunehmen – mit einem leisen Dankesgebet auf den Lippen, dass sie und Kees an unterschiedlichen Fakultäten eingeschrieben sind, sodass sie sich nicht über den Weg laufen.

Seit dem Abend vor zwei Monaten haben sie weder miteinander gesprochen noch versucht, miteinander in Kontakt zu treten. Jenna schickt ihr eine Glückwunsch-Nachricht, auf die sie antwortet. Aber auch sie hat sie beinahe genauso wenig zu Gesicht bekommen.

Keine von ihnen ist sich sicher, ob ihre Freundschaft außerhalb des Dreierzirkels existiert. Es ist einfacher, Dinge zu ignorieren, als sich bewusst zu machen, was es bedeutet, nicht mehr mit der Frau zu sprechen, mit der sie beinahe ihr ganzes bisheriges Leben lang gesprochen hat.

Malak denkt, dass sie sich mit Jenna treffen sollte, aber sie hat bereits gelernt, ohne Jacob zu leben, ohne Uni-Kurse, und sie hat keine Kraft mehr zu lernen, nur zu zweit zu sein. Ihre Beziehung auf Textnachrichten und ein gelegentliches Meme zu beschränken, das nichts weiter als ein »lol« als Antwort erfordert, ist alles, wozu sie im Moment imstande ist.

Sie spricht mit Cousinen in Kairo, die sich nichts mehr wünschen, als dass sie zu ihnen kommt. Sie googelt Expat-Jobs. Sucht nach Apartments, obgleich ihre Familie sie anfleht, bei ihnen zu wohnen. Sie schließt sich einer Online-Community junger Britinnen und Briten an, die in der Stadt leben. Irgendwo zwischen Lesezeichen-Tabs-Hinzufügen und Google-Suchen nach dem Roten Meer hört sie auf, darüber nachzudenken, und entscheidet sich, es einfach zu tun.

Nachdem sie einen One-Way-Flug gebucht hat, löst sich die Verspannung in ihren Schultern auf. In der folgenden Nacht schläft sie elf Stunden. Sie weint weniger.

Erst ein paar Tage vor ihrem Abflug beginnt sie zu packen. Da es sich nicht wichtig genug anfühlt, macht sie sich keine Sorgen, etwas zu vergessen. Früher hat sie immer versucht, alles mitzunehmen, aber heute weiß sie nicht, wozu das gut sein sollte. Sie hat so viel von ihrem alten Leben verloren, warum Erinnerungen daran mit in ihr neues nehmen? Es würde die Menschen nicht zurückbringen.

Sie unterteilt ihr Leben in Kisten: behalten, einpacken, wegwerfen. Sie sortiert schnell und ohne lange darüber nachzudenken. Erst als ihr ein Bilderrahmen mit einem Foto von Jenna, Kees und ihr in die Hände fällt, zögert sie. Die Aufnahme stammt von einer ihrer vielen Übernachtungspartys und wurde auf Jennas Bett aufgenommen. Kees hält die

Kamera, während Malak den Kopf in ihren Schoß bettet und Jenna ihren in Malaks. Sie lachen alle drei.

Malak erinnert sich so lebhaft an die Szene, als würde sie sich in diesem Augenblick vor ihren Augen abspielen. Sie hatten, wie üblich, darüber diskutiert, wie wahrscheinlich es wäre, dass Harry und Jacob zum Islam konvertierten, und Jenna hat mit dem ihr eigenen Enthusiasmus behauptet: »Vielleicht ist das die Art, wie wir heutzutage unseren Glaubenskrieg führen. Überlegt mal, wie viele von uns in den Himmel kommen, wenn wir Männer zum Islam bekehren. Wir wären quasi Heilige.«

Kees hat ungläubig geschnaubt und erwidert: »Ich gehe davon aus, dass der Sex mit diesen Männern vor der Ehe die Sache mit der Heiligkeit aufhebt.«

»Nicht zwingend«, meinte Malak. »Abbitte leisten müsste doch auch was bringen.« Sie stieß Jenna, die Weißwein aus einer Thermosflasche trank, in die Seite. »Her mit dem Wein!«

Jenna hat den Deckel zugeschraubt und die Flasche über das Bett zu Malak hinübergeworfen. »So ist es. Mit der Abbitte wird alles ausgeglichen.«

»Du solltest Wein nicht durch die Gegend werfen, Jenna«, merkte Malak an. »Dann kippt er bestimmt.«

»Wir trinken den Wein aus einer Thermosflasche. Der ist längst gekippt.«

Kees hat einen Schluck von ihrem Kaffee genommen und sich amüsiert. »Selbst mir ist klar, dass Wein aus einer Thermosflasche ekelhaft schmecken muss, und ich trinke nicht mal Alkohol.«

»Was sein muss, muss sein, meine Liebe«, hat Malak angemerkt.

Kees hätte gern das Muss diskutiert, das ihre Freundinnen dazu getrieben hatte, Wein bei ihrer Übernachtungsparty zu trinken, besann sich dann aber eines Besseren. »Wie genau hilft einem Abbitte leisten denn, Jenna?«

»Die Katholiken machen das doch die ganze Zeit. Sünde begehen, beichten, dann gibt's die Erlösung, und alle sind zufrieden.«

Malak hat ihr grinsend zugestimmt. »Dann können wir doch so viel Sex haben, wie wir wollen, und sie davon abhängig machen, um sie anschließend zu bekehren – *Power of the Pussy* und so –, alle unsere vorehelichen Sex-Sünden bereuen, und *voilà*!«

»Nur dass wir keine Katholikinnen sind«, warf Kees ein.

»Ach, bitte. Es ist überall derselbe Gott. Wenn er Katholikinnen vergibt, dann definitiv auch Musliminnen.«

»Und warum hattest du dann noch keinen Sex, Jenna?« Kees war allzeit bereit, die Schwachstelle in Jennas Argumentation auszumachen. »Wenn Gott so nachsichtig und versöhnlich ist, meine ich.«

»Gott mag nachsichtig sein, arabische Männer sind es nicht.«

Als Kees und Malak gleichzeitig aufstöhnten, hat Jenna abwehrend eine Hand gehoben. »Fangt gar nicht erst mit dem Thema an. Heute Abend unterhalten wir uns darüber, wie ihr beide eure Männer heiraten könnt.«

Niedergeschlagen hat Malak den Kopf auf Kees' Schoß sinken lassen, worauf sich Jenna sofort wieder in Malaks Schoß gekuschelt hat, um nicht aus dem inneren Zirkel ausgeschlossen zu werden.

»Da ist diese Freundin einer Freundin«, fuhr sie fort. »Sie ist mit einem weißen Atheisten zusammen, der für sie zum

Islam konvertiert ist. Und das nicht mal nur der Schau wegen. Er ist wirklich und ganz aufrichtig davon überzeugt. Inzwischen sind sie verlobt.«

»Das klingt schön«, hat Malak bewegt erwidert.

»Das ist Schwachsinn«, protestierte Kees. »Auf keinen Fall hat er das nur für sich gemacht.«

Malak warf verzweifelt die Hände in die Luft. »Und wieder einmal hat Kees einer Geschichte den Zauber genommen. Es könnte doch sein, dass er zu Gott gefunden hat.«

»Er hat zu der Frau gefunden, die er liebt. Und zu viel Sex. Wie interessiert war er am Islam, bevor er sie kennengelernt hat? Offensichtlich nicht besonders, wenn sein atheistischer Arsch darauf beharrt hat, dass Gott nicht existiert, bis er ihn plötzlich – ta-da! – findet.«

»Wunder geschehen, Kees.«

»Muss auch wirklich ein Wunder sein, wenn ein Atheist von heute auf morgen zum standhaften Muslim wird.«

»Er hat zumindest gesagt, dass er es niemals nur für sie getan hätte«, warf Jenna ein. »Dass er sich selbst treu bleiben musste.«

»Dagegen kannst du nichts einwenden, Kees-Baby«, triumphierte Malak.

»Natürlich kann ich das«, ereiferte sich Kees. »Das muss er schließlich sagen, oder? Um seinen Stolz zu retten und die Story damit in Einklang zu bringen, dass er diese riesige Sache für sie getan hat. Der älteste Trick überhaupt: Nimm die Idee einer Frau und tu so, als wäre es deine eigene gewesen.«

Sie mussten alle lachen, und das war der Moment, in dem sie das Foto machten, während die Spuren der weggewischten Lachtränen noch auf ihren Wangen schimmerten.

Zurück in der Gegenwart, nimmt Malak ihr Handy und schickt Jenna eine Nachricht, ehe sie es sich anders überlegen kann. Sie schreibt ihr, dass ihr Flug in zwei Tagen gehe und sie sich morgen vielleicht im »The Diner« treffen könnten, um sich zu verabschieden.

Jenna ist taktvoll genug, keine große Sache daraus zu machen, dass ihr ihre beste Freundin gerade verkündet hat, auf unbestimmte Zeit das Land zu verlassen, und Malak liebt sie dafür. Sie vereinbaren die Uhrzeit so förmlich wie zwei entfernte Bekannte und streuen immer wieder das Wort »Babe« ein, um es klingen zu lassen, als wäre alles normal.

In Malaks Brust zieht sich etwas zusammen. Seit sie mit Jacob Schluss gemacht hat, fühlt sie sich seltsam. Als wären sämtliche Knochen aus ihrem Körper genommen und beim Zusammensetzen nicht alle Teile an die richtige Stelle zurückgesteckt worden. Inzwischen hat sie sich beinahe an das Gefühl gewöhnt, schüttelt es leichtfertig ab und packt weiter. Faltet ihr Leben und die letzten Jahre sorgfältig zusammen. Entscheidet, was sie mitnimmt, was nicht und wer sie sein wird.

Malak

Das Display ihres Telefons leuchtet neben ihr auf und hindert sie daran einzuschlafen. Langsam stellt sich Jacobs Name darauf scharf.

Ich steh vor der Tür. Kannst du rauskommen?

Sie zittert am ganzen Körper. Auf der Bettkante sitzend, schlingt sie die Arme um sich. Betet, dass ihre Eltern nicht aufwachen. Schließlich zieht sie strauchelnd die Jogginghose an, die sie für den Flug am nächsten Tag bereitgelegt hat.

Seit dem Abend ihrer Trennung hatten sie keinen Kontakt mehr. Es gab nichts mehr zu sagen. Warum also steht Jacob jetzt vor ihrem Haus?

Sie zerrt den Hoodie über den Kopf, schleicht die Treppe herunter und verlässt das Haus. Am Tor stehend, sieht sie sich suchend um.

Eine weitere Nachricht erscheint auf ihrem Handy: *Um die Ecke. Ich wollte vorsichtshalber nicht so nah am Haus warten.*

Sie denkt, dass sie sich in diesem Moment noch einmal ganz neu in ihn verliebt.

Am Ende der Straße biegt sie um die Ecke, wo er an ein Auto gelehnt steht. Er wirkt unsicher.

»Hi«, sagt sie und geht auf ihn zu.

»Hi.«

Angesichts der Förmlichkeit dieser winzigen Begrüßungsformel lachen beide nervös.

»Ich hab mir Olis Auto geliehen. Kannst du kurz mit zu mir kommen? Ich weiß, dass du morgen früh fliegst.«

»Woher weißt du das?«

»Jenna.«

Sie lacht. »Natürlich.«

Sie hätte abgelehnt, gesagt, dass es zu riskant sei. Dass ihre Eltern bemerken könnten, dass sie sich mitten in der Nacht aus dem Haus geschlichen hat. Doch die Art, wie er sie bei der Erwähnung ihres Abflugs angesehen hat, macht sie weich.

»Klar.«

Sie steigen ins Auto und fahren die zwanzig Minuten bis zu seinem Studierendenwohnheim.

»Oli hat nichts dagegen, dass du dir sein Auto leihst?«, fragt Malak.

»Warum sollte er?«

»Weil er mich inzwischen hasst.«

»Mach dir wegen Oli keine Gedanken.«

Sie schleichen ins Wohnheim-Apartment, vorbei an Olis Zimmer, hinauf in Jacobs Mansardenzimmer. Es scheint sich nichts verändert zu haben, was sich für Malak komisch anfühlt, weil jetzt alles anders ist und sie nicht begreift, wie große Dinge geschehen können, ohne dass man es sieht.

»Möchtest du einen Tee?«

»Immer.«

Sie sieht sich genauer um und stellt fest, dass die Bilderrahmen mit den Fotos, auf denen sie zu sehen gewesen war, verschwunden sind. Das einzige Bild, das von ihr übrig ist, ist das kleine in dem Schlüsselanhänger, der auf Jacobs Nachttisch liegt. Sie beide vor dem Louvre in Paris. Er in dem hellblauen Pulli, der seine Schultern breiter wirken lässt, ihre Stirn zärtlich an seine gelehnt. Wie zwei Hände im Gebet. Man kann sehen, dass sie das Foto gemacht hat, weil mehr von Jacob darauf zu sehen ist als von ihr. Ihr Lächeln ist unbekümmert und sanft, keine Zähne wie bei einem breiten Grinsen oder falschen Lachen für die Kamera, ganz einfach das Lächeln zweier Menschen, die etwas wissen, das sonst niemand weiß.

Er schenkt Tee in ihren Lieblingsbecher, als hätte sich nichts geändert.

»Du hast eins vergessen.« Sie deutet in Richtung des Schlüsselanhängers.

»Sei nicht sauer wegen der Fotos. Oli meinte, dass es so vielleicht am besten sei und mir helfe, darüber hinwegzukommen. Ich habe sie erst mal alle in die Kommode gelegt, aber das da konnte ich nicht verstecken. Etwas musste bleiben.«

»Ich bin nicht sauer.« Sie setzt sich neben ihn auf die Bettkante. »Und wahrscheinlich hat er recht.«

Was sie nicht sagt, ist, dass sich der Anblick des Zimmers, aus dem er sie so sorgfältig entfernt hat, anfühlt, als würden sie gerade noch einmal Schluss machen. Obwohl sie weiß, dass sie kein Recht hat, traurig darüber zu sein. Sie selbst hat nie auch nur ein einziges Foto von ihm in ihrem Zimmer aufgehängt. Sie hat ihn immer versteckt. Wieder einmal verflucht sie ihren fehlenden Mut, ihren Eltern von ihm zu erzählen.

Schweigend trinken sie Tee. Ihre Beine berühren sich, ihre Schultern streifen einander.

Schließlich dreht Jacob sich so, dass er sie ansehen kann. »Dann tust du es jetzt also wirklich?«

»Ja.«

»Das freut mich.«

Das Schlimmste daran ist das Wissen darum, dass er es tatsächlich so meint.

»Du willst das schon so lange machen«, fährt er fort. »Du hast mir immer wieder gesagt, dass du irgendwann nach Ägypten willst, um dort zu leben, und jetzt tust du es tatsächlich. Du wolltest es so sehr, aber ich war mir nie sicher, ob du es durchziehen würdest. Ich bin stolz auf dich, Malak.«

Sie weiß nicht, ob es an seiner Aufrichtigkeit oder an seiner Reife liegt, ihr alles Gute zu wünschen, dass sie anfängt zu weinen.

Er streckt eine Hand aus und streicht ihr die Tränen von den Wangen. »Nicht, Malak.«

Sie weint noch heftiger.

»Das wird unglaublich toll. Du hast ein riesiges Abenteuer vor dir.«

Das Schluchzen, das sie bisher zurückgehalten hat, bricht aus ihr heraus, und die Anspannung in ihren Schultern, die zu ihrem ständigen Begleiter geworden ist, sinkt gegen seine Brust.

Er nimmt ihr den Tee aus der Hand und schlingt einen Arm um sie. Murmelt tröstende Worte, die sie kaum versteht, streichelt ihr beruhigend übers Haar.

Wenn er sie fragen würde, warum sie weine, hätte sie keine Antwort für ihn. Zumindest keine, die sich in Worten ausdrücken ließe.

Sie wischt die Nase am Ärmel ihres Sweatshirts ab, wie man es nur in Gegenwart von jemandem tun kann, dem man vertraut, und wendet ihm fragend ihr nasses Gesicht zu. Er antwortet, indem er seine Lippen auf ihre senkt.

So ist es immer zwischen ihnen gewesen. Miteinander kommunizieren können, ohne etwas zu sagen.

Als Jacob ihr die Jogginghose und den Hoodie auszieht, spürt sie, wie er sagt, du wirst geliebt. Wurdest geliebt. Wirst geliebt werden. Das lässt sie noch mehr Tränen weinen. Sie zieht ihn auf eine Weise zu sich, die sagt, ich liebe dich auch und ich weiß nicht, ob ich jemals damit aufhören kann, dich zu lieben, und es tut mir leid, dass es nicht ausreicht, um zu bleiben.

Hinterher liegen sie still nebeneinander. Sie lauscht seinem Herzschlag, spürt, wie er durch ihren ganzen Körper vibriert, und weiß, dass sich nichts geändert hat. Morgen früh wird sie ein Flugzeug nach Ägypten besteigen, ein Land, das sie nur durch die Sehnsucht ihrer Eltern und kurze Sommerurlaube kennt, und das Zuhause zurücklassen, das sie tatsächlich kennt. Sie wird Familie und Freunde und eine große Liebe – eine epische Liebe – gegen eine Fantasie und einen Mythos über den Nil eintauschen, von dem ihre Mutter ihr erzählt hat, als sie noch ein Kind war.

Der Wahnsinn des Ganzen bringt sie beinahe zum Lachen. Aber die ständige Unruhe, die irgendwo in ihrem Brustkorb sitzt, ist zu lange gewachsen, und so bleibt sie ganz still und findet sich damit ab, zu gehen.

Sie stützt sich auf und sieht Jacob an. »Was wirst du machen?«

»Keine Ahnung. Ein verantwortungsbewusster Erwachsener sein. Etwas für die Gesellschaft leisten. Von uns allen wird erwartet, dass wir uns als Nächstes einen Job suchen, oder? Allerdings habe ich keinen Schimmer, was man mit einem Master in Östlicher Philosophie macht. Vielleicht breche ich auch einfach aus und gehe zum Zirkus. Ich glaube, darin wäre ich gut.«

Malak steht auf und sucht ihre Sachen zusammen, die überall verstreut liegen. Der Himmel wird bald hell. Sie muss zurück in ihr eigenes Bett, bevor es so weit ist.

»Harry hat mir erzählt, dass ihr gerade nicht miteinander sprecht, du und Kees.«

Für einen Moment erstarrt Malak. Sie fragt sich, warum ihr niemals in den Sinn gekommen ist, dass die Jungs nach wie vor miteinander reden.

»Mir war nicht klar, dass ihr Kontakt habt.«

Jacob hebt eine Augenbraue. »Erwartest du etwa, dass wir unsere Freundschaft aufgeben, nur weil du deine mit Kees beendet hast?«

»Oh bitte«, sagt sie verächtlich. »Seit wann seid ihr denn Freunde?«

»Wir sind immer gut miteinander klargekommen.«

»Es gibt einen Unterschied zwischen miteinander klarkommen und befreundet sein, Jacob.« Sie zerrt sich heftiger als beabsichtigt die Jogginghose über die Beine, auf einmal verärgert über die Vorstellung der beiden als Freunde.

»Ich bin mir nicht sicher, ob Männer da genauso eine strenge Grenze ziehen.« Jacob stützt sich auf einen Arm, ohne den Blick von ihr zu lösen.

»Männer sind eben bescheuert.«

»Vielleicht. Letzte Woche haben wir abends zusammen gegessen.«

Sie hält inne. »Wo?«, fragt sie so fordernd, als könne das Stochern in Details die Realität ungeschehen machen.

»Bei Harry zu Hause. Er hat was gekocht, und wir haben uns einen Film angesehen.«

»Was hat er gekocht?«

»Beef Wellington.«

»Ich dachte, du hasst Reiche-Leute-Gerichte?«

»Na ja, wenn man's genau nimmt, ist Beef Wellington nichts anderes als eine ausgewachsene Version von Corned-Beef-Teigtaschen.«

Malak stößt ein ungläubiges Grunzen aus. »Verräter.«

»Beef Wellington und ein Filmabend machen mich nicht gleich zum Verräter.«

»Okay, und welchen Film habt ihr euch angesehen?«

»Hat die Antwort Einfluss auf meine Einstufung als Verräter?«

»Kommt darauf an«, gibt sie patzig zurück. »Wenn's ein Indie-Streifen mit Untertiteln war, dann ja.«

»*Herr der Ringe.*«

»*Die zwei Türme?*«

»Das ist der beste.«

»Auf jeden Fall.« Malak streift sich den Hoodie über und setzt sich auf die Bettkante, um die Socken anzuziehen. »Wie geht es ihr?«

»Sie wirkt ziemlich fertig.« Ihm ist klar, dass sie diese Frage schon die ganze Zeit stellen will – und dass sie der wahre Grund für ihre Gereiztheit ist. Weil er sie liebt, liefert er ihr die Informationen bereitwillig, ohne dass sie nachbohren muss. »Im Moment schaut sie dem Team in der Kanzlei über die Schulter, bevor sie dort offiziell ihre Stelle antritt. Ihre Arbeitstage sind wohl ziemlich lang. Harry meinte, dass er sie zurzeit kaum noch sieht. Am Wochenende ist sie auch meist im Büro, um sich auf den Job vorzubereiten. Du weißt ja, wie Kees ist.«

»Klassische Überfliegerin.«

»Sie vermisst dich.«

Malak stockt der Atem. »Hat sie das gesagt?«

»Nicht zu mir. Aber Harry hat was in der Richtung erwähnt. Und er meinte, dass sie immer noch ziemlich sauer auf dich ist. Anscheinend hast du ein paar Sachen gesagt …«

Sie nickt, weil sie nicht weiß, was sie sonst mit ihrem Körper machen soll.

Jacob rutscht hinter sie, die Beine rechts und links von ihr, und umarmt sie. Malak denkt, dass ein Mensch, den man sehr verletzt hat, dich wirklich lieben muss, wenn er trotzdem in der Lage ist, dich zusammenzuhalten.

»Ihr kriegt das schon wieder hin«, murmelt er an ihrem Rücken. »Gib euch einfach ein bisschen Zeit.«

»Gerade ist nicht der richtige Zeitpunkt.«

»Es ist immer der richtige Zeitpunkt, sich mit der Person zu vertragen, deren Gefühle man verletzt hat, Malak.«

»Sie hat mich auch verletzt.« Sie hört selbst, wie bockig das klingt.

»Ich weiß«, erwidert er. »Ich weiß.«

Sie bleiben noch einen Moment so sitzen. Er nackt, die Beine um sie geschlungen, bereit, sie für alle Ewigkeit festzuhalten. Sie angezogen, den Blick auf die Uhr an der Wand gerichtet, bereit zu gehen. Hier, mit ihm zusammen, merkt sie plötzlich, dass sie sich immer noch mehr darauf freut, zu gehen, als zu bleiben, und sie ist weniger traurig. Eine gewisse Härte formt sich in ihrem Magen, und sie ist entschlossen. Eine allumfassende Befriedigung überkommt sie angesichts ihres Gefühls, das Richtige zu tun.

Sie lächelt in sich hinein und öffnet, eine Hand auf seiner, die Taxi-App auf ihrem Handy. Jacob bemerkt es nicht, verloren in einem Moment, von dem er zu glauben scheint, dass sie ihn teilen. Schließlich drückt sie seine Hand und sagt: »Mein Taxi ist da.«

Er zuckt zusammen. »Quatsch, ich fahr dich.«

»Nein.« Sie ist stark. Dreht sich zu ihm hin. »Bitte bleib im Bett. Es ist spät. Und ich möchte mich hier von dir verabschieden. Wir hatten so viele schöne Momente in diesem Zimmer. Ich möchte dich nicht irgendwo verstohlen um die Ecke von meinem Zuhause küssen aus Angst, dass uns jemand sieht. Ich möchte nicht, dass so etwas das Letzte ist, was zwischen uns passiert.«

Durch die Art, wie er sie ansieht, fühlt sie sich auf einmal wieder ganz verloren. Sie möchte ihn an sich ziehen und sagen, dass alles gut wird, aber in Gedanken geht sie bereits die Liste der Dinge durch, die sie morgen früh braucht. Sie hat den Raum bereits verlassen, obwohl sie nach wie vor auf der Bettkante sitzt.

»Pass auf dich auf, Jacob.«

Er wirkt, als wäre ihm übel, und sie kann fühlen, wie seine verzweifelte Traurigkeit in das Bett sickert und auf sie übergeht.

Sie legt eine Hand in seinen Nacken und drückt ihre Lippen auf seine. Schmeckt das Salz auf ihrer Zunge und weiß, dass nicht sie diejenige ist, die weint.

Schließlich steht sie auf und geht zur Tür. Eine Hand auf dem Lichtschalter, sieht sie zurück. »Kann ich dir noch etwas bringen?«

Er schüttelt den Kopf. »Nein, danke.«

Sie sehen einander an. Dann legt er sich hin, zieht die Decke bis unters Kinn und macht es sich, ohne den Blick von ihr abzuwenden, in der Position bequem, in der er gewöhnlich schläft.

Sie schaltet das Licht aus und taucht sie beide in Dunkelheit. Sie will nicht diejenige sein, die wegsieht, und sie weiß, dass er es genauso wenig tun wird.

»Gute Nacht, Jacob.«

»Gute Nacht, Malak.«

Jenna

Sie verstehen es beide, sich an den Dingen um sie herum zu erfreuen. So sind sie schon immer gewesen. Ob sie deshalb schon seit so vielen Jahren beste Freunde sind? Sie sind mutig und furchtlos. Vielleicht waren es diese Eigenschaften, die sie anfänglich zueinander hingezogen haben. Sie hat Lewis im Teenageralter bei einer Party kennengelernt. Er war irgendein Freund einer Freundin ihrer Freundin. Gegen eine raue Backsteinwand gelehnt, haben sie sich geküsst, und damit war eine Freundschaft geboren.

Sie haben die Nacht damit verbracht, zu lernen, wozu ein Körper in der Lage ist, wenn er auf die richtige Weise berührt wird. Mit Dingen, die im Gästezimmer im Elternhaus eines Freundes möglich sind.

Der erste Mann, der vor ihr gekniet und seine Lippen auf sie gelegt hat, war Lewis. Gefangen zwischen seiner Jugend und der Sehnsucht danach, mehr zu wollen, hat er ihr gezeigt, wie eine Zunge in ihrem Inneren dem Gefühl gleichkommen kann, in ein heißes Bad zu sinken. Details, die sie am nächsten Morgen auf dem Nachhauseweg Kees und Malak erzählt hat, die beide noch diese neue wundervolle Erfahrung machen mussten, die sie als das Beste beschrieb, was sie jemals getan hat. Bis zu diesem Moment hatten sie sich vor allem für gemeinsame Tage am Strand und das Sezieren der Handlungsstränge ihrer Lieblingsserie interessiert. Aber mit Jennas Schilderungen begannen die Biologie und das Stechen der Begierde auf ihrer Haut zu prickeln.

Wenn in den darauffolgenden Jahren das ungeschickte Herumfummeln betrunkener Männer nicht halb so gut funktionierte, hat Jenna jedes einzelne Mal Lewis dafür gedankt, ihr gezeigt zu haben, wie es sich anfühlen sollte. Sie konnte sich vorstellen, dass es ein enormer Booster für sein Ego gewesen ist.

Ihr gemeinsames Herumexperimentieren endete nach einem Jahr. Lewis wusste bereits, wie sich Sex anfühlt, und war nicht bereit, auf diese neue, aufregende und wilde Erfahrung zu verzichten. Auch sie wusste um die Bedeutung des Vergnügens, bestand aber darauf, an ihrer Jungfräulichkeit festzuhalten. So entschieden sie, nicht zusammenbleiben zu können, und setzten ihre Beziehung in einer sehr vertrauten Freundschaft fort. Nie haben sie infrage gestellt, weiterhin Teil des Lebens des anderen zu sein. Es hat keinen kleinlichen Liebesstreit und auch kein offizielles »Schlussmachen« gegeben. Sie haben einfach damit aufgehört, auf Partys oder im Club gemeinsam zu verschwinden. Sobald du zugelassen hast, dass ein Mann seinen Kopf zwischen deine Schenkel steckt, kannst du entweder mit ihm zusammen sein, nie wieder mit ihm reden, oder er kann dein bester Freund werden. Mit siebzehn, als das Leben einfacher gewesen ist und alle zu glücklich und jung gewesen waren, um eifersüchtig zu sein, haben sie sich für Freundschaft entschieden.

Jenna war wegen des Studiums zu Hause wohnen geblieben, und Lewis war in der Minute nach Liverpool aufgebrochen, in der sie ihre Abiturzeugnisse erhalten hatten. Trotz der Entfernung haben sie so weitergemacht wie immer. In jeden Semesterferien hat er an die Haustür ihrer Eltern geklopft, um sie zu sehen, sich in die Küche zu schleichen und von ihrer Mutter durchfüttern zu lassen. Ihr Vater hat ihre Freundschaft mit einem Mann widerwillig akzeptiert, und dies nur, weil seine Frau ihm versichert hat, dass Jenna niemals einen weißen Nicht-Muslim heiraten würde.

Lewis hat seine drei Jahre am College ohne Lust auf Weiterbildung beendet. Seinen Abschluss glücklich in der einen Hand und das horrende Studierendendarlehen, das er erstaunlich gelassen hinnahm, in der anderen, ist er wieder zu Hause eingezogen, bis er einen Job fand. Soweit Jenna es beurteilen kann, hat er den größten Teil des Sommers in fremden Betten verbracht und damit, sich zu amüsieren und alles andere zu tun, als sich einen Job zu suchen. Dabei hat er bei jeder Gelegenheit versucht, sie von ihren Büchern wegzulocken.

Eine weitere Rose landet auf Jennas Kopf. Lewis sitzt ihr gegenüber und zerpflückt den Strauß, den Mo ihr früher am Tag überreicht hat, um mit den langen Stielen auf sie zu zielen, während sie versucht zu lernen.

»Ich hätte dich niemals in die Bibliothek lassen dürfen. Du könntest genauso gut draußen im Kalten warten, ist dir das klar? Je schneller du mich hier fertig werden lässt, desto eher können wir was essen gehen.«

»Ich will nichts essen, ich will einen Drink.« Lewis wirft noch eine Blume nach ihr.

»Das ist das Gleiche. Flüssiges Abendessen. Und hör auf, meinen Strauß zu zerrupfen.«

»Wer hat dir den geschenkt?«

»Mo.«

Lewis stöhnt auf. »Mo ist ein Idiot.«

»Das sagst du über jeden Typ, mit dem ich mich verabrede«, erwidert Jenna, ohne den Kopf von dem Wälzer zu heben, in dem sie zu lesen versucht.

»Weil sie nun mal alle Idioten sind, Jenna. Allen voran Mo, nach dem, was du mir über ihn erzählt hast. Was sagt dir das?«

»Dass du ein Schwachkopf bist, Lewis.«

Er lehnt sich über den Tisch und beäugt Jenna durch ein Rosenblatt. »Und das kommt ausgerechnet von dir, die vorhat, mit dem Sex bis zur Hochzeitsnacht zu warten. Ich bin echt nicht gern derjenige, der dir in die Parade fährt, Jenna, aber du bist im Grunde so was wie die Hure unter den Jungfrauen.«

Sie holt mit dem Buch aus, und der befriedigende Laut von sechshundert Seiten medizinischer Fachliteratur, die mit seinem Kopf kollidieren, entlockt ihr ein Lächeln.

»Jesus, Frau.« Lewis lehnt sich zurück und reibt sich den Kopf.

»Ich dachte, an den glaubst du nicht.«

Er verdreht die Augen. »Das ist eine Redewendung.«

»Nein, ist es nicht. Jesus ist eine religiöse Figur, die du nicht anrufen kannst, solange du dich weigerst, ihre Existenz anzuerkennen. Und nenn mich nicht Hure. Außerdem ist eine jungfräuliche Hure ein Widerspruch in sich.«

»Was dich als Person perfekt zusammenfasst, Jenna. Ich hab noch keine andere Frau kennengelernt, die so viele Schwänze zu sehen bekommt, ohne tatsächlich Sex zu haben.«

Sie greift wieder nach ihrem Buch. »Warum interessiert dich das überhaupt? Ich habe meinen Spaß. Rein medizinisch betrachtet, bin ich Jungfrau, und niemandem wird damit wehgetan. Was macht es für einen Unterschied, ob es Penetrationssex ist oder nicht?«

»Du reitest auf Formalitäten rum.«

»Selbst wenn ich meine Jungfräulichkeit irgendwann verlieren sollte, würdest du die Person nicht leiden können.«

»Stimmt, wahrscheinlich nicht.«

Zum ersten Mal an diesem Abend sind sie sich einig. Wohl deshalb lässt Lewis das Thema fallen, sieht sie an und grinst jungenhaft. »Können wir jetzt einen trinken gehen?«

Jenna lacht und nickt.

Den Rest des Abends geben sie sich dem Vergnügen hin, was ihnen leichtfällt. Zwischen Cocktails und Poolspielen kippen sie Shots und ziehen zur nächsten Bar weiter, wo die Beleuchtung schummriger ist und die Drinks raffinierter sind. Zwischen den Locations nehmen sie sich gegenseitig huckepack, einfach weil es eine gute Idee zu sein scheint. Sie flirten mit Fremden. Sie sind die perfekte Wingwoman und der perfekte Wingman füreinander. Jenna unterhält sich mit den Frauen, ein Kompliment hier, ein verständiger Blick, den sie auf ganz natürliche Weise tauschen, und eine sanfte Andeutung da, dass ihr Bekannter sie besonders hübsch findet. Letzteres reicht häufig schon aus. Lewis fällt es leicht, sich mit Frauen zu unterhalten.

Er muss Jenna nicht an den Mann bringen. Seine Aufgabe ist es, die schüchternen Typen davon zu überzeugen, sich ihr zu nähern; obwohl sie sich in den meisten Fällen, in denen er zu ihr rüberschaut, bereits im Gespräch mit einem Mann befindet, der aussieht, als hätte Gott persönlich in dieser Nacht auf ihn herabgelächelt.

Sie tauschen Nummern und Küsse in dunklen Ecken aus,

fummeln ab und zu in Toilettenkabinen herum, verlassen aber jede Bar gemeinsam und geben den Leuten, mit denen sie sich unterhalten haben, das Gefühl, als wären plötzlich sämtliche Lichter ausgeschaltet worden.

Ein Blick auf ihr Handy verrät Jenna, dass sie zwei Anrufe von Mo verpasst hat. Sie hat nie verstanden, warum Leute noch mal anrufen, wenn die Person schon beim ersten Mal nicht drangegangen ist. Zwei nicht angenommene Anrufe bedeuten Ungeduld. Sie schreien förmlich: »Warum bist du nicht drangegangen? Ich warte.«

Kopfschüttelnd lässt sie das Handy zurück in ihre Tasche fallen. Sie hat sich noch nie von anderen unter Druck setzen lassen. Ihren Eltern hat sie bereits gesagt, dass kurzfristig eine Theaterprobe einberufen worden sei, und sie sind die Einzigen, die besänftigt werden müssen. Über andere denkt sie gar nicht erst nach. Sie war schon immer gut darin, im Moment zu leben.

Die Nacht umhüllt sie beide. Sie ist froh, dass Lewis wieder zu Hause ist. Malak ist in Ägypten, und Kees hat ihren neuen Job angefangen, was bedeutet, dass genauso gut ein ganzer Ozean zwischen ihnen liegen könnte.

Seit der Verlobungsfeier hat sich ihre Freundschaft verändert. Sie hat eine Form angenommen, die Jenna nicht wiedererkennt. Ihre Mutter sagt, es liege daran, dass sie als Einzige noch studiere, und dass es wieder wie früher werde, wenn sie mit der Uni fertig sei und ihre Leben wieder denselben Rhythmus aufnähmen. Sie weiß, dass das nicht stimmt. Dass das, was auch immer in jener Nacht aufgetrennt worden ist, zu zerrissen ist, um es wiederzuerkennen. Trotz all der schwierigen Dinge, die im Laufe der Jahre zwischen ihnen zur Sprache gekommen sind, und all der harten Wahrheiten, die vor allem Kees ausgesprochen hat, stand nie so viel auf dem Spiel. Aber mit der Liebe in der Mischung und den zu treffenden Lebensentscheidungen hat jede von ihnen am Herzen eines anderen festgehalten. Es gab zu viel zu verlieren.

Sie schüttelt den Gedanken an die beiden ab und kehrt in die Gegenwart dieses Abends zurück. Ein Dance-Remix von *Jolene* dröhnt aus den Boxen, und Jenna und Lewis springen im selben Moment auf. Sie tanzen schon jahrelang zu dem Song. Er ruft Erinnerungen an einfachere Zeiten hervor.

Ihr Abend endet im Döner-Imbiss – so wie immer –, wo das Essen etwas von dem Alkohol in ihrem Magen aufsaugt. Außer ihnen sind kaum Leute hier. Es ist Viertel vor elf, zu früh für die meisten für einen Abstecher zum Imbiss, aber Jenna hat morgen Vorlesungen und Lernstoff zu bewältigen und Eltern, die ihr nie erlaubt haben, erst in den frühen Morgenstunden nach Hause zu wanken. Die einzige Person, der das zusteht, ist ihr Vater, wenn er von Operationen, die bis in die Nacht hinein gedauert haben, oder Notrufen zurückkehrt.

Lewis reibt sich die Augen und gähnt. »Wir werden langsam zu alt für das hier, Jenna.«

Sie kichert in ihre Chipstüte und stibitzt ihm ein Stück von seiner Pizza. »Du vielleicht.«

Er murmelt vor sich hin, dass sie ihm jedes Mal sein Essen klaue und warum sie sich nicht einfach selbst etwas bestelle. Sie erwidert wie üblich, dass sie keine Pizza wolle. Die gleiche Unterhaltung führen sie schon seit Jahren.

Es ist halb zwölf, als sie sich ins Haus schleicht. Sie weiß sich müde genug zu verhalten, damit kleine Ungeschicktheiten ihrer Erschöpfung und nicht dem Rausch zugeschrieben werden. Sie weiß, welchen Abstand man einhalten muss, damit andere den Alkohol nicht riechen. Außerdem hat sie stets eine kleine Flasche Mundwasser für die Taxifahrt nach Hause dabei. Sie kennt die Trinkgrenze, die sie nicht überschreiten darf, wenn sie zu Hause schläft.

Heute Abend begegnet sie ihren Eltern nicht auf dem Flur. Mit einer Packung Abschminktüchern und einem großen Glas Wasser schafft sie es unbehelligt in ihr Bett. Als sie ihr Handy entsperrt, sieht sie, dass Mo online ist. Obwohl sie weiß, dass sie auf seine Anrufe reagieren sollte, scrollt sie über seinen Namen hinweg. Seufzt und scrollt in dem Wissen, dass es das Richtige ist, zurück zu seinem Chat.

Er könnte der Typ Mann sein, den sie sich schon in Tausenden Tagträumen ausgemalt hat. Sie versteht ihren eigenen Widerwillen, wieder mit ihm auszugehen, nicht. Zunächst ist sie seinen Fragen nach einem Date ausgewichen, hat sich hinter ihrem Lernpensum und dem drohenden Eintritt in die Arbeitswelt versteckt. Eine Strategie, mit der sie erfolgreich gewesen ist, bis er eines Tages vor der Bibliothek aufgetaucht ist und darauf bestanden hat, dass sie eine Lernpause macht, da jeder irgendwann mal essen müsse.

Sie ist sich nicht sicher gewesen, ob es an seinem fordernden Ton oder an seiner standhaften Weigerung lag, ein Nein als Antwort zu akzeptieren, doch etwas an der Autorität, die in seiner Stimme mitschwang, hat ihr ein Lächeln entlockt und sie, wenn sie sich konzentrierte, für einen kurzen Moment so etwas wie ein Flattern in der Magengegend spüren lassen.

»Ein bisschen kalt für ein Picknick, oder?«, hat sie gesagt, als sie sich vor dem Eingang zur Bücherei trafen. Sie zog die Jacke enger um sich, während sie auf ihn zuging.

»Ein bisschen«, lautete seine Antwort, »aber ich habe Decken und Minztee in einer Thermosflasche dabei. Außerdem scheint die Sonne, und ich dachte, das sollten wir ausnutzen.«

Sie hat den geflochtenen Korb bemerkt, den er am Arm trug, und der Versuchung widerstanden, ihn mit seiner altmodischen Art aufzuziehen. Ein Mann, der spontan mit Picknickdecken und romantischen Vorstellungen auftaucht, sollte niemals gehänselt werden. Manche Dinge müssen kultiviert und nicht ausgesondert werden.

Sein Outfit ist so makellos wie immer gewesen. Das gefiel ihr tatsächlich an ihm. Er war glatt rasiert und sein dunkles Haar war kurz geschnitten. Der tannengrüne Hugo-Boss-Pullover, den er trug, saß perfekt an den Schultern. Im Gegensatz zu den meisten Männern auf dem Campus, die eine »Passt schon irgendwie«-Einstellung bezüglich ihres Äußeren pflegten, verstand er offensichtlich etwas von Größen und davon, wie Kleidung sitzen sollte. Beim Anblick schlecht gekleideter Männer zogen sich jedes Mal ihre Eingeweide zusammen.

»Das Wort ›Decke‹ hat ausgereicht, um mich zu überzeugen«, hat sie fröhlich erwidert.

Sie sind die zehn Minuten zum River Cam hinunterspaziert, vorbei an der Wiese, auf der immer alle saßen, bis sie eine Stelle gefunden hatten, an der die Stimmen Tausender Studierender, die von den Gebäuden aus Sandstein widerhallten, verklungen waren. Sie haben sich über langweilige Sachen wie Medizin und Prüfungen unterhalten, und sie hat genickt, wenn es von ihr erwartet wurde, und ist vollkommen glücklich damit gewesen, Mo das Reden zu überlassen.

Irgendwann hat er eine Packung Taschentücher aus seiner Hosentasche gezogen und sich in einer kleinen Redepause leicht abgewandt, um sich diskret die Nase zu putzen und das Taschentuch wieder in seiner Hose verschwinden zu lassen. Sie hat ihm den Gefallen getan, in eine andere Richtung zu blicken, als würde sie den Himmel oder die Baumwipfel bewundern, bis sie sich sicher sein konnte, dass er fertig war. Dann hat sie wieder zu ihm hingesehen, als hätte sie nichts von der kurzen Episode mitbekommen, und seiner Erzählung gelauscht.

»Uns wird beigebracht, Patienten wie einzelne Körperteile zu behandeln. Wie ein Problem, das gelöst werden muss. Deswegen schauen wir immer nur auf den Körperteil, nie auf die Person. So gut wie nie betrachten wir beides zusammen. Aber wenn man sich die Zeit für ein Gespräch nimmt und mehr über das Leben eines Patienten erfährt, wird es umso einfacher, eine Diagnose zu stellen und zu erkennen, wo der Schmerz tatsächlich sitzt. Was häufig nicht dort ist, wo der Patient hindeutet.«

Jennas Verwunderung registrierend, waren seine Schultern ein wenig tiefer gesackt.

»Du findest das idiotisch, oder? Ich weiß nicht, ich denke, es hilft.« Er sah an ihr vorbei.

Daraufhin hat Jenna ihn am Arm berührt, damit er sich ihr wieder zuwandte. »Nein, das finde ich nicht. Überhaupt nicht. Im Gegenteil, ich bin der Meinung, dass es absolut Sinn ergibt. Mein Dad ist so gut wie mit allen seinen Patienten befreundet, und er scheint ein guter Arzt zu sein.«

»Ein guter Arzt ist wohl eher eine Untertreibung«, hat Mo amüsiert erwidert und ihr von einem Patienten erzählt, mit dem er sich irgendwann angefreundet hatte.

Jenna beobachtete ihn aus den Augenwinkeln und gab an den richtigen Stellen die passenden Laute von sich, um ihn zum Weitersprechen zu ermutigen. Schließlich breiteten sie die Picknickdecke aus und verteilten das Essen aus dem Korb darauf.

Sonnenstrahlen fielen durch die Trauerweide. Noch lag der Sommer in der Luft, und ihr gegenüber sprach ein Mann über menschliche Verbindungen. Jenna lächelte in sich hinein und dachte, ja, ja, das könnte es sein.

In der nächsten Stunde hat Mo sie verwöhnt, hat sie in Decken gehüllt, damit ihr warm genug war, und dafür gesorgt, dass sich alles, was er mitgebracht hatte, in ihrer Reichweite befand. Immer wieder schenkte er prickelnde Holunderblüten-Limo in ihren Plastikbecher nach, und obwohl sie sich ab und zu wünschte, es wäre Wodka, hat sie sich ein wenig mehr zu ihm herübergebeugt.

Den Rest des Nachmittags hat er über medizinische Fachzeitschriften, die Arbeit ihres Vaters und darüber gesprochen, wer es aus ihrem Jahrgang nicht schaffen würde. Zwar fand sie die Themen langweilig, gleichwohl brachte sie der flüchtige Blick, den sie auf den Mann geworfen hatte, von dem sie glaubte, dass er es sein könnte, dazu, ihm weitere Fragen zu stellen und Lust auf mehr zu bekommen.

Doch solche Momente gab es selten. Bei ihrem Spaziergang heute Morgen, zu dem Mo ihr den Rosenstrauß mitgebracht hat, war er trotz ihrer Bemühungen hartnäckig wie ein verschlossenes Buch geblieben, sodass sie sich gefragt hat, warum sie es überhaupt versucht.

Schließlich öffnet sie Mos Nachricht und bedankt sich noch einmal für die wunderschönen Blumen. Erst jetzt fällt ihr ein, dass sie den Strauß in einer der Bars liegen lassen hat. Sie schreibt, dass sie noch lange in der Bibliothek gesessen habe und deswegen nicht ans Telefon habe gehen können.

Wieder schiebt sie Müdigkeit vor und schließt damit jede Möglichkeit zu einer längeren Unterhaltung aus, bevor diese überhaupt begonnen hat.

Mo antwortet trotzdem sofort. Schreibt, wie sehr er ihre Arbeitsmoral bewundere und wie ihn diese motiviere. Sagt gute Nacht und hinterlässt eine ganze Reihe Küsse am Ende der letzten Nachricht, in der steht: *Ich werde übrigens nicht aufgeben.*

Jenna starrt noch eine Weile auf die Worte und dreht sich schließlich auf die Seite. Wer es auch war, der ihr am Abend Küsse schickt – schlafen kann sie immer gut.

Am nächsten Tag hat sie Mo bereits wieder vergessen. In der Moschee schlüpft sie wie jeden Donnerstagabend in den Frauenraum und nimmt ihren Platz im Kreis der Frauen ein, die den Koran lesen. Auf eine gewisse Weise hat sie das Gefühl, nach Hause zu kommen.

Ihre Mutter hat ihr den üblichen Platz neben sich frei gehalten. Sie drückt sanft Jennas Hand zum Gruß und reicht ihr den Koran, den sie am liebsten mag. Jenna wirft einen raschen Blick auf die Plätze neben Malaks und Kees' Mutter, die nun andere Frauen eingenommen haben. Auf einmal vermisst sie ihre Freundinnen mit einer solchen Heftigkeit, dass ihr der plötzliche Schmerz, der ihr durch die Brust fährt, die Kehle zuschnürt. Sie möchte ihnen schreiben, dass es nicht so sein sollte, doch stattdessen lehnt sie sich mit dem Rücken an die Wand, atmet tief durch und folgt der Rezitation. Das kleine grün-goldene Buch fühlt sich an wie ein Anker, und mit jeder Seite, die sie umblättert, wird sie ruhiger.

Tante Nourhan liest, und wie jedes Mal überlegt Jenna, wie es wohl klingen würde, wenn sie sänge. Als sie jünger waren, haben sie, Malak und Kees, Tante Nourhan angebettelt, ihnen etwas vorzusingen, weil ihre Stimme so unglaublich schön ist. Aber sie hat es nie getan. Hat behauptet, sie wolle keine Aufmerksamkeit auf sich ziehen und das Geschenk ihrer Stimme sei für Gott allein bestimmt.

Jenna überlegt, ob sie ihre eigene Stimme nicht auch für Gott aufsparen würde, wenn sie so schön wäre. Denn was sonst sollte eine Rolle spielen, wenn du dich anhörst, als würden sämtliche Engel in deiner Brust ruhen?

Die Worte durchströmen Jenna und steigen hoch hinauf in den Raum, rinnen die Wände hinab, hängen von der Decke. Irgendwann verändert sich das Licht draußen vor den Fenstern, aber niemand nimmt davon Notiz. Später, wenn sie das Gebäude verlassen, werden sie anmerken, dass die Sterne an diesem Abend heller strahlen, und sie werden nicht wissen, ob sie es tatsächlich tun oder ob sie selbst heller strahlen.

Sie sitzen eng aneinandergeschmiegt. Junge und alte Frauen aus unterschiedlichen Ländern, die alle dieselben gekringelten arabischen Buchstaben verfolgen. Körper, die sich sanft wiegen, während das Wort Gottes so wunderschön aus der Kehle einer Frau erklingt, dass es sie alle früher oder später zu Tränen rührt.

Bilquis

Sie hat die Angewohnheit ihres Vaters übernommen, jede Tür darauf zu überprüfen, ob sie auch wirklich abgeschlossen ist. Sie drückt gegen das Holz, einmal, zweimal und ein drittes Mal.

Harry geht schweigend an ihr vorbei. Er hat gelernt, nichts dazu zu sagen. Er weiß inzwischen, dass es sie beruhigt, und lässt sie so viele Türen und Fenster checken, wie sie möchte.

Seine Geduld ist größer als die ihrer Mutter, die ihren Mann für seine Sturheit schilt, aber Kees glaubt, dass es etwas mit dem Land zu tun hat, in dem sie leben. Wenn man stets vor verschlossenen Türen steht, dann lernt man, sich dagegenzustemmen, selbst wenn man weiß, dass sie sich nicht öffnen werden.

Vielleicht macht sie sich aber auch viel zu viele Gedanken darüber. Das tut sie immer.

Schließlich steigt sie zu Harry ins Bett, der bereits halb schläft.

»Mein Hirn tut weh«, sagt sie, ohne eine Antwort von ihm zu erwarten. Seine gemurmelte Erwiderung hört sie schon nicht mehr, so schnell ist sie eingeschlafen.

Sie überhört den Wecker – was sie sonst nie tut – und wird um fünf Uhr morgens von Harry geweckt, der murmelt, dass es Zeit für das *Fadschr*-Gebet sei.

Sie lächelt verschlafen. »Ich steh schon auf, ich steh schon auf.«

Sie stolpert ins Bad und dreht das Wasser auf, wartet, bis es warm wird, um sich zu waschen. Stumm dankt sie Gott, dass das Morgengebet so kurz ist.

Sie rollt die Matte in der Ecke ihres kleinen Zimmers auf dem einzigen freien Fleck aus. Der restliche Platz wird von einem Kleiderschrank, einer Garderobe und anderen Möbelstücken eingenommen, in denen sie ihre Sachen aufbewahren.

Als sie nach dem letzten Gebet aufsteht, stößt sie sich den Rücken an der Bettkante und stöhnt laut auf. Im Dämmerlicht sieht sie Harrys Augen schimmern.

Er hebt die Bettdecke an. »Komm schnell wieder ins Bett. Du kannst noch eine Stunde schlafen.«

»Warum bist du wach?«, fragt sie. »Schlaf weiter, Baby.«

»Na ja, mal abgesehen davon, dass du hier rumstampfst und überall anstößt …«

»Ups, ja, sorry«, sagt sie und klettert zurück ins Bett.

Harry schlingt einen Arm um ihre Taille und gibt ihr einen Kuss auf den Hinterkopf. »Das Apartment ist zu klein für uns, Keesy. So können wir nicht weitermachen.«

Sie seufzt. »Ich weiß.«

Was sie nicht sagt, ist, dass er in seinem eigenen Apartment schlafen könnte. Sie hat es aufgegeben, so zu tun, als würden sie nicht jede Nacht miteinander verbringen, und vorstellen möchte sie es sich auch nicht mehr.

Eine Stunde später scheucht das Schrillen des Weckers sie beide endgültig aus dem Bett. Während sie sich in der winzigen Einzimmerwohnung fertig machen, die für eine – ziemlich kleine – Person und nicht für zwei Erwachsene mit vollen Terminkalendern ausgelegt ist, stoßen sie immer wieder beinahe zusammen.

Sie lacht, als Harry über ihre Tasche stolpert, die sie mitten im Zimmer auf dem Boden hat liegen lassen, worauf er – einen angebissenen Toast in der Hand, die Krawatte noch nicht gebunden – zu ihr herumwirbelt. »Das ist nicht witzig, Kees. Irgendwann breche ich mir noch das Genick.«

Sofort wird sie ernst und murmelt das Gebet, das ihre Mutter immer spricht, um das böse Auge abzuwenden. »*Das* ist nicht witzig, Harry, darüber solltest du keine Witze machen.«

Er küsst sie und hält ihr Gesicht für einen Moment zwischen den Händen. »Hab einen schönen Tag, Ms Anwältin.«

»Du auch, Mr Anwalt«, gibt sie lachend zurück.

Sie verabschieden sich voneinander, und drei Minuten nach ihm ist Kees aus der Tür, um von der Stadt verschluckt zu werden. Amüsiert erinnert sie sich daran, wie sehr sie sich nach dem Tag gesehnt haben, an dem sie beide endlich als Anwälte arbeiten würden, und jetzt, da es so weit ist, kann sie ihre Glücksgefühle kaum in Worte fassen.

Ihr ganzes Leben wird nun von ihrem neuen Job in einer Anwaltskanzlei, die mit Flüchtlingen, Asylsuchenden und Randgruppen arbeitet, in Anspruch genommen. Sie freut sich darauf, sich für deren Anliegen einzusetzen. Die Kanzlei bietet Rechtshilfe und -vertretung für diejenigen an, die sich normalerweise keine Hilfe leisten können. Die langen Arbeitszeiten und die schlechte Bezahlung werden durch die Mienen ihrer Mandantinnen und Mandanten wettgemacht, die verängstigt zu ihr kommen, aber die, wenn sie großes

Glück hat und einer der Götter auf sie herabstrahlt, sie lächelnd verlassen. Noch ist sie zu neu im Job, um zu wissen, dass eine gemeinnützig arbeitende Kanzlei, die Einwanderer, ethnische Minderheiten und arme Menschen unterstützt, auf der Verliererseite steht; und sie hat noch nicht genug Fälle verloren, um davon erschöpft zu sein. Sie ignoriert die Bemerkungen, die die Seniorchefs während ihrer Kaffeepausen fallen lassen, die sie inzwischen tatsächlich einlegen, denn die Jahre haben sie gelehrt, dass Coffee-to-go und der Verzicht auf Mittagspausen keine Helden, sondern Märtyrer aus ihnen machen für eine Sache, die es nicht wert ist, für sie zu sterben. Sie schlafen trotzdem gut, weil sie wissen, dass ihre Arbeit heldenhaft ist und das Ergebnis nichts an dieser Tatsache ändert.

Ihre Eltern hat Kees seit Monaten nicht gesehen, aber sie sind so stolz auf sie, dass sie sich nicht beschweren. Ihre Mutter schickt Currys per Post, obwohl Kees ihr sagt, dass das nicht besonders sicher sei und sie es bleiben lassen solle. John, der Concierge in ihrem Apartmentgebäude, merkt jedes Mal an, wie gut die Gerichte riechen. Daher bringt sie ihm regelmäßig einen Teller vorbei. Und wenn ihre Eltern zu Besuch kommen, bietet er ihr immer an, den großen Schrank im fünften Stock zu benutzen, um Harrys Sachen darin zu verstecken. Sie liebt ihn dafür, dass er hinterher nie darüber redet und keine Fragen stellt. Sie wird ihm weiterhin Currys bringen, selbst wenn es sich ein wenig so anfühlt, als erkaufe sie sich damit sein Schweigen.

Trotz allem ist sie ihrer Mutter dankbar. Ohne deren Essenspakete würden Harry und sie wohl kaum etwas anderes als Käsetoasts essen. Für mehr reicht ihre Energie im Moment nicht aus.

Sabas Hochzeit rückt näher. Wie immer fühlt sich Kees schuldig, weil sie nicht für ihre Schwester da ist. Saba schickt ihr Fotos von Outfits und Armreifen und fragt nach ihrer Meinung. Kees verschwindet dann schnell in die Waschräume, um sich die Bilder anzusehen, sendet hastig eine Antwort und eilt in ihrem Bleistiftrock und der Seidenbluse zurück in den Konferenzraum. Wenn wieder einmal Schuldgefühle in ihr aufkommen, denkt sie an die Menschen, denen sie zu helfen versucht. Außerdem weiß sie, dass Saba versteht, dass sie hier etwas Wichtiges tut. Schließlich ist es nicht so, als würde sie ihre schwesterlichen Pflichten vernachlässigen, um alte reiche weiße Männer bei Rechtsstreitigkeiten zu verteidigen, sondern ethnische Minderheiten, ihre eigenen Leute.

Ihre Mutter hat ihr das Versprechen abgenommen, am Abend vor der Hochzeit nach Hause zu kommen, und ihr Vater ist stolz auf sie. Für den Moment ist ihr das genug.

Sie denkt an Malak in Ägypten. Bisher hat sie es nicht über sich gebracht, sich bei ihr zu melden. Gleichwohl greift sie immer wieder instinktiv nach dem Handy und öffnet ihren Chat, wenn etwas Lustiges passiert ist. Oft erinnert sie sich daran, was Malak gesagt hat: dass Harry und sie nur auf den passenden Moment warten würden und bald alles vorbei wäre. Auch wenn sie es niemals laut ausspricht, hat sie dennoch Angst, dass es zutreffen könnte.

Sie ist immer noch sauer auf Malak, weil sie Jacob aufgegeben hat. Er tut ihr leid, wenn sie ihn zusammen mit Harry trifft und er vollkommen fertig aussieht. Dann umarmt sie ihn bei der Begrüßung besonders fest. Als wüsste er, was sie ihm damit sagen möchte, murmelt er jedes Mal: »Mir geht's gut, wirklich.« In diesen Augenblicken könnte sie Malak erwürgen, und das Bedürfnis danach, mit ihr zu reden, verschwindet.

Auch zu Jenna, die in der Welt der Abschlussprüfungen ihres Medizinstudiums verloren gegangen ist, hat sie kaum Kontakt. Sie und Harry haben zugesagt, sich Jennas letztes Uni-Theaterstück anzusehen. Das ist die einzige Verabredung, die sie seit geraumer Zeit getroffen haben. Sie alle sind von den Träumen auseinandergetrieben worden, an denen sie vier lange Jahre gefeilt haben.

Kees beschleicht die unangenehme Ahnung, dass es Jenna nicht gut geht und das Schweigen am anderen Ende der Leitung nicht allein vom Examen und den Proben herrührt. Ihr Schweigen war schon immer ein Warnzeichen. Wenn laute Menschen leise werden, sind sie entweder traurig oder tun etwas, das sie nicht tun sollten, aber ohne Malak als Verbündete, die mit ihr gemeinsam der Sache nachgehen könnte, verdrängt Kees den Gedanken.

Die Kleidung hängt mehr und mehr an ihr herunter. Zwischen Stoff und Körper entstehen Lücken, die vorher nicht da waren. Nun weiß sie, wie volle Terminkalender einen Menschen verändern können. Sie hat immer zu tun, wird vom Sog der Stadt, bestehend aus Pendelverkehr und Coffee-to-go, und den späten Abendessen mit Kolleginnen und Kollegen mitgerissen und verschluckt. Ihre Tage folgen einer Routine, die sie mit dem Rest der Hauptstadt teilt, mit den Menschen, die mit ihr aufstehen, um die Miete bezahlen zu können und Geld für Urlaube zu sparen, die sie jetzt noch viel nötiger haben. Doch selbst wenn sie abends stöhnend ins Bett fällt, fühlt sie sich erfüllt. Abgesehen von den Momenten, in denen sie das Gefühl hat, vor Traurigkeit sterben zu müssen, weil sie nicht weiß, was sie wegen Harry machen soll, und ihre Freundinnen Leben leben, in denen sie nicht vorkommt, ist sie glücklich.

Es ist Mitte November, als Harry sie daran erinnert, dass sie bei seinen Eltern zum Abendessen eingeladen sind. Kees freut sich darauf, sie zu sehen. Sie genießt das Gefühl, dass jedes Mal die Zeit stehen zu bleiben scheint, wenn sie sich im Haus der DuVaughns aufhält, und sich für eine Weile alles weniger ernst anfühlt. Es ist so ganz anders als bei ihren Eltern, wo sich das Leben immer schwerer anfühlt.

Vivian öffnet ihnen mit einer Flut von Küssen die Tür, merkt an, wie kalt es geworden sei und dass das verdammte Laub ständig die Einfahrt blockiere und sie mit dem Gärtner darüber sprechen müsse.

»Nathaniel«, ruft sie, »dein Sohn ist da! Komm her und sag Hallo.« Dann hält sie Kees an den Schultern und schüttelt den Kopf. »Habt ihr beiden in den letzten drei Monaten irgendetwas gegessen? Bilquis, du siehst toll aus, aber wir müssen dich dringend aufpäppeln.«

Kees umarmt Vivian lachend und fragt sich, ob es eine besondere Eigenschaft von Müttern ist, immer den vollen Namen statt Abkürzungen zu benutzen. »Wie schön, dich zu sehen. Es ist viel zu lange her.«

»Viel zu lange. Nathaniel, in Gottes Namen!«, ruft Vivian wieder.

»Ja, ja, bin schon da. Was ist los?« Harrys Vater kommt aus dem Flur geeilt und gibt Vivian einen Kuss auf den Mund.

Kees sieht weg, um ihre Privatsphäre zu wahren, wofür Harry sie auslacht, wie er es immer tut, wenn sie bei öffentlichen Gefühlsbekundungen rot wird.

»Dein Sohn«, sagt Vivian.

Nathaniel wendet sich Harry zu und umarmt ihn. »Warum sagt sie immer ›dein Sohn‹, als wüsste ich nicht, dass du mein Sohn bist?«

Lachend erwidert Harry die Umarmung seines Vaters, der ihn nun auf die Wange küsst. »Vielleicht will sie dich vorsorglich beruhigen. Du hast immer wieder Fragen zu diesem gut aussehenden Briefträger gestellt, den sie mal toll fand.«

»Und du weißt, wie gern deine Mutter flirtet. Wer weiß, wessen Sohn du wirklich bist?«, antwortet Nathaniel, die Arme noch immer um Harry geschlungen.

Die Ähnlichkeit zwischen den beiden ist so deutlich, dass niemand infrage stellen würde, wer Harrys leiblicher Vater ist.

Sie alle amüsieren sich über den Scherz. Kees aber fühlt sich bis in die Zehenspitzen beschämt. Sie ist sich nicht sicher, ob sie sich jemals an diese Familie gewöhnen wird. Wenn sie sich auch nur einen Moment lang vorstellt, wie ihr Vater nach Hause kommt und über seine Frau und den Postboten Witze reißt, wird ihr schlecht.

Hastig schüttelt sie den Kopf und beschließt, dass reiche Weiße tatsächlich verrückt sind und alle ihre früheren Vorurteile bestätigt wurden. Dabei vermeidet sie bewusst, sich einzugestehen, dass sie selbst in einen reichen weißen Mann verliebt ist.

»Kann ich dir etwas zu trinken anbieten, mein Sohn? Deine Mum hat gerade eine gute Flasche Rotwein aufgemacht.« Nathaniel nimmt bereits ein Weinglas aus dem Regal.

»Heute Abend nicht, Dad. Ich fahre«, erwidert Harry und vermeidet es, Kees anzusehen.

»Wie schade. Kees, ich weiß, du trinkst keinen Alkohol, deswegen habe ich einen prickelnden Traubensaft gekauft, der angeblich wie Wein schmecken soll, aber null Promille hat. Möchtest du ein Glas?«

Kees bedankt sich höflich bei Vivian und übergeht die Tatsache, dass die meisten nicht-alkoholischen Weine immer noch einen Alkoholgehalt von 0,06 Prozent haben. Als sie aus dem Augenwinkel sieht, wie Harry Luft holt, um etwas zu sagen, schüttelt sie schnell den Kopf. Gott wird ihr heute Abend vergeben müssen. Außerdem ist die Familie eine der wichtigsten Verankerungen ihres Glaubens. Er wird sie verstehen.

»Ich nehme auch ein Glas davon, Mum«, sagt Harry.

»Sicher? Du kannst das Auto bei uns stehen lassen und später ein Taxi rufen, dann können wir beide dieser Flasche zu Leibe rücken.« Sein Vater sieht ihn erwartungsvoll an.

»Nein danke, Dad. Ehrlich, alles gut. Ich hab morgen einen wichtigen Tag im Büro. Dafür brauche ich einen klaren Kopf.«

»Genau.« Vivian nimmt ihrem Mann die Weinflasche aus der Hand. »Du solltest dir ein Beispiel an deinem Sohn nehmen.«

Nathaniel sieht amüsiert zu Kees hinüber. Sie stimmt in sein Lachen ein. Das ist das Mindeste, was sie tun kann, nachdem sie ihm das Vergnügen eines gemeinsamen Glases Wein mit seinem Sohn genommen hat.

Sie weiß, dass Harry das nicht so sieht. Er behauptet, den Genuss von Alkohol und den Verzehr von Schweinefleisch aus eigenem Antrieb aufgegeben zu haben. Ihr ist bewusst, dass er es nie getan hätte, wenn es sie nicht gäbe – eine weitere Schuld, die sie mit sich herumträgt.

Irgendwann im Laufe des Abends räuspert sich Nathaniel und wirft seiner Frau einen bedeutungsschweren Blick zu, der Kees nicht entgeht. Sofort verkrampft sie sich.

Harry dagegen scheint von der veränderten Stimmung am Tisch nichts mitzubekommen. Er isst in aller Seelenruhe weiter, bis er schließlich aufsieht und feststellt, dass seine Eltern ihn mustern und Kees seine Eltern ansieht.

»Was?«

Nathaniel räuspert sich erneut. »Es ist so … deine Mutter und ich haben eine neue Immobilie gefunden. Wir überlegen, sie zu kaufen.«

»Das ist großartig, Dad.« Harry wirkt, als würde er sich aufrichtig für seine Eltern freuen. Kees liebt ihn dafür, dass er der netteste Mensch auf der Welt ist.

»Die Sache ist die … Die Wohnung liegt in East London.«

»Ihr zieht in den Osten?«, fragt Harry. »Warum? Ihr hasst den Osten der Stadt.«

Vivian schüttelt sich leicht. »Das tue ich wirklich.«

»Nein, mein Sohn, natürlich nicht. Kannst du dir deine Mutter in East London vorstellen? Sei nicht albern. Wir überlegen, sie für Kees und dich zu kaufen.«

Kees' Mund bleibt offen stehen. Harry sagt keinen Ton.

»Wir sind uns im Klaren darüber, dass du im Grunde nicht mehr in deinem eigenen Apartment wohnst, weil ihr von Kees aus schneller im Büro seid. Die kleine Wohnung kann aber für euch beide unmöglich ausreichen.« Hastig legt Nathaniel Kees eine Hand auf den Arm. »Versteh uns nicht falsch, dein Apartment ist hübsch. Wir dachten nur, dass ihr nichts gegen ein wenig mehr Platz einzuwenden hättet.«

»Es ist wirklich eine nette Wohnung.« Vivian schenkt Kees ein Lächeln. »Aber ihr habt eine neue Phase in eurem Leben erreicht, und ihr habt tolle Jobs. Uns ist bewusst, dass der Immobilienmarkt zurzeit eine Katastrophe ist. Wir dachten, dass es ein erstes kleines Zuhause für euch sein könnte. Die Wohnung hat drei Schlafzimmer und sogar einen Garten, was heutzutage in London an ein Wunder grenzt.«

Kees denkt an das Wort »klein« und dann an »drei Schlafzimmer« und ist mal wieder erstaunt, wie sehr sich ihre Welten voneinander unterscheiden. Vermutlich werden sie erst dann begreifen, was »klein« wirklich bedeutet, wenn sie eines Tages ihre Eltern besuchen sollten.

»Es könnte ein großartiges Zuhause sein, um eine Familie zu gründen«, schließt Nathaniel.

Kees spürt, wie sie den Kopf zu ihm herumreißt, und hört Harry sagen: »Niemand denkt im Moment daran, eine Familie zu gründen, Dad.«

»Natürlich nicht!«, ruft Vivian. »Erst müsstet ihr ja heiraten.«

Kees hat das Gefühl, dass ihrer beider Welten ein kleines Stück zusammengerückt sind. Sie ist mindestens genauso schockiert von der Babys-vor-der-Ehe-Vorstellung wie Vivian.

»Ich bin nicht schwanger«, platzt sie dümmlich heraus.

Harry legt seiner Mutter beruhigend eine Hand auf den Arm. Sie mag eine liberale Katholikin sein, aber keiner ihrer Söhne würde ein Kind mit einer Frau zeugen, ohne vorher der Mutter dieser Frau die Ehre zu erweisen, um ihre Hand anzuhalten. Allein der Gedanke reicht aus, dass sämtliche Farbe aus ihrem Gesicht weicht.

»Natürlich nicht. Was würde Vater Bastian dazu sagen? Gott behüte.«

Die Erwähnung des Familien-Pastors verrät Kees, wie erschüttert Vivian tatsächlich ist. Ihr kommt der Gedanke, dass ihre eigene Mutter vielleicht doch ganz gut mit ihr auskommen würde. Aber sie hat das Gefühl, dass ihr das Gespräch entgleitet.

Nathaniels Gesichtsausdruck nach zu urteilen, hat auch er sich die Unterhaltung anders vorgestellt.

»Okay, lasst uns alle einmal tief Luft holen«, sagt Harry, auf den stets Verlass ist, wenn es darum geht, etwas mit der gebotenen Logik zu betrachten. »Niemand bekommt zurzeit irgendwelche Kinder, darüber müssen wir also nicht weiter diskutieren. Davon sind wir noch weit entfernt. Und was die Wohnung angeht, Dad, Mum, das ist sehr großzügig von euch.«

Nathaniel räuspert sich erneut, offensichtlich erleichtert, dass das Gespräch wieder in die richtigen Bahnen gelenkt wurde. »Sei nicht albern, Sohn. Wir haben deinen drei Brüdern nach dem Abschluss eine Wohnung gekauft, und das Gleiche wollen wir für dich tun. Wofür sollen wir unser Geld denn sonst ausgeben?«

Kees hätte dazu einige Vorschläge parat, aber sie ist sich ziemlich sicher, dass Nathaniel und Vivian DuVaughn wenig Verständnis hätten, wenn sie ihnen vorschlagen würde, ihr Vermögen für diejenigen einzusetzen, die Hilfe wirklich nötig haben, was ihre an Privatschulen ausgebildeten weißen Söhne mit gut bezahlten Jobs sicher nicht betrifft.

Harry hat den Tisch umrundet und umarmt seinen Vater. Während sich alle in den Armen liegen und küssen, bedankt er sich bei seinen Eltern, und Kees weiß, dass er es aufrichtig meint.

»Ist das nicht toll, Kees?«

»Ich freue mich sehr für dich, Harry, herzlichen Glückwunsch.«

Er gibt ihr einen Kuss auf ihr Haar. »Die Wohnung ist nicht nur für mich. Sie ist für uns beide.«

»Nein, das ist sie nicht.«

Das Lächeln auf drei perfekt symmetrischen Gesichtern verblasst. Alle starren sie an.

Kees hat das Gefühl, das Licht ausgeschaltet zu haben. Sie versucht, etwas von der Schärfe aus ihrer Stimme zu nehmen, was ihr jedoch nicht wirklich gelingt. »Es ist ein Geschenk deiner Eltern an dich. Das hat nichts mit mir zu tun.«

»Oh, Schatz«, wirft Vivian ein, »natürlich hat es das. Selbstverständlich wird dein Name nicht in den Unterlagen stehen, aber natürlich erwarten wir nicht, dass du Miete zahlst oder sonst einen Penny zum Kauf beiträgst. Und da ihr zusammen dort leben werdet, möchten wir, dass dir die Wohnung genauso gut gefällt wie Harry. Wir dachten, wir könnten sie uns vielleicht am Wochenende gemeinsam ansehen, ehe wir ein Angebot machen.«

»Es geht mir wirklich nicht um die Miete.« Kees erwidert ihr Lächeln. »Ich würde niemals mit Harry zusammenziehen, bevor wir verheiratet sind – ganz abgesehen davon, dass meine Familie auf keinen Fall damit einverstanden wäre.«

Wieder starren sie Kees an. Es ist einer dieser Momente, in denen der Bildschirm einfriert und sich niemand mehr bewegt. Sie sitzen um den großen Esstisch aus Eiche, bereit, Dinge laut auszusprechen, die die Illusion zerstören könnten, die Kees jahrelang aufgebaut hat. Ein Schlag. Zwei Schläge. Dann reden alle gleichzeitig los.

»Aber ihr wohnt jetzt schon zusammen«, sagt Vivian.

»Kann ich jemandem was zu trinken bringen?«, fragt Nathaniel.

»Lass uns später darüber sprechen«, sagt Harry.

Es tut ihr leid, die fröhlichen Mienen in solche mit gerunzelter Stirn verwandelt zu haben. Gleichzeitig ärgert es sie, dass so viele Entscheidungen getroffen worden sind, ohne sie nach ihrer Meinung gefragt zu haben.

»Da gibt es nichts zu diskutieren. Es ist wichtig, dass ich verheiratet bin, bevor ich offiziell mit jemandem zusammenziehe. So funktioniert das nun mal in meiner Kultur.«

Nachdem sie das K-Wort erwähnt hat, reden plötzlich alle durcheinander, bis sie sich einig sind, dass niemand mehr etwas zu dem Thema sagen wird. Zögerlich setzen sie das Abendessen fort. Die Anspannung ist ihnen deutlich anzumerken.

Es erstaunt Kees immer wieder, dass weiße Menschen, sobald der Begriff »Kultur« fällt, darum wetteifern, ihren Respekt vor ihr oder ihr Wissen darüber zu zeigen. Sie hat gewusst, welche Wirkung die Benutzung des Wortes haben würde, und wenn sie heute freundlicher gestimmt wäre oder mehr Anstand hätte, dann hätte sie es wahrscheinlich nicht getan.

Trotz ihrer Verärgerung über die Entscheidungen, die Harrys Eltern ohne Rückfrage getroffen haben, ist Kees beeindruckt von der Art und Weise, wie Vivian, eine der erfahrensten Diplomatinnen, die sie je kennengelernt hat, ihrer aller Unbeholfenheit übergeht und das Gespräch wieder in die richtige Richtung lenkt. Wie sie die Spuren der vorherigen Unterhaltung einfach wegfegt. Sie verhält sich warmherzig, offen und liebevoll, und wenn sie sich darüber ärgert, dass die Freundin ihres Sohnes das Familienessen in eine unangenehme Richtung gelenkt hat, indem sie eine geschenkte Wohnung ablehnt, so lässt sie es sich nicht anmerken. Sie bittet Kees, ihr bei etwas behilflich zu sein. Beruhigt ihren Mann.

Bietet ihrem Sohn Hilfe an. Drückt Kees' Schulter auf eine Weise, die sagt, du bist hier willkommen.

Kees kommt der Gedanke, dass sie selbst solch eine Würde nicht besitzt, und sie weiß nicht, ob sie sich diese jemals wird aneignen können.

Die Wohnung wird nicht mehr erwähnt. Es ist, als sei nie darüber gesprochen worden. Selbst Kees vergisst die Episode beinahe, als sie nach dem Essen bei Brettspielen zusammensitzen und sie das Gefühl hat, von Menschen umgeben zu sein, die sie aufrichtig lieben.

Die Heimfahrt verläuft schweigend. Sie hören Musik, während Kees über Harrys Hinterkopf streicht. Unter ihrer Handfläche spürt sie seine Gedanken vibrieren. Wie in seinem Job wird er jedes Argument, jedes Szenario, jedes mögliche Ergebnis durchdenken, ehe er Stellung bezieht. Dabei geht er sorgfältig, geradezu akribisch vor. Er hält nichts davon, rasche Schlüsse zu ziehen, die seiner Meinung nach zu überstürzten Entscheidungen führen. Sie weiß, dass ihn das zu einem besseren Anwalt macht, aber manchmal wünscht sie sich trotzdem, dass er schneller handeln würde.

Sie hat sich angewöhnt, ständig die Uhr im Blick zu haben. Wenn sie in den nächsten zehn Minuten zu Hause sind, liegt sie in etwa einer halben Stunde im Bett und bekommt sechs, vielleicht sechseinhalb Stunden Schlaf, bevor der Wecker klingelt.

Nachdem sie sich abgeschminkt, gebetet und ihren Schlafanzug angezogen hat, bleiben ihr sechs Stunden und fünfzehn Minuten, falls es ihr gelingt, gleich einzuschlafen. Als sie ins Schlafzimmer zurückkommt, kniet Harry neben dem Bett, den Kopf zum Gebet gesenkt. Sie lächelt und ist sich sicher, dass er der letzte Mensch auf der Welt ist, der noch auf diese Weise betet, ehe er in sein Bett steigt. Manchmal fragt sie sich, ob sie ihn vielleicht aus einem Dickens-Roman in ihr Leben gezogen hat.

Harry sieht auf und streckt eine Hand nach ihr aus. Sie kniet sich neben ihn, senkt ebenfalls den Kopf und spricht zum sechsten Mal an diesem Tag mit Gott. Ob sie und Harry wohl für dieselbe Sache beten?

Er sagt »Amen«, und sie sagt »Ameen«, dann gehen sie ins Bett. Sie will gerade das Licht ausschalten, als er ihren Namen flüstert und sich auf sie legt.

Sie sieht ihm in die Augen. »Hey, du.«

»Hey.« Mehr sagt er nicht. Stattdessen zieht er ihr den Schlafanzug aus und küsst sie überall.

Sie versucht zu ergründen, was er ihr sagen will. Dann gibt sie es auf und lässt sich ganz auf den einzigen Menschen ein, der sie je auf diese Weise berührt hat.

Eine Stunde später liegen sie atemlos nebeneinander und teilen sich ein Glas Wasser. Kees wirft einen Blick auf die Uhr. Fünf Stunden, wenn sie sofort schläft.

Sie schaltet das Licht aus und schmiegt sich an Harrys Körper, wie jede Nacht. Ob sie ohne das hier leben könnte?

Mit dem Gedanken an ein Leben ohne ihn schläft sie ein und wacht durch seine Küsse im Nacken wieder auf. Die Anzeige des Weckers verrät ihr, dass sie nur eine Stunde geschlafen hat. Gerade als sie Harry fragen will, warum er noch wach ist, spürt sie, wie er ans Bettende und zwischen ihre Schenkel rutscht – und plötzlich ist sie genauso wach wie er. Alle Verschlafenheit ist verschwunden. Die Stille in ihrem Schlafzimmer wird vom Seufzen abgelöst, das gleichmäßig über ihre Lippen vibriert.

In dieser Nacht weckt er sie noch zwei weitere Male; jedes Mal hungriger als beim letzten Mal. Sie sagen nichts, greifen nur mit Händen und Mündern nach einander, in einer neuen Art von Sprache, in der jeder Punkt dringlicher zu sein scheint als der vorherige. Nie wäre es ihr in den Sinn gekommen, ihn abzuweisen, nur um den Schlaf zu bekommen, den sie braucht.

Als der Wecker klingelt, spürt sie ihren Körper bereits, ehe sie richtig zu Bewusstsein kommt. Tiefe Befriedigung hat sich in ihrem Bauch eingenistet, trotz des Ziehens und Stechens, das kaum ausbleibt, wenn sich ein Mann eine ganze Nacht lang über den Körper einer Frau bewegt. Der Morgen bringt den Schmerz, den das Vergnügen in der Nacht zuvor ausradiert hat.

Harry kommt ins Zimmer, und Kees öffnet endlich die Augen. Er schiebt ihr eine in ein Handtuch gewickelte Wärmflasche zwischen die Schenkel und stellt einen Becher Kaffee auf dem Nachttisch ab.

Die imaginäre Welt in ihrem Kopf, in der dieser Mann nicht existiert, ist heute verschwommen und schwerer zu greifen.

»Bleib im Bett und trink deinen Kaffee. Du musst dich ausruhen«, sagt Harry.

»Ich komme zu spät zur Arbeit.«

Er küsst sie auf die Stirn. »Ich fahr dich.«

»Aber dann kommst *du* zu spät zur Arbeit.«

»Ich hab mir den Vormittag freigenommen.«

Sie kennt ihn gut genug, um das nicht weiter zu kommentieren. Gut genug, um zu wissen, dass er noch immer nicht zum Reden bereit ist. Dass er tief in seinem Inneren beschämt darüber ist, in einer Welt zu leben, in der Eltern ihren Kindern während des Abendessens eine Dreizimmerwohnung schenken. Sie kennt ihn außerdem gut genug, um zu wissen, dass er niemals einen Vormittag freinimmt, und obwohl er aus einer Welt kommt, in der Geld kaum eine Rolle spielt und einem das Leben leicht gemacht wird, würde er das nie ausnutzen. Das Gespräch mit seinen Eltern gestern Abend muss ihn heftiger aufgewühlt haben, als sie angenommen hat.

Deswegen sagt sie nichts. Gähnt sich durch den Morgen, scrollt durch ihr Handy, starrt auf den Gruppen-Chat, der so still ist wie ein verlassenes Haus, und schließt ihr Smartphone schließlich wieder.

Nicht alles muss mit Freundinnen besprochen und abgewogen werden, selbst wenn es darum geht, ob man mit dem Mann, in den man unsterblich verliebt ist, für die Familie Schluss machen sollte, die man seit Wochen nicht gesehen hat, nur um auf der richtigen Seite des Tratsches in der örtlichen Moschee stehen zu können. Nicht dass sie der Klatsch scheren würde, aber ihre Mutter kümmert er schon. Er kümmert sie wirklich.

Malak

Man kann Kairo nicht als ruhige Stadt bezeichnen, aber morgens um fünf Uhr dreißig, wenn der Tag gerade erst über der Stadt anbricht, ist es nicht geschäftig. Und »nicht geschäftig« ist das, was in Kairo am nächsten an still heranreicht.

Das hat Malak in den wenigen Monaten, seit sie hier ist, bereits gelernt, und obwohl sie nie ein Morgenmensch war, hat Kairo sie verändert. Sie schläft weniger und lacht mehr. Ihr breites Lächeln ist zu ihrem auffälligsten Merkmal geworden.

Morgennebel wabert über dem Nil, als sich der letzte Hauch Kühle der Nacht an seinen Ufern verfängt. Die schmutzig grünen Geländer von Zamalek passen zu dem trüben Wasser, das vorbeifließt. Überall ist Staub, sogar hier am Ufer des Flusses, wo das Wasser ihn nicht wegspülen kann.

Ihre Tanten haben ein Leben lang versucht, den Stadtstaub von Balkonen, Fußböden und Kindergesichtern zu waschen, doch es ist ihnen nie länger als einen Nachmittag gelungen, ihn fernzuhalten. Malak fragt sich oft, ob ihre Tanten deshalb so starke Frauen sind. Ständig an etwas zu schrubben, das nie ganz sauber wird, verleiht einem ein stählernes Rückgrat.

Autos fahren leise vorbei, und das ist an sich schon ein Wunder. Autos bewegen sich selten schneller als im Kriechtempo und sind niemals leise. Bis sie hierherkam, ist Malak nicht klar gewesen, was ein Hupen alles ausdrücken kann: »Alles Gute zur Hochzeit«, »Ich überhole links«, »Ich möchte mein Glück mit dir teilen«, »Deine Mutter war eine Hure«, »Es war ein langer Tag«, »Wie geht es dir?«. Manchmal, wenn sie mit Haytham, dem einzigen Cousin, in dem sie einen richtigen Freund gefunden hat – die Art Freund, mit dem man fluchen, vor dem man ausspucken und dem man seine Geheimnisse erzählen kann –, in der Stadt herumfährt, drückt sie grundlos auf die Hupe. Das Antwort-Hupen um sie herum lässt sie den Kopf zurückwerfen und lachen.

Afrika wohnt ein spezieller Klang inne. Das konstante Brummen und Trillern der Hupen wird zu einem Soundtrack, den man irgendwann nicht mehr wahrnimmt. Malak hat festgestellt, dass jedes Land seinen eigenen Klang hat. In England ist es der höfliche Chor aus Entschuldigungen, der in sauberen Harmonien vorgetragen wird; hier ist es das Schreien der Fremden, die nicht an die Existenz von Fremden glauben, sodass man jederzeit alles zu allen sagen kann.

Malak klettert durch die Lücke im Geländer, setzt sich auf ihren Lieblingsplatz auf der abbröckelnden Mauer und lässt ihre Füße über dem Nil baumeln. Während sie ihr Sandwich hervorholt, denkt sie darüber nach, dass hier alles anders ist. Der Verzehr des runden Stückes Brot, das mit *Tamaya* und Salat gefüllt ist und aus dessen Seiten Tahini herausquillt, ist zu ihrer Lieblingsmethode geworden, in einen neuen Tag zu starten. Sie holt es sich jeden Morgen in demselben Laden. Inzwischen erkennt man sie dort wieder, grüßt sie und übt sein Englisch an ihr, während sie ihr Arabisch übt. Jeder versteht insgesamt vielleicht nur fünf Wörter, aber das ist genug Konversation für den Morgen.

Eine Feluke schwebt an ihr vorbei. Der alte Mann am Steuer schreit etwas, das sie nicht versteht. Ihr Arabisch ist immer noch schlecht; der Unterricht bei einem Nachhilfelehrer macht ihr eigentlich nur klar, dass ihr jegliches Sprachtalent fehlt, aber sie hat gelernt, wie Ägypter die Dinge sagen. Was ihr an Sprachwissen fehlt, macht sie durch das richtige Einschätzen des Tones wett. Sie weiß, dass der alte Mann sie ermahnt hat, vorsichtig zu sein, und winkt zurück, um zu signalisieren, dass sie verstanden hat.

Der Mann scheint zufrieden. Seinem Grinsen nach zu urteilen, das die Lücken in seinem Gebiss zeigt, erwidert er ihre Geste mit einem Witz, also lacht sie auch. Der Mann stimmt in ihr Lachen ein und fährt vorbei. Sie ist erstaunt darüber, wie man eine ganze Unterhaltung mit einem anderen Menschen führen kann, ohne dieselbe Sprache zu sprechen.

Nachdem sie ihr Sandwich aufgegessen hat, springt sie von der Mauer und startet ihren Morgenspaziergang durch Zamalek. Die meiste Zeit geht sie auf der breiten Straße, da es in Kairo kaum Bürgersteige gibt. Wenn ein Auto vorbeiwill, hupt es, dann weiß man Bescheid.

Als sie die Schule erreicht, steht die Sonne hoch, und die Hitze hüllt sie ein wie ein tröstender Arm, der einem um die Schultern gelegt wird. Sie weiß nicht, wie sie jemals ohne dieses Gefühl hat leben können.

Sie ist jetzt Lehrerin, obwohl sie nie Lehrerin hat werden wollen. Aber in einem Land, dessen Historie weiter in die Vergangenheit zurückreicht als alles, was sie in den Hörsälen marmorner Institutionen gelernt hat, die Afrikas Bedeutung nicht erkannt und dem Kontinent dementsprechend wenig Beachtung geschenkt haben, zählt ein Examen in Geschichte nicht viel. Zudem ist ihr Arabisch nicht gut genug, um in einem Büro zu arbeiten. Und niemand hat die Zeit, ihr jedes Wort zu übersetzen, das in einem Meeting gesprochen wird.

Nachdem sie einen Monat durch die Stadt gestreift ist, hat ihr Cousin Akram den Freund eines Freundes erwähnt, der für eine internationale Schule arbeitet, an der man ständig auf der Suche nach Muttersprachlern sei. Immerhin hat sie eine gute Ausbildung an einer britischen Universität absolviert. Ihre Stelle hat sie in erster Linie ihrem perfekten britischen Akzent zu verdanken, aber dies ist Ägypten, und das Leben in diesem Land ist nun mal anders.

Sie hat einen lockeren Stundenplan, und sobald ihr Unterricht beendet ist, gehört der Tag ihr. Dann steigt sie in ihr Auto und fährt zum Club, um den Nachmittag über am Pool zu liegen und zu beobachten, wie sich ihre Haut verfärbt, während die Sonne jeden Tag unter ihren Knochen hervorzerrt, wer sie wirklich ist. Das Gewicht der Uni ist von ihr abgefallen wie Babyspeck, ihr Haar wird heller, die zuvor beinahe schwarzen Locken haben ein Schokoladenbraun angenommen, und alles an Malak Abdel-Aziz summt und pulsiert unter dem, was sie als ihre eigene ägyptische Sonne ansieht.

Wenn ihre Nachmittage langsam sind, dann sind ihre Abende schnell. Dieser Teil gefällt ihr am besten: wenn die Nacht hereinbricht und die Hitze vom Tag abfällt und alle aus ihren Häusern strömen, um sich zu treffen und zu unterhalten, auf den von Restaurants gesäumten Plätzen zu sitzen, wo Wasserfontänen aus Brunnen schießen und Shisha-Jungs hin und her laufen, um heiße Kohlestücke zu ersetzen und den Nebel aus fruchtigem Tabakrauch, der über sie alle hinwegwabert, zu verdichten. Den Nil in einem der Holzboote hinunterzutreiben, eingehüllt in fluoreszierende Lichter, und den neuesten Song von Amr Diab zu hören, der aus den seitlich am Boot befestigten Lautsprechern dröhnt. In England wäre das kitschig gewesen, hier jedoch bedeutet es die größte Freude. Durch die Stadt zu fahren, um den besten Süßigkeitenladen ausfindig zu machen. Mit den Tanten auf dem Balkon zu sitzen, Tee zu trinken und zu Abend zu essen.

Das Abendessen ist zu ihrer Lieblingsmahlzeit geworden, weil es bedeutet, dass die Nacht noch so viel mehr zu bieten hat. Ihre Tanten drücken ihr Sandwiches mit Ei und ihr Lieblings-*Kunafa* in die Hand, zusammen mit Tassen, in die unablässig frischer Minztee nachgeschenkt wird; und obwohl sie Malak anweisen, das Geschirr sauberer zu schrubben oder nicht so lange in der Sonne zu liegen, ist dies der Ort, an dem sie sich ihnen zugehörig fühlt. Jedes Mal erkundigen sie sich nach ihren Eltern, reden darüber, wie sehr sie sie vermissen, und erzählen Malak Geschichten über sie, die sie tief in ihrem Inneren vergräbt, um sie später Samir weiterzuerzählen.

Nachdem sie schließlich eine weitere Platte mit Süßigkeiten zum sechsten Mal abgelehnt und ihr Arabisch lange genug geübt hat, lässt sie ihre Tanten auf dem Balkon allein. Ihre Rufe, dass sie bald wiederkommen solle, schweben hinter ihr durch die Luft, und von einem Moment auf den anderen gehört die Nacht ihr. Sie fährt nach Hause, um Nylah und Rayan abzuholen, ihre neuen Mitbewohnerinnen, die zu Freundinnen geworden sind und ihr dabei helfen zu vergessen, wie sehr sie die Frauen vermisst, die sie zurückgelassen hat. Um diese Uhrzeit wird Nylah bereits einen Plan gemacht und den besten Club gefunden haben, den sie unbedingt besuchen müssen. Eine Party oder ein neu eröffnetes Restaurant, das sie sich alle leisten können, weil sie sich hier mit ihrem Expat-Gehalt ein Leben erlauben kann, wie es in England nicht möglich wäre, wo jeder Penny zählt.

Hier hat sie auf einmal Geld. Sie ist nicht reich, aber reich genug, nicht auf die Preisschilder achten zu müssen, wenn sie sich ein neues Outfit kauft. Sie hat eine schöne Wohnung, für die sie monatlich eine Summe bezahlt, die für Londoner Verhältnisse lächerlich niedrig wäre. Ein Auto, für das sie eine monatliche Rate zahlt. Erhält Rechnungen, die so gering sind, dass sie kaum einen Blick darauf wirft. Sie reicht einfach zweihundert Ägyptische Pfund rüber, die umgerechnet Pennys sind, und denkt nicht länger darüber nach. Die Putzhilfe, die einmal die Woche in ihre Wohnung kommt, bedeutet, dass es Monate her ist, seit sie selbst ihr Bett frisch bezogen hat. Sie füllt ihren Tank mit neunzig Ägyptischen Pfund und gibt denselben Betrag für einen Caesar Salad in ihrem Lieblingsrestaurant aus. Richtig Geld kosten nur die Drinks, wenn sie ausgehen, aber wenn die Scheine in ihrer Tasche zur Neige gehen, machen sie sich keine Gedanken deswegen. Es sind immer Männer in der Nähe, die sie einladen möchten. Die Schuldgefühle kommen mit dem Kater am nächsten Morgen. Dann erinnert sie sich an ihr Versprechen, keinen Alkohol zu trinken, und daran, wie sie jeden Morgen über den Koran gebeugt verbracht hat, um nach Antworten zu suchen. Aber die Schuldgefühle werden mit jedem Tag weniger. Sie hat ihren weißen Freund gegen Gott eingetauscht, also wird er ihr doch wohl einen schönen Abend gönnen? Sie hat schließlich genug gegeben.

An einem Wochenende, als Malak stöhnend auf dem Wohnzimmerboden gelegen und überlegt hat, was sie letzte Nacht alles getrunken hat, fragte Nylah sie, ob sie nicht zusammen in die Moschee gehen wollten.

»Möchtest du ein paar Fotos machen?«, fragte Malak.

Nylah nahm das Kissen, an das sie sich gelehnt hatte, und warf es ihr an den Kopf. So fest, dass Malak jeden Drink bereute, den sie jemals getrunken hatte.

»Nein, du Quatschkopf, ich meine, zum Beten. In letzter Zeit fühle ich mich wie eine ziemlich schlechte Muslimin. Wir haben viel getrunken und wenig gebetet. Wenn beides nur gleich viel Spaß machen würde«, fügte sie seufzend hinzu.

Sie hatten sich darauf geeinigt, mehr zu beten. Wenn sie es nicht zu Hause taten, so schafften sie es seitdem doch, jeden Freitag zum *Juma*-Gebet in die Moschee zu gehen – ein Schritt, der zumindest nach Ansicht der Mitglieder ihres Haushalts groß genug war und in die richtige Richtung ging.

Sie hat Nylah und Rayan bei einem Expat-Event zwei Wochen nach ihrer Ankunft in Kairo kennengelernt. Die Leute bei dem Treffen waren ihr alle unsympathisch, sodass sie die Veranstaltung schon nach zehn Minuten wieder verlassen hat. Die beiden Frauen saßen draußen an einer Wand und lästerten über das Meeting. Als Malaks Auto vorgefahren wurde, beschlossen sie, gemeinsam essen zu gehen.

Einen Monat später, Malak drohte im Haus ihrer Tante bereits zu ersticken, da sie sich ein Zimmer mit ihren beiden Cousinen teilte, während die dritte Schwester, Eman, bei ihrer Mutter einquartiert war, erschien ihr das Angebot, in das freie Zimmer ihrer WG zu ziehen, wie vom Himmel gesandt.

Nylah und Rayan sind halb italienische, halb libysche Schwestern, die aus einer sechsköpfigen Familie stammen. Jedes der Kinder ist irgendwann für ein Jahr nach Ägypten geschickt worden, um die Sprache im täglichen Unterricht bei dem Lehrer fließend sprechen zu lernen, der auch allen anderen Kindern der Familie Arabisch beigebracht oder es zumindest versucht hat. Die Schwestern sind von Jennas Schlag, wie Malak es nennt, und als Jenna sie bei einem ihrer kurzen Telefonate gefragt hat, was das bedeuten solle, antwortete sie: »Weißt du, die reichen arabischen Leute.«

Sie ist sich darüber bewusst, dass ihr Kreis hier nicht mit dem zu vergleichen ist, den sie in England hatte. Gelegentlich holt sie ein Bild von ihrem damaligen Dreiergespann hervor, auf dem sie im Sommer im Park im Gras liegen und sich so berühren, dass sie einen geschlossenen Kreis bilden. Dann umklammert sie das Bild fester als beabsichtigt und stopft es wieder hinter die Pullover. Die Vorstellung, dass Nylah und Rayan es entdecken und Fragen stellen könnten, ist mehr, als sie ertragen kann, aber sie wird es nicht wegwerfen. Es gehört irgendwo hin – und selbst wenn sein Platz nicht in Sichtweite ist, so ist er doch stets in Reichweite.

Hartnäckig macht sie weiter. Jeder Schritt in diesem neuen Leben bringt sie der Frau, die sie sich immer vorgestellt hat zu sein, ein Stück näher. Sie ist zu jemandem mit Wurzeln geworden. Zu jemandem, die endlich versteht, was es bedeutet, ein Land zu lieben. Sie ist ein glücklicherer Mensch geworden.

So fühlt sie sich, als sie ihn schließlich kennenlernt, seine Hand schüttelt, sie sich vorstellen und er sagt: »Hi, ich bin Ali«, als hätte jeder Schritt, den sie bislang getan hat, auf diesen einen Moment zugeführt. Hier, im Hof einer der berühmtesten und ihrer Ansicht nach schönsten Moscheen der Welt, hat sie das Gefühl, angekommen zu sein. Das Gefühl, einen Gipfel erreicht zu haben, das Ziel des Weges. Diese Reise musste von Gott vorgegeben sein, denn aus welchem Grund sollte sie sonst hier sein, im Land ihrer Vorfahren, im Schatten der Minarette, Handfläche an Handfläche mit einem Mann, der so wunderschön ist, dass ihr auf einmal die Worte fehlen.

Er interpretiert ihr Schweigen als Schüchternheit, die sie in seinen Augen noch schöner macht.

»Wahrscheinlich sollten wir in einer Moschee keine Hände schütteln«, bemerkt er lachend. »Die Religionspolizei wird nicht begeistert sein.« Seine Augen blitzen, und in diesem Moment, in irgendeinem Winkel ihres Kopfes, verabschiedet sich Jacob leise aus Malaks Unterbewusstsein und tritt seinen Weg zurück über den Ozean an.

Sie erwidert Alis Lachen. »Ich glaube, ich sehe schon ein paar alte Onkel missbilligende Blicke zu uns rüberwerfen. Kommst du aus England?«

»Ja, aus London. Ich bin dort geboren und aufgewachsen. Aber meine Familie stammt aus Ägypten. Ich gehe mal davon aus, dass dir das bekannt vorkommt?«

»Stimmt, nur dass ich hier geboren wurde. Meine Mum und mein Dad sind kurz nach meiner Geburt ausgewandert.«

»Ein besseres Leben, mehr Möglichkeiten, richtig?« Er lacht bei seinen eigenen Worten.

Malak hat das Gefühl, einen Scherz mit ihm zu teilen, den niemand sonst auf der Welt verstehen würde. »Ganz genau. Bis man nicht mehr oft genug in die Moschee geht, dann plötzlich …«

»… ist es das schrecklichste Land der Welt«, beendet er ihren Satz.

Jetzt lachen sie beide und grinsen sich dümmlich an.

»Da wir nun hier sind, scheinen wir uns gar nicht so schlimm angestellt zu haben.« Er beugt sich ein Stück vor, sodass Malak tiefer in etwas hineingezogen wird, das nur zwischen ihnen beiden existiert.

»Scheint so.«

»Ich habe dich hier schon seit ein paar Wochen gesehen. Du kommst immer mit einer Freundin, oder?«

»Ja. Sie hat ihre Schuhe im Frauenraum vergessen. Ich warte auf sie.«

»Glück für mich. So hatte ich die Gelegenheit, dich anzusprechen.«

Sie grinst zu ihm auf. »Willst du mir damit sagen, dass du dich nicht getraut hast, solange sie dabei war?«

»Du bist schlagfertig. Das gefällt mir.«

Der Satz lässt ein unbändiges Gefühl der Freude in Malak aufsteigen, das sie mit einem Schulterzucken abtut, von dem sie hofft, dass es gleichgültig wirkt.

»Da du noch nicht so lange herkommst, nehme ich an, dass du neu in der Stadt bist?«

Beim Anblick seines Lächelns stockt Malak der Atem. »Oh nein, ich wohne schon seit ein paar Monaten in Kairo. Aber wir sind vorher in eine andere Moschee gegangen und dachten, wir probieren mal eine neue aus; und ich finde, die hier ist eine der schönsten. Die Anfahrt lohnt sich wirklich.« Sie ist selbst überrascht, wie leicht ihr die Lüge über die Lippen geht; andererseits leben sie in einem Land, in dem man an Anbetung und Sittsamkeit glaubt, sodass die Lügen immer ganz nah unter der Oberfläche lauern.

»Sehe ich ganz genauso. Ich habe noch nie etwas Schöneres gesehen«, erwidert er, ohne zu blinzeln oder auch nur eine Sekunde den Blickkontakt zu brechen.

Sie ist sich nicht ganz sicher, warum sie wegen ihrer Moschee-Besuche gelogen hat, aber froh, dass sie es getan hat. Dann bemerkt sie seinen Gesichtsausdruck.

»Mein Freund wartet draußen auf mich, ich gehe jetzt besser.« Er zieht sein Handy aus der Tasche. »Tipp deine Nummer ein, dann schreibe ich dir. Für den Fall, dass du mal einen Reiseführer brauchst oder jemand, der dir die besten Shishabars zeigt. Wir britischen Ägypter müssen zusammenhalten.«

Sie gibt ihre Nummer ein und reicht ihm das Telefon zurück. Einen Atemzug später hat er sich abgewandt. Malak sieht ihm hinterher und hat das Gefühl, dass gerade in einer kurzen Unterhaltung etwas Wichtiges und Großes passiert ist.

Plötzlich steht Nylah neben ihr und hakt sich bei ihr unter.

»Gott, ich liebe Männer in engen weißen T-Shirts.«

»Ich auch. Hast du seinen Körper gesehen? Oh mein Gott …«

»Klar. Warum, glaubst du, hab ich dahinten gewartet?«

Malak drückt Nylah einen Kuss auf die Wange. »Darum liebe ich dich. Was für eine Wingwoman.«

»Ich weiß«, erwidert Nylah. »Ganz kurz hatte ich Angst, dass ihr keine Nummern austauscht. Ich schwöre dir, dann hätte ich dich umgebracht.«

»Bisher hat er nur meine.«

»Ja, aber hast du nicht bemerkt, wie er dich ansieht? Er wird anrufen.«

»Was ich mit dem Mann alles anstellen würde … Wie gut sieht er bitte aus?«, fragt Malak.

»Babe, ich hoffe, dass du viele, sehr viele Dinge mit ihm anstellst. Stellvertretend für uns beide. Eine von uns muss es schließlich besorgt bekommen.«

»Seif hält dich also immer noch hin?«, fragt Malak mitfühlend.

»Jep.«

Sie überqueren den Hof, ihre langen schwarzen *Abayas* schleifen hinter ihnen über den Marmor.

»Er lädt mich ständig nur zum Essen ein, und wenn er mich nach Hause bringt, dann tut er nichts anderes, als mich zu küssen. Er kann toll küssen, aber er könnte ja zumindest mal eine Hand in mein Höschen stecken oder so.«

»Warum fragst du ihn nicht einfach, ob er mit hoch in die Wohnung kommen möchte?«

»Ja, da hab ich auch schon dran gedacht. Aber die Regeln sind hier anders, wir dürfen nach außen nicht zu offen wirken.«

»Auch wieder wahr.« Falls Ali sich bei ihr melden sollte, würde Malak lernen müssen, ein ganz anderes Dating-Spiel als in England zu spielen. »Wir müssten einen anderen Grund finden, um ihn in unsere Wohnung zu bekommen. Hey, warum machen wir nicht eine Party?«

»Zu welchem Anlass?«

»Wer braucht bitte einen Anlass für eine Party?«

»Hm, in England niemand. Aber ich glaube, hier brauchen wir eine gute Entschuldigung. Wir wollen schließlich nicht, dass uns die Familie des Portiers für Huren hält.«

»Er sieht uns fast jedes Wochenende in irgendwelche Clubs ausgehen«, sagt Malak lachend. »Ich glaube, der hält uns bereits für Huren.«

»Auch wieder wahr.«

Sie bücken sich, um am Eingang der Moschee ihre Sandalen anzuziehen, und rufen dem Mann an der Tür gleichzeitig »*Assalamualaikum*« zu.

Er erwidert den Gruß mit einem breiten Lächeln, das all seine Zähne zeigt, und einem *Nawartoona* – »Du hast uns erleuchtet«. Sie sind sich einig, dass er ihr Lieblingspförtner ist und sie ihn nächsten Freitag nach seinem Namen fragen müssen.

Bilquis

Das Bürogebäude von Thellem Aid ist von außen recht ansehnlich und von innen hässlich. Abgesehen vom Konferenzraum, der exklusiv möbliert und mit teuren Duftkerzen dekoriert ist. Es ist der einzige Raum, in dem es nicht nach frisch bedrucktem Papier und Tinte riecht. Der Rest der Büros ist überladen mit Akten, Gutachten, Verträgen und Fall-Ordnern.

An ihrem ersten Tag hat Kees einen sarkastischen Scherz über Wege, die tatsächlich mit Papier gepflastert seien, gemacht, über den niemand außer Addy gelacht hat. Wodurch wiederum gleich klar war, wer hier ihr Freund sein würde.

Jetzt, Monate später, empfindet sie den Geruch als tröstlich, und die Papierberge fallen ihr kaum noch auf.

Addy stellt ihr einen Kaffee vor die Nase und setzt sich auf den Stapel Fallakten auf ihrem Schreibtisch.

Adnan ist Pakistani und besteht bei Tag darauf, Addy genannt zu werden, weil das für die meisten leichter auszusprechen ist, während er nachts ab und an zur Dragqueen namens Nana wird, die Achtzigerjahre-Klassiker singt, in erster Linie allerdings Madonna-Hits.

»Hey, kannst du bitte verdammt noch mal von meinen Notizen runtergehen?« Kees wirft ihm einen Blick zu, bei dem die meisten Kollegen den Schwanz einziehen würden, aber Addy hebt einfach nur den Hintern ein Stück und zwinkert ihr zu. »Hol sie dir, Süße.«

Kopfschüttelnd schnappt sie sich ihre Unterlagen.

»Schlechte Laune heute, was?«

»Ich hab ›bitte‹ gesagt, oder etwa nicht?«

»Guter Punkt. Und das ist für deine Verhältnisse schon geradezu euphorisch. Warum sind wir immer die Ersten im Büro?«

Kees sieht nicht auf. »Weil wir dunkelhäutig sind.«

»Nächster guter Punkt.« Addy öffnet eine Schreibtischschublade und kramt darin nach den Müsliriegeln, von denen er weiß, dass Kees sie dort aufbewahrt.

»Wann fängst du an, dir selbst was zu essen mitzubringen?«, fragt sie.

»Ich bringe mir selbst was mit. Glaub mir, deine Supermarkt-Riegel sind keine Gaumenfreude.« Er findet zwei Riegel, wirft Kees einen zu und lehnt sich zurück, um seinen zu öffnen.

Sie mustert ihn abwartend.

»Ich dachte nur, dass wir zusammen frühstücken könnten, und da wir beide wie bekloppt arbeiten, geht das hier am schnellsten. Außerdem kannst du mir dabei erzählen, was bei deinen Schwiegereltern abgegangen ist. Du warst in den letzten Tagen echt unerträglich beschissen drauf.«

»Sie sind nicht meine Schwiegereltern, Addy.«

»Ha, herrlich, dass du dich ausgerechnet darüber aufregst …«

»Ja, natürlich, Präzision ist wichtig.«

»Das sind die Eltern von dem Typ, mit dem du seit vier Jahren fest zusammen bist; scheiß auf Präzision, die beiden sind praktisch deine Schwiegereltern.«

»War ich echt so schlimm?«

Addy stößt ein Lachen aus, das wie ein Bellen klingt. »Steven hat gezittert, als du ihm letztens irgendwas an den Kopf geworfen hast.«

Kees hebt abwehrend die Hände und gibt es auf, sich weiter Notizen zu machen. »Kann schon sein. Aber mal im Ernst, das ist Steven. Dem fehlt eindeutig das Rückgrat.«

»Schon klar, Süße, das wissen wir auch. Deshalb arbeitet er ja in der Verwaltung. Ich sag dir das nur als dein bester Freund.«

»Du bist nicht mein bester Freund.«

»Einspruch! Siehst du? Das ist es, was ich meine. Bester Freund innerhalb dieser Mauern, und wehe, du stellst das noch mal infrage.«

»Okay, Einspruch stattgegeben. Weiter.«

»Du bist total bissig. Dich halten hier eh schon alle für eine Eiskönigin, aber in den letzten Tag warst du noch mal extra frostig drauf. Ich möchte wissen, warum.«

Sie erlebt einen dieser seltenen Momente, in denen sie sich fragt, ob sie sich lieber zügeln und versuchen sollte, netter zu sein, weil sie jetzt ein Profi ist. Die Bindungen aus der Universität und der Kindheit, als jeder dich kannte und wusste, wer du wirklich bist, und sich aufgrund der gemeinsamen Geschichte von deiner Patzigkeit nicht hat abschrecken lassen, sind nicht mehr vorhanden.

»Harrys Eltern wollen *uns*, was eigentlich heißt *ihm*, eine Dreizimmerwohnung kaufen. Sie haben vorgeschlagen, dass wir sie mit ihnen zusammen besichtigen, bevor sie ein Angebot machen. Das haben sie uns letztes Wochenende beim Abendessen verkündet.«

»Oooooh, schwierig«, sagt Addy kopfschüttelnd.

»Genau. Was soll ich jetzt verdammt noch mal machen?«

»Was hat Harry denn dazu gesagt? Und wo wir gerade beim Thema sind: Hab ich schon mal erwähnt, wie hübsch er ist?«

»Jeden Tag.«

»Ja, ja, ich weiß, aber mal im Ernst, so was hat Wiederholung verdient. Du darfst jeden Abend zu Adonis persönlich heimkehren.«

Zum ersten Mal an diesem Morgen muss Kees lachen. »Du hast selbst genug Adonisse in deinem Bett.«

»Stimmt. Also?«

»Bisher schweigt er dazu. Wir haben noch nicht darüber gesprochen.«

»Hoffst du, dass sich das Thema in Luft auflöst, wenn du lange genug wartest?«

»Jep, irgendwie schon.«

Addy schenkt ihr ein mitfühlendes Lächeln. »Das hab ich früher auch immer gemacht. Es hat sich allerdings rausgestellt, dass derartige Dinge – egal wie lange man sie ignoriert – nicht einfach wieder verschwinden.«

Jetzt ist es an Kees, Addy mitleidig anzusehen. »Ja, da bin ich mir sicher.«

»Dann ist es Zeit, einen Anruf zu machen, mein Kind.«

»Trotzdem überlege ich noch, wie ich drum herumkomme und wie alles wieder so werden kann wie vorher.«

»Ich weiß.« Addy drückt ihren Arm. »Um ehrlich zu sein, bin ich in diesen Momenten immer heilfroh, dass meine Eltern gestorben sind und ich keine solchen Entscheidungen treffen muss.«

»Addy!«

»Guck mich nicht so an. Ich weiß, das klingt schrecklich,

aber ich bin wirklich erleichtert. Wenn ich mir vorstelle, meiner Mum in die Augen sehen zu müssen, um ihr zu sagen, dass ich auf Männer stehe und heimlich ihre Saris trage … Das hätte sie umgebracht. Ich bin einfach froh, dass nicht ich derjenige bin, der sie ins Grab gebracht hat.«

»Aber da war deine Tante.«

»Ja, allerdings hab ich die gehasst. Deswegen bin ich so schnell wie möglich ausgezogen und nie wieder zurückgekehrt. Mir ist scheißegal, was sie weiß und was nicht. Die war nicht mal ein Coming-out wert.«

Addy hat sich bei einigen betrunkenen Büropartys auf dem Klo bei ihr ausgeheult und ihr von seiner Tante erzählt, sodass sie genug weiß, um jetzt nichts zu sagen.

»Eine Familie zu haben, die man wirklich liebt und der man nahe sein möchte, und gleichzeitig so eine Entscheidung treffen zu müssen … Ich kann mir kaum vorstellen, wie schwer das ist. Tut mir leid, Süße.«

Kees blinzelt schnell ein paar Tränen weg, die sich in ihren Augenwinkeln sammeln. Sie würde niemals im Büro weinen.

Nach und nach trudeln alle ein, und der Morgen kommt langsam in Gang.

Addy wirft die Verpackung des Müsliriegels auf ihren Schreibtisch und steht auf. »Wir reden später weiter. Ich muss meinen idiotischen Assistenten finden. Hoffentlich hat er in der Zwischenzeit nicht alle Fallakten durcheinandergebracht.«

Kees ist dankbar für seine Witze. »Ich dachte, du willst ihn feuern?«

»Ganz ehrlich? Ich steh kurz davor. Wenn er nicht bald damit anfängt, vor mir im Büro aufzukreuzen, dann flippe ich aus.«

»Du kommst um sechs ins Büro, Addy.«

»Dann muss er halt um fünf hier sein.«

Er drückt ihre Schulter und verlässt ihr Büro. Sie beobachtet, wie ihm im Gang die Junior-Praktikanten aus dem Weg springen.

Sie ist froh darüber, dass ihr Job lange Arbeitstage mit sich bringt und keinen Platz für andere Gedanken in ihrem Kopf lässt. Sie hat schlicht keine Zeit, um zu überlegen, was sie tun soll, oder um Harrys Schweigen zu analysieren. Bislang hat sie immer auf sein Zeitgefühl vertraut, und sie hat nicht vor, nun anzufangen, daran zu zweifeln.

Als sie ihn kennengelernt hat, war er der einzige Mensch, dem sie zugehört hat. Er war das Gegenteil von dem, was sie von einem Anwalt erwartet hatte: still, zurückhaltend, zufrieden damit, am Rand des Spielfelds zu sitzen. Diese ruhige Art hat sie mehr über ihn herausfinden lassen wollen. Sie hat ihn beim Debattieren in ihren Kursen beobachtet, hat registriert, wie er seine Hand in Vorlesungssälen hob, wobei sie den Kopf immer nur ganz leicht in seine Richtung gedreht hat, um kein Wort zu verpassen. Sie ist sich vage der Tatsache bewusst gewesen, dass sich die anderen Studierenden umgedreht haben, um zu hören, was *sie* zu sagen hatte, aber zum ersten Mal hat sie sich selbst für die Gedanken einer anderen Person interessiert.

Sie weiß, dass es keinen Sinn hat, Harry unter Druck zu setzen. Als Anwältin hat sie gelernt, dass es eine Chance bedeutet, jemand schweigen zu lassen. Die meisten Menschen fühlen sich unwohl in ihrer Haut. Wenn man eine Person im Zeugenstand befragt, muss man in der Regel einfach nur abwarten. Fast alle beginnen früher oder später zu reden, da sie das Unbehagen nicht aushalten.

Ihr Tag endet erst um zehn Uhr abends. Harry hat ihr bereits geschrieben, dass er mit einem Freund essen gegangen ist. Sie schlingt eines der Sandwiches herunter, die beim Vorstandsmeeting übrig geblieben sind und seitdem in der Küche vertrocknen, beugt sich wieder über ihre Akten, in denen sie nach Schlupflöchern und bisher übersehenen Informationen sucht, die einen neunzehnjährigen bangalischen Jungen aus dem Gefängnis holen und zurück zu seiner Familie bringen sollen. Auch wenn diese im Moment überzeugt davon ist, dass er etwas falsch gemacht hat, sodass sie nicht mal weiß, ob er irgendwohin zurückkehren kann, wenn er draußen ist.

Doch ein Problem nach dem anderen.

Als sie nach Hause kommt, geht sie nicht sofort ins Bett, wie sie es tun sollte, sondern zieht stattdessen aus einer Laune heraus das Buch über Rumis Theologie aus dem Regal und setzt sich, um das Kapitel über Glauben aufzuschlagen. Wenn sie in der Lage ist, Lücken im Gesetz zu finden, eine solide Konkretisierung der Gesetzgebung, dann sollte ihr das auch in einem Glauben gelingen, der im Gegensatz zu absoluter Überzeugung weitestgehend offen für Interpretation ist. Die Gelehrten konnten sich auf kaum etwas einigen, geschweige denn zu einer Übereinkunft bei den großen Themen gelangen. Irgendjemand musste doch etwas über die Ehe und darüber, wie eine muslimische Frau an ihrem Glauben, ihrem Herzen und ihrer Familie festhalten kann, geschrieben haben.

Kees nimmt den Koran aus dem Regal und vergleicht Passagen daraus mit einem Buch über den islamischen Gelehrten Bukhari, das sie einmal in einem Anfall von überhöhter Hingabe gekauft hat.

Als Harry gegen Mitternacht nach Hause kommt, ist sie auf dem Sofa eingeschlafen; eine Bücherspur führt vom Regal zu ihren Händen. Sie registriert, dass er sie hochhebt und ins Bett legt, allerdings ohne wirklich aufzuwachen, weil sie sich sicher fühlt und es nicht nötig ist.

Am nächsten Morgen wacht sie neben einem dampfenden Becher Kaffee und einem Zettel von Harry auf, auf dem steht, dass er ein frühes Meeting habe und sie liebe.

Lächelnd dankt sie Gott.

Ihren zweiten Kaffee bereitet sie sich in der Küche im Büro zu.

»Na, irgendwelche Antworten gefunden, was du in Bezug auf deinen umwerfenden Freund tun willst?«, fragt Addy, der gerade hereingekommen ist.

»Nein. Als er nach Hause gekommen ist, habe ich schon geschlafen. Und heute Morgen war er weg, als ich aufgewacht bin.«

Addy schüttelt sich leicht. »Das ist ja ekelhaft. Klingt wie eine Ehe nach fünfzehn Jahren, in der man kaum noch Sex hat.«

Sie deutet auf die Milch. »Du musst dir wirklich keine Gedanken um unser Sexleben machen.«

»Aha, willst du mir vielleicht mehr darüber erzählen?«

»Auf keinen Fall.«

»Für jemand, der so direkt ist wie du, hast du wirklich eine komische Einstellung zu Sex.«

»Man muss nicht über alles reden, Addy, erst recht nicht in der verdammten Büro-Küche.«

»Okay, dann lass uns darüber reden, dass euch die Eltern deines Freundes eine große Wohnung kaufen wollen, in der ihr mietfrei wohnen könnt.«

Emily Fortridge, die nervös mit dem Wasserkocher hantiert, mischt sich in das Gespräch ein. »Du kaufst eine Immobilie, Kees? Herzlichen Glückwunsch.«

Kees gibt sich Mühe, ihre Verärgerung nicht zu zeigen. Sie registriert, wie sich Addy hinter ihr verkrampft. Sie haben bereits einige Stunden damit verbracht, Emily Fortridges umfangreiche Liste an Fehlern zu diskutieren, und das Unterbrechen von Gesprächen steht von jeher ganz oben.

»Nein. Die Eltern meines Freundes kaufen eine für ihn.«

»Ach so. Dann ziehst du dort mit ihm ein?«

»Nein.«

Emily sieht beleidigt aus, und Kees fragt sich, wie Leute wegen etwas gekränkt sein können, das sie absolut nichts angeht.

Emily stößt ein nervöses Lachen aus. »Warum denn nicht?«

»Weil ich Muslimin bin, Emily. Wir ziehen mit niemandem zusammen, bevor wir verheiratet sind.« Es fällt ihr immer schwerer, ihre Ungeduld zu verbergen.

»Aber ihr wohnt doch schon zusammen.«

»Nicht wirklich.« Kees wirft Addy, der Emily mit vor der Brust verschränkten Armen angestrengt ansieht, einen Blick zu.

»Aber übernachtet er nicht ständig bei dir?«

»Worauf willst du hinaus, Emily?«

»Na ja …« Sie hält inne. »Er wohnt bei dir.« Ihr Lachen hat einem verwirrten Gesichtsausdruck Platz gemacht.

»Nein, nicht offiziell. Und ich würde auch nicht offiziell bei ihm einziehen, solange wir nicht verheiratet sind.«

»Das scheint mir ziemlich geheuchelt.«

Für einen Moment denkt Kees darüber nach, den Kaffeebecher nach ihr zu werfen, überlegt es sich aber anders.

»Ist nicht böse gemeint oder so«, fährt Emily fort, »aber ihr lebt zusammen, teilt euch ein Bett, und trotzdem behauptest du wegen irgendeines religiösen Gesetzes, ihr würdet nicht zusammenwohnen. Ganz schön scheinheilig, oder?«

Kees überdenkt noch einmal, ob sie ihren Kaffeebecher doch werfen soll.

»Es ist kompliziert«, antwortet sie schließlich.

»Warum heiratet ihr dann nicht?«, fragt Emily.

Addy erwacht schnaubend aus seiner Starre, trägt aber sonst nichts zu dem Gespräch bei.

»Weil«, Kees holt tief Luft, in der Hoffnung, nicht die Beherrschung zu verlieren, »er kein Muslim ist.«

Emily sieht sie verständnislos an. »Und?«

»Und ich kann niemand heiraten, der kein Muslim ist, Emily. Das erlaubt unsere Religion nicht.«

»Dann mach mit ihm Schluss«, sagt sie leichthin.

Endlich mischt sich Addy ein. »Liebe muss doch auch was zählen, Emily. Ich weiß, wir glauben nicht wirklich an solche Dinge in diesem Institut der Logik und des Gesetzes, aber ich bin mir ziemlich sicher, dass das selbst dein kaltes Herz kapiert.«

Ein weiteres lautes Lachen platzt aus Emily heraus, aber unter dem Eindruck von Addys Dienstalter schleicht sich ein erzwungener weicherer Ton in ihre Stimme. Sie tätschelt Kees' Arm. »Ja, klar, natürlich. Dann musst du wohl einfach alle Regeln brechen, wenn du ihn liebst. Geht es in der Liebe nicht genau darum?«

Kees verengt die Augen und fragt sich, ob Emily Fortridge jemals in ihrem Leben für irgendetwas hat arbeiten müssen oder ob alles einfach in einer langen Tradition von Leichtigkeit und »Solange du glücklich bist«-Beteuerungen von den Eltern an die Kinder weitergegeben wurde.

»Da würden meine Eltern wiedersprechen«, antwortet Kees.

»Ach, Süße.« Wieder tätschelt Emily ihren Arm, diesmal auf eine Weise, die Kees beinahe zurückzucken lässt. »Eltern machen erst immer einen riesigen Aufstand, aber irgendwann kommen sie drüber hinweg. Sie möchten doch nur, dass du glücklich bist. Glaub mir, Kees, am Ende sind sie mit allem einverstanden. Als ich meinen Eltern gesagt hab, dass ich Veganerin bin, hat mein Vater nicht aufgehört, sich aufzuregen. Er ist Jäger … Der war wirklich nicht glücklich. Aber inzwischen ist es vollkommen okay für ihn, weil er weiß, dass es mich glücklich macht. Bei deinen Eltern wird das genauso sein.« Sie schenkt Kees ein letztes Lächeln, atmet zufrieden auf, als hätte sie gerade jemand vor einer Gefängnisstrafe bewahrt, und marschiert mit einer Tüte Hafermilch unter dem Arm aus der Küche.

Kees starrt Addy an. »Hat sie gerade im Ernst …?«

»… die Liebe deines Lebens, mit der du nicht wirklich zusammen sein kannst, weil dich deine Familie sonst verstoßen würde, mit ihrem Veganismus verglichen? Ja. Ja, hat sie.«

»Weiße Leute«, sagen sie gleichzeitig, und Kees fühlt sich weniger allein. Oder weniger wie eine Verräterin.

»Wir müssen damit aufhören, in der Küche rumzuhängen, sonst passieren solche Sachen«, sagt sie.

»Keine Einwände. Bis später«, erwidert Addy.

Gemeinsam verlassen sie die Küche und kehren an ihre Schreibtische an gegenüberliegenden Seiten des Büros zurück.

Ihr Telefon klingelt in dem Moment, in dem sich Kees setzt. Der Empfang teilt ihr mit, dass jemand namens Jacob unten auf sie warte. Rasch überfliegt sie ihren Kalender, um sicherzugehen, dass sie keinen Termin mit einem Klienten vergessen hat, zieht ihr Jackett über und geht nach unten.

Beim Anblick von Malaks Ex-Freund scheint ihr Herz ihren Körper zu verlassen. Verwirrt hält sie inne. Hier, in der Lobby ihres Arbeitgebers, wirkt er so fehl am Platz, dass sie das Gefühl hat, alles um sie herum würde sich drehen. Endlich gibt sie ihren Füßen den Befehl, sich wieder in Bewegung zu setzen. Doch der Gedanke daran, dass Harry etwas passiert sein könnte, lässt sie abermals verharren. Sie will sich an der Wand abstützen, die nicht da ist. Diesmal dauert es länger, ehe es ihr gelingt, weiter auf Jacob zuzugehen.

Als sie ihn erreicht, hat sie die zitternden Hände in den Taschen ihrer Hose vergraben. »Ist mit Harry alles okay?«, fragt sie panisch. »Was ist passiert?«

»Es geht ihm gut, Kees, mach dir keine Sorgen. Du siehst total verschreckt aus.«

Ihr Herz nimmt seinen gewohnten Platz in ihrer Brust ein, und ihre Angst wird durch Wut ersetzt. »Was soll ich denn sonst denken, wenn du mitten an einem verdammten Dienstagnachmittag bei meiner Arbeit aufkreuzt?«, zischt sie durch ihre Erleichterung hindurch.

Jacob tritt nervös auf der Stelle. Die Gummisohlen seiner Schuhe quietschen auf den Fliesen. Kees fällt auf, dass er die gleichen ungepflegten weißen Turnschuhe trägt wie während ihrer Studienzeit. »Ich wollte nur was mit dir besprechen. Können wir zusammen Mittag essen gehen?«

»Hättest du nicht einfach anrufen können?«, fragt sie zittrig. Sie ist nicht in der Lage, einen klaren Gedanken zu fassen.

»Ich hab deine Nummer nicht mehr.«

»Und wie hast du rausgefunden, dass ich hier arbeite?«

»Ich hab auf LinkedIn nachgesehen.«

Sie lacht verächtlich. »Und da konntest du auch keine Nachricht schreiben?«

Auf einmal wirkt Jacob müde. Er hat dunkle Ringe unter den Augen und sieht beschissen aus.

»Es war schwer genug, sich überhaupt auf dieser Website zurechtzufinden, ganz abgesehen davon, dir darüber eine Nachricht zu schicken. Ich möchte einfach nur reden, okay? Und das, wenn's geht, nicht übers Internet.«

»Ich habe keine Zeit für Lunch. Es ist mitten am Nachmittag, verdammt noch mal. Komm um halb acht wieder, dann können wir was trinken gehen.«

»Aber sag Harry nichts davon, okay?«, erwidert Jacob und verlässt das Gebäude so eilig, dass Kees ihn nicht mehr fragen kann, was er eigentlich gewollt habe und warum sie Harry nichts erzählen solle. Mit diesen Überlegungen verbringt sie den Rest des Tages, bis ihre Gedanken irgendwann völlig außer Kontrolle geraten.

Als sie Jacob nach der Arbeit in der Lobby trifft, hat sich ihr Magen zu einem Nervenbündel verknotet. Eine wachsende Panik hat sich in ihrer Brust festgesetzt, genau unterhalb ihrer Kehle, und dafür gesorgt, dass sie den ganzen Nachmittag nichts mehr herunterbekommen hat.

Während sie die nächstgelegene Bar ansteuern, die eigentlich ein Pub ist, in dem Kees noch nie gewesen ist, sprechen sie nur wenig.

Im Inneren der Bar deutet Jacob in Richtung eines ruhigeren Nebenraums und hält ihr seinen Rucksack hin. »Ich hol uns was zu trinken, wenn du schon mal nach einem Sitzplatz schauen möchtest?«

Kees nimmt ihm den Rucksack ab, steuert den hinteren Teil der Bar an und setzt sich an den einzigen freien Tisch neben einem Regal voller Buchattrappen. Aus welchem Grund stellen Leute diese gefälschten Dinger in ihre Regale?, denkt sie. Vielleicht um dem Raum ein wenig Landcharme zu geben?

Jacob kommt mit den Getränken, reicht ihr eine Cola, setzt sich ihr gegenüber und stellt sein Bierglas ab, aus dem er offensichtlich schon einen großen Schluck genommen hat. »Ich bin einfach mal davon ausgegangen, dass die Welt noch nicht komplett kopfsteht und du angefangen hast, Alkohol zu trinken, deswegen hab ich dir eine Cola bestellt.«

Sie gibt eine Art Knurren von sich. »Das war nicht schwer zu erraten.« Dann mustert sie Jacob von oben bis unten, während er einen weiteren Schluck Bier trinkt. »Du siehst schrecklich aus.«

Er muss husten, Bier spritzt über den Rand seines Glases. Mit dem Handrücken wischt er sich das Kinn trocken. »Wie immer ein Vergnügen, sich mit dir zu unterhalten, Kees.«

Sie hebt die Augenbrauen und ignoriert seinen Kommentar. »Was ist los? Ich nehme mal an, dass du noch keinen Job hast. Mit den Klamotten siehst du aus wie ein achtzehnjähriger Erstsemester.«

Er lehnt sich grinsend zurück. »Na ja, um genau zu sein, bin ich das auch. Zumindest ein Erstsemester. Ich habe ein neues Fach belegt.«

»Jesus, Jacob, wie viele Abschlüsse willst du denn noch machen?«

»So viele, wie nötig sind, um mich so lange wie möglich vor einem Bürojob und dem quälend langsamen Langeweile-Tod zu bewahren.«

»Ach, komm schon, werde endlich erwachsen.«

»Nein danke. Falls Harry und du als Beispiel taugt, dann wirkt das alles ziemlich scheiße.«

»Und stattdessen bleibst du ewiger Studierender, oder was?«

»Nein, ich mache ein PGCE. Nächstes Jahr lege ich mein Lehrerexamen ab und kann arbeiten, wo immer ich will. Es gibt jede Menge Jobs für Lehrer.«

Kees legt den Kopf schief und runzelt die Stirn. »Seit wann willst du Lehrer werden?«

Jacob kippt so weit mit seinem Stuhl zurück, bis er nur noch auf den hinteren Beinen steht. Seine ausgeblichene Jeans ist an den Säumen abgewetzt. »Ich hab keine Ahnung, ob ich es will, aber ich dachte mir, dass ich es genauso gut einfach mal ausprobieren kann. Jeder Tag ist anders; ich kann überall auf der Welt arbeiten, und außerdem kann ich gut mit Kindern umgehen. Da hatte ich in jeder Hinsicht genug Training.«

Kees nickt und erkennt zum ersten Mal an, dass er nicht ganz unrecht hat. »Mit fünf jüngeren Geschwistern …«

»Jep.« Er lacht. »Wenn meine Mum die Spätschicht hatte, hab ich den anderen immer mit den Hausaufgaben geholfen. Ich bin mir also ziemlich sicher, dass ich den gesamten Lehrplan schon ein paarmal durchhab.«

Er spricht weiter über seine Familie, bis Kees realisiert, dass sie gar nicht richtig zuhört. Sanft unterbricht sie ihn. »So nett es ist, dich mal wiederzusehen – was ist so wichtig, dass du mitten am Tag bei meiner Arbeit aufkreuzt, als würdest du dich auf irgendeiner geheimen Mission befinden?«

Jacob sieht sie an, versucht, einen Satz zu formulieren, und bricht wieder ab.

»Ja?«, hakt sie ungeduldig nach.

Er sieht aus, als hätte er Schmerzen, dann platzt er heraus: »Harry will um deine Hand anhalten.«

Fassungslos sieht Kees den Ex-Freund ihrer Freundin, der ihr gegenübersitzt und gerade verkündet hat, dass ihr eigener Freund vorhat, ihr einen Antrag zu machen. Sie ist unfähig zu reagieren.

Jacob nippt schweigend an seinem Bier.

Langsam lässt die Taubheit in Kees nach. Als Erstes spürt sie ihren Magen. Ihren leeren Magen, der heute noch nichts bekommen hat, weil sie das Frühstück vergessen hat und keine Zeit für eine Mittagspause hatte.

»Ich muss was essen«, sagt sie schließlich.

»*Das* ist deine Reaktion?«

»Halt die Klappe, und tu was Sinnvolles, wie mir die Speisekarte von da drüben holen.«

Er kommt ihrem Wunsch nach und hält sich ansonsten daran, die Klappe zu halten.

Kees überfliegt die Karte und winkt schließlich die Kellnerin zu sich. Sie hat sich für Fish & Chips entschieden, weil es das einzige Gericht ist, das kein Schweinefleisch enthält.

»Woher weißt du es?«, fragt sie schließlich.

»Weil er es mir gesagt hat.«

»Warum sollte er dir das erzählen?«

»Weil wir Freunde sind und Freunde sich so was erzählen.«

»Seit wann seid ihr denn bitte Freunde?«

»Warum hat jeder so ein Problem damit?«

»Zusammen abhängen, weil die Freundinnen miteinander befreundet sind, macht einen nicht zu Freunden.«

Jacob lacht in sein Glas. »Malak hat genau das Gleiche gesagt an dem Abend, bevor sie abgeflogen ist.«

Kees bestätigt nicht, dass sie damit recht hatte, aber der Vergleich bleibt ein paar Minuten in der Luft hängen. Abgesehen von ihrer Verärgerung stellt sie fest, wie sehr sie ihre Freundin vermisst.

»Zusammen leidet es sich leichter«, fährt Jacob fort. »Ich denke mal, das ist der Grund, warum Harry und ich uns enger angefreundet haben.«

Sie schließt die Hand fester um ihr Glas. »Und warum hat Harry zu leiden?«

»Na ja, er ist in einer Beziehung mit einer Frau, die er liebt und die sich seit viereinhalb Jahren weigert, ihren Eltern von seiner Existenz zu erzählen. Deswegen kann man ganz schön leiden, Kees.«

Sie öffnet den Mund, um zu lachen, doch Jacob bringt sie mit einer Handbewegung zum Schweigen.

»Sprich es nicht aus, Kees, ich weiß auch so, was du sagen willst. Irgendeinen sarkastischen Kommentar über weiße Männer und unser Privileg und dass wir uns um nichts Sorgen machen müssen, weil unsere Familie uns liebt, egal was wir tun. Das hab ich alles schon gehört, wenn nicht von dir, dann von Malak, mit der ich auch vier Jahre zusammen war, falls du dich erinnerst. Glaub nicht, dass ich auf dem Gebiet nicht bewandert bin. Ich hab's kapiert.«

Wieder will Kees etwas erwidern, und wieder hebt Jacob die Hand.

»Tu mir einen Gefallen, Kees, und halt die Luft an. Bitte halt mir jetzt um Himmels willen keinen deiner Vorträge, okay? Ich bin nicht hergekommen, um mich mit dir über Privilegien zu streiten. Ich verfüge über Privilegien, ich weiß, wenn auch über weniger als manch anderer.« Er bedenkt Kees mit einem vielsagenden Blick. Ihr ist bewusst, dass seine

Andeutung auf Harrys wohlhabende Familie abzielt. »Aber nur weil wir Privilegien haben, heißt das nicht, dass wir immun gegen Gefühle sind. Wir dürfen trotzdem traurig und unglücklich sein. Ein Leben mit jemandem aufbauen zu wollen, der einen versteckt hält, ist grausam. Das ist etwas, über das wir nicht mit euch reden können, weil es für euch noch schwerer ist, aber es bricht einem das Herz.«

Sein bitteres Auflachen erschüttert Kees. Bislang hat sie von ihm nur Scherze und Gelassenheit gekannt.

»Meine Mum hat mir manchmal gesagt, ich solle vorsichtig sein«, fährt er fort. »Sie war sich sicher, dass eine Frau, die dich nicht mit nach Hause nimmt, um dich der eigenen Mutter vorzustellen, es nie tun wird. Ich habe natürlich immer dagegen argumentiert, dass es bei uns anders sei, und mit Malak darüber gelacht. Darüber geredet, dass meine Mum einfach nicht ›woke‹ genug ist und die Komplexität unterschiedlicher Kulturen nicht versteht. Aber mittlerweile beginne ich zu glauben, dass meine Mum vielleicht die ganze Zeit recht gehabt hat. Malak hatte nie vor, mich ihrer Familie vorzustellen, und ich war blöd genug, nicht schon viel früher zu gehen.«

»Ach, Jacob, du weißt, dass das nicht stimmt.« Obwohl Kees der Ansicht ist, dass sich Malak idiotisch verhalten hat, verteidigt sie sie noch immer. »Sie hat dich sehr geliebt.«

»Ich weiß.« Jacob reibt sich die Augen, in denen Tränen schimmern. »Das ist wahrscheinlich das Schlimmste daran. Ich weiß, wie sehr sie mich geliebt hat. Aber das ist es nicht, worüber ich mit dir reden wollte. Ich wollte dir sagen, dass Harry vorhat, dich zu fragen, ob du ihn heiraten möchtest, und dass du endlich deinen Scheiß auf die Reihe kriegen musst, damit du ihm die richtige Antwort gibst, wenn es so weit ist.«

Bei der Erwähnung von Harrys Namen in Zusammenhang mit dem Wort »heiraten« krampft sich Kees' Magen schmerzhaft zusammen. Dankenswerterweise erscheint in diesem Moment die Kellnerin mit dem Essen. Dem vermutlich unappetitlichsten, das sie je zu Gesicht bekommen hat. Ein Haufen grüner Erbsenmatsch auf der einen Seite des Tellers, lauwarme Pommes, die offensichtlich zu lange unter einer Warmhaltelampe gestanden haben, und ein langes Kabeljaufilet, das in zu viel Teig paniert wurde und auf dem ein einsames Stückchen Zitrone vor sich hin vegetiert. Trotzdem beginnt sie, mit großen Bissen zu essen.

»Weiß er, dass du mit mir redest?«, fragt sie zwischen zwei Happen.

»Natürlich nicht. Deswegen hab ich ja gesagt, dass du ihm nichts davon erzählen sollst. Und das meine ich ernst, Kees.«

»Warum verrätst du es mir dann überhaupt, Jacob? Du behauptest doch, sein Kumpel zu sein, dann solltest du ihm die Überraschung nicht versauen. Ich bin mir ziemlich sicher, dass bei Freundschaftsregeln Loyalität an erster Stelle steht.«

Er lacht. »Und ich bin mir ziemlich sicher, dass du kein Recht hast, mir einen Vortrag über Freundschaft und Loyalität zu halten, Kees.«

Sie hört auf zu essen und wirft ihm einen kalten Blick zu. »Pass auf, was du sagst. Lass mich und Malak aus dem Spiel.«

Jacob hebt abwehrend die Hände. »Schon gut. Ich bin zu weit gegangen. Aber der Grund, warum ich hier bin, ist, dass Harry und ich Freunde sind.«

»Erklärung?«, zischt sie patzig. Sie hat Messer und Gabel beiseitegelegt und rückt dem Fisch mit den Fingern zu Leibe.

Sie hat sich schon immer wohler dabei gefühlt, mit den Händen zu essen. Es schmeckt einfach besser.

»Was antwortest du, wenn er dich fragt, ob du seine Frau werden möchtest?«

Sie sieht ihn schweigend an.

»Eben. Die meisten Menschen, die so lange zusammen sind und sich so sehr lieben wie Harry und du, müssen keine Sekunde über ihre Antwort nachdenken. Aber ihr Frauen tut es, weil da die Sache mit der Kultur und der Religion ist und außerdem das Problem, dass ihr euch in einen weißen Mann verliebt habt.«

»Ich kann verdammt noch mal weder meine Religion noch meine Ethnizität wegzaubern, Jacob«, fährt sie dazwischen. »Dieses Privileg haben wir nicht.«

»Das weiß ich, Kees.« Wieder wirkt Jacob müde, als würde ihn ihre Wut erschöpfen. »Du kannst nichts davon tun. Aber du kannst eine Entscheidung treffen, und mehr verlangt auch niemand. Malak hat ihre Entscheidung getroffen, und du musst deine treffen. Ich möchte nicht, dass du dich falsch entscheidest. Genauso wenig möchte ich, dass du tust, was sie getan hat, weil es das nicht wert ist. Mir war vorher nicht klar, dass ich solche Schmerzen empfinden kann.«

Kees bedauert, dass sie ihn so angefahren hat. Sie streckt die Hand aus, um seine zu drücken. »Du vermisst sie sehr, oder?«

Jacob bringt ein leises Lachen zustande, das seine Augen nicht erreicht. »Ich vermisse sie nicht. Vermissen trifft es nicht im Entferntesten. Ich habe keine Ahnung, wie ein Leben ohne sie aussehen soll, Kees. Ich muss meine gesamte Zukunft neu denken – ohne die Person, mit der ich mir ein

Leben aufbauen wollte. Ich werde mich in andere Leute verlieben müssen, obwohl mir klar sein wird, dass ich *sie* noch liebe. Hast du eine Ahnung, wie unfassbar grausam das ist?«

»Mit der Zeit …«

»Nein … es wird nicht nachlassen, Kees. Es wird nur den Ort wechseln. An eine andere Stelle in meinem Körper wandern. Eine Stelle, die ich vor der nächsten Person, die in mein Leben tritt, verstecken kann. Und hoffentlich kann ich es, an richtig guten Tagen, einen Moment lang vergessen. Wir sind Seelenverwandte, Kees. Ich werde sie für immer lieben und sie mich. Sie weiß es nur nicht.«

»Aber wie kannst du dir da so sicher sein?« Kees hat lange nicht mehr mit Malak gesprochen. Gleichwohl ist sie nicht blind. Sie sucht nach wie vor auf verschiedenen Social-Media-Plattformen nach ihrem Namen und sieht sich Fotos von ihr an. Wenn man auch nur etwas auf die Eindrücke geben kann, dann hat Malak gerade die Zeit ihres Lebens. Auf jedem einzelnen Bild scheint sie geradezu von innen heraus zu strahlen. Es ist ein Strahlen, das Kees seit Jahren nicht gesehen hat und nicht mehr versteht.

»Weil ich sie kenne, Kees«, antwortet Jacob. »Besser als jeden anderen Menschen auf diesem Planeten. Ich kenne jeden ihrer Gesichtsausdrücke, und meistens kann ich an der Art, wie sie ihre Schultern hält, ablesen, was sie gerade denkt. Ich weiß, dass sie mit einem muslimischen Mann zusammen sein will, den sie mit nach Hause bringen kann, weil sie ihre Familie nicht enttäuschen will. Und das Verrückteste ist: Ich wäre für sie konvertiert. Das habe ich ihr auch gesagt. Ich hätte alles getan, was nötig ist, aber sie meinte immer, sie könne nicht die Verantwortung dafür übernehmen, dass ich mein Leben ändere, und dass sie sowieso wisse, dass das alles eine Lüge sei. Weil sie eigentlich gar keinen muslimischen Mann will, oder, Kees?«

Kees sagt nichts.

»Nein, sie wünscht sich nur alles, was ein muslimischer Mann mit sich bringt. Die Kultur, die Familie, die Traditionen.« Jacob beugt sich zu ihr vor. »Und wie hätte ich ihr das jemals bieten sollen?« Er lacht bitter und lehnt sich wieder zurück. Dann nimmt er sein Bierglas und trinkt einen großen Schluck. »Kannst du dir vorstellen, wie ich ihre Eltern mit meiner Agnostiker-Familie und fünf Geschwistern zusammenbringen soll? Selbst wenn ich konvertiert wäre, hätte ich ihr all das nicht bieten können. Den Kern. Das, was sie wirklich will. Und das Lustige ist, dass das Leben, das sie gerade lebt, die reinste Lüge ist. Klar, es ist ein Teil von ihr, aber eben nicht alles. Und eines Tages wird sie es merken, und sie wird sich daran erinnern, wie wir zusammen waren. Dann wird sie realisieren, dass sie die falsche Entscheidung getroffen hat.«

Im selben Moment spürt Malak irgendwo auf der anderen Seite eines Ozeans einen scharfen Schmerz, der ihren Arm hinauf und in ihre Brust schießt. Das Erste, woran sie denkt, ist Jacob. Sie stolpert rückwärts und fällt hinter ihre Freundinnen zurück, mit denen sie den Tahrir-Platz überquert, während die Lichter Kairos um sie herumwirbeln und alle über einen Witz lachen, den Ali gemacht hat. Sie ist umgeben von allem, was sie je gewollt hat, deswegen kann sie nicht begreifen, warum ihr plötzlich Jacobs Name in den Sinn kommt.

Tausende Kilometer entfernt, in einem sehr englischen Pub, blinzelt Kees heftig und greift wieder nach Jacobs Hand.

»Und falls das passiert, kannst du ihr dann nicht verzeihen? Wenn du sie so sehr liebst, wie du sagst?«

»Natürlich würde ich ihr verzeihen. Irgendwann. Aber ich weiß nicht, wann sie zurückkommen wird. Sie könnte ein Jahr wegbleiben oder zehn. Und das Leben wartet nicht. Es geht immer weiter, und es wird mich mitnehmen, ob ich will oder nicht.«

Niemals wird Kees den Ausdruck auf Jacobs Gesicht in diesem Augenblick vergessen. Genauso wenig wie das Gefühl der Kälte, das sie überkommt, als sie ihm dabei zusieht, wie er sich gedanklich in ein Leben ohne den einen Menschen fügt, mit dem er es hat leben wollen. Bei der Vorstellung, Malak könnte eines Tages zurückkommen und ihn in einer Realität vorfinden, in der kein Platz mehr für sie ist, wird ihr schlecht.

In den folgenden Tagen spürt sie immer wieder die Kälte bei der Erinnerung daran, wie Jacob ihr gegenübergesessen hat, hohl, als hätte jemand sein gesamtes Inneres ausgeschöpft, und ihr wird bewusst, dass die Zeit schneller vergeht, als ihr lieb ist. Dass es in der Realität nur wenige Momente im Leben gibt, in denen wahre Entscheidungen getroffen werden, weil wir in den meisten Fällen mitgerissen werden und uns die Dinge einfach passieren. Der Gedanke, dass sie weniger Entscheidungen treffen kann, als sie immer geglaubt hat, löst eine der unangenehmsten Empfindungen in Bilquis Saeeds bisherigem Leben aus.

Den Rest der Woche fühlt sie sich krank. Am Donnerstag muss sie sich auf der Toilette im Büro übergeben, und am Freitag versucht sie nicht einmal, etwas zu essen, weil es die Empfindung nur noch verschlimmert.

Erst am Samstag, als Harry und sie zu einem Wochenendausflug aufbrechen, hört ihr Magen auf zu rebellieren. Obwohl ihr von der Autofahrt ebenfalls schlecht wird, beendet ihr Inneres beim Anblick des schönsten Landhotels, das sie jemals gesehen hat, seine Beschwerdeorgie. Endgültig Ruhe gibt er schließlich, als Harry und sie ihr Zimmer betreten, eine riesige Suite, die in einen Wintergarten übergeht, der mit funkelnden Lichterketten dekoriert ist. Flackernde Kerzen stehen auf jedem freien Fleckchen, und dort, inmitten von Tausenden funkelnden Lichtern, hält er um ihre Hand an. Ohne ihn zu Ende sprechen zu lassen, ohne eine Sekunde zu zögern, sagt Kees Ja – und zum ersten Mal seit Tagen fühlt sie sich nicht elend.

Als Harry den Ring an ihren Finger steckt und ihr einen langen, tiefen Kuss gibt, denkt sie an Jacobs Gesicht, ausgemergelt vom wenigen Essen, an die dunklen Augenringe, die seine Züge nach unten zu ziehen schienen, und an die Traurigkeit, die sich tief unten in seiner Kehle festgesetzt hat und von der sie sich nicht sicher ist, ob sie je wieder verschwinden wird. Und dann – Gott mag ihr vergeben, dass sie an einen anderen Mann denkt, während ihr Verlobter sie küsst – schickt sie ein stummes Dankgebet an Jacob. Trotz ihrer Sturheit kann selbst sie zugeben, dass sie vielleicht gerade aufgrund des Leides eines anderen Mannes den Mann küsst, den sie zu heiraten entschieden hat.

Dies ist der Tag, an dem sie begreift, dass die Art, wie ein Herz bricht, einen ganzen Lebensweg verändern kann.

Malak

Ali merkt ihr alles an. Sie erwartet von ihm, dass er die großen Dinge nicht übersieht, aber es sind die kleinen Details, die er erwähnt, die sie jedes Mal überraschen. Die neue Nagellackfarbe an ihren Zehen an dem Tag, als sie zum Strand gefahren sind. Welches Top sie getragen hat, als sie letzten Monat brunchen gewesen sind. Wie sie ihr Haar an dem Wochenende getragen hat, das sie mit Pyramiden-Hopping verbracht haben.

Darauf angesprochen, hat er erwidert: »Mir fällt alles an dir auf. Wie könnte mir jemals etwas entgehen?«

Sie ist sich sicher, dass sie in der Lotterie gewonnen hat – welche auch immer dafür zuständig ist, die aufmerksamen und unaufmerksamen Männer aufzuteilen.

Sie sitzen im Garten eines der Hotels, die am Ufer des Nils stehen. Der Fluss fließt unterhalb von ihnen sanft dahin, irgendwo im Hintergrund verblasst die unablässige Geräuschkulisse von zwölf Millionen Stadtbewohnern.

Sie kratzen die Reste ihres Abendessens von den Tellern.

»Möchtest du morgen mit mir meine Großmutter besuchen?«, fragt Ali.

Malak sieht überrascht zu ihm auf. »Bist du dir sicher?«

»Ja, klar, warum sollte ich mir nicht sicher sein?«

Sie nimmt seine Hand, die er über den Tisch ausgestreckt

hat. »Na ja, wir kennen uns gerade mal sechs Wochen. Es ist noch früh.«

Lachend hebt er ihre Handfläche an seine Lippen. »Ich weiß, was ich für dich empfinde; für mich fühlt es sich nicht zu früh an. Aber wenn du dich bei dem Gedanken nicht wohlfühlst, kannst du sie vielleicht ein andermal kennenlernen. Keine Eile. Was immer dir am liebsten ist, Hayati.«

Malak stockt der Atem. Zwar ist ihr Arabisch nicht besonders gut, aber dass »Hayati« – mein Leben – nur in den zärtlichsten, liebevollsten Momenten verwendet wird, hat sie schon immer gewusst. In ihr steigt ein solch großes Glücksgefühl auf, wie sie es bisher noch nie empfunden hat.

»Sei nicht albern, natürlich möchte ich sie kennenlernen«, erwidert sie kopfschüttelnd.

Sie grinsen sich albern an und lösen ihre Hände erst voneinander, als der Kellner an ihren Tisch tritt, um die Teller abzuräumen.

Malak lehnt sich zurück und beobachtet Ali, der mit dem Kellner in flüssigem Arabisch zu scherzen anfängt. Inzwischen möchte sie die Sprache schneller lernen, um jedes seiner Worte verstehen zu können. Noch nie war sie so sehr daran interessiert, was ein Mensch zu sagen hat, wie bei Ali.

»Worüber habt ihr gelacht?«, fragt sie, nachdem sich der Kellner, die Teller über dem Kopf balancierend, entfernt hat.

Ali beugt sich über den Tisch und greift wieder nach ihrer Hand. »Er hat davon gesprochen, dass alle Kellner einen Zweit- und Drittjob haben, um ihre Familien zu ernähren.«

Malak runzelt die Stirn. »Und das ist lustig, weil …?«

Angesichts ihrer Verwirrung küsst Ali sanft ihre Fingerspitzen. »Natürlich ist das nicht lustig, aber du weißt selbst, wie Ägypter sind. Sie finden an jeder Sache eine komische Seite.«

»Ich bin mir nicht sicher, ob Armut eine komische Seite hat.«

»Nein, hat sie nicht. Aber das Leben dieser Leute ist weit von allem entfernt, was wir uns vorstellen können. Wir sind alle ägyptisch, aber unser Ägypten unterscheidet sich von ihrem. Wir sind in England aufgewachsen, in einem Sozialstaat mit einem Gesundheitssystem, das eines der besten der Welt ist.«

Malak schnaubt belustigt. »So großartig ist es auch wieder nicht.« Zum Thema Streichungen von staatlichen Leistungen und einem langsamen Verschwinden des Sozialstaats hätte sie eine Menge beizutragen.

»Es ist doch unglaublich.« Ali beugt sich noch ein Stück weiter vor, die Ellbogen auf den Tisch gestützt, ihre Hand in der seinen. »Sieh dich mal um. Wir sind hier in Nordafrika, und auch wenn all die wohlhabenden Ägypter es nicht zugeben wollen, befindet sich dieses Land noch immer in der Entwicklung. Die Infrastruktur hält die Stadt nur mit Not zusammen, die Justiz ist käuflich, falls man genug Geld hat, und es gibt nichts, woraus man sich in diesem Land nicht freikaufen kann. Das politische System hängt davon ab, wer wen kennt, und unser Land betreibt ernsthaft fragwürdige Geschäfte mit anderen führenden Politikern der Welt. Wenn man krank wird oder einen Unfall hat, verfügt man entweder über die finanziellen Mittel, um für die eigene Gesundheit zu bezahlen, oder man hofft darauf, dass die Kräuter der Dorftante die Schmerzen lindern. Allerdings ist die Wahrscheinlichkeit hoch, dass sie es nicht tun werden. Mehr kann ein bisschen Aromatherapie eben nicht leisten. Es ist eine einzige scheiß Show, die hier läuft. Im Vergleich dazu ist unser Gesundheitssystem die wunderbarste Sache, die mir je untergekommen ist.«

»Wahrscheinlich hast du recht«, erwidert Malak.

Alis Augen schimmern wie bei Fieber. Sie versteht nicht, worüber er sich so ereifert. »Warum bist du dann so gern hier?«

Ali lehnt sich lachend auf seinem Stuhl zurück und deutet in Richtung Nil. »*Haya de Masr.*«

»Was bedeutet das?«

»Wörtlich: Das ist Ägypten. Im übertragenen Sinne: Es ist, wie es ist. Ein Satz, der Akzeptanz ausdrückt, in dem aber viel Liebe steckt, denn jeder, der ihn ausspricht, meint damit: ›Ja, hier herrscht Chaos und nichts funktioniert, aber es ist unser Chaos und wir lieben es.‹ *Haya de Masr.* Das ist Ägypten.«

Alis Erregung überträgt sich auf Malak. Sie stellt weitere Fragen zur Politik des Landes, das sie inzwischen ihr Zuhause nennt. Weil es sie interessiert, aber auch weil sie nicht möchte, dass er aufhört, in diesen hastigen, fiebrigen Monologen über das Land zu sprechen, das er liebt.

Schon oft hat sie sich gewünscht, in sein Gehirn klettern und den Tag zwischen seinen Theorien und Philosophien verbringen zu können. Sie ist es gewohnt, eine der Klügsten im Raum zu sein. Sie ist es gewohnt, dass andere Leute sie auf der Suche nach Antworten ansehen. Aber jetzt ist sie diejenige, deren Gehirn sich auf neue und unvorstellbare Weise verbiegt. Es macht sie süchtig. Und wenn er ihr mitten im Satz eine Haarsträhne aus dem Gesicht streicht oder in der

Diskussion innehält, um eine Spur von Küssen auf ihrer Stirn zu hinterlassen, bevor er fortfährt zu erläutern, warum sich das Land ändern muss, fühlt sie sich wie eine Frau, die endlich weiß, wer sie ist und wo sie hingehört.

Für einen Augenblick unterbricht er seine Ausführungen und greift wieder nach ihrer Hand. »Warum lächelst du?«

»Weil ich glaube, dass du einen großartigen Professor abgeben wirst. Wann wirst du etwas von deinen PhD-Bewerbungen hören?«

»Das wird noch ein paar Monate dauern. Glaubst du das wirklich?«

Sie versteht, worauf er hinauswill, und drückt lächelnd seine Hand. »Machst du Witze? Du wurdest geboren, um als Professor zu arbeiten. Deine Studentinnen und Studenten werden ganz verrückt nach dir sein.«

»Wahrscheinlich werden die mich eher für alt und langweilig halten.«

Malak hebt eine Braue, lehnt sich ein Stück nach links und mustert Ali von seinen Designerschuhen über die definierten Muskeln, die sie unter seinem Shirt erahnen kann, bis zu der silbernen Uhr am Handgelenk und dem perfekt getrimmten Bart. »Ja, sicher.«

Er lacht, ohne etwas zu erwidern.

»Jede Frau in deinen Kursen wird sich in dich vergucken.«

Er lacht lauter. »Was für ein Quatsch.«

»Ich meine es todernst. Die werden in ihren Gruppen-Chats über dich sprechen und ihren Freundinnen dein Foto von der Uni-Website zeigen. Zumindest würden meine Freundinnen und ich das machen.«

Mit ernster Miene legt er eine Hand in ihren Nacken und zieht sie ein Stück näher zu sich heran. »Vielleicht machen sie das«, sagt er, »aber ich werde jeden Abend zu dir nach Hause kommen und denken, dass ich der glücklichste Mann bin, der je einen Fuß auf diese Erde gesetzt hat.«

Malak spürt, wie sich ihr Magen zusammenzieht und die Welt zu einem barmherzigeren Ort wird.

Jenna

»Ich habe sie kennengelernt, Jenna«, lautet Lewis' Reaktion auf ihren Begrüßungskuss.

Sie steigen in sein Auto.

»Wen?«

»*Sie*. Die eine. Die Frau meiner Träume. Die Person, von der ich geglaubt habe, dass sie nicht existiert.« Er startet den Wagen und steuert ihn in Richtung des Pubs, in dem sie in der Regel ihre Abende beginnen.

Erst als sie sich gegenübersitzen, beide mit einem Glas in der Hand, fragt Jenna schließlich: »Und? Wer ist sie?«

»Sie ist unglaublich, absolut heiß. Wir haben uns in einem Gaming-Forum kennengelernt. Sie heißt Zee, hat französisch-marokkanische Wurzeln und ist mit Abstand die schönste Frau, die sich je mit mir unterhalten hat.«

»Zee?«

»Eigentlich Aziza, aber so nennt sie niemand.«

»Ich nehme an, ihre Eltern schon.«

»Okay, niemand außer ihren Eltern nennt sie so.«

»Ist sie Muslimin?«

Lewis zögert, trinkt einen Schluck Bier. »Ja.«

Jenna bedenkt ihn mit dem Blick, den sie allein für ihn in Situationen reserviert hat, in denen er sie bittet, sie mit einer ihrer Freundinnen zu verkuppeln.

»Sie ist keine Muslimin, wie du eine bist.« Er lehnt sich zurück und lässt einen Arm über die Rückenlehne seines Stuhles hängen.

»Was soll das heißen?«

»Das heißt, dass sie weder glaubt noch die Religion praktiziert. Auf jeden Fall will sie nicht als Jungfrau in die Ehe gehen.«

Jenna stöhnt auf. »Lewis, nur weil sie mit dir ins Bett geht, heißt das nicht, dass sie nicht mehr an ihre Religion glaubt. Die beiden Dinge schließen sich nicht aus. Obwohl du dich gern für eine Art Gott hältst, bist du – da muss ich dich enttäuschen – kein adäquater Ersatz.«

»Warum musst du mir immer dermaßen auf die Nerven gehen, Jenna?«

»Weil es irgendjemand tun *muss*«, platzt sie wütend heraus. »Du hast sie in einem Gaming-Forum kennengelernt?«

»Ja. Was soll das, Jenna?«

»Zee heißt in Wirklichkeit wahrscheinlich Dave und ist irgendein fünfzigjähriger Durchschnittstyp aus Leeds, der nie richtig erwachsen geworden ist und am liebsten online ›Super Mario‹ spielt.«

»Tut mir leid, aber das stimmt nicht«, sagt er grinsend. »Sie lebt in Liverpool, und wir haben uns getroffen. In echt ist sie noch heißer. Keine Anzeichen von einem Bart weit und breit.«

»Bist du jetzt total bescheuert? Du fährst einfach so nach Liverpool und triffst dich mit einer komplett fremden Person, die du im Internet kennengelernt hast?« Sie starrt Lewis an, als hätte er sich gerade gehäutet. »Warum hast du mir nichts davon gesagt?«

»Weil ich keine Lust auf Zuschauer hab, wenn ich auf eine falsche Identität reinfalle.«

»Du hättest ermordet werden können«, zischt sie.

»Okay, jetzt halt mal den Ball flach.«

»Es werden jeden Tag Menschen umgebracht, vor allem Idioten, die quer durchs Land reisen, ohne jemandem was davon zu erzählen, um sich mit irgendwelchen Leuten zu treffen, die sie im Netz kennengelernt haben. Ausgerechnet in einem Gaming-Forum. Das ist genau der Ort, an dem Mörder nach ihren Opfern suchen.«

»Erstens verstehe ich nicht, was du gegen Gamer hast. Und zweitens, wer will bitte einen dürren Depp wie mich entführen? Derjenige würde mich sofort wieder zurückgeben. Können wir jetzt bitte wieder in die Realität zurückkehren, damit ich dir von ihr erzählen kann?« Er greift nach ihrer Hand.

Jenna zieht sie zurück und nimmt stattdessen ihr Glas. »Wenn es unbedingt sein muss.«

Lewis schildert ihr jedes noch so kleine Detail – wie sie aussieht, was sie macht, wie viele Geschwister sie hat – und erzählt, dass er – *ihr* Lewis – sich noch nie so gefühlt habe.

Jenna stellt Fragen, hört zu, amüsiert sich ein bisschen darüber, wie er strahlt, und gibt zu, dass sie ihn selbst auch noch nie so erlebt habe. Er spricht den ganzen Abend nur über Aziza, länger, als er je von einer anderen Frau gesprochen hat, und Jenna fragt sich, welche Magie Aziza wohl besitzen mag.

Ein kleiner eifersüchtiger Stich nistet sich in einer Ecke ihrer Magengrube ein. Sie ist nicht an Lewis interessiert, aber sie ist sich der Tatsache bewusst, auf subtile Weise an den Rand gedrängt worden zu sein, und verspürt die Sehnsucht, nach Hause zurückzukehren.

Irgendwann beugt sie sich vor, umfasst seinen Arm und unterbricht seinen Monolog. »Ich freue mich total für dich.

Vor allem darüber, dass Aziza offensichtlich keine Serienmörderin ist, aber im Ernst: Ich bin begeistert. Wenn sie dir wehtut, bringe ich sie allerdings um.«

Lewis grinst. »Das will ich doch hoffen.«

Ein warmes Glücksgefühl breitet sich in ihr aus. In diesem Moment liebt sie Lewis sehr.

Er wirft einen Blick auf die Uhr. »Ich habe heute Abend noch ein FaceTime-Date mit Zee, deswegen kann ich leider nicht so lange.«

»Oh, ja, kein Problem. Ich hab sowieso Sarah gefragt, ob sie später noch dazukommen möchte. Sie ist wahrscheinlich schon unterwegs.«

»Sarah? Die aus deiner Theatertruppe, mit der du ab und zu 'ne Nummer schiebst?«

»Genau die.«

»Schiebt ihr heute Abend 'ne Nummer?«

»Abgesehen davon sind wir übrigens auch befreundet, manchmal gehen wir auch einfach nur zusammen aus. Es geht nicht immer nur um Sex, Lewis.«

Sie sehen sich eine Sekunde lang in die Augen, bevor sie beide losprusten.

Lewis schlüpft in seine Jacke, die Jenna ihm gegeben hat. »Sicher, dass es in Ordnung ist, wenn ich abhaue? Ich kann auch warten, bis Sarah da ist.«

»Quatsch, alles bestens. Verschwinde, und grüß deine neue Freundin von mir.« Mit einer Handbewegung scheucht sie ihn Richtung Ausgang.

Überrascht stellt sie fest, dass Lewis' Glas noch zur Hälfte voll ist. Sie kann sich nicht erinnern, dass er schon mal ein Bier hat stehen lassen. Wieder überkommt sie das unheimliche Gefühl, außen vor gelassen worden zu sein.

Sie zieht ihr Handy aus der Tasche und schreibt Ola und Sarah, um herauszufinden, wer von beiden heute Abend noch nichts vorhat. Dass Sarah vorbeikommen würde, ist eine Ausrede gewesen. Die Vorstellung, dass Lewis nur ihr zuliebe bliebe, ist unerträglich.

Ola antwortet nicht. Sarah textet, dass sie ein Date habe, und fragt, ob alles in Ordnung sei.

Statt darauf zu reagieren, schickt Jenna eine Nachricht an Mo, von dem sie weiß, dass er immer Zeit für sie hat.

Wie vermutet stimmt er zu, sie abzuholen.

In der Sekunde, in der sie ihm ihren Standort mitteilt, bereut sie es bereits. Der Wunsch, nach Hause zu fahren, überkommt sie so plötzlich, dass sie sich ein Taxi ruft. Sie vergisst, Mo zu antworten, und stopft das Handy in ihre Tasche.

Auf einmal ist sie das alles leid. Sie holt ihr Kopftuch heraus und zieht es auf der Taxifahrt an, nur um es wieder abzunehmen, kaum dass sie durch die Haustür getreten ist.

Im Wohnzimmer findet sie ihre Eltern genau so vor, wie sie sie verlassen hat.

»Du bist schon zurück, Schatz?«, fragt ihre Mutter.

»Sie haben mich doch nicht bei der Probe gebraucht. Da dachte ich, ich schaue einen Film mit euch an, wie ihr vorgeschlagen habt.«

Die Mienen ihrer Eltern hellen sich auf. Sie muss lächeln angesichts der Tatsache, dass die beiden so eng beieinander auf dem Sofa sitzen und sich trotzdem freuen, dass sie wieder da ist; sie hat immer einen festen Platz in ihren Herzen.

»Jeden Film, den du willst, Habibti«, sagt ihr Vater.

»Können wir *Wie ein einziger Tag* ansehen?«

»Ja, natürlich. Hab ich dir mal von dem Haus erzählt, das ich mit meinen Brüdern gebaut habe?«

Jenna und ihre Mutter geben gleichzeitig einen stöhnenden Laut von sich.

»Na los, zieh deinen Schlafanzug an, ich mach dir einen Tee. Ich habe auch noch ein paar *Atayef* übrig.« Ihre Mutter gibt ihr einen Kuss. »Ich freue mich, dass du wieder da bist.«

Jenna spürt, wie sich ein Kloß in ihrer Kehle bildet, und sie vergräbt das Gesicht am Hals ihrer Mutter. Sie wünscht sich, ihr von ihrer Angst erzählen zu können, jeden Menschen zu verlieren, den sie liebt, aber manche Dinge sind zu groß, um sie auszusprechen.

»Ich mich auch, Mama. Ich mich auch.«

Ihre Handtasche und das Handy lässt sie im Flur liegen. Nachdem sie ihren Pyjama angezogen hat, nimmt sie ihre Lieblingsdecke aus dem Korb neben dem Sofa und kuschelt sich in ihre Lieblingsecke, glücklich darüber, sich von ihren Eltern verwöhnen zu lassen, die sich freuen, dass sie den Samstagabend mit ihnen verbringt.

Erst als sie am nächsten Morgen einen Blick auf ihr Handy wirft, sieht sie die verpassten Anrufe von Mo, der versucht hat, sie zu erreichen, um ihr zu sagen, dass er im Auto vor dem Pub auf sie warte.

Jenna ist zweiundzwanzig. Sie hat den besten Notendurchschnitt ihres Jahrgangs, und jeder behauptet, sie sei brillant. Ihr Vater ist berühmt, ihre Professoren beziehen sich in ihren Vorlesungen auf seine Arbeit, lächeln ihr dabei quer durch den Hörsaal zu, als würden sie einen Insiderwitz teilen. Sie hat die Hauptrolle in jedem Uni-Theaterstück gespielt, und sie bekommt immer wieder von Zuschauern zu hören, dass sie ihre Darbietung zu Tränen gerührt habe.

Die meisten Leute auf dem Campus kennen Jenna Khatieb aufgrund der Dinge, in denen sie überragend ist; anderen das Gefühl zu geben, gesehen zu werden, darin ist sie am besten. Sie ist reich, weil ihr Vater der Ansicht ist, dass seine einzige Tochter alles bekommen soll, was sie sich wünscht. Nie hat sie das infrage gestellt.

Meistens trägt sie einen Hidschab, mit dem sie – im Gegensatz zu vielen anderen Frauen – noch schöner aussieht; und die Tanten mit Töchtern, die ihre Haare nicht bedecken wollen, schenken Jenna ein wohlwollendes Lächeln, während sie sich wünschen, ihre Töchter wären mehr wie sie. Sie benutzen Jenna als Beispiel dafür, wie hübsch man mit einem Hidschab aussehen kann, aber ihre Töchter wissen es besser und schütteln mit einer Ablehnung den Kopf, von der sie nicht abrücken werden.

Jenna ist mit allen befreundet, weil sie sich gern unterhält und sich aufrichtig für das Leben anderer Menschen interessiert. Dennoch ist sie einsam, auf eine Weise, die ihr das Gefühl gibt, zweiundneunzig zu sein und ganz allein in einer großen Marmorhalle zu stehen.

Sie hat mal eine Theorie gelesen, nach der das Empfinden von Einsamkeit im selben Teil des menschlichen Gehirns sitzt wie körperlicher Schmerz, und obwohl ihre Medizin-Professoren darüber gelacht und ihren Hinweis abgetan haben, ist sie der Überzeugung, dass sie nie etwas Wahreres gelesen hat.

Seit Monaten hat sie Schmerzen, von denen sie glaubt, dass sie um die Verlobungsparty von Kees' Schwester eingesetzt haben, aber in letzter Zeit sind sie unerträglich geworden. Da wie bei den meisten Körperteilen auch dieser Schmerz betäubt werden kann, lenkt sie sich mit Kursen, Lernen, Proben und einem Bedürfnis ab, sich in Gesellschaft anderer

Menschen zu begeben, das an Obsession grenzt – nur um bloß nicht daran denken zu müssen, wie einsam sie ist.

Seit ihr Lewis von seiner Beziehung erzählt hat, scheinen alle um sie herum nur noch als Paar unterwegs zu sein. Sarah hat eine feste Freundin und ist damit raus. Ola trifft sich mit jemandem und sagt, dass er hoffe, sie könnten trotzdem Freunde bleiben. Malak lebt in einem anderen Land, und Kees könnte sich ebenso gut auf einem anderen Kontinent aufhalten, so wenig, wie sie sie zu Gesicht bekommt. Ihr Gruppenchat erinnert an einen schlecht zusammengewachsenen Knochen, und mit jedem Tag, den er unbenutzt bleibt, scheint die Stille schwerer zu brechen zu sein. Fast jeden Abend denkt sie darüber nach, den beiden zu schreiben, dass genug genug sei und sie alle wieder miteinander sprechen müssten, aber die Aussicht darauf, dass die Antworten aus Schweigen bestehen, lässt ihre Finger innehalten. Ihre Eltern verweilen in ihrer eigenen Welt, und der Raum um sie herum dehnt sich mehr und mehr aus.

So stellt sie es sich vor, wenn jemand stirbt, nur dass dies hier schlimmer ist, weil niemand gestorben ist. Es gibt keinen Abschluss. Man kann nicht um Menschen trauern, die damit beschäftigt sind, sich zu verlieben, denn was für einen Menschen würde das aus einem selbst machen? Aber die plötzliche Abwesenheit dieser Menschen in ihrem Leben fühlt sich sehr nach Trauer an, und es macht sie wütend, dass sie nicht um diejenigen weinen kann, die sie verloren hat.

Sie besucht Vorlesungen und erledigt die Dinge, die stets erledigt werden müssen. Sie geht mit ihren Eltern in die Moschee und betet zu Gott, sie von der Last der Einsamkeit zu erlösen. Bei den Proben fühlt sie sich besser, wenn alle Augen auf sie gerichtet sind, aber irgendwann gehen die Lichter an, und Menschen tun sich zu zweit zusammen, um nach Hause zu gehen. Dann fühlt sie sich wie der letzte Mensch auf Erden.

Selbst Mo antwortet nicht auf ihre Nachrichten. Nachdem sie ihn versetzt hat, nimmt sie es ihm nicht mal übel. Sie ärgert sich über sich selbst, dass sie seine Zuneigung und Aufmerksamkeit nicht zu schätzen gewusst hat. Sie dachte, er sei wie die anderen und würde herumsitzen und auf sie warten, aber offensichtlich verfügt er über mehr Selbstachtung. Wodurch er ihr noch besser gefällt.

Ihr Terminkalender ist voll, dennoch ist sie von Leere umgeben. Ein großes Nichts. Jede romantische Komödie, die sie sich ansieht, jede Liebesgeschichte, die sie liest, jedes Paar auf der Straße, das einander berührt, dehnt ihren leeren Horizont ein wenig mehr aus.

Sie erwägt, jemand anzurufen und dem- oder derjenigen zu erzählen, dass sie einsam ist. Aber alle, mit denen sie normalerweise darüber reden würde, sind in einer Beziehung, und das Einzige, was schlimmer als Einsamkeit ist, ist das Mitgefühl einer Person, die nicht einsam ist. Wenn man einsam und unglücklich ist, dann mit jemandem, dem es genauso geht.

Sie hat Malak geschrieben in der Hoffnung, ihr ihr gebrochenes Herz ausschütten zu können. Daraufhin ist Malak damit herausgeplatzt, dass sie jemand kennengelernt hat. Sie klang glücklicher, als Jenna sie jemals erlebt hat. Entsprechend hat sie ihr nicht erzählt, dass sie sich so einsam fühlt, dass sie manchmal abends, wenn sie im Bett liegt, Siri eine Frage stellt, nur um jemand zu haben, der ihr antwortet.

Sie verbringt Stunden damit, sich zu schminken und neue Outfits anzuprobieren. Schließlich wischt sie das Make-up wieder ab und wirft die Klamotten in eine Ecke ihres Zimmers. Sie hat vergessen, dass man sich auch für jemand anderen als einen Liebhaber zurechtmachen kann.

Sie verbringt zu viele Stunden damit, durch Blogs von Paaren zu scrollen und sich Sendungen über berühmte Leute anzusehen, die perfekte Beziehungen führen; und obwohl sie weiß, dass nichts davon der Realität entspricht und man nicht alles glauben soll, was man liest, möchte sie sich in diesen ganz bestimmten Traum einkaufen.

Sie meldet sich bei früheren Liebhabern und hofft, dass sich deren Gesichter aufhellen, wenn sie ihren Namen lesen, aber nach ein paar ausgetauschten Nachrichten erinnert sie sich wieder, warum sie keine Liebhaber mehr sind. Manche von ihnen unterhalten sie länger als einen Tag, manchmal sogar eine ganze Woche. Dann denkt sie darüber nach, warum sie dieser speziellen Person keine Chance gegeben hat. Vielleicht hat sie sich weiterentwickelt und verändert und ist bereit für etwas Wahres. Doch wenn sie sich mit der Person trifft, fällt ihr der Grund wieder ein. Hier eine nervige Angewohnheit, da eine blöde Bemerkung.

Sie liest ermutigende Artikel im Internet über Single-Frauen, die die Welt erobern, und hört jede Menge Destiny's Child, aber sobald sie im Bett liegt und an die dunkle Decke starrt, fühlt sie sich wieder allein.

Die Abende sind lang, was ihr viel Zeit gibt, sich durch verschiedene Apps zu klicken. Manchmal sind die Verabredungen nur Mittel zum Zweck, eine Möglichkeit, sich ein bisschen Vergnügen für eine Nacht zu verschaffen. Sie landet in ihren Wohnungen, wo sie den Typen offenbart, dass sie nicht bereit sei, beim ersten Date mit ihnen zu schlafen, aber sie könnten andere Dinge machen. Auf diese Weise bekommt sie, was sie braucht. Die meisten sind begeistert genug von ihr, als dass es sie stören würde, und einfach nur glücklich darüber, ihre Aufmerksamkeit bekommen zu haben.

Andere versuchen sie mit dem Versprechen vom Gegenteil zu überzeugen, auf keinen Fall anders über sie zu denken, wenn sie bereit ist, beim ersten Treffen mit ihnen zu schlafen. Dann lächelt sie und stimmt ihnen zu, besteht aber darauf, dass sie nicht diese Art Frau ist, und auch wenn die Männer enttäuscht sind, schwillt etwas in ihnen, und sie freuen sich insgeheim, dass Frauen wie sie also doch existieren. Sie schmieden in ihren Köpfen Pläne für die nächsten fünf Dates und reden sich ein, dass Jenna es wert ist zu warten, aber am nächsten Morgen ist sie verschwunden und antwortet nie mehr auf eine ihrer Nachrichten.

Sie überlegt oft, die Apps zu löschen, weil sie reine Zeitverschwendung sind, aber sie braucht eine Ablenkung, und da sich alle ihre Freundinnen und Freunde verlieben, hält sie vorerst daran fest.

Sie löscht sie erst an dem Abend, an dem sie Mark kennenlernt, den zärtlichsten, nettesten Mann, den sie je getroffen hat. Bis zu dem Moment in seiner Wohnung, als sie dreimal Nein sagt und er schweigend und schnell in sie eindringt und – während sie vor Schock erstarrt – seine Hüften gegen ihre rammt, einmal, zweimal, dreimal, ehe er ein kurzes befriedigtes Grunzen ausstößt, von ihr herunterrollt, eine Taschentuchbox auf ihren Bauch wirft und sagt: »Sorry, ich konnte einfach nicht aufhören. Du bist unwiderstehlich. Ich nehme an, eine Frau wie du nimmt die Pille.«

Sein hämisches Grinsen lässt sie an den Teufel denken.

Malak

Sie hat nicht gewusst, dass Sterne so hell leuchten, dass die Temperaturen in der Wüste mitten in der Nacht so kalt sein können und dass es sich anfühlen kann, als würde man durch die Luft fliegen, wenn man sich in einen anderen Menschen verliebt. Sie wusste nichts von diesen Dingen, doch nun stürzen sie alle auf einmal auf sie ein, in diesem Augenblick, in dem sie in Alis Armen mitten in der Siwa-Oase in den Himmel sieht, ihr Zelt und die Flammen ihres Feuers das einzige Anzeichen von Zivilisation weit und breit.

»Mir war nicht klar, dass man so glücklich sein kann«, sagt sie. »Dir?«

»Nein. Aber ich wusste, dass etwas Gutes passieren würde.«

»Wirklich?« Sie neigt den Kopf leicht zur Seite.

Ali gibt ihr einen Kuss in den Nacken. »Ja. Ich erinnere mich, wie ich vor ein paar Monaten morgens mit meinem Kaffee auf dem Balkon gesessen und zum ersten Mal seit Langem inneren Frieden verspürt habe. Es hat sich angefühlt, als wäre ich zu etwas bestimmt oder als würde etwas Unglaubliches passieren. Und dann habe ich dich gesehen, Kookie. Du warst es, was mir gefehlt hat.«

Malak küsst seinen Arm, hält ihn ein bisschen fester, zieht ihn ein wenig enger an sich. Gäbe es einen Weg, unter seine

Haut zu schlüpfen, sie würde es tun. Dies ist der perfekteste Moment, den sie je erlebt hat.

»Ich hatte keine Ahnung, dass du kommen würdest und dass das Leben so süß sein kann.«

»*Alhamdulillah*«, fügt er hinzu, und sie antwortet: »*Alhamdulillah*.«

Das Gefühl, Gott gemeinsam mit dem Mann zu danken, mit dem sie schläft, erfüllt sie jedes Mal aufs Neue mit Freude. An langen Abenden mit Nylah und Rayan, wenn sie ihnen jedes Detail dieser neuen und unerwarteten Liebe offenbart, vergisst sie nie, dieses spezielle Gefühl zu erwähnen. Dann erzählt sie ihnen, dass sie nun endlich begreift, was es bedeutet, seinen Glauben mit jemandem zu teilen, und dass Gott etwas Heiliges zwischen zwei Menschen entstehen lassen kann. Sich in Ali zu verlieben, ist die göttlichste Erfahrung, die sie in ihrem bisherigen Leben gemacht hat. Es ist Anbetung, die sie mit der gleichen Intensität und dem gleichen Fieber wie die Religion angeht und bei der die Belohnung beinahe übersinnlich ist.

Malak ist es gewohnt, dass Gott Dinge entzweit. Länder. Abkommen. Beziehungen. Aber hier, in den heißen Straßen Kairos, in marmornen Moscheen, die sämtliche Kirchen Englands überstrahlen, hat Gott die Welt zu einem perfekten Muster zusammengelegt, das sie beide im Zentrum festhält. Zu glauben, dass Gott sie zusammengebracht hat, ist vielleicht das stärkste Aphrodisiakum, das sie je genommen hat. Und weil Ali von Gott gesandt ist, hat sie keinen Moment gezögert, sondern sich ganz in jeden Augenblick ergeben, seit sich ihre Hände vor Monaten zum ersten Mal im Innenhof einer Moschee berührt haben.

Wenn sie ganz ehrlich zu sich selbst ist, dann kommt sie zu dem Schluss, dass sie sich nicht einmal dann bremsen könnte, wenn sie es wollte. Sie stolpert von einem Moment zum nächsten und lacht wie eine Betrunkene, obwohl sie keinen Tropfen Alkohol mehr angerührt hat, seit sie sich kennengelernt haben. Bei ihrer ersten Verabredung hat Ali zehn Minuten damit verbracht, sämtliche Übel des Alkoholkonsums aufzuzählen, bevor er sie gefragt hat, ob sie trinke; und während er sie wie ein Gebet angesehen hat, das endlich erhört worden war, hat sie ihren Kopf hin- und herbewegt für ein entschiedenes Nein.

Alles an ihrem Leben ist auf einmal spannend, weil es nichts Aufregenderes gibt, als den Mann seiner Träume kennenzulernen. Sie fühlt sich nicht schuldig, wenn sie den Gedanken laut ausspricht, denn an den Tagen, an denen sie viel Zeit mit ihrer Mutter in der Moschee verbracht hat oder ihre gesamte Familie zum Abendessen erschienen und das Haus voll von Tanten mit Kopftüchern und Onkeln gewesen war, die ihre Unterhaltungen für den Adhan unterbrachen und vor Gott auf die Knie fielen, hat sie, obwohl sie zu jenem Zeitpunkt in Jacob verliebt gewesen war, von einem Mann wie Ali geträumt. Einem Mann, der bei den Onkeln und ihrem Vater sitzt und an ihrer Unterhaltung teilnehmen kann, anstatt unbeholfen am Rand zu stehen und zu fragen »Was bedeutet das?«. Einem Mann, der den Adhan sprechen kann.

Als Heranwachsende hat sie ihren Vater dabei beobachtet, wie er die Familie und oft auch die Gemeinde in der Moschee im Gebet angeleitet hat. Dann hat sie sich immer etwas gerader gehalten, stolz darauf, dass es die Stimme ihres Vaters war, die sie zu Gott geführt hat, und davon geträumt, dass ihr zukünftiger Ehemann eines Tages dasselbe tun würde.

Zu Beginn ihrer Beziehung hat es einen Moment gegeben, in dem Malak gestrauchelt ist und einen Fehler gemacht hat, der der Ungeduld, alles übereinander herauszufinden und endlich in der Gegenwart anzukommen, geschuldet war. Wenn sie heute darüber nachdenkt, wird ihr noch immer ein wenig übel: Damals hatten sie zusammen im Bett gelegen und einander auf jene alberne Art angelächelt, wie Frischverliebte es tun. Dabei hat Ali mit dem Finger eine Linie von ihrer Wange bis zu ihrer Hüfte gezogen. Und irgendwann mitten in ihrem Gespräch über Sex hat sie gefragt: »Mit wie vielen Frauen bist du schon zusammen gewesen?«

Sie ist keineswegs eifersüchtig, wie es manche andere Frauen sind, und die Idee, seine Ex-Freundinnen zu googeln, ist ihr kein einziges Mal gekommen. Sie wollte einfach nur alles über ihn wissen. Angesichts der Tatsache, dass Jacob sie zu einem bedeutenden Teil zu dem Menschen gemacht hat, der sie heute ist, lag es nahe, dass die Frauen vor ihr für Ali das gewesen waren, was Jacob für sie gewesen war.

Ohne zu zögern, hat er geantwortet: »Sieben.«

Malak hat genickt und gelächelt, noch ein paar weitere Fragen gestellt und das Gefühl gehabt, dass sich die Tür zu seinem Inneren ein Stück weiter geöffnet hatte. Sie hat sich enger an ihn gekuschelt, ihn geküsst und den tiefen Trost verspürt, mit einem anderen Menschen zu verschmelzen.

Später an jenem Abend hat er ihr die gleiche Frage gestellt, wobei das vertraute Licht in seinen Augen leuchtete, und aus irgendeinem Grund hat sie gezögert, wollte die Geschichte nicht zerstören, also spann sie die Lüge und sagte: »Nur einen. Meinen Ex, an den ich meine Jungfräulichkeit verloren habe. Der Typ, von dem ich dir erzählt habe.«

Die Vorstellung, sie könnte noch Jungfrau sein, war zu weit hergeholt, um sie in eine Lüge zu pressen.

Dann hat Ali sie mit einer Sanftheit und Zärtlichkeit geküsst, die sie kaum zu ertragen wusste.

»Ich werde auf dich achtgeben, Kookie«, sagte er.

Bei der Erwiderung seines Kusses hat sie sich schrecklich gefühlt. Schließlich ist er aufgestanden und ins Bad gegangen, um zu duschen.

Unterdessen hat Malak entschieden, nicht mit einer Lüge zwischen ihnen leben zu können.

»Ali …«, sagte sie zögernd, als er zurück ins Schlafzimmer kam, seinen Hunger verkündete und lachend beklagte, wie erschöpft er ihretwegen sei.

»Was gibt's, Baby?« Er kam zu ihr herüber, legte die Hände an ihre Wangen und gab ihr einen Kuss auf die Nase.

»Ich habe gelogen. Gerade eben.«

Er sah sie an, ihr Gesicht zwischen den Händen. »Okay.«

»Ich habe in Wirklichkeit mit vier Männern geschlafen.«

Darauf ließ er die Hände sinken, wich zurück und setzte sich auf die Kante des Schreibtischs. Er kreuzte die Arme vor der Brust. »Okay.«

»Meine Jungfräulichkeit habe ich an meinen Ex verloren, aber wir haben zwischendurch einmal Schluss gemacht, bevor wir wieder zusammengekommen sind, und in der Zeit war ich so traurig. Natürlich hat es nichts bedeutet, aber es gab auch andere.«

»Warum hast du dann gelogen?«

»Ehrlich gesagt, weiß ich es nicht«, hat sie erwidert.

Die Temperatur um sie herum schien zu sinken. Der Ausdruck in Alis Augen veränderte sich, seine Schultern spannten sich an. Malak wurde schlecht bei dem Gefühl, etwas Seltenes und Wertvolles verlieren zu können.

Sie hatte von solchen Männern gehört, die gern glaubten,

der Erste gewesen zu sein. Denen es leichtfiel, die Frage zu ignorieren, wie Frauen, denen es gelang, ihnen die größte Befriedigung zu verschaffen, dieses Wissen hatten erlangen können. Solche Männer redeten sich ein, es läge an ihnen selbst, dass sie die Frau ihnen gegenüber dazu befähigten und dass sie ihnen eine ganz neue Welt offenbarten.

Kees und Jenna hatten es den Aladdin-Komplex genannt. Sie hatten zusammen gelacht, wenn ihnen so ein Mann untergekommen war, und ihn ohne Mitleid in Stücke gerissen. Aber hier, dem Mann gegenüber, für den sie so viel empfand, gelang es ihr kaum, das Gefühl der Übelkeit zu unterdrücken. Sie spürte, wie ihre Handflächen feucht wurden.

»Dass du gelogen hast, ist schrecklich«, sagte Ali.

»Ich weiß, es tut mir leid.« Auf sein Schweigen wiederholte sie:

»Es tut mir leid.«

Sie meinte es ernst. Es ist dumm von ihr gewesen, ihn anzulügen, als gerade alles perfekt war. Sie hat den Moment ohne guten Grund kaputtgemacht. Hat seinen Seelenfrieden zerstört und sich in seinen Augen zur Lügnerin gemacht. Bis zu diesem Moment hat sie nicht gewusst, was es bedeutet, sich selbst zu hassen.

Entgegen ihrer Erwartung, dass er gehen würde, küsste er sie auf das Haar und sagte: »Komm, lass uns was essen gehen, wir haben beide Hunger.« Ihr kam der Gedanke, dass diese Reaktion vielleicht schlimmer war, als wenn er einfach gegangen wäre.

In jener Nacht hat sie alles dafür getan, dass er sie wieder ansah wie früher an dem Tag, doch ihr entging nicht, dass sich das Licht in seinen Augen verändert hatte.

Am nächsten Tag hat sie das Thema noch einmal angesprochen und versucht, sich erneut zu entschuldigen, doch er hat ihr nur einen Finger auf die Lippen gelegt.

»Nicht. Lass uns nicht mehr darüber sprechen. Ich liebe dich, Kookie.«

Sie hat geweint, an seiner Brust geschluchzt, und er hat sie gehalten, ihr über das Haar gestrichen und gemurmelt, dass es okay sei und er ihr verzeihe. Bei seinen Worten hat sie noch mehr geweint. So verharrten sie vierzig Minuten lang, während ihre Tränen sein T-Shirt tränkten und seine Vergebung auf sie hinabregnete.

Der Gedanke an jene Nacht ist ihr noch immer unangenehm. Erst Jahre später wird sie in der Lage sein zu erklären, warum sich genau diese Erinnerung so anfühlt, als würde sie sich von einem Dach stürzen. Aber vorerst schiebt sie sie sorgfältig beiseite und ruft sich ins Gedächtnis, dass seit damals alles perfekt ist.

Bilquis

»Oh Gott, was ist passiert?«, fragt Kees.

Das Wohnzimmer sieht aus wie immer. Die Möbel stehen am selben Ort, die Bilderrahmen und der Koran auf dem Kaminsims, daneben der Gehstock ihrer Urgroßmutter, die mit Klebefolie geschützten Fernbedienungen liegen nebeneinander auf dem Couchtisch. Aber ihre Mutter hat sich auf dem Sofa zusammengekrümmt und weint in ihre Dupatta. Beim Anblick ihrer zitternden Schultern zieht sich Kees' Magen vor Angst zusammen.

»Sie guckt sich Babyfotos von mir an«, erklärt Saba lachend und nimmt Kees ihre Taschen ab.

Hakim steht daneben und schüttelt amüsiert den Kopf.

Kees atmet erleichtert aus. Während sich ihr Puls normalisiert, nimmt sie den Familiengeruch wahr und spürt Heimweh in sich aufsteigen, obwohl sie mitten in dem Wohnzimmer steht, in dem sie aufgewachsen ist.

»Nicht weinen, Umee.« Sie setzt sich und schlingt die Arme um ihre Mutter, wiegt im Rhythmus ihres Schluchzens vor und zurück und lächelt zu ihren Geschwistern auf. »Bis zur Hochzeit sind es noch ein paar Wochen. Außerdem heiratet sie und liegt nicht im Sterben.«

Die Erwähnung, dass jemand sterben könnte, reicht aus, um das Schluchzen zu beenden. Ihre Mutter richtet sich auf und gibt Kees einen Klaps auf den Arm. »Das möge Gott verhüten. Warum sprichst du über den Tod?«

»Ich hab nicht über den Tod gesprochen, Umee, sondern nur gesagt …«

»Lass es sein, das bringt Unglück. *Chalo*, wir müssen Samosas machen, kommt.«

Sie gibt Kees noch einen Klaps auf den Rücken und Hakim im Vorbeigehen einen auf den Arm mit dem Hinweis, er solle im Garten helfen. Sie reißt sich auf die gleiche Art zusammen, wie sie es immer tut – indem sie ihre Kinder an ihre Pflichten erinnert, Gebete murmelt, um das böse Auge fernzuhalten, und ihre Rolle als Mutter ausfüllt, die größte Leistung ihres Lebens.

Als sie in der Küche verschwindet, wo sie niemand sehen kann, lächelt sie und empfindet das Gefühl der Vollständigkeit, das nur dann eintreten kann, wenn all jene Menschen, die sie am meisten liebt, unter einem Dach zusammenkommen.

Als Kees ihnen verkündet hat, mit Studienbeginn ausziehen zu wollen, ist Abida dagegen gewesen. Der Gedanke, dass ihre unverheiratete Tochter allein wohnen würde, erfüllte sie mit Scham, vor allem da die Uni nur eine Stunde entfernt lag. Sie stellte sich die Mienen vor, wenn sie zur Moschee ging, und wusste nicht, ob sie die Nachfragen ertragen würde, wenn andere Töchter sich für die nahe gelegene Fachhochschule entschieden, um sicherzugehen, nicht weiter als zehn Minuten entfernt von ihrem Elternhaus zu studieren.

Aber Abida und Itasham hatten sich in ihrer Hochzeitsnacht ein Versprechen gegeben: Welche Entscheidung auch immer getroffen werden musste, sie würden sie gemeinsam treffen und einander unterstützen, selbst wenn sie sich nicht einig waren. Fünfunddreißig Ehejahre lang hatte das funktioniert. Als Kees also ihr Elternhaus verlassen wollte, argumentierte Itasham seiner Frau gegenüber, dass ihre Tochter niemals Premierministerin werden würde, wenn sie nicht eine der besten Universitäten der Welt besuchte und sämtliche Zeit mit Lernen verbrachte. Als Abida den Ausdruck in seinen Augen sah, wusste sie, dass sie zustimmen musste, und einmal mehr bildeten sie eine geschlossene Front. Ihr leuchtete die Logik hinter alldem ein, aber sie hatte immer das Gefühl, dass ein Teil ihrer Familie fehlte, seit Kees ausgezogen war.

Sie hören, wie ihre Mutter in der Küche mit Töpfen und Pfannen zu hantieren beginnt. Kees wirft Saba und Hakim einen ungläubigen Blick zu. »Ist sie immer so drauf?«

»Jeden Tag«, antwortet Hakim.

Saba nickt zustimmend. »Ihre Laune kippt von einer Sekunde auf die andere. Man weiß nie, was als Nächstes kommt.«

»Aber …« Kees hält inne, sucht nach Worten, mit denen sie Saba nicht verletzt. »Es ist nur deine Hochzeit«, sagt sie schließlich, weil sie nicht weiß, wie sie es anders ausdrücken soll.

Sie ist froh, als Saba lacht. »Versuch mal, ihr das klarzumachen. Sie redet ständig von der Ersten in der Familie.«

»Dass du das nicht wirst, war ja immer klar, oder?« Hakim grinst vor Freude, seine ältere Schwester ärgern zu können, die ihm bei so vielem voraus ist.

»Du bist nicht zu alt, um dir eine zu fangen, Hakim«, erwidert Kees und wendet sich wieder Saba zu. »Und wie ist Dad drauf?«

»Er ist die meiste Zeit im Garten. Die Blumenbeete für die Hochzeit in Ordnung bringen.«

»Aber die Hochzeit findet im ›Hilton‹ statt. Was haben unsere Blumenbeete damit zu tun?«

Saba legt den Kopf schief, als hätte Kees eine unglaublich dumme Frage gestellt. »Hier werden jede Menge Leute vorbeikommen, um Mum und Dad zu gratulieren. Deswegen möchte er, dass alles ordentlich aussieht.«

Kees spürt schon jetzt Frust in sich aufsteigen. »Und dabei sitzen sie im Garten?«

Saba und Hakim stoßen gleichzeitig ein Seufzen aus.

»Du bist zu viel mit weißen Menschen zusammen«, sagt Saba. »Natürlich werden sie nicht im Garten sitzen, dafür ist es viel zu kalt, aber du weißt doch selbst, wie sie mit dem Haus sind.«

Die Bemerkung, dass ihre Ansichten vom Umgang mit weißen Menschen geprägt sind, ärgert Kees – vor allem weil ihre kleine Schwester recht damit haben könnte. »Nur weil du heiratest, heißt das nicht, dass du dir nicht auch eine fangen kannst, Saba. Ich finde es einfach nur ein bisschen unnötig, ihr nicht?«

Saba legt ihr den Arm um die Schultern. »Unsere Schwester, wie immer eine hoffnungslose Romantikerin.«

Kess runzelt die Stirn und versucht, Saba abzuschütteln, doch die ist wie immer hartnäckig und schafft es, ihr einen Kuss zu geben. Dabei landen sie zusammen auf dem Sofa, wo Hakim auf sie springt und sie dermaßen übermütig kreischen, dass ihre Eltern ins Zimmer stürzen. Ihre Mutter nimmt ein Kissen und schlägt damit lachend auf Hakim ein, um ihn dazu zu bringen, von seinen Schwestern abzulassen. Ihr Vater sieht mit verschränkten Armen auf sie herab. Sein tiefes Lachen erinnert sie alle an ihre Kindheit.

Der nächste Tag ist ein Samstag. Kees hat sich vorgenommen, am Morgen vorerst im Bett zu arbeiten. Doch ihre Mutter hat ganz andere Vorstellungen. So verbringt Kees den Tag damit, den Familienwagen von der Bäckerei zum Caterer und von dort zum Schneider zu steuern. Sie besucht drei verschiedene Juweliere, spricht über *Churiya* und Ohrringe, kocht Hackfleisch mit Erbsen und sitzt anschließend mit Saba und ihrer Mutter auf dem Küchenboden, um Hunderte kleine Süßigkeiten zu verpacken, die eingefroren und herausgeholt werden, wenn Gäste vorbeikommen. Sie erklärt sich bereit, als Versuchskaninchen für das Mehndi herzuhalten, und lässt sich eine Hand und einen Fuß mit floralen Mustern bemalen.

Während die Farbe trocknet, sitzt sie stundenlang still, versucht, die Zeit zu nutzen und Fallakten zu lesen, aber Saba besteht darauf, jedes Outfit anzuprobieren, das ihre Schwiegereltern ihr geschickt haben, und Kees' Meinung dazu zu hören. Sie lässt ihre Mutter ihre Maße nehmen und blättert mit Saba durch endlos viele Zeitschriften, um das Outfit auszusuchen, das extra für die Hochzeit und die vielen anderen Events, die sie begleiten und die bei einer pakistanischen Hochzeit mindestens genauso wichtig sind, geschneidert wird. Gemeinsam mit Hakim sucht sie auf dem Dachboden verstaubte Kisten mit alten Eid-Dekorationen heraus, die zur Hochzeitsdekoration umfunktioniert werden, und hängt silberne Papiersterne, die sie als Kinder gefaltet haben, an die Decke im Flur. Sie hilft ihrem Vater, Lichterketten im

Garten aufzuhängen und online weitere zu bestellen. Sie rollt Roti für das Abendessen mit der Familie und bietet an, Mrs. Carson etwas zu essen vorbeizubringen, die anmerkt, dass Kees dünn geworden ist und häufiger nach Hause kommen solle, um nach ihren Eltern zu sehen.

Als sie an diesem Abend mit einer Fallakte und einer Tasse Tee, die ihr – wie sie verwundert feststellt – Hakim gemacht hat, aufs Sofa sinkt, schläft sie augenblicklich ein.

Am Sonntagmorgen macht sie sich nicht mal die Mühe, die Akten aus ihrer Tasche zu nehmen. Den Vorschlag ihrer Mutter, mit den anderen in die Stadt zu fahren, damit sie in Ruhe arbeiten könne, lehnt sie dankend ab. Wäre sie in London, könnte sie kaum etwas zur Hochzeit beitragen – zumindest nicht so, wie sie es sollte. Aber da sie nun hier ist, kann sie ihnen wenigstens diese wenige Zeit schenken, selbst wenn es bedeutet, dass sie jeden Abend der nächsten Woche im Büro verbringen wird.

Nach Hause zu kommen, ist so, wie es immer gewesen ist: Es spendet ihr ein enormes Wohlbefinden, das gleichermaßen von Schuldgefühlen begleitet wird.

Den Rest des Nachmittags verbringt sie mit Saba am Esstisch, wo sie gemeinsam Papiergirlanden ausschneiden und zusammenkleben, die dem strengen Farbkonzept der Hochzeit folgen, das Saba an die Wand geheftet hat, damit sich alle Familienmitglieder daran orientieren können.

Kees sieht zu Saba, die sich darauf konzentriert, möglichst gerade zu schneiden. Immer wieder blitzt ihre Zunge zwischen den Zähnen auf – so wie damals, als sie noch ganz klein gewesen ist. Plötzlich spürt Kees den verzweifelten Wunsch, sich zu entschuldigen.

»Es tut mir leid, dass ich so wenig hier war.« Sie beugt sich zu ihrer Schwester hinüber und drückt deren Hand.

Überrascht lässt Saba die Schere sinken und erwidert ihren Händedruck. »Du musst dich nicht entschuldigen. Schließlich bist du bei der Hochzeit dabei, oder?«

»Ja, natürlich.«

»Na also. Das ist alles, was zählt.«

Schweigend fädeln sie die Papierketten aneinander, während im Hintergrund der Soundtrack des Filmes *Lebe und denke nicht an morgen* läuft, weil Saba nach wie vor der Ansicht ist, es sei die größte Liebesgeschichte, die Bollywood je hervorgebracht hat.

»Warum warst du denn so wenig hier?«, fragt Saba mit gesenktem Blick, ohne im Schneiden innezuhalten.

Kees kommt der Gedanke, dass sie eine Art Monster sein muss, auf das Glück ihrer Schwester eifersüchtig zu sein. Doch wenn sie darüber nachdenkt, ist es keine Eifersucht, sondern vielmehr das Wissen darum, dass sie das hier niemals erleben wird. Dass der Grund dafür, dass ihre Mutter ihretwegen in ihre Dupatta weint, ein ganz anderer sein wird.

»Viel zu viel Arbeit«, erwidert sie vage. »Wenn man gerade erst neu angefangen hat, kann man sich nicht einfach freinehmen. Es war gar nicht so leicht, den Job zu kriegen, und ich will es nicht versauen.«

Saba nickt verständnisvoll. »So was in der Art hab ich mir schon gedacht.«

Als ihr Vater Kees zum Bahnhof bringt, damit sie den letzten Zug nach London erwischt, unterhalten sie sich über Politik, über die Regierung und die Gesetze, die Kees Itashams Meinung nach ändern sollte. Sie hört zu und nickt, ohne sich die Mühe zu machen, ihn darauf hinzuweisen, dass das so nicht funktioniert und sie sich nicht wirklich für Politikrecht interessiert; sie hört ihn einfach nur gern darüber reden.

Bevor sie aus dem Auto steigt, stellt er ihr dic glciche Frage wie immer, seit sie fünfzehn war. »Betest du auch regelmäßig?«

»Ja, Abaji, jeden Tag.«

»Mashallah.« Er hebt die Hand, um sie für seinen Segen und die Art, sich von ihr zu verabschieden, auf ihren Kopf zu legen.

Als Kees sich abwendet und davongeht, kurbelt er das Fenster herunter und ruft sie noch einmal zurück.

»Ja, Abaji?« Sie streckt den Kopf durchs Fenster.

Itasham drückt ihr einen Zehn-Pfund-Schein in die Hand. »Hier, kauf dir für die Fahrt einen Tee.«

Sie lächelt. »Ein Tee kostet keine zehn Pfund, Abaji. Gib mir zwei fünfzig und spar den Rest für Sabas Hochzeit.«

Sie macht sich Sorgen, wie ihre Eltern das alles bezahlen sollen, und fühlt sich schuldig, nichts beitragen zu können. Es streift sie der Gedanke, dass sie dringend finanziell unabhängig werden muss.

Itasham winkt ab. »Na, na, ich darf meine Töchter verwöhnen, wann immer ich will. Nimm es.«

Sie diskutiert nicht mit ihm, nimmt nur das Geld und sagt ihm, dass sie ihn liebe.

Ohne etwas darauf zu erwidern, wartet Itasham auf dem Parkplatz, bis Kees in den Zug gestiegen ist, und dann noch so lange, bis der Zug aus dem Bahnhof rollt und an Fahrt aufnimmt. Er wartet länger für den Fall, dass es ein Problem gibt oder seine Tochter aus irgendeinem Grund wieder ausgestiegen ist. Er möchte für sie da sein, wenn sie ihn braucht, obwohl Kees nie jemand gebraucht hat.

Er wartet trotzdem. Exakt fünf Minuten nachdem der letzte Zug den Bahnhof verlassen hat, fährt er vom Parkplatz.

Jenna

Das Haus hat nie so schön ausgesehen. Jenna nimmt sich einen der seltenen Momente Zeit und bewundert, wie viele Stunden Arbeit ihre Mutter investiert hat, um ein Zuhause zu schaffen, das jeden Moment für eine Zeitschrift fotografiert werden könnte. Alles wirkt wie beiläufig dekoriert, aber hinter jeder scheinbar nachlässig hingeworfenen Tagesdecke stecken Stunden der Vorbereitung und Recherche, der Betrachtung von Farbpaletten und Mustern und der unbedingte Wille einer Frau, die sich weigert, untätig zu sein. Diese Woche hat ihre Mutter die Putzkräfte zweimal kommen lassen, woran Jenna erkennt, wie ernst es ihr mit dem heutigen Abendessen ist.

Im Kamin brennt ein Feuer, und auf fast allen Oberflächen im Haus flackern Kerzen. In jedem Zimmer stehen zwei oder mehr Vasen mit frischen Rosen, Lilien, Kamelien, Wicken und sämtlichen anderen Blumen, die gerade Saison haben. Selbst auf dem Esstisch ist neben jedem Teller eine tiefrote Calla platziert; der Blick ihrer Mutter fürs Detail entlockt Jenna ein Lächeln.

Die Luft ist schwer vom Duft der Kerzen, und je näher man der Küche kommt, desto mehr wird er vom Geruch des sechsgängigen Menüs abgelöst, das seit einer Woche vorbereitet wird. Jenna hat versucht, ihre Mutter davon zu überzeugen, dass Reis mit Hühnchen vollkommen ausreichen würde, aber diese hat auf Horsd'œuvres und Vorspeisen bestanden.

Nun sitzen sie zu viert um den Tisch und sehen im Kerzenlicht wunderschön aus.

»Also, Mohammed«, sagt ihre Mutter freundlich, »erzähl uns doch, wie ihr zwei euch kennengelernt habt.«

»Bitte nenn mich einfach Mo, Tante, das tut jeder«, antwortet er höflich.

»Und du kannst mich einfach Evie statt Tante nennen.«

Mo schüttelt lachend den Kopf, bleibt aber beharrlich. »Auf gar keinen Fall. Meine Mutter würde mich dafür verstoßen.«

Evie schenkt ihm ein zufriedenes Lächeln. »Dann sind wir uns also einig – wenn du bei Tante bleibst, bleibe ich bei Mohammed.«

Er senkt leicht den Kopf in ihre Richtung. »In diesem Fall gebe ich mich geschlagen; du gewinnst, Tante.«

Ihr Vater nimmt lächelnd die Hand ihrer Mutter und küsst sie. »An deiner Stelle würde ich nicht mit meiner Frau diskutieren, Mohammed. Sie hat immer recht.«

»Natürlich, Onkel.«

»Ich verstehe sowieso nicht, warum die Jugend heutzutage darauf besteht, alles abzukürzen, eure Namen eingeschlossen. Es ist fast so, als hättet ihr es eilig, euch selbst auszuradieren.« Er steht auf, um die Lammkeule zu tranchieren, die auf einer großen Servierplatte in der Mitte des Tisches liegt. »Ein guter langer Name steht für einen guten Charakter. Mohammed, Abdelrahman, Fatima, Zariyah. Das sind gute Namen. Stattdessen nennt ihr euch Zo oder Mo oder Ri oder denkt euch irgendeine andere alberne Abkürzung aus.«

Sie müssen alle lachen, als er jedes seiner Worte mit einem Schwung des Tranchiermessers unterstreicht.

»Du hast mir den Namen Jenna gegeben, Baba«, wendet Jenna ein. »Nicht gerade ein langer Name.«

»Ich wollte dich eigentlich Ruqayya nennen, aber das hat deine Mutter nicht zugelassen.«

Sie formt mit den Lippen ein stummes »Danke« in Evies Richtung, worauf ihr Vater den Kopf schüttelt.

»Deine Mutter meinte, du seist unser Stück des Himmels und deswegen sollten wir dich Jenna nennen. Was der einzige Grund war, warum ich zugestimmt habe, denn sie hatte – wie immer – recht.«

»Zurück zu meiner Frage.« Evie sieht zu Mohammed.

Jenna bedeutet ihm lachend, die Geschichte zu erzählen, und lehnt sich zurück, um die Szenerie zu beobachten. Sie würde darauf wetten, dass als Nächstes ihr Vater die Geschichte vom Kennenlernen mit ihrer Mutter erzählt. Dass er bis heute schwört, dass sie sich über den Zuschauerraum hinweg in die Augen gesehen hätten, obwohl sie auf der Bühne gestanden hatte und das Publikum wegen des Scheinwerferlichts nicht erkennen konnte, und dass es Liebe auf den ersten Blick gewesen sei.

Sie hört zu, wie Mo erklärt, was Tinder ist, und registriert für einen Moment, dass ihr etwas entgleitet, aber in der Sekunde, in der ihr Vater seine Geschichte zu erzählen beginnt, vergisst sie das Gefühl.

Sie beobachtet, wie ihre Eltern ihre Liebesgeschichte erzählen, lachen, scherzen und sich mit dem Mann unterhalten, mit dem sie ausgeht, dessen Lippen ihre berührt haben, und ganze Kontinentalplatten verschieben sich. Etwas rückt näher. Eine Art Zufriedenheit stellt sich in ihr ein.

Sie lächelt und ist froh, dass sich Mo auf weitere Dates eingelassen hat, obwohl sie ihn versetzt hatte. Nicht dass es leicht gewesen wäre, ihn davon zu überzeugen. Zunächst hat er alle ihre Nachrichten ignoriert. Erst als sie herausgefunden hatte, welche Kurse er besucht, und nach einer Vorlesung auf ihn gewartet hat, ließ er sich darauf ein, mit ihr zu reden. Manchmal war eine große Geste nötig. Sie spann eine Geschichte, dass sie sich an jenem Abend plötzlich krank gefühlt habe, gepaart mit dem Druck des letzten Studienjahrs und den Erwartungen ihrer Familie, und dass es natürlich nichts mit ihm zu tun gehabt habe, dass sie einfach gegangen sei. Im Laufe der darauffolgenden Wochen, in denen sie häufiger schrieb als er, und das immer zuerst, wurde er stetig weicher und hat ihr allmählich wieder vertraut, und ganz zaghaft haben sie dort angeknüpft, wo sie aufgehört hatten.

Jenna erinnert sich vage, ihm gesagt zu haben, dass sie zuvor nicht bereit gewesen sei, aber jetzt sei sie es, und in dem Moment, in dem sie den Satz aussprach, hat sie ihn geglaubt.

Nach drei Monaten Dating schlug sie ihm vor, mit ihren Eltern zu Abend zu essen. In diesen vergangenen Monaten haben sie sich beinahe jeden Tag gesehen; sie haben lange Spaziergänge entlang des Flusses und durch Parks unternommen, und langsam hat er sich ihr wieder geöffnet. Trotz allem war es ein mühsamer Prozess; manchmal, wenn sie glaubte, sie hätte sich in ihm getäuscht, sagte er etwas Interessantes, Aufschlussreiches oder Neues, und sie verliebte sich aufs Neue in ihn. Er war ein Lehrstück in Sachen Geduld. Eine Erinnerung daran, dass der erste Eindruck nicht von Dauer ist. Dass nicht alles an der Oberfläche sprudeln muss.

Es war außerdem das erste Mal, dass sie sich nicht einsam fühlte, und das zählte viel.

Während sie ihm mehr zuhörte, statt selbst etwas zu erzählen, hat sie herausgefunden, wie nahe er seiner Familie steht. Dass seine drei Brüder seine besten Freunde sind und dass sie noch immer alle gemeinsam jeden Samstagvormittag mit ihrer Mutter zum Einkaufen fahren. Darauf hat sie lachen müssen. »Und was machst du, wenn du zum Brunch mit Freunden verabredet bist oder am Abend vorher spät ins Bett gekommen bist?«

Er hat sie angesehen, als sei sie etwas schwer von Begriff. »Es spielt keine Rolle, ob ich müde bin. Meine Mutter ist immer müder als wir, und meine Freunde sind bei Verabredungen zeitlich flexibel. Sie ist meine Mutter.«

Er sagte das mit Ehrfurcht, die sie gleichzeitig in seinen Augen las, und früher einmal hätte Jenna der Gruppe eine Nachricht geschickt, damit Kees eine sarkastische Bemerkung über Männer und ihre Mütter machen könnte, aber sie war selbst müde und fand es liebenswert. Mit jeder Erkenntnis, die sie aus Mo herauskitzelte, gefiel er ihr besser; aber erst als er ihr von den Frauen erzählte, mit denen er früher ausgegangen war, und davon, wie er beschlossen hatte, vor der Ehe mit niemandem mehr körperlich intim zu sein, entschied sie sich für ihn.

»Es fühlt sich in moralischer Hinsicht einfach nicht richtig an«, sagte er. »Ich war jung und dumm. Es ist ein paarmal passiert, und es hat mir das Gefühl gegeben, innerlich leer zu sein, verstehst du das?« Er zuckte mit den Schultern, als würde er nicht erwarten, dass Jenna verstand, was es bedeutete, jemandem sein Innerstes zu schenken, während man selbst leer danebenlag, ausgehöhlt und mit nichts als einer langsam trocknenden Schweißspur auf der Brust als Beweis. Und sie nickte und lächelte, und ein verhaltenes Leuchten trat in ihre Augen.

»Wenn es dir dieses Gefühl gegeben hat, dann hast du die richtige Entscheidung getroffen«, antwortete sie.

Sie lächelten sich über die Mittelkonsole seines Autos hinweg an, während London im Rückspiegel kleiner wurde, als er sie nach ihrem Freitagabend-Date in einem Skyline-Restaurant nach Hause fuhr. Er fragte sie kein einziges Mal danach, ob sie jemals körperlich mit jemandem intim gewesen war, und dafür mochte sie ihn noch mehr. Von selbst gab sie nichts preis. Erzählte ihm nicht, dass man sich manchmal leer fühlen konnte, sie sich aber die meiste Zeit fühlte, als würde sie angebetet werden, und dass es sie mehr als einmal ins Angesicht Gottes geführt hatte, wenn ein Mann sich über ihren Körper bewegte. Sie erzählte ihm nicht, dass sie es wieder ganz genauso machen würde und dass sie niemals von Gefühlen der Reue heimgesucht wurde so wie er.

Zumindest ist es immer so gewesen. Ihr Leben hat sich verändert, sie ist zu einem anderen Menschen geworden, und mit Mo ist ihre Transformation abgeschlossen. Sie hat eine reine Weste. Nichts zuvor existiert, da ist nur eine leere Straße vor ihr. Er ist Romantik und Absolution in einem.

Die Realität – dass er ein Mann ist und die Dinge anders für ihn liegen – hängt zwischen ihnen in der Luft, ohne dass einer von ihnen bereit wäre, zu genau hinzusehen. Wenn sie sich selbst gegenüber ehrlich ist, hätte sie diese Tatsache früher diskutiert, aber jetzt lässt sie die Dinge ruhen, und es fühlt sich gut an.

Sie beobachtet, wie ihre Eltern Mo anlächeln, während er ihre Geschichte erzählt, und kann fast greifen, wie ihre beiden Welten langsam und gemächlich aufeinander zurollen wie Eisentüren, die seit Langem nicht mehr benutzt worden sind. Metall, das sich quietschend vorwärtsbewegt, um schließlich mit einem befriedigenden Aufprall zusammenzukommen.

Eine Welle der Erleichterung überflutet sie. Sie lehnt sich weiter auf ihrem Stuhl zurück, um die Szene in sich aufzunehmen. Mo ist charmant und fühlt sich in Gegenwart ihrer Eltern offensichtlich mühelos wohl. Da ist nichts von der Unbeholfenheit, die normalerweise von jungen Männern ausgeht, die langsam zu Erwachsenen werden, und keinem scheint die Unterhaltung schwerzufallen. Er spricht ihrer Mutter ein Kompliment aus, auf Arabisch, was es umso freundlicher macht. Die englische Sprache ist weniger auf schmeichelnde Worte ausgerichtet als das Arabische, und noch während das Kompliment auf Mos Lippen ruht, schaut ihre Mutter zu ihrem Vater, der vor Glück strahlt.

Jenna beobachtet, wie die Gesichter rund um den Tisch aufleuchten, und verspürt die gleiche Befriedigung wie bei einer perfekt inszenierten Szene im Theater. Jeder Satz folgt exakt aufs Stichwort. Und obwohl sie nicht genau weiß, ob dieser Mann wirklich bemerkenswert ist, fühlt es sich bemerkenswert an, dass der Mann, mit dem sie zusammen ist, mit ihren Eltern das Brot bricht, während sie alle gemeinsam über die Liebe sprechen. Für den Augenblick schwillt etwas in ihrer Brust an, und sie glaubt, dass sie endlich glücklich ist. Sie glaubt, dass das hier ausreicht.

Nach dem Essen ruft Jenna Lewis an.

»Und? Wie ist es gelaufen?«, fragt er, ohne Zeit mit einer Begrüßung zu verschwenden.

»Perfekt. Alle waren perfekt.«

»Und was halten sie von ihm?«

»Sie finden ihn nett. In ihren Augen erfüllt er einige wichtige Punkte. Sie mögen ihn, allerdings findet mein Dad es etwas seltsam, dass wir uns im Internet kennengelernt haben. Weil er keine Ahnung hat, wer Mos Familie ist, und nichts über seine Abstammung weiß. Ganz ehrlich, ich bin dafür, dass wir aufhören, über Menschen zu sprechen, als wären wir alle Zuchtstuten und -hengste.«

»Jep, außer man ist reich, Jenna, und das bist du. Und da du außerdem Daddys kleines Mädchen bist, werden die Zucht-Metaphern nicht aufhören, gewöhn dich also lieber dran.«

»Mal davon abgesehen, was gibt's noch zu erzählen?«, fragt er, nachdem sie sich eine Weile angeschwiegen haben.

»Nichts.«

»Hey, verkauf mich nicht für dumm. Was noch?«

»Keine Ahnung«, erwidert sie jammernd. »Ich dachte einfach, dass sie ein bisschen beeindruckter sein würden, verstehst du?«

»Ich hab dir doch gesagt, dass er ein Idiot ist. Was hast du erwartet?«

»Okay, ich lege jetzt auf.«

»Nein, nicht auflegen. Komm schon, du weißt doch, dass ich bloß Spaß mache.«

»Nur dass du es in Wirklichkeit ernst meinst. Du hast dir deine Meinung gebildet, als du Mo vor drei Monaten ganze fünf Minuten lang gesehen hast. Ich kann mich heute Abend nicht noch damit auseinandersetzen, dass du mein Liebesleben massakrierst.«

Lewis' Stimme ist weicher, als er erwidert: »Wenn du mich fragst, wird niemals jemand gut genug für dich sein, Jenna.«

Sie schweigt einen Moment. »Wie geht es Aziza?«, fragt sie schließlich.

»Zee«, korrigiert er sie. »Gut. Sie ist gerade bei mir. Sie ist übers Wochenende hergekommen.«

»Oh, dann legen wir jetzt besser auf. Ihr habt so wenig Zeit miteinander.«

»Sie ist in der Küche und kocht Tee. Das dauert noch einen Moment. Jenna …«

»Ja?«

»Wir müssen über die Nacht reden.«

Ihr Magen verkrampft sich. »Müssen wir nicht.«

»Jenna!«

»Was, Lewis? Es gibt nichts zu reden. Es ist passiert. Ich war dumm. Es ist vorbei. Ich bin drüber hinweg.«

»Aber genau das möchte ich dir doch klarmachen: dass du nicht dumm warst.«

»Ich hab gerade Aziza gehört. Habt einen schönen Abend und grüß sie von mir. Und hör auf, dir Sorgen zu machen. Ehrlich, es geht mir gut.«

Sie legt auf, ohne eine Antwort abzuwarten, und schmeißt das Handy auf ihr Bett, so weit weg von sich wie möglich.

»Die Nacht« ist ihr Code für das, was mit Mark passiert ist. Sie wird sie nicht die Nacht nennen, in der sie ihre Jungfräulichkeit verloren hat, weil sie sich selbst einredet, dass es nicht real war. Dass es nicht passiert ist. Auch wenn es real genug war, Lewis zu bitten, sie zur Apotheke zu fahren, damit sie sich die Pille danach besorgen konnte.

Sie blickt auf jene Nacht zurück, als würde sie der Geschichte einer anderen Person zusehen oder durch ein Fenster spähen und Zeugin von etwas werden, das sie eigentlich nicht sehen sollte. Die Erinnerung ist verschwommen, obwohl es erst drei Monate her ist. Sich in aller Klarheit an Details aus ihrer Kindheit erinnern zu können, während sie die Ereignisse von vor drei Monaten nur undeutlich vor sich sieht, hilft ihr, daran zu glauben, dass es jemand anderem passiert ist.

Sie sieht Mark, wie er über sie lacht, weil sie noch immer in derselben Position verharrt, als er aus der Dusche kommt und sagt: »Na los, du verrückte Nudel, ich muss morgen früh raus. Ich brauch unbedingt noch 'ne Mütze Schlaf.« Sie sieht jemand, die wie sie aussieht und sich entschuldigt. »Ja, klar, tut mir leid. Ich suche nur schnell meine Sachen zusammen.« Sie sieht zu, wie er ihr ein Taxi ruft und sie zur Tür bringt, im Flur stehen bleibt, als sie seinem Mitbewohner begegnen, einem Mann namens James mit freundlicher Miene, der ihre Hand schüttelt, als würde es ihn aufrichtig freuen, und sagt: »Wie schön, dich kennenzulernen.« Und Mark merkt an, dass er ihr gerade ein Taxi gerufen habe, worauf James antwortet: »Ein wahrer Gentleman.« Sie sieht zu, wie sie lächelt und zum Abschied die Hand hebt, sich dann zu Mark umdreht und sagt: »Er scheint nett zu sein«, und Mark stimmt ihr zu. Sagt, dass das Leben zu kurz sei, um sich mit Arschlöchern zu umgeben, und man eine positive Einstellung zum Leben haben müsse. Sie sieht, wie sie nickt, und denkt: ja, positiv, positiv. An der Tür haucht er einen Kuss auf ihre Lippen, grinst breit und sagt: »Es war schön, dich kennenzulernen, Jenna«, und sie nickt zu ihrer eigenen Bestürzung und antwortet: »Ja, sehr schön, alles Gute.«

Sie hat diesen Film Nacht für Nacht in ihrem Kopf abgespielt, und jede Nacht ist der schlimmste Moment der, in dem sie nickt und höflich zustimmt, dass der Abend ganz wunderbar gewesen sei. Sie weiß, sollte sie jemals vergewaltigt werden, würde sie die Polizei rufen und schreien und brüllen, also sieht sie weiter zu und blickt auf »die Nacht« zurück. Es ist unglaublich leicht zu denken, dass es jemand anderes ist. Leicht, sich von der Frau zu distanzieren, die ihr so ähnlich sieht, die nickt, anstatt zu schreien, und »sehr schön« sagt anstatt »Fick dich«.

Zumindest ist es das, was sie in ihren klarsten Momenten empfindet, wenn der Tag gut gelaufen ist und sie sich eher stark als schwach fühlt; aber diese Tage sind selten, und deswegen kann sie nicht damit aufhören, sich selbst dafür zu beschimpfen, betrunken gewesen zu sein, sich in die Situation begeben zu haben, nicht mehr gesagt zu haben, als sie die Chance dazu gehabt hat. Sie ist so von sich selbst angewidert, dass sie kaum in den Spiegel sehen kann, und es gibt nichts, was Jenna lieber tut, als ihr Spiegelbild zu betrachten.

Es ärgert sie außerdem, dass sie in der Nacht bei Lewis aufgekreuzt und angesichts des verwirrten Gesichtsausdrucks seines Vaters in Tränen ausgebrochen ist. Er ist zurückgewichen, als hätte sie eine ansteckende Krankheit, während er gleichzeitig den Namen seines Sohnes gerufen und ihm mitgeteilt hat, dass seine Freundin da sei.

Kaum in Lewis' Schlafzimmer, ist sie damit herausgeplatzt, dass sie Sex gehabt habe. Für einen kurzen Moment – der letzte perfekte zwischen ihnen – ist Lewis in Gelächter ausgebrochen, hat ihr gratuliert und gemeint, sie solle aufhören zu weinen, weil es jedem Mann, der sie wirklich liebe, egal sein würde. Doch sie hat nicht aufhören können zu weinen, und Lewis' Lachen erstarb. Als sie ihm erklärte, dass sie es nicht gewollt und versucht habe, Nein zu sagen, hat sein Gesicht eine graue Farbe angenommen, und er griff nach seinem Handy, um die Nummer der Polizei zu wählen, bis Jenna so laut schrie, dass er auflegte und seine Eltern ins Zimmer stürzten.

Angesichts der schluchzenden Frau und Lewis' schuldbewusstem Gesichtsausdruck hat seine Mutter gefragt, was er getan habe, dass diese arme Frau dermaßen schreien musste, während sein Vater ihm einen Schlag auf den Rücken verpasste.

Als sie registrierte, dass Lewis' bereits zum Zerreißen gespannter Geduldsfaden kurz davor war zu bersten, hat sie hastig erklärt, dass sie nur ein wenig wütend und traurig sei, womit Lewis aber nichts zu tun habe.

In dieser Nacht hat sie Lewis das Versprechen abgenommen, niemandem etwas davon zu erzählen. Sie hat ihm erklärt, dass sie noch nicht dafür bereit und dies etwas sei, womit sie in ihrem eigenen Tempo klarkommen müsse. Daraufhin hat er geschwiegen, wohl in dem Wissen, dass es Dinge gibt, bei denen man Menschen nicht unter Druck setzen kann. Was hätte er auch dazu sagen sollen? Er hat lediglich erwidert, dass er ihn umbringen würde, wenn Jenna bereit wäre, ihm seinen Namen und die Adresse zu nennen.

Weil sie den Gedanken, allein zu schlafen, nicht ertrug, hat sie ihren Eltern geschrieben, sie würde bei einer Freundin übernachten, und sich neben Lewis zusammengerollt, der sie die ganze Nacht über nicht losließ. Während er die Arme um sie geschlungen hielt, redeten sie über die Partys, auf die sie als Jugendliche gegangen waren, und darüber, wie viel Spaß sie dort gehabt hatten. Sie suchten auf Facebook nach alten Freundinnen und Bekannten, lachten über Fotos und überlegten, wer noch mal wo arbeitete, welche Paare nach wie vor zusammen waren und wer geheiratet hatte. Es war eine

Übung in Nostalgie, weil sie ihr Erwachsenenleben nicht ertrug.

Schließlich löschte sie die Apps und sagte sämtliche Verabredungen ab, die sie für die Woche getroffen hatte. Erklärte ihren Freundinnen, dass sie zu viel Lernstoff zu bewältigen habe, obwohl sie in Wahrheit aufgehört hatte, Alkohol zu trinken, und sich keiner Situation ausliefern wollte, in der sie sich rechtfertigen musste, dass sie nichts trank.

Wenn sie zurückblickt, erinnert sie sich kaum daran, wie sie und Lewis gelacht haben und er sie gehalten hat. Sie erinnert sich vor allem daran als die Nacht, in der sie beschlossen hat, sich am Riemen zu reißen und aufzuhören, sich so verantwortungslos zu verhalten, weil es nämlich nichts anderes war, was sie getan hatte. Ihr Leichtsinn hatte sie schlussendlich in eine Situation gebracht, die sie nicht wieder rückgängig machen kann, und die Konsequenzen ihres Handelns haben sich als dumpfer Schmerz am unteren Ende ihrer Wirbelsäule eingenistet.

Es war auch die Nacht, in der sie Mo eine Nachricht schrieb und ihn fragte, ob sie es noch einmal versuchen könnten.

Malak

Als sie ein Kind war, hat ihr Vater ihr Geschichten über Kairo erzählt, und ihre Mutter hat ihr Lieder von Umm Kulthum vorgesungen, bis sie einschlief. Zwischen Legenden über eine hellwache Stadt im Licht von siebzehn Millionen Menschen und den eindringlichen Texten einer Frau, die immer etwas oder jemand verloren zu haben schien, erwuchs in Malaks Kopf eine Stadt, die halb Fantasie, halb Hoffnung war.

Seit sie dort lebt, weiß sie, wie recht ihre Eltern hatten. Am Abend strömen Kairos Bewohner auf die Straßen, und wenn sie sich auf Plätzen und in schmalen Gassen treffen, sprechen sie über Sehnsucht, reichen Geschichten herum wie die verschiedenen Gerichte, erinnern sich an die Nasser-Jahre oder an die Jahre davor oder an irgendein anderes Jahr als das, in dem sie gerade leben.

Ein Land mit so viel Sehnsucht sollte auf die Knie sinken, niedergedrückt von seinem eigenen Verlangen, aber Kairo ist ein Ort, der sich davon ernährt, der durch Erinnerungen, die in allem stecken, reich wird. Was die Ägypter wirklich rettet, ist ihre Fähigkeit zu lachen. Wie könnte man das Leben genießen, wenn man nicht begreift, wie sich die Vergangenheit zusammengesetzt hat, um einen genau hierherzubringen? Und wenn man über das, was passiert ist, nicht lachen könnte, könnte man genauso gut aufhören zu leben.

Die Menschen an diesem Ort schaffen es, die grausamsten Umstände in lustigste Witze zu verpacken. Das Lachen steht überall in der Stadt an erster Stelle.

Malak ist sich sicher, dass ihre Eltern genau das gemeint haben, wenn sie sagten, in Kairo zu leben bedeute, lebendig zu sein.

Am Ufer des Nils, in einem Restaurant, das mit Lichterketten geschmückt ist, die auf sie hinabblinken, lachen Nylah und Rayan über Alis Scherze. Sie unterhalten sich, und alles, worauf sie gehofft haben, scheint möglich.

Ali zwinkert Malak zu, und es ist ein weiteres Licht, das sich zu den Tausenden gesellt, die über ihren Köpfen hängen.

»Karim hat mir gerade geschrieben. Er meint, dass er gleich vorbeikommt, wenn euch das recht ist.« Nylah legt ihr Handy beiseite.

»Klar«, ruft Ali. »Malak hat mir erzählt, dass ihr datet. Erzähl mal was von ihm, wie habt ihr euch kennengelernt?«

Nylah lacht fröhlich und beugt sich zu Ali hinüber, um ihm ihre Geschichte zu verraten.

Malak kommt der Gedanke, dass die klügste Art, wie ein Mann die Freundinnen seiner Freundin für sich gewinnen kann, die ist, sie nach dem Mann zu fragen, mit dem sie zusammen sind.

Seit sie Ali ihren Mitbewohnerinnen vorgestellt hat, unternehmen sie häufiger Dinge zu viert. An manchen Wochenenden bringt Ali noch seine Freunde Bassam und Omar mit, sodass sie inzwischen eine Gruppe von sechs Leuten sind – flankiert von Malak und Ali –, die sich miteinander wohlfühlen. Jedes Mal, wenn Malak Ali mit ihren Freundinnen lachen sieht, hat sie das Gefühl, sich aufs Neue in ihn zu verlieben oder dass ihre Liebe zu ihm noch tiefer wird. Die Liebe scheint stabiler, wenn es andere gibt, die ihre Zeugen sind.

Ali ist gesellig und selbstbewusst. Er leitet mühelos Gespräche und taucht gern in das Leben von Nylah und Rayan ein. Als Malak ihm einmal für die Aufmerksamkeit gedankt hat, die er ihnen schenkt, flüsterte er ihr ins Ohr, dass er alles, was er tue, für sie tue. Alles, was zwischen ihnen passiert, fühlt sich herausragend an, sodass sie sich fragt, ob sie vorher jemals wirklich verliebt gewesen ist.

»Hey, Leute, Karim schreibt, dass er uns einen Tisch im Zola in der Innenstadt reserviert hat. Sollen wir stattdessen da hingehen? Ali, da bekommst du auch eine Shisha«, sagt Nylah.

»Ich liebe das Zola.« Rayan strahlt.

Mala stimmt erfreut zu. »Ich bin dabei.«

Ali schließt sich der Mehrheit an, und falls er ein wenig in sich zusammensackt, bemerkt Malak es nicht.

Nach einer halben Stunde Fahrt, in der Ali den ein oder anderen Autofahrer angebrüllt hat, erreichen sie das Zola – eine Location, die altägyptischen Glamour mit einem modernen Twist verbindet. Das Resultat ist zum angesagten Club sämtlicher im Land lebender Expats mutiert, die Ägypten erleben möchten, ohne sich wirklich mit Ägypten zu beschäftigen. Die Getränke sind importiert und teuer, und die anwesenden Ägypter arbeiten entweder hinter der Bar oder sind reich.

Malak entschuldigt sich kurz, geht auf die Toilette und lächelt sich selbst im Spiegel an. Sie fühlt sich gut.

Beim Verlassen der Waschräume legt sie etwas Trinkgeld

auf das Tellerchen der Frau, die mit einer Rolle Papiertücher neben dem Eingang sitzt und jedem, der hereinkommt, ein Tuch zum Abtrocknen der Hände gibt.

Ali wartet neben der Tür auf Malak.

»Hey, du.« Sie lächelt ihn an.

»Hör mal, ich geh jetzt«, erwidert er mit starrem Gesichtsausdruck.

»Was?«

»Ich fahre nach Hause. Ich möchte nicht bleiben.«

Malak versucht, in seinem Gesicht zu lesen, aber er verzieht keine Miene. Noch nie hat sie ihn so erlebt.

Sie deutet zur Treppe und geht mit ihm nach draußen, wo sie die Geräusche des Verkehrs und andere Menschen hören können statt der stampfenden Bässe der Musik, die drinnen läuft.

»Was ist los? Alles in Ordnung?« Sie kramt in ihrer Handtasche nach dem Autoschlüssel, auf den Ali mit ausgestreckter Hand wartet.

»Ich mag diese Art Läden nicht, Malak.«

»Dann lass uns woanders hingehen, Baby.«

»Nein, ich will die anderen nicht hier rauszerren, und Nylah freut sich so, Karim zu sehen.«

»Okay, dann gehe ich mit dir.« Malak setzt sich bereits in Bewegung.

Doch er hält sie auf. »Nein, dann ist Rayan allein. Ehrlich, geh einfach wieder rein und hab einen schönen Abend mit deinen Freundinnen.«

»Aber warum willst du gehen? Ich verstehe das nicht.«

»Ich mag Läden wie diesen einfach nicht, Malak. Ich trinke keinen Alkohol, und ich möchte mich nicht in so einer Umgebung aufhalten.«

»Ich weiß, dass du keinen Alkohol trinkst, aber du hast mir erzählt, dass du früher auch feiern gegangen bist.«

»Ja, früher. Jetzt nicht mehr. In solchen Clubs bin ich nicht entspannt.«

»Nicht entspannt?«

»Ich habe drei Männer beobachtet, die dich auf eine Art angesehen haben, die mir nicht gefällt, und ich möchte mich nicht in Situationen begeben, in denen ich vielleicht etwas tun muss, das ich nicht will.«

Malak legt ihm eine Hand auf die Schulter und streichelt beruhigend seinen Arm. »Sei nicht albern, das ist doch kein Grund zu gehen.«

Er schüttelt ihre Hand ab, ohne ihr Lächeln zu erwidern. »Für dich ist das lustig, weil du nicht diejenige bist, die gezwungen ist, etwas zu tun.«

Dass er glaubt, er müsse überhaupt etwas tun, ist das Lustige an der ganzen Sache, denkt Malak, spricht es aber nicht aus.

»Ich hasse es, wenn dich Männer so ansehen, Malak. Es ist so unglaublich respektlos dir gegenüber. Wie sie dir hinterherjagen, als wärst du ein Stück Fleisch. Es macht mich wahnsinnig wütend, aber ich möchte den anderen den Abend nicht verderben.«

»Dann lass mich wenigstens mitkommen. Wir können ein bisschen spazieren gehen oder uns ein Eis holen.«

»Ich möchte kein Eis. Ich bin müde und hab viel Arbeit.«

»Aber ich dachte, ich schlafe heute bei dir?« Malak realisiert, dass sie die Situation falsch eingeschätzt hat. Sie ist sich nicht mehr sicher, was hier gerade passiert.

»Ich muss mich wirklich ein bisschen ausruhen, Baby. Und du solltest Zeit mit deinen Freundinnen verbringen. Na los, hab Spaß. Ehrlich, es geht mir gut. Ich rufe dich morgen an.« Er gibt ihr einen Kuss auf die Stirn, nicht auf den Mund, weil die Jungs vom Parkservice zu ihnen rüberschauen, aber bevor er geht, hebt er ihr Kinn mit zwei Fingern an und sieht ihr in die Augen. »Ehrlich, es geht mir gut.«

Er sagt es auf eine Weise, die Malak wissen lässt, dass es ihm nicht gut geht, und das schleichende Gefühl, dass etwas gehörig schiefläuft, kehrt zurück.

»Wo ist Ali?«, fragt Rayan, als Malak in den Club zurückkehrt. Sie verspürt noch immer das Bedürfnis, jemand um eine Übersetzung dessen zu bitten, was gerade passiert ist, denn sie ist sich sicher, etwas nicht mitbekommen zu haben.

»Nach Hause gegangen. Er fühlt sich nicht gut. Ich glaube, das hier ist nicht wirklich seine Szene.«

Rayan lacht. »Und ich dachte, es wäre genau seine Szene.«

»Wie meinst du das?«

»Er trägt eine Rolex und engere Shirts als ich und ertrinkt in Aftershave. Er ist genauso Schickimicki wie dieser Laden. Deswegen dachte ich, es passt ganz gut.«

Malak ärgert sich über Rayans Bemerkung, ohne genau zu wissen, warum. Wenn sie genauer darüber nachdenkt, müsste sie sich eher über Ali ärgern, der sie einfach so hat stehen lassen.

»Er ist in Wahrheit ziemlich religiös und trinkt keinen Alkohol, deswegen möchte er sich nirgendwo aufhalten, wo welcher ausgeschenkt wird«, erwidert sie.

»Wo ist Ali?«, fragt Nylah, die sich zu ihnen gesellt, da Karim zur Bar gegangen ist.

»Beten gegangen«, antwortet Rayan lachend.

»Hä?« Nylah sieht verwirrt aus.

Malak wirft Rayan einen finsteren Blick zu. »Er ist nach Hause gefahren, weil er nicht wirklich auf Clubbing steht.«

»Ach, wie schade. Und was machst du jetzt?«

»Wie meinst du das?« Malak fragt sich, warum an diesem Abend alle Gespräche ähnlich verwirrend zu sein scheinen.

»Na ja, dir gefällt's hier«, sagt Nylah.

»Nein, nicht besonders.«

»Oh doch, das tut es«, wirft Rayan ein.

»Okay, ja, ich gehe auf einen Drink aus oder tanzen, aber genauso gut kann ich es auch sein lassen.« Malak steht erneut auf und verkündet, kurz auf die Toilette zu gehen, um der Unterhaltung so schnell wie möglich ein Ende zu bereiten.

Den Rest des Abends sprechen Rayan und Nylah das Thema nicht wieder an, und im Gegensatz zu anderen Nächten, in denen sie zusammen ausgegangen sind, tanzt Malak heute Abend nicht viel. Die meisten Songs sitzt sie aus und lässt sich nur dann widerwillig auf die Tanzfläche ziehen, wenn Nylah sie dorthin zerrt oder sie zufällig gerade steht.

Malak ist es gewohnt, Probleme anzugehen, Lösungen zu finden. Sie möchte Ali anrufen und ihm die Situation erklären. Viel zu häufig sieht sie auf ihr Handy, bis irgendwann der Akku aufgibt. Wiederholt in Gedanken ihr Gespräch und kramt in ihrer Erinnerung, ob er irgendwann schon einmal erwähnt hat, dass er nicht mehr in Clubs gehe. Doch ihr fallen nur seine Erzählungen über Dubai ein, wo er eine Zeit lang gelebt und für eine Immobilienvermittlung gearbeitet hat, was bedeutete, dass Clubben zum Job gehörte – und das jede Nacht. Er ist nie betrunken, schien bisher aber auch kein Problem damit gehabt zu haben, sich an Orten wie diesen aufzuhalten. Das ist einer der Gründe, warum sie sich in ihn verliebt hat. Ein muslimischer Mann, der Lust hat, feiern zu gehen. Die perfekte Kombination.

Irgendwann geht der Abend zu Ende. Auf dem Weg nach Hause sagt Malak kaum ein Wort, aber da Nylah und Rayan betrunken und müde sind, muss sie das auch nicht. Der Abend ist unglaublich langweilig gewesen. Ob sich Kees jedes Mal so gefühlt hat, wenn sie ausgegangen sind und sie die einzig Nüchterne gewesen ist?

Der Gedanke an Kees weckt in ihr das dringende Bedürfnis, sich bei ihr zu melden. Stattdessen wählt sie in der Sekunde, in der sie die Wohnung betritt, Alis Nummer. Es ist vier Uhr morgens, aber er geht trotzdem dran und klingt nicht so, als hätte er geschlafen.

»Hey«, sagt sie leise. »Hab ich dich geweckt?«

»Nein. Ich kann nicht schlafen«, antwortet er barsch.

Ihr Magen verkrampft sich. Sie ist den ganzen Abend davon ausgegangen, dass er nichts mehr mit ihr zu tun haben will.

»Wie geht's dir?«

»Gut.«

»Es tut mir leid wegen heute Abend.«

Sie hat angenommen, dass sie sich beide entschuldigen würden – er dafür, sie und ihre Freundinnen einfach stehen gelassen zu haben –, doch er schweigt. Stattdessen gibt sie noch mehr, um die unangenehme Stille zu füllen.

»Mir war nicht bewusst, dass du das alles so empfindest.«

»Natürlich empfinde ich es so, Malak! Du weißt, wie wichtig du mir bist, und es macht mich krank, dich an einem Ort zu sehen, wo jeder trinkt und Frauen kein Respekt entgegengebracht wird.« Sie hört, wie er tief Luft holt. »In so einer Umgebung kann ich nicht auf dich aufpassen, Kookie.«

Sie will ihm sagen, dass er nicht auf sie aufpassen müsse, dass sie okay sei, aber da ist, abgesehen von allem anderen, diese Zärtlichkeit, von der sie nicht möchte, dass sie verschwindet, also spricht sie es nicht aus.

»Es gibt Frauen, denen es gefällt, angestarrt zu werden«, fährt er fort. »Die gehen mit tief ausgeschnittenen, engen Kleidern aus und warten nur darauf, dass sie von Männern, die nicht besser sind als Tiere, eingesammelt und respektlos behandelt werden. Aber so bist du nicht, oder, Habibti?«

»Natürlich nicht«, beeilt sie sich zu bestätigen, denn welches Bild auch immer er da im Kopf hat, es scheint ihn anzuwidern – und sie möchte nicht diejenige sein, die ihn anwidert.

»Eben. Und solche Frauen und Männer treffen sich an Orten wie dem heute Abend. Du bist viel zu kostbar, um dich dort mit ihnen aufzuhalten, Hayati.«

Wohlige Wärme breitet sich in ihr aus. »Hayati?«, fragt sie, in erster Linie, um es ihn noch einmal sagen zu hören.

»Natürlich. Du bist mein Leben. Hayati. Weißt du das nicht längst?«

Sie sinkt auf den Boden, mit dem Rücken an der Wand, noch in dem Kleid, von dem sie inzwischen findet, dass es ein wenig zu viel zeigt. In Gedanken macht sie sich eine Notiz, Nylah zu fragen, ob sie es haben möchte.

»Doch, das weiß ich«, murmelt sie. »Es tut mir wirklich leid wegen heute Abend. Es wird nicht wieder vorkommen. Du musst dir über so etwas nie wieder Sorgen machen, okay?«

»Okay, Habibti. Ich versuche jetzt ein bisschen zu schlafen.«

»Okay. Es tut mir leid. Wirklich.«

»Gute Nacht, Baby.«

Sie liegt auf dem harten Parkett, ihre Atmung normalisiert sich. Es fühlt sich an, als wäre sie gerade noch einmal dem Rauschmiss aus einem Zug entgangen, mit dem sie für alle Zeiten weiterfahren möchte. Sie dankt Gott dafür und verspricht, am folgenden Abend ein zusätzliches Gebet zu sprechen.

Sich in Jacob zu verlieben, ist ein langsamer und kontrollierter Prozess gewesen, ein sanftes Gähnen beim Aufwachen, wenn man feststellt, dass die Person neben einem, mit der man all die Zeit gelacht hat, diejenige ist, mit der man unendlich viele Tage verbringen möchte. Doch nichts daran, sich in Ali zu verlieben, ist langsam gewesen. Sie hat es sofort gewusst, sich sofort nach ihm gesehnt. In den Nächten, in denen sie mit Ali an ihrer Seite wach gelegen und sein Gesicht im hereinfallenden Licht betrachtet hat, hat sie sich gekniffen, um sicherzugehen, dass sie nicht träumt – der kleine blaue Fleck am Morgen eine beruhigende Bestätigung, dass es real war.

Sie erinnert sich daran, vor Jahren auf der Hochzeit einer Frau gewesen zu sein, mit der sie alle aufgewachsen waren. Nora Hussein. Malak hat sich zu den Mädels umgedreht und gesagt: »Sie sieht glücklich aus.«

»Na ja, sie hat ja auch den Jackpot geknackt. Klar ist sie glücklich«, hat Jenna in ihrer typisch sarkastischen Art erwidert.

»Dieses Spiel ist Schwachsinn«, sagte Kees.

»Natürlich ist es das«, bestätigte Malak, »aber wir spielen es trotzdem, oder?«

Um das Spiel zu gewinnen, musste man schlussendlich einen muslimischen Mann heiraten, aber den richtigen. Einen, der weder zu streng noch zu fromm war. Er musste mit einem ausgehen und ein oder zwei Drinks trinken können, während er sich gleichzeitig der Bedeutung regelmäßiger Moschee-Besuche und Familienzusammenkünfte bewusst war, bei denen man gemeinsam betete und alle ständig *Inshallah* sagten. Er durfte keine kulturell bedingten Ticks im Gepäck haben, die darauf hinausliefen, dass Frauen zu Hause zu bleiben hatten, sollte aber trotzdem eine Familie wollen und einige Traditionen pflegen. Er musste erfahren sein, weil niemand eine Jungfrau als Ehemann wollte, und sich darüber im Klaren sein, dass man selbst keine mehr war. Es war ein heikler Balanceakt zwischen Rebellion und Religion und beinahe unmöglich, diesen eigentlich niemals vollkommen zu erreichenden Mittelweg zu finden. Einige Mädchen träumten von Prince Charming und einer weißen Hochzeit, aber für Malak war es genau das. Oh, und die weiße Hochzeit. Ein heiliger Gral.

Das war das Spiel, und wie gern wollten sie es alle gewinnen.

Malak würde sich für alle Zeiten daran erinnern, dass sie in jenem Moment nichts mehr wollte als das, was Nora Hussein hatte. Sie wollte alles.

Die Vorstellung, dass Ali alles ist, was sie sich je gewünscht, worauf sie gehofft und wofür sie gekämpft hat, dass dieser Mann tatsächlich existiert, hat dazu geführt, dass ihr immer mehr Lügen über die Lippen gekommen sind. Auf seine Frage, ob sie früher getrunken habe, hat sie vollkommen selbstverständlich mit Nein geantwortet und damit Jahre der Erinnerung getilgt und die Menschen um sie herum zu derselben Lüge verpflichtet.

Doch das ist es wert gewesen. Sie wusste, dass es sich im Großen und Ganzen lohnte, also hat sie weitergelogen und sich schneller und tiefer verliebt, und alles war ein schnell schlagendes Herz, und alle Dinge, die sie jemals wollte, schienen auf einmal zum Greifen nahe.

Irgendwann schafft sie es, sich aufzuraffen, schlüpft aus dem Kleid und wirft es in den Wäschekorb, um es anschließend jemand anderem zu schenken. Dann gesellt sie sich zu Nylah und Rayan, die auf dem Sofa herumlümmeln, Snacks essen, die sie in der Küche zusammengesucht haben, und einen Joint rauchen. Sie reichen ihn zwischen sich hin und her, inhalieren den letzten Rest des Grases, bis sie sich fast die Finger verbrennen.

Nylah sieht nicht auf. »Möchtest du?«

Malak schüttelt den Kopf. »Nein danke.«

»Alles klar?« Nylah hebt kurz den Kopf.

»Ja, alles gut. Ich hab gerade mit ihm telefoniert.«

»Und?«

»Nichts. Er hat nur gesagt, dass er keine Lust hat, sich in solchen Clubs aufzuhalten, und ich denke, das ist eine Entscheidung, die man respektieren muss.«

»Ja, klar«, sagt Nylah. »Wenn ein Typ versuchen würde, uns in Clubs mitzuschleppen, obwohl wir nicht wollen, würde das Krieg bedeuten.«

Sie nicken einstimmig.

»Könnt ihr euch das vorstellen?« Rayan wirkt zu entspannt, um mehr dazu zu sagen.

Weder Nylah noch Rayan stellen schwierige Fragen oder versuchen, Dinge zu beleuchten, die unangenehm sein könnten. Sie tun das, was Frauen außergewöhnlich gut können: Sie vermeiden, eine andere Frau darauf hinzuweisen, dass der Mann, den sie liebt, ein Arschloch sein könnte. Weil sie weder das Bettgeflüster hören noch die Küsse spüren oder die verletzlichen Seiten von ihm sehen, können sie sich lediglich aufgrund der Tatsache, dass er den Club verlassen hat, ohne sich zu verabschieden, ein Urteil über Ali bilden – und darüber, dass ihre Freundin plötzlich immer seltener zur Verfügung steht. Ihnen ist klar, dass man manchmal ein Auge zudrücken muss, wenn eine Frau verliebt ist, weil es ohnehin bereits zu spät ist. Sie tun ihr den großen Gefallen, in die andere Richtung zu schauen und die Warnzeichen zu ignorieren.

Als Nylah fragt, ob sie denn nach wie vor in Clubs gehen werde, antwortet Malak so gleichgültig wie möglich, dass sie sowieso keine große Lust mehr darauf habe und sich langsam ein wenig zu alt dafür fühle.

Nylah und Rayan pflichten ihr bei.

»Geht mir genauso.«

»Wir werden wirklich langsam zu alt.«

»Früher hat es irgendwie mehr Spaß gemacht.«

Als Malak ins Bett geht, muss sie daran denken, was sie zu Ali gesagt hat. »Du musst dir über so etwas nie wieder Sorgen machen.« Sie seufzt erleichtert, dass ein weiteres Problem gelöst ist, eine weitere Barriere aus dem Weg geschafft wurde. Beim Einschlafen denkt sie mit einem Lächeln auf den Lippen an Nora Hussein.

Bilquis

Es ist der fünfzehnte Morgen, an dem Kees vor Sonnenaufgang aufwacht, doch anstatt sich aus dem Bett zu rollen und das Morgengebet zu sprechen, dreht sie sich auf die andere Seite und starrt an die Wand. Sie spannt und entspannt ihre Beine, anschließend die Hände, den Bauch, die Schultern und den Rücken, und hält jede Bewegung zehn Sekunden lang.

Ihre Muskeln erinnern sich an die Routine der vergangenen neun Jahre und zwingen sie dazu, etwas mit ihren trägen Körperteilen zu tun, die sich nach der gewohnten Bewegung sehnen.

Seit dem Tag, an dem sie Harrys Heiratsantrag angenommen hat, schiebt sie ein Gefühl beiseite, das sie nicht benennen kann, und weicht ihrem Gebetsteppich aus. Harry hat sie bereits gefragt, ob etwas nicht stimme, worauf sie geantwortet hat, dass sie zurzeit wütend auf Gott sei und keine Lust habe, mit ihm zu reden. Ohne darauf einzugehen, legt er ihr jeden Morgen den Koran auf den Nachttisch, obwohl sie ihn immer wieder zurück ins Regal stellt. Zum ersten Mal betet sie nicht, und sie fragt sich fünfmal am Tag, was sie stattdessen mit ihrem Körper anfangen soll.

Scham beschleicht sie. Die Scham, die sie in dem Moment verlassen hat, in dem sie Harrys Händen auf ihrem Körper »Ja« zuflüsterte, ist zurückgekehrt und hat sich in ihr festgesetzt. Wie eine Süchtige kann sie an nichts anderes denken als an das glühende Gefühl der Sünde, von dem sie glaubt, dass es Spuren auf allem hinterlassen muss, was sie berührt. Sie stellt den Koran mit einem um die Hände gewickelten Schal zurück ins Regal, damit sie ihn nicht berührt. Aus Angst, er könnte unter ihren Fingerspitzen zu Asche zerfallen. Sie starrt auf die Benachrichtigungen auf ihrem Handy, die sie daran erinnern zu beten, und während der Gebetsruf zu hören ist, beißt sie sich so fest auf die Lippe, bis sie blutet. Es kommt ihr nicht in den Sinn, die Benachrichtigungen auszuschalten und damit das Bluten eines Mundes zu stoppen, der nicht mehr zu Gott spricht. Sie denkt in diesen zwei Wochen häufiger an die Hölle als je zuvor und googelt »die Strafen von Nar«, wenn sie spätabends allein im Büro ist. Sie erstellt eine Liste mit Handlungen, die zur sofortigen Verbannung in die Hölle führen. Die Gedanken an die Hölle gehen Hand in Hand mit denen an den Tod, und während sie in Taxis oder Zügen sitzt, stellt sie sich vor, wie diese mit anderen zusammenstoßen. Sie achtet darauf, sich so fest wie möglich anzuschnallen und neben einem Notausgang zu sitzen. Sie ist noch nicht bereit, in die Hölle zu fahren.

Das Wort »Unzucht« hat sie viel zu oft vor Augen, und immer wenn Harry die Arme nach ihr ausstreckt, klagt sie über Müdigkeit oder Krämpfe oder irgendwelche anderen Dinge, die eine Frau aus den Armen eines Mannes befreien können, ohne dass es dabei um ihn geht. Sie stellt sicher, dass es sich stets um sie dreht, murmelt eine Entschuldigung und nimmt jedes Genesungsmittel, das er ihr anbietet – eine Wärmflasche, Tee, Schmerzmittel –, dankbar entgegen. Während er schläft, scrollt sie alle möglichen Arten der Verdammung durch oder steckt die Kopfhörer in die Ohren, um Scheichs zu lauschen, die auf YouTube alles und jeden verurteilen.

Jedes Mal, wenn ihr Blick auf den Verlobungsring fällt, wird sie daran erinnert, dass Harry nicht länger ein Geheimnis ist, das man in Vorlesungssälen oder der Bibliothek verstecken kann. Er ist von der Theorie in die Praxis aufgestiegen, und die Praxis, einen Ungläubigen in ihre Welt mitzubringen, geht Hand in Hand mit jeder Sünde, die sie begangen hat. Das Konzept der Abbitte ist so weit entfernt wie ein Rettungsboot, das sie nicht erreichen kann.

Sie weiß nicht, wie sie den Blick heben oder mit Ihm sprechen soll, wenn die Scham und die Vergehen in ihrem Kopf schrillen, also spannt sie fünfmal am Tag ihre Muskeln an und findet kleine Aufgaben, mit denen sie ihre Hände beschäftigen kann. Bisher hat sie regelmäßig die Hängeschränke in ihrer Wohnung ausgewischt, die Fenster geputzt, Berge an Kleidung für den Charity-Shop aussortiert – ihre To-do-Liste wird jeden Tag kürzer.

Heute jedoch heiratet ihre kleine Schwester.

Die Schlafzimmertür wird einen Spalt geöffnet. Ihre Mutter kommt herein, in der einen Hand den kleinen Bluetooth-Lautsprecher – ein Eid-Geschenk von Hakim –, in der anderen eine Tasse Tee mit viel Milch.

Saba neben ihr streckt sich und knurrt leise. Am vergangenen Abend hat sie darauf bestanden, in Kees' Bett zu schlafen, obwohl es ein Einzelbett ist, in dem man kaum allein Platz findet, und ihre beiden Betten nur von einem Nachttisch mit einer Lampe darauf getrennt sind. Die letzte Nacht als ledige Frau wollte sie mit ihrer Schwester verbringen, weil sie danach nie wieder eine Möglichkeit dazu haben wird.

Kees hätte sie gern ein weiteres Mal darauf hingewiesen, dass sie lediglich heiraten würde und diese ganze Hysterie vollkommen unpraktisch und außerdem komplett unlogisch sei. Stattdessen hat sie nur die Bettdecke angehoben und Saba darunterkrabbeln lassen.

Ihre Mutter stellt die Teetasse auf den Nachttisch und schlägt Kees' Hand weg, die danach greifen will. »Der ist für die Braut.«

»Und du konntest nicht einfach zwei Tassen einschenken, Umee?«, murmelt sie und stößt Saba mit dem Ellbogen in die Rippen. »Dein Tee ist serviert.«

Saba kichert, als sich ihre Mutter auf die Kante des schmalen Bettes setzt und sie durch das Absenken der Matratze noch enger zusammenrollen, sodass sich ihre Beine ineinander verheddern.

Ihre Mutter legt eine Hand auf Sabas Kopf und beginnt, den Koran zu rezitieren, um das böse Auge an diesem Tag fernzuhalten und ihre Tochter mit einer gedeihenden und glücklichen Ehe zu segnen.

»Du sitzt auf meinem Bein, Umee«, knurrt Kees.

Ihre Mutter lässt sich nicht beirren.

Kees befreit sich ohne ihre Hilfe und springt schnell unter die Dusche. Ihre Kehle fühlt sich eng an, und sie möchte am Hochzeitsmorgen ihrer kleinen Schwester nicht weinen.

Als sie aus dem Bad kommt, ist es fünf Uhr dreißig. Das Haus ist erwacht wie ein leicht zu reizendes Raubtier, das bereits brüllt. Ihre Mutter ruft, dass Hakim endlich aufstehen solle. Die Haar- und Make-up-Stylistinnen sind da und legen ihre Utensilien zurecht. Ihr Vater steht auf der Leiter, um die Koffer voller Geschenke für die Familie des Bräutigams vom Dachboden zu holen, die dort seit Monaten fertig gepackt stehen. Sabas Brautjungfern sind gekommen, vier kreischende Zwanzigjährige, deren Aufregung aus jeder Ritze des Hauses zu dringen scheint, und ihre Mutter steht in der Küche und bereitet für alle das Frühstück zu. Der Tag hat kaum begonnen, doch alles und jeder, der daran teilhat, ist rege und hellwach, weil eine Hochzeit Grund genug ist, um sechs Uhr morgens glücklich zu sein.

Dies ist der letzte Moment, in dem Kees innehalten und über Schuld nachdenken muss, bevor die Hochzeit alles überstrahlt und sie spürt, wie sie durch und durch glücklich ist angesichts der Freude, die das Herz ihrer Schwester erfüllt. Abgesehen von den Augenblicken, in denen sie so unglaublich traurig ist, dass sie sich auf den Boden legen möchte, um zu weinen.

Ihre Großmutter ist mit zwei Tanten und sechs Cousinen und Cousins angereist. Ihre jüngste Cousine, Hina, mit elf Monaten der neueste Familienzuwachs, klebt mindestens zwei Stunden an Kees' Hüfte, ehe sie das Baby davon überzeugen kann, dass es bei jemand anderem auf dem Arm mindestens genauso schön ist. Die Ehemänner und Cousins werden in einen Raum gescheucht, aus dem man sie einzeln herauszitiert, um ihnen Aufgaben zuzuteilen. Es gibt ein Problem mit den Warmhalteplatten des Caterers. Mamo Fahad wird losgeschickt, um eine gasbetriebene zu besorgen. Unterdessen holt Mamo Imran den Blumenschmuck vom Floristen ab, den er seiner Frau übergibt, die allen Gästen ein Sträußchen ans Revers steckt.

Die Frauen werden aufgerufen, wenn sie mit Frisur und Make-up an der Reihe sind. So schnell wie möglich rotieren sie zwischen den zwei völlig erschöpften Stylistinnen, die mit deutlich weniger Anweisungen der Tanten gerechnet haben, die, obwohl sie sich noch nie in ihrem Leben geschminkt und absolut keine Ahnung haben, welchen Zweck der Inhalt einer bestimmten Tube erfüllt, verlangen, dass ihnen auf jeden Fall etwas davon ins Gesicht geschmiert wird und ihre grauen Haare unter perfekt platzierten Dupattas versteckt werden.

Kees' Make-up nimmt etwas mehr Zeit in Anspruch, da Shelly, die Make-up-Stylistin, darauf besteht, dass die Trauzeugin am besten aussehen muss. Kees erklärt ihr, dass es in der pakistanischen Kultur keine Trauzeugin gibt. Darauf sieht Shelly sie entsetzt an. »Aber du bist doch die einzige Schwester der Braut, oder?«

Als Kees nickt, wirkt Shelly zumindest etwas besänftigt.

Nachdem sich Kees schließlich aus ihren Fängen befreit hat, muss sie widerwillig zugeben, dass Make-up und Frisur großartig aussehen; die gelben Blumen, die Siobhan durch die aufwendige Hochsteckfrisur geflochten hat, passen perfekt zu ihrem gelben Sari.

Dann klopft sie an die Tür des Schlafzimmers, aus dem sie früher am Tag von einer übergewichtigen Pakistanerin namens Rabia verbannt worden ist, die exklusiv für Saba zuständig ist. Fünf Stunden hat sie mit Make-up, Haaren, Schmuck und der qualvollen Aufgabe verbracht, Sabas Bindi und die Dupatta so perfekt zu platzieren, dass es aussieht, als wäre beides gerade erst auf anmutige Art und Weise an Ort und Stelle gesunken. Und das, obwohl Saba in Wirklichkeit von so vielen Nadeln, Klammern, Sprays und Fixierpulvern zusammengehalten wird, dass sie kaum weit genug den Kopf in Richtung Tür drehen kann.

Entgegen allen Versprechen, die Kees ihrer Schwester gegeben hat, spürt sie, wie ihre Augen feucht werden, als Saba sie ansieht. Worauf Saba ebenfalls die Tränen zurückhalten muss, bis sie sich beide mit den Händen Luft zufächeln und verzweifelt das Mantra »Keine Tränen, keine Tränen« wiederholen, um nicht das Ergebnis stundenlanger Arbeit zu ruinieren.

»Ich wollte nur nachsehen, wie es bei dir läuft und ob du was brauchst. Umee ist etwas in Panik wegen der Zeit, und Dad meint, dass die Autos bald hier sein sollten.«

»Alles bestens. Ich glaube, wir sind fast fertig, oder?«

Rabia nickt, den Mund voller Nadeln, und nimmt letzte Änderungen an dem roten Lehenga vor, das mit den ganzen Stickereien mehr wiegt als Saba selbst.

»Okay, ich sage Mum Bescheid.«

Kees wendet sich zum Gehen, doch Saba ruft sie mit einem »Didi« – dem Ehrentitel für eine ältere Schwester – zurück. Sie holt tief Luft und dreht sich zu ihr um.

»Sehe ich okay aus?« Saba knetet nervös die Hände.

Erst jetzt wird Kees klar, dass ihre Schwester, obwohl sie das hier will, Angst hat. Sie ist noch immer eine junge Frau, die kurz davorsteht, alles hinter sich zu lassen, was sie kennt, um den Schritt in die Arme eines Mannes zu wagen, mit dem sie nie zusammen gewesen ist.

Kees möchte Saba in die Arme nehmen und ihr sagen, dass alles gut wird. Dass ihr Ehemann zärtlich sein wird und sie eines der größten Vergnügen mit ihm im Bett finden wird. Aber diese Dinge kann sie nicht sagen, weil sie nicht verheiratet ist, und auf einmal begreift sie, warum es die ältere Schwester sein sollte, die zuerst eine Ehe eingeht. Damit sie der jüngeren erzählen kann, wie es abläuft und was sie erwartet, denn sie ist sich sicher, dass ihre Mutter nichts dergleichen getan hat.

Der Gedanke, dass sie nicht nur ihren Eltern, sondern auch ihrer Schwester gegenüber versagt hat, entfaltet sich in ihrem Magen, und sie fragt sich, wie es ihr wohl gelingen wird, Hakim zu enttäuschen, da sie offensichtlich kein Familienmitglied auslässt.

»Du siehst umwerfend aus, Saba. Er wird gar nicht wissen, wie ihm geschieht.«

Saba strahlt. »Kannst du Umee Bescheid sagen, dass ich fertig bin?«

»Natürlich.« Schnell und mit gesenktem Kopf stolpert Kees aus dem Zimmer, damit Saba ihre Tränen nicht sieht. Im Flur stößt sie mit Hakim zusammen, dem es erfolgreich gelungen ist, sich vor weiteren Aufträgen ihrer Mutter zu drücken.

»Hey, kannst du nachschauen, wo Mum steckt? Saba hat nach ihr gefragt.« Kees hebt den Sari an, um den riskanten Weg die Treppe hinab anzutreten.

Hakim nickt. »Alles okay?«

Sie winkt ab. »Ja, klar, natürlich.«

Er sieht sie nicht in die Garage laufen – der einzige Ort, an dem sich keine anderen Menschen aufhalten –, wo sie in Tränen ausbricht, weil sie niemals diesen Tag haben wird und die Scham so groß und heiß ist, dass sie zu einer weißen Flüssigkeit geworden ist, die durch sie hindurchrinnt.

Schließlich reißt sie die Verpackung einer Küchenrolle aus einem der 24er-Vorratspakete auf, auf denen ihr Vater nach wie vor beim Einkauf besteht, wischt sich so gut es geht das Gesicht ab, geht verlegen noch einmal zu den Stylistinnen und bittet sie darum, frische Mascara, die ihr in Schlieren über das Gesicht läuft, und Rouge aufzutragen.

Shelly und Siobhan, die nichts mehr lieben als Hochzeiten, betrauern mitfühlend den Zustand ihres Gesichts, drücken sie auf einen Stuhl und versichern ihr, sie müsse sich keine Sorgen machen, bei ihren jeweiligen Hochzeiten hätten sie beide wie Babys geweint.

»Bei dir habe ich keine wasserfeste Mascara verwendet«, zwitschert Shelly, während sie sich über Kees' Gesicht beugt und mit geübten Handbewegungen jedes Anzeichen von Gefühlsregung ausradiert. »Ich dachte, du bist eine von denen, die keine braucht.«

Siobhan schüttelt wissend den Kopf, während sie Shelly mit der Präzision einer Chirurgin eine Rouge-Palette nach der anderen anreicht. »Es sind immer die Starken, die am meisten weinen.«

Zuzusehen, wie Saba heiratet, ist wunderschön und schrecklich zugleich. Das Glück, das Kees empfindet, lässt ihr immer wieder Tränen in die Augen steigen, was sie selbst überrascht. Es muss etwas anderes sein, wenn es um die eigene Familie geht. Sie hat noch nie auf einer Hochzeit geweint, sogar einmal angemerkt, dass sie glaube, die Tränen am Ende einer pakistanischen Eheschließung seien nur der Performance geschuldet.

Wie dem auch sei, an dem Schluchzen, das ihren Körper schüttelt, als sie Saba umarmt, bevor diese in den Wagen steigt, der sie in ihr neues Zuhause bringt, ist nichts gespielt. Sie lässt Saba erst los, als ihr Vater murmelt: »*Chalo, Beta, chalo.*«

Später werden die Tanten, die Füße in Schüsseln mit heißem Wasser getaucht, sich über die Tortur beschweren, in Absatzschuhen herumzulaufen, und sagen, wie schwer Kees es genommen habe und wie hart es sein müsse, wenn die jüngere Schwester zuerst heiratet.

Der Schmerz, den Kees empfindet, rührt von der Erkenntnis, wie gern sie ihre Familie um sich haben möchte, wenn ihre Zeit gekommen ist, und dem Wissen darum, dass es nicht so sein wird. Jedes Mal, wenn sie darüber nachdenkt, sieht sie Malaks Gesicht vor sich, doch sie verdrängt es hartnäckig. Immer wieder lässt sie den Blick durch den Saal wandern, sieht das strahlende Lächeln ihrer Mutter und den stillen Stolz in der Miene ihres Vaters, und jedes Mal sinken ihre Schultern ein wenig weiter nach unten, bis sie ihren Sari hochschieben muss aus Angst, er könnte ihr herunterrutschen. Doch dann richtet sie sich auf und erinnert sich daran, dass es hier nicht um sie geht. Dass sie eine wirklich schreckliche Person sein müsste, um ihrer Schwester irgendetwas von diesem Moment, der ihr gehört, zu nehmen.

Und so läuft sie der Braut hinterher, vergewissert sich, dass ihre Großmutter alles hat, was sie braucht, hält Kinder davon ab, gegen Tischbeine zu rennen, und drückt immer wieder ein Baby an sich, um es zu küssen. Ihre Mutter ist von einem steten Wabern von Glückwünschen und Mashallahs verschiedener Verwandter umgeben, und abgesehen davon, dass Kees gelegentlich prüft, ob sie etwas isst, überlässt sie sie der Freude, angesichts des Glücks ihrer Tochter zu strahlen, die mit leuchtendem Gesicht auf dem Podium sitzt und hier und da die Hand hebt, um Freunden von der Uni zuzuwinken. Die vier Brautjungfern sitzen zusammen an einem Tisch und unterhalten sich darüber, wie lecker das Essen ist und wie bunt die Outfits der Gäste sind.

Irgendwann bittet Saba Kees, nachzusehen, ob sich ihre weißen Freundinnen wohlfühlen und Rachel, die Vegetarierin ist, etwas Passendes zu essen findet.

Kees geht in die Küche und bittet um einen extra Teller mit Tandoori-Kartoffeln und Koriander-Chutney, den sie Rachel persönlich bringt, die bisher nur an den Tomatenscheiben geknabbert hat, die als Dekoration der Lamm-Samosas dienen.

»Es tut mir wahnsinnig leid, Rachel. Das Catering wusste nicht, dass du Vegetarierin bist.«

Sie gratulieren Kees zur Hochzeit ihrer Schwester, machen ihr Komplimente zu ihrem schönen Sari und merken an, dass sie sich fragen, wie es sein könne, dass sie den ganzen Abend noch nicht gestolpert sei. Würden sie den Sari tragen, würden sie längst am Boden liegen. Sie tauschen die Art freundliche Worte aus, zu denen alle einander Fremden neigen, die einen Menschen gemeinsam haben, den sie lieben.

Kees schafft es, sich kurz davonzustehlen, um in der Toilette ein Selfie zu machen und es an Harry zu schicken, der auf einem Foto von ihr in ihrem Outfit bestanden hat.

Er antwortet wie immer, dass sie wunderschön aussähe, und lässt sie wissen, wie sehr er sie liebe und dass er es nicht abwarten könne, sie zu heiraten.

Sie sprechen beide nicht an, dass sie keinen Schimmer haben, wie ihre eigene Hochzeit aussehen soll oder wer dort sein wird, und dass der Verlobungsring ein Loch in ihre Handtasche brennt, bis sie ihn morgen im Zug zurück nach London wieder anstecken kann.

Sie verliert den Überblick, wie oft sie zu hören bekommt, dass sie aber als Nächstes an der Reihe sei. Warum haben es die Leute so eilig, auf die nächste Hochzeit zu kommen, obwohl diese hier noch nicht einmal vorbei ist. Haben sie Angst, die Liebe könnte ausgehen oder ein Ablaufdatum haben?

Während sie sich in Tante Naseems Fängen befindet, stürzt Jenna auf sie zu und behauptet, ihre Mutter brauche sie, und zieht sie hastig hinter sich her in den Flur. Es ist Monate her, dass sie Jenna gesehen hat. Sie drückt sie so fest an sich, dass sich die Stickereien ihres Oberteils in ihre Haut drücken.

»Du bist hier.« Sie schiebt Jenna auf Armeslänge von sich weg. Sie sieht wie immer atemberaubend aus. »Wie schaffst du es, immer so unfassbar schön auszusehen?« Dann zieht sie sie erneut an ihre Brust.

Jenna lacht und erwidert die Umarmung mit derselben Intensität, und keine von beiden erwähnt die Freundin, die nicht hier ist, es aber sein sollte.

»Natürlich bin ich hier. Meine Mutter redet seit Wochen von nichts anderem als von dieser Hochzeit. Es stand gar nicht zur Debatte, dass ich nicht wenigstens für dich mitkomme.«

Kees schluckt weitere Tränen herunter. Alles, was sie gern sagen will, steckt in ihrer Kehle fest.

»Hey, hey.« Jenna zieht sie noch ein Stück weiter zur Seite. »Ist alles in Ordnung?«

Kees ist noch nicht in der Lage zu sprechen. Sie sieht hoch an die Decke, bis sich die Tränen zurückziehen und sie ein Lachen herausbringt.

»Es geht mir gut. Ich freue mich einfach nur so für Saba. Es ist verdammt emotional, seine kleine Schwester heiraten zu sehen.«

»Natürlich ist es das.« Jenna streichelt ihren Arm und sieht sie auf eine Weise an, die verrät, dass sie weiß, es geht nicht nur darum.

»Harry hat mir einen Antrag gemacht.« Mit einem Blick über die Schulter vergewissert sich Kees, dass sie niemand hört.

Jenna stößt ein schrilles Kieksen aus. »Wie hast du geantwortet?«

Kees grinst. »Mit Ja.«

»Oh Babes, herzlichen Glückwunsch. Wo ist der Ring? Ist der Stein riesig?«

Kees dankt Jenna im Stillen dafür, gleich zur Freude übergegangen zu sein, ohne einen Zwischenstopp bei der Tragik des Ganzen eingelegt zu haben.

»Wir sprechen von Harry. Du weißt, wie er ist.«

Jenna nickt. »Nur das Beste.«

»Für einen Verlobungsring ist er ziemlich perfekt«, sagt Kees und grinst.

»Du musst mir ein Foto schicken.«

»Mach ich, versprochen.«

»Bei mir gibt's auch Neuigkeiten: Ich bin offiziell und ganz und gar vergeben.«

»Was? In dem Fall musst *du mir* ein Foto schicken.«

Sie lachen beide und drücken sich gegenseitig die Hände.

»Muslim, oder?«, fragt Kees.

»Standard. Du kennst mich ja – absolut langweilig.«

Kees registriert, wie viel Taktgefühl Jenna besitzt, und denkt, dass sie es nie genug wertzuschätzen gewusst hat.

Sakina, ein dünnes, stilles Mädchen, das lieber in Gesellschaft ihrer Mutter als in der anderer Kinder ist, geht nervös auf Kees zu, zupft an ihrem Sari und lässt sie wissen, dass ihre Mutter sie brauche.

Kees zieht Jenna in eine Umarmung, die immer noch zu fest ist, aber Jenna beschwert sich nicht. Es gibt so vieles, das sie einander sagen wollen, doch ihnen bleibt keine Zeit dafür.

»Ich muss los«, sagt Kees bedauernd. Sie wünscht sich, noch bleiben zu können, um Jenna aufzuziehen, mit ihr zu lachen und sich an einem kleinen Teil dessen festzuklammern, was sie einmal waren. »Aber schreib mir bitte, ja? Ich will alles über diesen Kerl wissen.«

Jenna lacht, dass ihre perfekten weißen Zähne blitzen. »Mach ich. Und du schreibst mir auch. Du musst mir jedes Detail über die Verlobung verraten.«

Das Wort »Verlobung« flüstert sie, und sie versprechen, einander Nachrichten zu schicken – und in diesem Moment meinen sie es ganz und gar aufrichtig.

Kees sieht Jenna nur noch ein einziges Mal auf der anderen Seite des Saales. Am Ende des Tages realisiert sie, dass sie gegangen sein muss und sie keine Gelegenheit mehr hatte, sich von ihr zu verabschieden.

Nachdem sie auf der Toilette hastig die Wimperntusche von ihrem Gesicht gewaschen hat, sammelt Kees die Kerzen und Halter zusammen, die Saba in stundenlanger Arbeit entworfen und gebastelt hat, nur für den Fall, dass sie sie als Erinnerung an ihre Hochzeit behalten möchte. Ihr Vater weist die Caterer beim Aufräumen an, und ihre Mutter ist bereits zu Hause bei den Tanten und packt übrig gebliebenes Essen ein, um es unter Freunden, Familie und in der Gemeinde zu verteilen, insbesondere an alle, die nicht an der Feier teilnehmen konnten, weil es – wie sie betont – ein Segen ist, ein Kind verheiratet zu haben.

Schließlich sitzen sie alle miteinander zu Hause, ihre Mutter probiert endlich die Hochzeitstorte, Hakim verputzt seinen vierten Teller warmes Essen, die beiden Tanten stecken oben die Kinder ins Bett, und ihr Vater bringt Decken und Kissen heran. Alle bestätigen, wie gut es gelaufen sei, wie schön Saba ausgesehen habe und wie viele Leute bereits gesagt hätten, dass es eine der wundervollsten Hochzeiten gewesen sei, die sie je besucht hätten. Kees hat ihre Mutter noch nie so glücklich gesehen – und die Schuld hat sich nie so heiß angefühlt.

Ihr Vater zieht das Sofabett aus; die Augen ihrer Mutter sind halb geschlossen, schwer vor Glück. Tante Bushra kommt zurück ins Wohnzimmer, tätschelt Kees den Arm und lässt sich schwer in einen Sessel fallen.

»Du musst die Nächste sein, Bilquis, *Huna*? Du kannst nicht zulassen, dass Hakim vor dir heiratet.«

Hakim schaudert und wendet sich wieder seinem Handy zu, auf dem ein Video von ihm und seinem Cousin läuft, wie sie dem Bräutigam die Schuhe klauen. Er ist fest davon überzeugt, dass es sich um das Witzigste handelt, was er je gesehen hat. Wenn man es richtig schneide, dann werde es garantiert viral gehen, meint er.

Kees grinst, antwortet »*Inshallah*, *Popo*« und hofft, dass die übliche Antwort ausreicht.

Das tut sie nicht.

»*Inshallah*, ja, natürlich«, fährt Tante Bushra fort, »aber du musst schon ein bisschen mehr tun als beten, *Huna*. Sag es ihr, Abida.«

Die Augen ihrer Mutter sind jetzt vollständig geschlossen. Sie schwingt ihre kurzen Beine, die nicht ganz bis auf den Fußboden reichen, langsam hin und her. »Sie ist bereits verheiratet, Bushra, mit ihrem Job. Bei ihr habe ich schon aufgegeben. Liebe interessiert sie nicht. Sie wird eine berühmte Anwältin und kauft sich ein großes Haus, in dem wir alle zusammen wohnen werden. Sie kann ihrer Schwester mit den Kindern helfen.«

Noch Jahre später wird Kees nicht genau sagen können, ob es am Blick gelegen hat, den Tante Bushra ihr zuwarf – ihr Gesichtsausdruck deutete an, dass es so vermutlich am besten sei, da ihre Heiratsaussichten ohnehin ziemlich dürftig schienen –, oder an der Selbstverständlichkeit, mit der ihre Mutter, ohne lange zu überlegen, ein Leben für sie zeichnete, das keine von ihren eigenen Entscheidungen berücksichtigte, oder an der Aussicht, den Rest ihres Lebens auf Sabas Kinder aufpassen zu müssen. Vielleicht lag es aber auch ganz einfach an der Hochzeit und ihrer Eifersucht. Letztere Begründung war diejenige, die sie sich am wenigsten eingestehen wollen würde, denn sie hasste die Vorstellung, neidisch auf das Glück ihrer Schwester zu sein.

Woran auch immer es liegt – sie sieht zu Tante Bushra auf und antwortet ruhig, so als würde sie sie fragen, ob sie noch eine Tasse Tee wolle: »Um genau zu sein, habe ich schon jemand kennengelernt. Er hat mich gefragt, ob ich ihn heiraten möchte. Ich habe Ja gesagt.«

Was auch immer es war – später wird sie zugeben, dass es nicht die beste Art und Weise gewesen war, es auszusprechen. Wenn sie nicht bereits den ganzen Tag damit verbracht hätte, zu weinen oder die Tränen zurückzuhalten, hätte sie die Neuigkeit vielleicht taktvoller überbracht, aber am Ende ist es so geschehen.

Nachdem sie die Worte aus ihrem Mund hat taumeln lassen, lässt sie sich von den Schreien ihrer Mutter und dem Lächeln ihres Vaters mitreißen und glaubt in diesem einen süßen Moment, dass vielleicht alles gut wird. Und obwohl ihre Mutter ihr einen Klaps auf den Arm gibt, weil sie es ihnen nicht früher erzählt hat, und Tante Bushra dazu kommentiert, wie Mädchen und ihre Geheimnisse heutzutage eben seien, lächeln immer noch alle. Auf dem Gipfel der Liebe zu ihren Eltern entsteht die wilde, unvorstellbare Fantasie, in der ihre Mutter sie umarmt und ihr Vater seine Hand auf ihren Scheitel legt. Selbst Tante Bushra wird durch die Größe des Ringes, den sie aus ihrer Handtasche zieht, um ihn ihnen zu zeigen, zum Schweigen gebracht.

Aber bereits in der nächsten Sekunde, als Kees nicht mehr umhinkommt, die Fragen zu beantworten, die auf sie einprasseln, und sie nicht mehr zurückhalten kann, dass der Mann, den sie heiraten will, eigentlich weiß und katholisch ist und nicht vorhat zu konvertieren, wischt sie schnell und effizient jedes Lächeln aus dem Zimmer und kann sich beim Blick in die Augen ihrer Mutter beim besten Willen nicht erinnern, ob diese sie jemals wirklich angelächelt hat.

Jenna

Sie hat den Leuten nichts von ihrer Beziehung erzählt, was überraschend ist, denn sie hat sich immer ausgemalt, dass es eine große Neuigkeit sein würde. Ein Facebook-Update. Ein Bild auf Instagram von ihrem neuen Freund, der sie auf die Wange küsst, während sie direkt in die Kamera lacht. Oder ein betont ergreifender Twitter-Beitrag über Beziehungen und Arbeit.

Sie weiß, dass sie umwerfend zusammen aussehen, aber dennoch weiß niemand in ihrem entfernteren Umfeld, dass sie ein Paar sind.

Vielleicht war es das, was es für Jenna leichter gemacht hat, sich zu verändern. Im Laufe ihrer Beziehung hat sie erkannt, was Mo mag und was er nicht mag, und sich dementsprechend verbogen. Nicht dass er Druck ausübt oder auf Dingen beharrt. Er macht freundliche Bemerkungen, scheinbar beiläufig und willkürlich, und Jenna richtet sich gern danach – tut alles, um ihn zufriedenzustellen. Die Art, wie sich dann sein Gesicht erhellt, macht auch sie glücklich.

Eines Nachmittags hat er zu ihr gesagt: »Es ist nicht so, dass du schlecht aussiehst, aber egoistischerweise will ich dich ganz für mich allein.«

Und so hat sie aufgehört, enge Jeans zu tragen. Sie hat sogar damit aufgehört, *jegliche* Art von Jeans zu tragen, denn die meisten waren eng, da sie schon immer stolz auf ihren Hintern gewesen ist. Zu diesem Zweck hat sie viele Kniebeugen gemacht, und die Welt sollte ruhig wissen, wie hart sie dafür gearbeitet hat.

Später hat er ihr eine solch liebvolle Nachricht geschickt und seine ernsthafte Hoffnung zum Ausdruck gebracht, nicht zu weit gegangen zu sein. Sie hat sich so gut wie schon lange nicht mehr gefühlt. Fühlte sich begehrt, und das ist im Grunde alles, was sie im Leben will. Jemand, der für sie brennt und nicht einschlafen kann, ohne vorher mit ihr gesprochen zu haben. Jemand, der nach seinem Handy greift, noch bevor er sich richtig wach gerekelt hat, um ihr »Guten Morgen« zu sagen.

Obwohl Mo ruhig und gemäßigt ist und wilde Ausbrüche der Leidenschaft nicht in seiner Natur liegen und nie liegen werden, ist er aufmerksam und beständig, und manchmal ist das genauso gut wie wilde Leidenschaft. Jeden Morgen wacht Jenna auf, um seine Nachricht zu lesen, und auch jeden Abend ist er die letzte Person, mit der sie schreibt. Er gibt ihr das Gefühl, einen Platz in der Welt zu haben.

Sie hat ihn zu einer ihrer Theaterproben eingeladen, weil sie will, dass er sieht, wie gut sie ist, und weil sie die Dinge ihres Lebens, die sie liebt, mit ihm teilen will. Sie hat Sarah gebeten, sie an dem Abend keine Kussszenen proben zu lassen, da sich, obwohl sie nie mit ihm darüber gesprochen hat, nach und nach die Gewissheit in ihr ausbreitet, dass es ihm nicht recht wäre. Trotz dieser Vorkehrungen konnte sie anhand seines angespannten Kiefers erkennen, dass er sich mit nichts von alldem wohlfühlte. In der Woche darauf teilte sie Sarah mit, dass sie aufgrund der vielen Arbeit nicht mehr mitwirken könne. Mo sagte sie nichts davon, aber als er das nächste Mal fragte, ob er sie zur Probe fahren solle, zuckte sie mit den Schultern, als wäre es keine große Sache, und erzählte ihm, dass sie ausgestiegen sei. Dass sie sich auf ihre Prüfungen und dann darauf konzentrieren müsse, Ärztin zu werden. Daraufhin strahlte er sie voller Stolz an, und sie war erfüllt von Entschlossenheit. Es war ein guter Abend. In der Nacht hatte sie keine Albträume.

Wenn sie lange genug darüber nachdenkt, kann sie zugeben, dass sie dies alles für ihn getan hat. Gleichwohl ist ihr bewusst, dass sie es ohnehin ihr Leben lang für ihre Mutter und ihren Vater getan hat. Sie will kein Kopftuch mehr tragen; bei jeder Gelegenheit reißt sie es sich herunter und stopft es in das nächstbeste Handschuhfach oder in ihre Handtasche, aber sie gibt es nicht ganz auf, weil es ihrer Mutter etwas bedeutet.

Sie hat immer gewusst, dass das Theaterspielen ein Ende haben würde, sobald sie ihren Abschluss gemacht hat. Es nun ein paar Monate früher aufzugeben, bringt sie nicht um. Sie hatte ohnehin keinen allzu großen Spaß mehr daran, und Sarah hat sie ständig gebeten, ein wenig mehr Energie für ihre Darbietung aufzuwenden. Sie hatte ihre Begeisterung dafür verloren, empfand es nur als fair, ihre Rolle an eine andere abzugeben, die sich über die Chance freuen würde.

Eines Abends, als sie in einer Lernpause durch die Stadt spazieren und sich auf eine Bank am Fluss setzen, um die vorbeischwimmenden Schwäne zu beobachten, erkundigt sich Mo beiläufig nach ihrer Freundschaft mit Lewis.

»Wie lange seid ihr schon befreundet?«, fragt er, streichelt ihre Wange und scheint mehr auf ihr Gesicht konzentriert zu sein als auf alles andere.

»Ach, seit wir sechzehn sind. Wir kennen uns schon ewig«, erwidert sie und lächelt bei der Erinnerung an ihre erste Begegnung.

»Dein bester Freund, hm?«

Sie nickt. »*Einer* meiner besten Freunde. Natürlich zählen Kees und Malak auch dazu.«

»Du redest aber nicht so viel über sie wie über Lewis.« Mit dem Finger zieht Mo ihre Kieferkontur bis zum Ohrläppchen nach.

Jenna hebt das Kinn, um ihm besseren Zugang zu verschaffen. »Na ja, Malak lebt zurzeit in einem anderen Land, und Kees hat einen Job in London begonnen. Es ist schwer, wenn wir nicht alle am selben Ort sind.« Ihr Brustkorb zieht sich jedes Mal zusammen, wenn sie das sagt. »Lewis ist noch hier, zumindest bis er einen Job findet, obwohl ich mir nicht vorstellen kann, dass das allzu bald passieren wird, wo er doch bei jeder Gelegenheit nach Liverpool fährt, um seine Freundin zu sehen.«

Mo ist dazu übergegangen, ihre Hand zu streicheln, die er nun hochhebt. Er küsst ihre Fingerspitzen.

»Nur aus Neugier: Ist schon mal was Romantisches zwischen euch passiert?« Er stellt die Frage so betont beiläufig, dass deutlich wird, wie wichtig ihm die Antwort ist.

Später wird Jenna bewusst, dass »nur aus Neugier« in Wahrheit »nur weil ich nicht aufhören kann, daran zu denken« bedeutet. In Zukunft wird sie vorsichtiger sein.

Sie lacht laut auf. »Nein, sei nicht albern. Wir sind nur Freunde.«

Mo seufzt in ihre Handflächen, die er nun wieder küsst.

Jenna sieht nicht, wie ihm sein Lächeln entgleitet, als sie sagt: »Natürlich haben wir uns mal geküsst. Aber lass uns ehrlich sein, wer hat seinen Kumpel mit sechzehn nicht geküsst?«

Mo setzt sich auf, sieht verwirrt aus. »Ich habe meine Freundinnen nie geküsst.«

»Wirklich?« Jenna legt den Kopf schief.

»Ja, wirklich.«

»Nicht mal beim Flaschendrehen? Auf Partys?«

»Was?« Nun ist es an ihm, den Kopf schief zu legen und sie mit zusammengekniffenen Augen anzusehen.

»Du weißt schon, das Spiel, bei dem alle im Kreis sitzen und nacheinander eine Flasche drehen. Denjenigen, auf den sie zeigt, muss man küssen.« Sie sieht wieder auf den Fluss. »Es ist nur ein Spiel.«

»Das klingt ekelhaft, Jenna … all die Bakterien.«

Sie ruft sich in Erinnerung, dass sie mit einem angehenden Arzt spricht, der solche Sachen sehr ernst nimmt.

»Ach, das ist schon in Ordnung«, sagt sie lachend. »Manchmal haben wir uns ohne Zunge geküsst. Es klingt schlimmer, als es war.«

»Dann wart ihr also zusammen?«

»Nein.« Jenna runzelt die Stirn. »Wir waren kein Paar. Wir haben uns nur geküsst.«

Sie hat die Weitsicht, nicht zu erzählen, dass Lewis einmal ihren zu kurzen Minirock – ihr jugendlicher Versuch, wie eine Frau zu wirken – hochgeschoben und mit seiner Zunge ihre ganze Welt auf den Kopf gestellt hat. Im Grunde war es eine Art Kuss.

Mo hat ihre Hände fallen lassen und sich von ihr gelöst. Auf der Bank ist zwischen ihnen eine kleine Lücke entstanden, wo es vorher noch keine gegeben hat. Seine Schultern hat er abwehrend hochgezogen.

»Willst du mit ihm zusammen sein?«, fragt er.

»Wenn ich das wollte, hätte ich schon vor Jahren die Chance dazu gehabt.«

Das hätte sie nicht sagen sollen. Mo rutscht noch weiter von ihr weg und verschränkt seine Arme. Sie vermutet, dass er verärgert aussehen will, findet aber, er wirkt wie ein verzogenes Balg.

Ihr ist nie in den Sinn gekommen, dass sich irgendjemand an Lewis stören könnte, geschweige denn – wenn er ihn bereits kennengelernt hat – nicht sofort erkennen würde, dass sie ohnehin nicht zueinanderpassen.

Sie lacht erneut, doch das ist wieder die falsche Reaktion. Mo steht auf und geht einfach los. Schnell greift sie nach ihrer Tasche und eilt ihm in ihren Stiefeln, deren hohe Absätze nicht zum Rennen geeignet sind, hinterher.

»Hey, hey, was ist los? Wo willst du hin?« Sie zieht an seinem Arm, zwingt ihn dazu, stehen zu bleiben, sich umzudrehen und sie anzusehen.

»Weißt du, was ich gemacht habe, als wir offiziell zusammengekommen sind?«, fragt er.

Sie schüttelt den Kopf und deutet auf eine andere Bank, aber er ignoriert die Geste, was zeigt, wie aufgebracht er ist. Normalerweise nimmt er Etikette und Kavaliersgehabe sehr ernst.

»Ich bin meine Facebook-Freunde durchgegangen und habe alle Frauen gelöscht, die ich je gedatet habe.«

Sie starrt ihn verwirrt an. »Warum das denn?«

»Deinetwegen, Jenna.« Er tritt einen Schritt auf sie zu und umfasst ihr Gesicht mit den Händen. »Weil ich nicht will, dass eine von ihnen ein Bild oder einen Post kommentiert und du wegen irgendeiner anderen Frau Fragen hast.«

»Aber ich habe keine Fragen.«

»Ich will nicht, dass du denkst, du seist nicht die Einzige in meinem Leben. Es gibt nur dich, Jenna. Ich rede mit keiner anderen.«

Sie tritt von einem Fuß auf den anderen. Dieses Gespräch haben sie schon einmal geführt und daraufhin beschlossen, die Sache offiziell zu machen. Sie ist sich nicht sicher, warum sie noch mal darüber reden müssen.

»Das weiß ich«, sagt sie ausdruckslos. Dies ist einer der Momente, in denen sie Malak und Kees bräuchte – und das tröstliche Gefühl, die Dinge in einem Gruppen-Chat analysieren zu können. Sie hat wirklich keine Ahnung, worauf Mo hinauswill.

»Du bist mit einem Mann befreundet, dessen Lippen deine berührt haben, Jenna«, sagt er in demselben Tonfall, in dem er auch mit seiner sechsjährigen Nichte spricht, wenn sie etwas nicht begreift. »Meinst du nicht, er wartet auf den Tag, an dem es wieder geschieht?«

Jenna wirft lachend den Kopf zurück, sodass seine Hände von ihrem Gesicht fallen. Der Gedanke, dass Lewis wartet und heimlich hofft, dass etwas zwischen ihnen passiert, ist das Erste, was sie seit *jener Nacht* wirklich lustig findet.

Vor Jahren hat sie eines Abends bei ihm übernachtet. Sie haben stundenlang Filme angeschaut und Fast Food gegessen. Am Morgen sind sie zum Frühstück nach unten gekommen, und seine Mutter Lisa hat mit seltener Leichtherzigkeit gefragt, wann sie endlich zusammenkommen würden.

Sie sind beide erschaudert.

»Was denn?«, hat Lisa gerufen und ist in ihre Schuhe geschlüpft, um zur Arbeit aufzubrechen. »Ihr zwei seid doch hinreißend miteinander.«

»Mum, selbst wenn Jenna nackt vor mir liegen würde, würde ich über sie hinwegtreten und weitergehen«, entgegnete Lewis, woraufhin seine Mutter ihre Handtasche in seine Richtung geschwungen hat und meinte, er solle nicht beleidigend werden.

»Jenna ist eine wunderschöne Frau.«

»Danke, Lisa.« Jenna lächelte selbstgefällig.

»Jenna ist wahrscheinlich die schönste Frau, die ich jemals sehen werde«, behauptete Lewis. »Aber wenn ich eine Beziehung mit ihr hätte, würde ich meinem Leben ein Ende setzen wollen.«

Angesichts ihres unmöglichen Sohnes schnalzte Lisa mit der Zunge und ging los, während die beiden über den absurden Gedanken lachten, dass zwei Menschen, die so unterschiedlich waren wie sie, jemals glücklich miteinander werden könnten. Dieser Punkt war fast der einzige, in dem sie sich einig waren.

Jenna sieht Mo an. »Ich kann dir versichern, dass Lewis nicht heimlich darauf hofft, dass wir zusammenkommen.«

»Er mag mich nicht«, gibt Mo zu bedenken.

»Natürlich mag er dich.«

»Du hast mir gesagt, er mag mich nicht.«

»Hab ich das?«

»Ja, Jenna, hast du.« Er runzelt die Stirn.

»Okay, na ja, nicht mögen ist vielleicht etwas übertrieben. Er kennt dich einfach nicht, das ist alles. Und er ist ein Blödmann, also wen kümmert's?«, sagt sie gelassen.

»Er mag mich nicht, weil er mit dir zusammen sein will.«

Wie kommt er auf solche Gedanken?, fragt sie sich und vermutet, dass es typisch für arabische Männer sein muss. In den seltenen Fällen, in denen sie mitbekommt, dass ihre

Eltern sich streiten, geht es immer um Jimmy, den Cousin ihrer Mutter, der sie zu oft anstarre, oder um den Typen im Supermarkt, der den Blick nicht gesenkt habe, oder um irgendeinen anderen Mann, der laut der Überzeugung ihres Vaters versucht habe, ihm seine Frau auszuspannen.

Sie packt Mo an den Schultern und bringt ihn dazu, ihr in die Augen zu sehen. »Er will nicht mit mir zusammen sein. Das kann ich nicht oft genug betonen. Es ist der absurdeste Gedanke aller Zeiten.«

Sie kann sich nicht erklären, warum Mo nicht erkennt, wie albern es ist.

»Ich fühle mich einfach unwohl bei der ganzen Sache. Ich traue ihm nicht. Ich weiß, wie Männer sind.«

Etwas Saures braut sich in ihrem Magen zusammen. Ich wette, ich weiß mehr als du. Der Gedanke vertreibt alles, was von ihrem Lachen noch übrig ist. Sie geht zurück zur Bank und lässt sich darauf fallen.

Mo folgt ihr, greift wieder nach ihren Händen und sieht ihr tief in die Augen. »Ich liebe dich, Jenna.«

Sie erwidert seinen Blick. Es ist das erste Mal, dass zwischen ihnen das Wort »Liebe« fällt. Bisher hat sie nicht einmal an Liebe gedacht. Gleichwohl wirkt es nun, da das Wort hell und unberührt zwischen ihnen hängt, verlockend und richtig.

»Ich liebe dich, und ich hasse den Gedanken, dass dich irgendein anderer anrühren könnte. Mir wird regelrecht schlecht dabei. Ich weiß, dass der Typ ein guter Freund von dir ist, aber ich traue ihm nicht. Wenn es um dich geht, traue ich niemandem außer mir selbst.« Mo hebt eine Hand und streichelt ihre Wange. Sein zärtlicher Finger bahnt sich seinen Weg über ihr perfekt geschminktes Gesicht. »Verstehst du?«

Sie glaubt, dass sie das tut. Und analysiert im Kopf schnell ein paar Dinge. Lewis hat eine Freundin und ist seltener hier. Sie selbst ist mit jemandem zusammen und hat weniger Zeit. Er verbringt die meiste Zeit in Liverpool, und sie beide wissen, dass er dort nach einem Job sucht. Es ist nur eine Frage der Zeit, bis er umziehen wird. Das Leben geht weiter. Sie wird bald Ärztin sein, und wer hat dann schon noch Zeit, bis drei Uhr morgens Filme anzusehen? Sie hat das extrem unangenehme Gefühl, dass es das ist, was Erwachsensein bedeutet. Wenn man diese Rolle spielen will, muss man Veränderungen akzeptieren.

Sie schaut auf in Mos flehendes Gesicht.

»Liebst du mich nicht auch?«, fragt er voller Verzweiflung.

Ihr Herz hämmert gegen ihre Rippen. Mo ist verletzlich und hat Angst. Er hat sein Herz in die Luft geworfen, damit sie es auffängt, und dafür liebt sie ihn.

Folglich fängt sie es auf und küsst ihn sanft auf die Lippen. »Natürlich liebe ich dich.«

In diesem Augenblick einigen sie sich auf etwas, das jedoch unausgesprochen bleibt. Mo schlägt vor, dass sie weitergehen, und das tun sie.

Kein einziges Mal kommt es Jenna in den Sinn, den Freund, von dem sie immer geträumt hat, anzulügen. Sie wird Lewis später eine Nachricht schreiben.

Bilquis

Das Problem mit der Familie ist, dass man sie innig lieben kann, während man gleichzeitig jede ihrer Handlungen verachtet.

Kees fand schon immer, dass Familie gleichbedeutend damit ist, Fehler und Handlungen der Leute zu entschuldigen, denen man nahesteht, ohne seine eigene Moral zu hinterfragen. Wie damals, als Mamo Imran ein blondes Kleinkind mit nach Hause gebracht und es »Sohn« genannt hat. Alle sprachen davon, dass ihrer aller Blut nun durch die Adern eines kleinen Jungen floss, der kein Punjabi sprach, aber dass dies nicht seine Schuld sei und er nicht dafür bestraft werden sollte. Ihre Mutter hat ihren Bruder damals gehasst, seinen Sohn aber mehr geliebt als alles andere; und als Mamo sie alle darum gebeten hat, eine Ehe mit ihrer Cousine vierten Grades aus dem Dorf ihrer Großmutter in Pakistan zu arrangieren, haben sie ihn dafür geliebt, wie traditionell er war und dass er sich den Wünschen seiner Eltern beugte. Sie sprachen darüber, welch ein guter Sohn er sei und wie islamisch alles arrangiert worden sei.

Eines Abends, während Kees Okras schälte, hat sie beiläufig angemerkt, dass es doch ein wenig zu spät für ihn sei, die Wünsche anderer zu respektieren, da er bereits eine Frau geschwängert, sich dann aber geweigert habe, sie zu heiraten.

Und nun wurde ihm auch noch der Luxus zuteil, dass andere seine Ehe für ihn arrangierten, ohne dass er auch nur einen Finger krumm machen musste. Gleichzeitig erwartete er von seiner neuen Frau, die deutlich jünger war als er, dass sie die Rolle der Stiefmutter für sein hellhäutiges Kind übernahm, das erst einmal Punjabi lernen musste, wenn es sich mit ihr unterhalten wollte.

Mit einem Schlag auf den Arm und der Bemerkung, dass Blutsverwandtschaft wichtig sei, hat ihre Mutter ihr den Korb mit den Okras entrissen. Nur weil Kees begonnen habe, den Debattierclub an der Uni zu besuchen, bedeutete das noch lange nicht, dass sie mit ihren Eltern oder über Ältere reden könne, als wären sie ihre Freunde. Sie sei zu jung, um alles zu verstehen, was vor sich ging.

Blutsverwandtschaft ist wichtig. Blut ist wichtig. Blut ist wichtig.

Blut spielt keine Rolle mehr.

Niemand erwähnt mehr die Wichtigkeit von Familie. Die Sehnsucht nach ihrer Kindheit verebbt.

In dem winzigen Haus vergrößert die Stille den Abstand zwischen ihnen, bis sie alle auf getrennten Inseln stehen, Tausende Kilometer voneinander entfernt. Da niemand spricht, bildet sich eine harte Hülle. Sie zu durchbrechen, wird immer schwerer. Alle rühren sich eine Stunde lang nicht von der Stelle, so als würden sie schlafende Löwen spielen, und niemand will verlieren.

Wenn Kees später die Geschichte erzählt, wird sie diesen Punkt stets hervorheben: dass sich eine Stunde lang niemand bewegt hat und dass sie das Unmögliche geschafft und die Zeit angehalten haben.

In Wirklichkeit sind es eine, vielleicht zwei Minuten, was ihr beweist, dass es nicht allzu lange dauert, bis Herzen brechen.

Schließlich zeigt Tante Bushra ein Taktgefühl, das ihr niemand zugetraut hätte – was sie in Kees' Augen von jeder früheren Sünde lossagt –, und verkündet, dass sie Hakim nach oben ins Bett bringe, da es spät werde.

Hakim, der mit seinen fünfzehn Jahren nicht ins Bett gebracht werden muss, aber in dem Moment alles dafür tun würde, sich so weit wie möglich von seinen drei Familienmitgliedern mit ihren Kohleaugen zu entfernen, nickt und geht durch die Tür, die Tante Bushra ihm aufhält. Sie schließt sie leise hinter sich und betet um ein Wunder.

Itasham lässt sich gemächlich auf der Kante des Sofas nieder. Kees wird schmerzlich bewusst, dass er alt wird.

»Du hast seinen Antrag angenommen?«, fragt er.

Sie nickt und sieht, wie ihre Mutter schwankt.

»Dann musst du ihm und seiner Familie sagen, dass du ihn nicht heiraten kannst, und jegliche *Rishta* zurückgeben, die sie dir gegeben haben. Brauchst du Geld dafür?«

Sie möchte ihn fragen, woher er das Geld nehmen will. Sie hat die Briefe von der Bank zu seinem Kredit gesehen, die in seiner Ecke im Wohnzimmer versteckt sind. In diesem Moment hasst sie Saba dafür, dass sie der Familie die Hochzeit zumutet.

Doch stattdessen sagt sie: »Es gibt keine *Rishta*, nichts muss zurückgegeben werden.«

Ihre Mutter zieht angewidert die Oberlippe hoch. Wenn sie sich nicht ohnehin schon eine Meinung über diese Leute gebildet hat, die versuchen, ihr die Tochter zu nehmen, dann hat sie es jetzt getan.

»Gut. Dann musst du dich entschuldigen und ihm den Ring wiedergeben. Du kannst diesen Mann nicht heiraten, Beta.« Ihr Vater sieht ihr ebenso intensiv in die Augen wie damals, als sie ein Kind war und Antworten auf alles verlangte.

»Warum nicht?«, fragt sie.

»Beta. Er ist kein Muslim. Es geht einfach nicht.«

»Aber ich liebe ihn.«

In diesem Moment bricht ihre Mutter ihr Schweigen. Sie wirft den Kopf zurück und lacht und lacht. Sie lacht so sehr, dass ihr Tränen aus den Augen laufen, und zum ersten Mal sieht Kees, wie sie den Rand ihrer Dupatta hebt, um sich Tränen wegzuwischen.

»Liebe. *Liebe*. Was hat denn *Liebe* damit zu tun?«

Die nächsten fünfzig Minuten, in denen ihre Mutter ihr Dinge erzählt, mit denen sie ihr jegliche Hoffnung raubt, sollten eine Bedeutung für den Rest ihres Lebens haben.

Einmal in der Woche bringt Kees bei ihrer Therapeutin ihre Mutter zur Sprache, und der ein oder andere Satz, den sie Kees einmal entgegengeschleudert hat, findet seinen Weg in die Unterhaltung oder wird in die Packung Taschentücher geschluchzt, die in Reichweite platziert ist. Nicht dass Worte nicht zurückgenommen oder Entschuldigungen nicht über Beleidigungen gelegt werden können. Es ist aber eher so, dass manches Blut nicht gerinnt, ganz gleich wie dick es ist.

Ihr Vater kann seine Frau nicht stoppen oder ihren Wortfluss verlangsamen. Er gibt schließlich auf und lässt den Kopf in die Hände fallen.

Ihre Mutter hält kaum inne, um Luft zu holen.

Irgendwo stirbt jemand. Hakim liegt mit großen Augen da und findet, dass das Video doch nicht so witzig ist. Saba schlüpft in ein weißes Seidennachthemd, für das sie extra gespart hat, und steht zitternd vor ihrem neuen Ehemann. Tante Bushras Tränen fließen als Erstes. Irgendwo wird jemand geboren. Harry schläft tief. Vivian spricht flüsternd ihre größte Angst aus und fragt Nathaniel, ob ihr Sohn ein Moslem wird. Jenna betet zum ersten Mal seit einem Jahr. Das Licht fängt an, sich zu verändern, während der Mond höher am Himmel aufsteigt.

Ihre Mutter hält erst inne, nachdem sie den letzten Satz, auf den sie hingearbeitet hat, durch den Raum geschleudert hat wie zerbrochene Teller, um Kees damit zu treffen. »Wenn du den Jungen heiratest, bist du in diesem Haus nie wieder willkommen.«

Kees' Wirbelsäule gibt nach.

Ihr Vater wischt sich die Tränen weg, die ihm über das Gesicht laufen, und folgt seiner Frau ins Bett.

Die Klimaanlage im Zug ist defekt und läuft auf der kältesten Stufe. Leute in Anzügen und Jeans kuscheln sich in Jacken, sinken tiefer in ihre Sitze und bestellen Tee oder Kaffee, als der Getränkewagen durch das Abteil geschoben wird. Der Schaffner verkündet erneut, wie leid ihm diese Unannehmlichkeit tue.

Ihr Ring steckt wieder an ihrer linken Hand und spiegelt sich in der Scheibe. Die Frau, die ihr gegenübersitzt und mit der sich Kees einen Tisch teilt, beugt sich vor. »Herzlichen Glückwunsch, das ist ein atemberaubender Ring.« Sie lächelt, als würden sie ein Geheimnis miteinander teilen.

»Danke.« Kees erwidert das Lächeln.

»Ich fertige selbst Schmuck an. Ich habe einen Laden in Yorkshire, aber ich komme ab und zu nach London, um mich mit Großhändlern zu treffen.«

»Dann kennen Sie sich mit Schmuck aus.«

»In der Tat. Gut genug, um zu wissen, wie beeindruckend dieses Stück ist. Sie haben großes Glück.«

Kees lächelt wieder, die Lippen fest aufeinandergepresst. Sie fragt sich, warum Männer nichts haben, was sie als jemand identifiziert, der großes Glück hat, doch dann fällt ihr wieder ein, dass das sehr wohl der Fall ist. Es ist die Frau an ihrer Seite, die andere Männer anschauen, wenn sie anerkennend zueinander sagen: »Du bist ein echter Glückspilz.«

Sie ist früh aufgestanden, um den ersten Zug nach Hause zu nehmen, hat sich die Treppe heruntergeschlichen und ihre Eltern in der Küche vorgefunden, eine Kanne Tee zwischen sich. Die Hand ihrer Mutter ruhte in der harten Handfläche ihres Vaters.

Kees hat nicht geschlafen, sondern die Nacht damit verbracht, ihrer Mutter einen zwölfseitigen Brief zu schreiben, der, wie sie hoffte, die überzeugendsten Argumente ihrer Karriere enthielt.

»Umee«, hat sie gesagt und den Brief neben den Ellbogen ihrer Mutter gelegt, »der ist für dich.«

Ihre Mutter hat sie nicht einmal angeschaut. Stattdessen hat sie nach dem Brief gegriffen und ist zum Herd gegangen. Während Hoffnung in Kees' Brust aufwallte, hat sie das Gas eingeschaltet und die Ecke des Papiers entzündet. Als die Flammen fast ihre Finger erreicht hatten, ließ sie den Brief in die Spüle fallen. Dann hat sie sich wieder hingesetzt, nach ihrer Tasse gegriffen und einen großen Schluck Tee getrunken.

Danach gab es nichts mehr zu sagen. Ihr Vater hat ihr nicht angeboten, sie zum Bahnhof zu fahren. Hat nicht fünf Minuten gewartet, nachdem der Zug abgefahren war, oder ihr einen Zehn-Pfund-Schein für eine Tasse Tee auf der Reise gegeben. Er hat einfach dagesessen, seine Hand geöffnet und darauf gewartet, dass seine Frau ihre Hand wieder hineinlegte.

Als Kees durch ihre Wohnungstür tritt, erwartet sie, dass alles anders ist, weil sich ihr Leben verändert hat. Sie trifft Harry zu Hause an, der auf dem Boden sitzt und sich, umgeben von Unterlagen, über den Couchtisch beugt.

»Was machst du hier?«, fragt sie einfallslos und blinzelt. Die Sonne, die durch das Küchenfenster direkt in ihre Augen scheint, macht deutlich, wie viel unnützes Zeug in der Wohnung herumliegt und dass sie eigentlich zu klein für sie beide ist.

Sie hat Harry nicht erzählt, dass ihre Eltern von seiner Existenz wissen. Dass sie etwas irreparabel zerstört hat. Dass er der Grund dafür ist, dass sie nun verwaist ist. Sie denkt verzweifelt, dass es vielleicht doch nicht wahr ist, solange sie es nicht laut ausspricht.

Harry stützt die Ellbogen auf die Sitzfläche des Sofas und lehnt sich nach hinten. Etwas an der Art, wie er das tut, lässt den Drang in ihr aufkeimen, die verzierte China-Vase neben der Tür zu nehmen, die seine Mutter ihr einmal zu Weihnachten geschenkt hat und die sie zwar hasst, aber nicht weggibt, weil sie Harrys Gefühle nicht verletzen will, und ihm an den Kopf zu werfen.

»Ich wohne auch noch hier.« Er macht keine Anstalten, aufzustehen und sie zu begrüßen.

Anstatt zu ihm zu gehen, lässt sie ihre Tasche fallen, ohne sich die Mühe zu machen, sie zur Seite zu räumen, und greift nach dem Stapel Post, damit ihre zitternden Hände etwas zu tun haben.

»Ich meine, warum bist du nicht bei der Arbeit?«, fragt sie ungeduldig.

»Nun, und was machst du hier? Ich dachte, du kommst nicht vor heute Nachmittag wieder.«

Sie funkelt ihn an. »Wir beantworten Fragen jetzt mit Gegenfragen? Das ist es, was wir machen?«

Er weiß, wie sehr sie es hasst, wenn er das tut, und sie ist überzeugt, dass er sie absichtlich verärgern will.

»Nein, das machen wir nicht. Ich habe beschlossen, heute von zu Hause aus zu arbeiten. Warum hast du mir nicht Bescheid gegeben, dass du einen früheren Zug nimmst? Ich hab dir doch gesagt, dass ich dich abhole.«

Sie geht in die Küche, die man genauso gut als Wohnzimmer bezeichnen könnte, da die verdammte Wohnung so klein ist, und sucht nach Brot. Seit dem Frühstück gestern Morgen, als ihre Mutter sie gezwungen hat, ein wenig Paratha mit Chutney zu sich zu nehmen, hat sie nichts mehr gegessen.

»Ich wollte nicht abgeholt werden.« Sie wühlt weiter in den Schränken herum, macht sich Toast und sucht nach der Erdnussbutter. Die Tatsache, dass die Wohnung immer ordentlicher ist, wenn sie nicht da ist, trägt nur zu ihrer Verärgerung bei. Sie zieht Dinge aus dem Regal und lässt sie verstreut auf der Arbeitsfläche stehen.

Endlich steht Harry auf und geht die drei Schritte bis in die Küche. »Warum setzt du dich nicht, und ich mache Frühstück?«

»Ich will nicht, dass du mir Frühstück machst, Harry.«

»Du willst nicht abgeholt werden, du willst nicht, dass ich dir Frühstück mache. Gibt es irgendwas, das du von mir willst?«

Sie sieht ihn kühl an. »Nein danke.«

Er verengt die Augen, als wolle er fragen: Was geht hier vor?

Sie sieht nach unten und versucht, das Glas Erdnussbutter zu öffnen. Seinen Blick ignoriert sie.

»Soll ich es für dich aufmachen?« Er streckt die Hand aus.

»Harry, ernsthaft?« Sie lässt das Glas auf die Marmorfläche krachen, ein knackendes Geräusch erklingt. »Ich komme schon klar. Ich brauche keine Hilfe. Geh und arbeite weiter.«

Sie lässt das Toastbrot auf Knopfdruck hochschnellen und bestreicht es so kraftvoll mit Butter, dass Löcher im Brot entstehen, weil es nicht lange genug im Toaster gewesen ist.

Harry steht unbeweglich an die Arbeitsfläche gelehnt da und starrt sie an, bis sie ihn mit einem Blick bedenkt, der fragt: Was zum Teufel gibt's hier zu gucken?

Mit seiner aufrechten Haltung und den vor der breiten Brust verschränkten Armen sieht er kräftiger aus, als er in Wahrheit ist. Seine Stirn ist in Falten gelegt, aber das Kinn hat er entschlossen vorgeschoben, was Kees bisher nur ein paarmal an ihm gesehen hat.

»Ich finde, wir sollten reden.«

»Worüber, Harry?«

»Über uns.«

Sie greift wieder nach dem Glas und nimmt ein Handtuch von der Wand, um es leichter öffnen zu können. »Was, willst du jetzt mit mir Schluss machen?«

»Kees, warte, wovon redest du?«

»Nein, warum tust du's nicht einfach? Nur zu, Harry.«

»Gott, Kees, ich hab doch nur gesagt, wir sollten reden. Niemand hat von Trennung gesprochen.« Er nimmt ihr wütend das Handtuch ab. »Nun warte doch kurz.«

Sie entreißt ihm das Handtuch wieder. »Nein. Ich hab Hunger.«

Er fährt sich mit den Händen durchs Haar, stützt die Ellbogen auf die Arbeitsplatte und lässt den Kopf in seinen Handflächen ruhen. Nachdem er tief durchgeatmet hat, schaut er müde zu ihr auf. »Ich will doch nur mit dir reden, Keesy.«

»Was zur Hölle gibt es denn zu besprechen, Harry?«

»Na, zum Beispiel, warum du seit gestern weder meine Nachrichten noch meine Anrufe beantwortest. Oder dass du generell kaum mit mir kommuniziert hast, während du weg warst. Oder dass du dich nicht von mir berühren lässt und zurückzuckst, wenn ich dir nahe komme, oder behauptest, es ginge dir nicht gut. Oder dass du seit Wochen nicht gebetet hast. Oder dass du deinen Koran nicht offen liegen lässt. Oder dass du es vermeidest, nach Hause zu kommen.«

Sie macht den Mund auf, um etwas zu erwidern, aber Harry kommt ihr zuvor.

»Nein, Kees. Lange zu arbeiten, ist eine Sache, aber nicht nach Hause zu kommen, ist eine ganz andere Nummer. Wie wäre es also, wenn wir über irgendeine der Sachen sprechen, denn jedes Mal, wenn ich versuche, eine Unterhaltung mit dir zu führen, reißt du mir fast den Kopf ab.«

Er hat seine Argumente vorgebracht, und keines ist irrational oder ungerecht.

»Ich weiß, dass du wahnsinnig gestresst bist wegen Sabas Hochzeit, und ich habe mir schon gedacht, dass es eine schwere Zeit für dich ist. Darum habe ich nichts gesagt und war geduldig, aber du bist hier heute total grimmig reinspaziert, genauso wie immer, und deshalb …« Er bricht ab und sieht sie hilflos an. »Baby, was ist los?«

Ein Mann sollte niemals hervorheben, wie geduldig er ist. Ihre Oberlippe hebt sich vor Abscheu. Dann sei doch einfach geduldig, verdammt noch mal, und halt die Klappe, denkt sie. Erzähl mir nicht, wie geduldig du warst, denn nun bist du genau das Gegenteil.

Sie greift nach dem Glas und legt all ihre Energie in den Versuch, den Verschluss aufzudrehen.

»Kees«, insistiert Harry, »redest du nun mit mir oder …«

Sie spürt ein Klicken in ihrer Brust, ein leises Einrasten, das Echo des letzten Satzes, den ihre Mutter zu ihr gesagt hat, und sie wirft das Glas durch die kleine Küche, sodass es am Schrank zerschellt und die Erdnussbutter langsam an den Schubladen hinabrinnt.

»Oder was, Harry?«

»Was zur Hölle soll das, Kees?« Sein Gesicht verzieht sich vor Verwirrung.

»Nein, nein – oder was, Harry?. Wie geht der Satz zu Ende? Du verlässt mich?« Sie nimmt ihren Teller, lässt die Scheibe Toast in den Mülleimer gleiten und stellt den Teller krachend in die Spüle. Trockenes Brot schmeckt schließlich nicht. »Ich habe zwei Wochen lang keinen Sex mit dir, und auf einmal hast du ein Problem?«

»Sei nicht albern, Kees.« Er seufzt genervt. »Darum geht es nicht. Warum hast du das Glas geschmissen?«

»Darum geht es nicht? Denn es klingt so, als ginge es um

die Tatsache, dass ich Nein zu dir gesagt habe und nicht vögeln will! Was übrigens zum ersten Mal nach dreieinhalb Jahren vorgekommen ist!«

»Warum schreist du so, Kees?« Harry hält die Hände auf, als könnte eine Antwort hineinfallen. »Das habe ich doch gar nicht gesagt.«

Sie spürt, dass sie jeden Moment von einem verzweifelten Wutausbruch überfallen werden könnte, und verlässt schnell die Küche. Als sie sich an Harry vorbeischiebt, wirkt seine Miene so erbärmlich, dass sie am liebsten noch andere Dinge durch die Küche werfen würde.

»Ich schreie, weil es totaler Mist ist, dass ich nach dreieinhalb Jahren einmal nicht mit dir vögeln will und es plötzlich ein Problem gibt. Und vergiss nicht, dass ich ursprünglich gar keinen Sex wollte. Ich hab dir erklärt, dass ich bis zur Ehe warte.«

»Du führst dich lächerlich auf«, sagt er leise.

»Ach, das ist ja lustig. Klingt so, als seist du angepisst, weil du nicht flachgelegt wurdest, und *das* findest du nicht lächerlich?«

Harry schaut auf seine Füße. Erst nachdem eine Minute vergangen ist, in der ihr schwerer Atem und das gelegentliche Tropfen der Erdnussbutter die Luft erfüllen, sieht er wieder auf. »Ich hätte gewartet. Ich hab dir gesagt, wir müssen keinen Sex haben.«

Ihre Anschuldigung ist nicht gerechtfertigt, das weiß sie, aber sie ist längst über den Punkt hinaus, sich darum zu scheren, was gerecht ist. Es ist ihr egal, dass sie sich genauso sehr wie er gewünscht hat, Sex zu haben, und dass sie die Entscheidung gemeinsam getroffen haben. Ihre Wut bietet nur Raum für das, was sich für sie selbst richtig anfühlt, und in diesem Moment juckt es ihr in den Fingern, das Leben, das sie um sich herum aufgebaut hat, zu zerstören.

»Na, dafür ist es wohl zu spät, Harry!« Sie bewegt Bücherstapel im Zimmer umher, stellt Dinge von einem Möbelstück auf das andere, damit ihre Arme beschäftigt sind.

Harry hat sich auf die Armlehne des Sofas gesetzt. »Ich kann nicht glauben, dass dies das Einzige ist, was du von unserer Unterhaltung behalten hast.«

Er ist nie ein Freund der Konfrontation gewesen. Deshalb findet sie es merkwürdig, dass er Anwalt geworden ist. Wenn sie versucht hat, Streits anzuzetteln, hat er stets alles dafür getan, Auseinandersetzungen zu vermeiden, und sich geweigert, seine Stimme zu erheben oder wütend auf sie zu werden. Er ist kein Mann, der einen Raum mit seiner Stimme füllt.

»Es ist mir scheißegal, ob wir Sex haben, Kees«, fährt er fort. »Aber du küsst mich ja kaum noch zur Begrüßung, du kuschelst nicht mit mir und berührst mich nicht, und es tut mir leid, aber das stört mich. Immer wenn wir im Bett liegen, bist du so weit auf der anderen Seite, dass ich genauso gut allein schlafen könnte.«

»Ich bin nicht nur für dein Vergnügen da oder um mit dir zu kuscheln, wenn du einschläfst, weißt du?« Ein weiterer Stapel Bücher landet laut auf der anderen Seite des Zimmers. »Das ist nicht der einzige Sinn in meinem Leben.«

Harry betrachtet sie, als wäre ihr gerade ein zweiter Kopf gewachsen, aber sie ist schon zu weit gegangen, um sich nun wieder herauszuwinden.

»Und warum zur Hölle interessiert es dich, ob ich bete oder nicht? Ich dachte, darüber bist du froh.« Sie lacht verächtlich. »Deine Eltern wären außer sich vor Freude, zu hören, dass ich aufgehört habe zu beten. Dann hätten sie wenigstens keine Schwiegertochter, die sich fünfmal am Tag in die Abstellkammer schleicht, um – wie haben sie es ausgedrückt – den Boden zu küssen.«

»Das ist nicht fair, Kees«, sagt Harry leise.

»Es interessiert mich einen Scheißdreck, was fair ist! Was ist schon fair? Wir sind Anwälte. Wir spielen nicht nach fairen Regeln. Fakt ist, dass deine Eltern Angst haben, dass ich dich in einen langbärtigen, Kleider tragenden Muslim verwandle. Das sehe ich deiner Mutter an. Sie hat wahrscheinlich eine obszöne Summe Geld an die Kirche gespendet und sie angefleht, für dich zu beten, denn wenn man ein Problem mit Geld überhäuft, verschwindet es, richtig?«

»Das mag ja sein, Kees«, erwidert Harry mit zusammengepressten Zähnen. »Wir reden aber nicht über meine Eltern, wir reden über dich und warum du nicht betest.«

»Weil ich mich nicht danach fühle.«

Sie ist gespannt darauf, was er dazu zu sagen hat.

Er geht einen Schritt auf sie zu. »Warum fühlst du dich nicht danach, Kees?«

Sie weicht abweisend zurück und wendet ihr Gesicht ab. »Einfach so.«

»Das Thema nimmt dich aber ganz schön mit, Baby …«

»Du maßt dir also an, mir zu erzählen, wie ich mich fühle?«

»Es ist ziemlich offensichtlich, dass du dich nicht gut fühlst. Komm heute Abend mit mir in die Kirche. Es findet ein Gottesdienst statt, zu dem meine Eltern gehen.«

Die Tatsache, dass Harry Eltern hat, mit denen er irgendwohin gehen kann, ist für sie wie ein Hieb in die Magengrube. »Ach, zuerst ärgerst du dich, weil du nicht genug Sex bekommst, was, am Rande bemerkt, unsere beiden Religionen verurteilen, und jetzt willst du, dass ich mit in die Kirche gehe.« Sie lacht und vermutet, dass es das gleiche unbarmherzige Lachen ist, das ihre Mutter gestern Abend ausgestoßen hat. Wie die Mutter, so die Tochter. »Willst du vögeln, oder willst du beten, Harry? Entscheide dich, verdammt noch mal!«

Sie wirft die Ordner, die sie in den Händen hält, auf das Sofa. Die Seiten rieseln heraus wie der erste Schnee.

»Ich will eine vernünftige Unterhaltung mit dir führen, ohne dass du – ganz ehrlich – dumme Dinge von dir gibst.«

Er schreit nicht, aber noch nie war er so kurz davor. Sie sieht die Wut in seinen Augen, die daher rührt, dass er nicht in der Lage ist, ihr zu helfen.

»Ich will wissen, was nicht stimmt, ohne dass du mir irgendwelche böswilligen Hintergedanken unterstellst. Wenn du wüten und Dinge zerschmettern willst, dann nur zu, Kees. Ich werde das nicht tun, und ich habe keine Lust, unsere Wohnung zu demolieren. Aber versuch nicht, es so darzustellen, als hätte ich mich nur für Sex auf die ganze Sache eingelassen, denn das ist ganz einfach erniedrigend für uns beide.«

Sie wirbelt herum und sieht ihn an. »Ist dir jemals in den Sinn gekommen, dass mir gerade nicht nach Reden zumute ist? Dass nicht alles nach deinem Zeitplan laufen muss? Nur weil du bisher im Leben immer alles bekommen hast, was du wolltest, heißt das nicht, dass es auch auf mich zutrifft.«

»Na, da haben wir es ja schon wieder. Ich hab mich schon gefragt, wann du auf mich und mein Privileg zu sprechen kommst.«

Sie wirft ihm einen wütenden Blick zu. »Jetzt ist nicht der richtige Zeitpunkt, um hochmütig zu werden.«

»Das bin ich gar nicht«, erwidert Harry und lacht gezwungen. »Ich meine es ernst. Denn letztendlich kommst du immer wieder darauf zurück. Auf mein Privileg.«

»Na, du bist ja auch privilegiert.«

»Das weiß ich, Kees! Aber das bedeutet nicht, dass ich nicht auch Gefühle habe. Oder mich nicht über Dinge aufregen kann. Es ist kein Zauberschild, der mich unsichtbar macht.«

»Im Grunde ist es das sehr wohl.«

»Weißt du was? Ich will mich nicht mit dir darüber streiten. Das lassen wir.« Harry erhebt sich und zieht seine Sportschuhe an.

»Aha, dann bist du jetzt also fertig mit mir?«

»Nein, ich gehe nur joggen, weil diese Unterhaltung schlichtweg lachhaft geworden ist.«

»Ach, wie günstig für dich. Sobald es um ein Thema geht, bei dem du dich unwohl fühlst, darfst du abhauen.«

Er kickt die Turnschuhe wieder von seinen Füßen, sodass sie auf der anderen Seite des Zimmers landen. »Na schön, dann bleibe ich eben! Du willst über das Privileg der Weißen sprechen? Dann nur zu, Kees! Was willst du denn darüber loswerden, das wir noch nicht gehört haben? Ich bin ganz Ohr.«

Sie sieht ihn fassungslos an. Spürt den Ring, der sich an ihrem Finger dreht, und wie der Diamant gegen ihren kleinen Finger stößt. Ihre Hand fühlt sich schwerer an. Alles in ihrem Körper ist plötzlich schwerer.

Sie hebt die Sportschuhe auf und wirft sie neben seine Füße auf den Boden. »Dann geh doch verdammt noch mal joggen, Harry! Ich brauche Abstand!«

Sie geht ins Badezimmer und hört, wie er ihren Namen

ruft. Zum ersten Mal, seitdem sie eingezogen ist, hat sie die Tür abgeschlossen.

Sie liegt immer noch in der Badewanne, als er eine Stunde später zurückkommt. Wenn ihr kalt wird, lässt sie heißes Wasser nachlaufen. Den Blick an die Decke über ihr gerichtet, denkt sie darüber nach, dass scheinbar alle Dächer einstürzen.

Als ihr Körper schließlich von roten Flecken übersät und ihre Haut schrumpelig ist, kämpft sie sich aus der Wanne und fühlt sich schwerer als zuvor. Sie fragt sich, ob sie wohl noch verlobt ist, und es schmerzt in ihrer Brust. Es tut schon so lange weh, dass sie es normalerweise kaum mehr bemerkt, aber jetzt ist der Schmerz stärker geworden. Sie weiß nicht, wie man einer Person so nahe sein und plötzlich auf gegenüberliegenden Seiten der Welt stehen kann.

Sie legt den Verlobungsring auf ihren Schmucktisch – noch nie hat sie ihn abgelegt, wenn sie zusammen sind – und klettert ins Bett, das Handtuch um ihren Kopf gewickelt. Obwohl es erst Mittag ist, steht sie für den Rest des Tages nicht mehr auf.

Später geht sie in die Küche, um Tee zu machen. Harry liegt auf der Couch und sieht sich Wiederholungen im Fernsehen an.

»Ich dachte, du wolltest in die Kirche gehen«, sagt sie, ohne sich ihm zuzuwenden.

»Mir war doch nicht danach.«

Schweigend geht sie mit ihrem Tee zurück ins Bett und schläft gleich ein.

Mitten in der Nacht wacht sie frierend und in einer unbequemen Position auf. Harry schläft auf der anderen Seite des

Bettes. Der gestrige Tag und alle Tage davor – besonders der Besuch bei ihren Eltern – kommen ihr wieder in den Sinn. Sie fühlt das Pochen einer beginnenden Migräne.

Sie wischt sich die erste Träne weg, schiebt sich den Ärmelstoff in den Mund, um keinen Laut von sich zu geben, und schmiegt sich an Harrys Rücken. Falls ihr Schluchzen und das leichte Beben des Bettes ihn wecken, lässt er sich nichts anmerken.

Als sie aufwacht, ist er bereits zur Arbeit gegangen. Auch sie schleppt sich in den kalten Morgen hinaus. Den Verlobungsring hat sie auf dem Tisch liegen lassen.

Ihr nackter Finger ist das Erste, was Addy auffällt, als sie das Büro betritt. Nach Luft schnappend, ergreift er ihre Hand.

Harry kommt vor ihr nach Hause. Ihre Lieblingsblumen in der Hand haltend, starrt er minutenlang auf den Ring, der auf dem nackten Holz liegt. Schließlich legt er den Strauß ab, damit er neben dem Verlobungsring auf Kees wartet, wenn sie in die leere Wohnung zurückkommt.

Malak

Sie ist bei ihm eingezogen. Ihrer Familie hat sie eine andere Geschichte erzählt. Nylah und Rayan werden sie decken, und da sie verpflichtet ist, ihre Tanten in Kairo zu besuchen, niemals umgekehrt, macht sie sich keine Sorgen darüber, dass plötzlich Verwandtschaft vor ihrer Tür stehen könnte. Mit Ali zusammenzuwohnen, ist zu schön, um sich Sorgen über Kleinigkeiten zu machen.

Ihren ersten großen Streit haben sie im September, drei Wochen und vier Tage nach ihrem ersten kleinen Streit – als hätten sich die Nähte gelöst, der Stoff gedehnt. Aus den belanglosen Auseinandersetzungen und dem anschließenden Vertragen haben sie gelernt, sich voneinander zu lösen und wieder zusammenzufinden. Dass dies möglich ist. Malak hat erfahren, dass sie Ali dazu bringen kann, wieder weich zu werden, wenn sie sich nur ausreichend entschuldigt und sanftmütig und hilflos genug ist. Er wiederum weiß nun, dass sie ihn nicht verlassen wird.

Es ist spät, aber sie sind nicht müde. Draußen vor dem Fenster schreit Kairo noch immer – eine Frau ruft ihren Mann, im Dreck schießen sich Jungen mit Zahnlücken gegenseitig einen flauen Fußball zu. Ihre Rufe hallen von den Wänden der Wohngebäude wider.

Malak scrollt durch Chats, blickt lachend auf ihr Handy

herab; Ali schaut die Nachrichten, schreit gelegentlich den Fernseher an, widmet sich aber in erster Linie wütenden Debatten auf Twitter – dem Ort, an dem alle Beobachtungen, die er macht, ein Zuhause finden –, ein Durcheinander aus Meinungen und Erwiderungen, die stets an die politische Situation in Ägypten anknüpfen, das Scheitern der Parteipolitik Englands oder die Feststellungen eines Mannes, der einst für Geld gearbeitet hat und dies nun für die Menschen tut; ein erleuchteter Reformist, der große Ideen in hundertvierzig Zeichen umwandelt und dabei so viel herzzerreißender klingt als diejenigen, die Sachen nicht auf den Punkt bringen können.

Oft scrollt Malak durch seinen Twitter-Account, wenn Ali nicht da ist oder gerade duscht. Den Korridor seines Gehirns entlangzuschreiten, verschafft ihr einen geheimen Nervenkitzel, weil sie in seine Gedanken eingeweiht ist, obwohl das auch auf 4267 andere Leute zutrifft. Er teilt nie gewöhnliche Einträge oder kommentiert virale Tweets, die fast jeder lustig findet. Eher twittert er über Dinge, über die Kees gern diskutieren würde. Einmal, als Ali ihr von dem Kurs erzählt hat, den er am British Council gegeben hat, hätte sie beinahe gesagt: »Ich kann es kaum erwarten, dass du Kees kennenlernst, ihr werdet euch prächtig verstehen«, aber dann fiel ihr ein, dass er Kees vielleicht niemals kennenlernen würde. Bei diesem Gedanken hat sich ihr Magen vor Sehnsucht so heftig zusammengezogen, dass sie für einen Moment nicht atmen konnte.

Meist teilt Ali Beiträge von Leuten, in deren Profilbeschreibung oder Namen Doktortitel vorkommen. Oder von Forschern. Oder Journalisten, die sich darauf spezialisiert haben, über den Nahen Osten zu schreiben. Noch nie, nicht ein einziges Mal, und das weiß sie, weil sie bis zu seinem allerersten Tweet zurückgescrollt hat – *Neu hier und interessiert daran, mich mit jedem auszutauschen, der postkoloniale Forschung mit nahöstlichem Fokus betreibt. #MyFirstTweet* –, hat er etwas über seinen Tag gepostet, über den Salat, den er zu Mittag gegessen hat, oder die Turnschuhe, die er sich gekauft hat. Sie sucht nach Hinweisen auf sie selbst, ein glücklicher Tweet nach einem gemeinsamen Wochenende, eine Bemerkung über die Wichtigkeit einer Partnerschaft, findet aber nichts. Es gibt keine Spuren von ihr. Einmal hat sie ihn gefragt, warum er nicht erwähne, dass er eine Freundin hat. Da hat er sie fest auf den Mund geküsst und gesagt, ihre Beziehung sei etwas Privates. Dass die Menschen eines Tages seinen Namen kennen würden. Dass er auf seinem Gebiet berühmt werden würde und daher schon jetzt seine Privatsphäre schütze.

»Ich würde dich niemals in Gefahr bringen, Kookie«, hat er hinzugefügt und sie ein wenig fester gedrückt als gewöhnlich. »Die größten Probleme in Beziehungen berühmter Menschen sind darauf zurückzuführen, dass sie öffentlich stattfinden, und das macht die Hälfte des Schadens aus.«

Ihr gefiel der Gedanke, dass er eines Tages bekannt werden würde. Es war, wie eine neue Tür zu öffnen und zu erkennen, dass es mehr mögliche Lebenskonzepte gab als die zwei oder drei, die sie sich bislang ausgemalt hatte. Dass sie nicht einfach nur einen muslimischen Mann heiraten, Kinder bekommen und glücklich damit sein würde, die Familie der Arbeit vorzuziehen. Zum ersten Mal empfand sie Ehrgeiz, und ihre neuen Ziele mit Ali an ihrer Seite rückten immer mehr in den Fokus. Das Gefühl war berauschend.

Sein Twitter-Konto stört sie ohnehin nicht. Er schläft neben ihr ein, er muss nicht auch noch über sie twittern.

Manchmal, nachdem sie einen besonders romantischen Abend miteinander verbracht haben, schaut sie sich seinen Feed an, während er sich die Zähne putzt oder zum letzten Mal betet, und stellt fest, dass er irgendwann an diesem Abend – vielleicht, während sie auf der Toilette gewesen ist oder als er das Auto geholt hat – eine ganze Reihe von Meinungen über die aktuellen Fußballergebnisse, die sozio-ökonomische Aufstellung von Kairo oder das Sozialhilfesystem in England gepostet hat, und sie fühlt sich innerlich leer.

In letzter Zeit greift er ständig nach seinem Telefon, packt gelegentlich aufgeregt ihr Bein und erzählt ihr, dass die Ägypter die Nase voll hätten und dass sich etwas ändern müsse.

In der Sendung, die er gerade schaut, wird andauernd das Gesicht des Präsidenten gezeigt, daher nimmt sie an, dass von Politik gesprochen wird. Ihr Arabisch ist immer noch kläglich, und da sie ihren neuen Fantasyroman schon zur Hälfte gelesen hat, hat sie den Unterricht nicht so priorisiert, wie ihr Lehrer es gern sehen würde. Aber Erwähnungen über die Polizei und die Armee, Wörter, die sie kennt, wecken immer wieder ihre Aufmerksamkeit.

Ali blickt unvermittelt auf, die Arme auf die Knie gestützt. »Ich kann einfach nicht glauben, dass du deinem Ex geschrieben hast.«

Malak ist so perplex, dass sie für einen Moment nur den Verkehrslärm hört und davon überzeugt ist, dass sie sich seine Worte nur eingebildet hat. Doch die Art, wie er sie ansieht, verrät ihr, dass das nicht der Fall ist.

Letzte Woche ist Jacobs Geburtstag gewesen. Ihre Trennung war schlimm, und als sie sich zuletzt gesehen haben, hat er förmlich an ihr geklebt. Sie empfinden nach wie vor Liebe und Zuneigung füreinander. Da sie Ali ganz offen gefragt hat, ob es ihm etwas ausmache, wenn sie ihm schreibt, und er Gleichgültigkeit demonstriert hat, hat sie den logischen Schluss daraus gezogen, dass es in Ordnung war.

Wenn sie ihrem Ex geschrieben hätte, ohne es zu erwähnen, wäre sie sich unaufrichtig vorgekommen. Unausgesprochen wird es zu einer Lüge, aber ausgesprochen wird es zu einer beiläufigen Bemerkung wie »Ich hab auf dem Heimweg Milch gekauft«, »Ich habe die Waschmaschine angestellt«, »Ich habe meinem Ex geschrieben, nur um höflich zu sein«.

Und es war reine Höflichkeit. Jacob hat ihr im Mai eine Nachricht geschickt, um ihr zum Geburtstag zu gratulieren, und geschrieben, er hoffe, es würde ihr in Ägypten gut gefallen.

Sie hat es ihm gleichgetan, indem sie geantwortet hat: »Danke, mir gefällt es wunderbar, ich hoffe, es geht dir gut. x.«

Sie hat nicht kleinlich wirken wollen, indem sie ihm an seinem Geburtstag nicht schreibt, schließlich kann sie nichts Schlechtes über Jacob sagen. Also hat sie ihm zwei Zeilen auf Facebook geschrieben: »Happy Birthday, Jakey. Ich hoffe, dein Tag ist toll und es geht dir und deiner Familie gut. x.«

Ihre Worte sind aufrichtig gewesen. Sie hofft wirklich, dass er glücklich ist und dass man sich um ihn kümmert, dass es seiner Familie, mit der sie wunderschöne Zeiten verlebt hat, gut geht.

Seitdem hat sie nicht mehr an Jacob gedacht, bis Ali nun mit getrübtem Blick seine Fassungslosigkeit zum Ausdruck gebracht hat.

»Aber du hast doch gesagt, es sei in Ordnung für dich.« Ihre Hand, mit der sie das Telefon hält, ist plötzlich erstarrt.

Stille erfüllt den Raum. Malak nimmt keine Geräusche mehr wahr, weder den Fernsehton noch den Verkehr draußen, was, wie sie weiß, nicht richtig sein kann, denn der Verkehr hält niemals an. Diesen Ausdruck in Alis Augen hat sie zuvor noch nie gesehen. Er sitzt vorgebeugt da, als würde er auf den Startschuss eines Rennens warten, und sieht sie reglos an.

Und dann, wie ein Blitzschlag, kehren alle Geräusche in den Raum zurück. Ali hat sein Telefon durch das Zimmer an die Wand geworfen. Kleine Plastikteile fliegen auf den gemusterten Teppich.

»Natürlich ist es nicht in Ordnung, Malak! Warum zur Hölle denkst du, dass es in Ordnung für mich wäre?«

Sie hat hin und wieder ihre Eltern streiten hören, wenn Sorge ihrer Mutter und die Müdigkeit ihres Vaters aufeinandergetroffen sind und zu einer Auseinandersetzung über etwas geführt haben, über das es sich zu streiten gelohnt hat: Rechnungen, wie sie sich das Auto leisten sollten oder ob im Gefrierschrank noch genügend Lamm übrig war, um Gäste einzuladen. Aber sie hat nie den Zorn eines Mannes erlebt. Erstmals erfährt sie, wie es ist, im Meer zu ertrinken und dennoch zu überleben.

Sie hat keine Zeit, durchzuatmen, weil Ali wieder seine Stimme erhebt. »Warum sollte es für mich in Ordnung sein, wenn meine Freundin mit ihrem Ex kommuniziert?«

»Aber ich habe doch gar nicht mit ihm kommuniziert.«

»Hast du ihm eine Nachricht geschrieben oder nicht?«

Sie starrt ihn an, als wäre er jemand, den sie einst gekannt hat.

»Beantworte die Frage, Malak. Hast du ihm geschrieben oder nicht?«

»Ja, aber nur …«

»Dann hast du mit ihm kommuniziert.« Er steht auf und geht hektisch auf und ab. »Denn soweit ich informiert bin, kommuniziert man mit jemandem, wenn man ihm eine Nachricht schickt. Also hast du mit deinem Ex kommuniziert.«

Malak erhebt sich ebenfalls. Es fühlt sich nicht richtig an, zu sitzen, während er durch den Raum marschiert. »Ja, aber wir haben doch keine richtige Konversation geführt. Ich habe ihm nur eine kurze Nachricht geschickt und ihm zum Geburtstag gratuliert.«

»Hör auf mit der Haarspalterei, Malak, das ist unter deiner Würde.«

Sie hat das Gefühl, über ihrem Körper zu schweben und die Szene von oben zu betrachten. Sie will lachen und fragen: »Aber betreibst *du* nicht gerade Haarspalterei?«, doch seine Augen sehen aus wie das Höllenfeuer, das sie sich vorgestellt hat, wenn die Geschichten von Tante Hala, der Koran-Lehrerin, sie nachts aufwachen und nach ihrer Mutter schreien ließen. Also sagt sie nichts.

Ein weiteres Krachen. »Wie konntest du das nur tun?« Ali wirft ein Buch durch den Raum. »Wie konntest du mir das antun?«

Sie spürt, dass ihr Tränen in die Augen treten, ist sich jedoch nicht sicher, warum sie weint. »Aber Baby, ich hätte es nie getan, wenn ich gewusst hätte, dass du ein Problem damit hast.« Sie nähert sich ihm ein Stück. »Wenn du es nicht wolltest, hättest du es mir sagen müssen. Dann hätte ich ihm doch nicht geschrieben.«

Ali weicht zurück. »Wenn du dein verdammtes Gehirn eingeschaltet hättest, hättest du mir diese Frage gar nicht erst stellen müssen. Nenn mir *einen* Mann, den du kennst, der glücklich darüber wäre, wenn seine Freundin ihrem Ex schreibt und ihm dann auch noch davon erzählt.«

Sie versteht seine Worte und die Logik dahinter nicht. Das Ganze ist zu wirr, um etwas darauf zu erwidern.

»Welcher Mann, den du kennst, Malak? Welcher?«

Er geht drei schnelle Schritte auf sie zu. Sie spürt die Spucke seiner Wut auf ihrer Wange, öffnet den Mund und hält doch inne. Sie will ihm erzählen, dass die Freunde all ihrer Freundinnen nichts dagegen haben, wenn sie ihren Ex-Freunden zum Geburtstag und anderen Lebensereignissen gratulieren oder ihnen ihr Beileid bekunden, wenn jemand stirbt. Plötzlich kann sie sich an all die Freundinnen erinnern, die ein gutes Verhältnis zu ihrem Ex-Freund haben und deren Partner nicht einmal mit der Wimper zucken. Abiola Baron aus ihrem Kurs ist immer noch mit Aren befreundet, obwohl sie jetzt mit John Pritchard verlobt ist. Damion Tashik aus dem Athletikverein war Trauzeuge auf der Hochzeit seines Ex-Freundes Jack, und sein Mann Niki fand das toll. Aya Latif bezeichnet Jonathan als ihren besten Freund, obwohl sie mittlerweile mit Suliman zusammen ist.

Ali atmet schwer und wartet auf eine Antwort. Doch sie will sich nicht wieder anschreien lassen, also erwähnt sie keinen von diesen Männern. Sie hat soeben gelernt, dass es kein gutes Ende nimmt, wenn sie von einem anderen Mann spricht.

Schulterzuckend wischt sie sich eine Träne weg und legt ihre Hände zögerlich auf Alis Arme. »Baby, es war nie meine Absicht, dich wütend zu machen.«

Sie ist zu nah an ihn herangetreten, zu früh. Er schüttelt sie ab. »Ich bin nicht verärgert, Malak! Ich wurde respektlos behandelt. Du hast verdammt noch mal keine Achtung vor mir.« Er kehrt ihr den Rücken zu und geht wieder im Zimmer auf und ab, ohne das zertrümmerte Handy aufzuheben. Stattdessen tritt er auf die Plastikteile und drückt sie noch tiefer in den Teppich, zertrampelt sie zu kleinsten Stücken, die sie nie wiederfinden werden.

»Mir würde im Traum nicht einfallen, dich so zum Narren zu halten, Malak!« Weitere Bücher fallen zu Boden.

Der Nachrichtensprecher im Fernsehen redet weiter. Malak versteht einzelne Wörter. Ihr wird bewusst, dass dies ein seltsamer Zeitpunkt ist, ihr Arabisch zu üben.

Sie fühlt sich merkwürdig losgelöst von der Situation, kann sich keinen Reim darauf machen, wie Ali von seinem Twitter-Feed zu einer solch unermesslichen Wut übergegangen ist.

»Meinst du, ich habe keine Ex-Freundinnen?« Er wirbelt herum, sein Gesicht ist wutverzerrt. »Ich habe sehr wohl Ex-Freundinnen, Malak. Viele sogar. Aber ich habe ihnen allen gesagt, dass es nicht angemessen sei, weiter in Kontakt zu bleiben, sobald ich dich kennengelernt hatte. *Sobald* ich dich kennengelernt hatte.« Sein Schreien hallt von den Wänden wider. »Weil ich dachte, du würdest meinen Respekt verdienen.«

Sie spürt etwas in sich, das Wut sein könnte. Neben der Panik, die ihr im Hals aufsteigt, bahnt sich nun auch ihre Stimme einen Weg nach oben. »Und jetzt glaubst du nicht mehr, dass ich ihn verdiene? Ich hätte es nicht getan, wenn ich gewusst hätte, dass es dir so viel ausmacht.«

»Und warum hast du es dann getan?«, brüllt er.

Endlich schreit sie zurück. »Weil du es mir gesagt hast!«

»Warum zur Hölle schreist du mich an, Malak?« Seine Stimme ist genauso laut wie ihre. Er dreht sich um und tritt mit einer solchen Kraft seiner Wut und Frustration, die sie nicht einordnen kann, dreimal gegen das Tischbein. »Meine Schuld! Meine Schuld! Meine Schuld!«

Als er sich ihr wieder zuwendet, erkennt sie ihn nicht wieder. Er hat sich in ein wütendes, gequältes, frustriertes Monster verwandelt. Selbst in ihrem elenden Zustand kommt ihr der flüchtige Gedanke, dass es wirklich einer der erbärmlichsten Anblicke im Leben ist, wenn Männer leblose Objekte treten.

»Jetzt gibst du also mir die Schuld.« Seine Brust hebt und senkt sich schnell. Er geht vier Schritte bis zur Mitte des Wohnzimmers, wo Malak bebend steht. Sein Gesicht ist ihrem so nah wie in den Momenten, in denen er sie küsst. Sie kann den Schweiß sehen, der an seiner Schläfe hinabrinnt, die Poren, die sich in der Hitze öffnen, kann sein Parfüm riechen. Und für einen kurzen Moment, den sie am liebsten anhalten würde, denkt sie: Das war's. Er wird wieder in seinen Körper zurückkehren und der Mann sein, in den sie sich verliebt hat.

Der Nachrichtensprecher interviewt gerade jemand von der amerikanischen Universität in Kairo. Malak versteht das Wort »Universität«. Das Hupkonzert deutet darauf hin, dass eine Hochzeitsgesellschaft vorbeifährt, die die Straße erhellt. Sie kann ihren eigenen Herzschlag in den Ohren hören – oder vielleicht ist es auch seiner.

Ihr Handy-Piepton kündigt eine eingehende Nachricht an.

Alis Blick wird trüb. Eine Ader an seinem Hals, die Malak noch nie bemerkt hat, weckt ihre Aufmerksamkeit. Sie spürt seinen Atem auf ihrer Haut und realisiert erst dann, was er gebrüllt hat: »Hure!«

»Du bist eine Hure, Malak! Weil du überhaupt mit dem Mann zusammen warst. Dass du dich ihm einfach so hingegeben hast. Und dann gehst du hin und schreibst ihm. Das ist ekelhaft.« Ein eisiger Ausdruck legt sich auf seine Miene, bis sein ganzer Körper davon eingehüllt wird. Wenn Malak genau hinschaut, kann sie die Eiszapfen in seinen Augen beinahe sehen.

Ihr Gesicht ist heiß und feucht, aber sie erinnert sich nicht daran, geweint zu haben. »Warum bist du dann mit mir zusammen, wenn du das von mir denkst?« Die Worte schreit sie, teils weil sie so frustriert ist, dass sie nicht weiß, wie sie sonst zu ihm durchdringen soll, und teils weil man nicht flüstern kann, wenn man im Zentrum des Sturmes steht.

»Ich weiß es auch nicht. Ich weiß nicht, ob jemand wie du die Mutter meiner Kinder werden kann. Nachdem ich dir Respekt und Liebe und Güte entgegengebracht habe. Nachdem ich mir so große Mühe gegeben und dich von überall abgeholt habe, damit du immer sicher bist. Ich habe dich meinen Freunden vorgestellt. Und alles, worum ich dich bitte, ist ein Fünkchen des Respekts, den ich dir entgegenbringe. Ein wenig Liebe und Zuneigung. Aber du sitzt da, in dem Haus, das mein Großvater gebaut hat, und schreibst deinem verfluchten Ex. Und dann schreist du mir auch noch entgegen, dass *ich dir* Respekt schulde. Du bist widerlich, Malak. Ich hätte nie gedacht, dass du so sein kannst, aber sieh einer an, wie sehr ich mich getäuscht habe. Immer werde ich eines Besseren belehrt.« Er nimmt seinen Schlüssel, verlässt die Wohnung und knallt die Tür hinter sich zu.

Malak geht in die Knie. Nun tobt der Sturm in ihr.

Nachdem ihr Schluchzen verebbt und Ali immer noch nicht wiedergekommen ist, hebt sie die Splitter seines Handys auf und legt sie ordentlich für ihn auf den Esstisch. Vielleicht kann er das Gerät ja irgendwie reparieren. Das zerbrochene Display flackert nervös, und die Verkleidung an der Rückseite löst sich beinahe in ihren Händen.

Sie will ihn anrufen und ihn anflehen, zurückzukommen. Will nicht so mit ihm auseinandergehen, Welten zwischen ihnen. Doch es gibt nichts mehr zu sagen, zu niemandem.

Zutiefst erschüttert geht sie durch die leere Wohnung. Sie weiß nicht, wo er ist, wann und ob er zurückkommt. Weiß nicht, wie lange sie warten soll und ob sie nun Single ist oder nicht.

Zitternd setzt sie sich auf das Sofa und schaut jedes Mal zur Tür, wenn sie ein Geräusch hört, in der Hoffnung, dass er wiederkommt. Eigentlich hätte sie die Sache besser erklären können, hätte ihm erzählen sollen, dass Jacob ein vergessenes Relikt aus einem anderen Leben sei, eines, das man nie wieder ausgraben müsse.

Sie greift nach ihrem Telefon, nur um Jacob als Freund auf Facebook zu entfernen, die Verbindung abzubrechen. Dann löscht sie seine Nummer, öffnet den Ordner, in dem sie alle Bilder der glücklichsten Momente ihrer Beziehung mit ihm gespeichert hat, und löscht auch diesen, ohne nachzudenken, mit einem schnellen Wischen. Sie beseitigt alle Spuren von ihm auf ihrem Handy, und damit auch einen Teil ihres Lebens. Wenn jemand auf deinem Telefon nicht existiert, kann er wohl kaum behaupten, überhaupt zu deinem Leben gehört zu haben.

Obwohl ihr vor Erschöpfung die Augen zufallen, kann sie den Gedanken daran, allein in ihr gemeinsames Bett zu kriechen, nicht ertragen. Sie hat Angst, dass Ali zurückkommt und sie schlafend vorfindet, als wäre ihr alles gleichgültig.

Also bleibt sie eingerollt auf der Couch liegen, auf einen Arm gestützt, der langsam gefühllos wird, und bewacht die Tür. Selbst als ihr Bein taub und ihr Nacken steif wird, verharrt sie in derselben Position, um eine Art Buße zu tun. Schließlich verliert sie jegliches Gefühl in ihrem rechten Bein und bleibt dennoch genauso liegen, schläft ein wie eine halb strangulierte Katze, unbeholfen und unbequem, aber entschlossen und resolut.

Um sechs Uhr am Morgen erwacht sie. Im Fernsehen läuft derselbe Nachrichtensender, die Autos hupen, der Mann an der Ecke verkauft sein Brot, und das Leben geht ohne Umschweife weiter.

Irgendwann in der Nacht muss sie sich ausgestreckt haben, da sie nun flach auf dem Rücken liegt, mit dem Kopf auf der Armlehne des Sofas und Gefühl in den Beinen. Schnell steht sie auf, doch sie weiß bereits, dass er nicht wiedergekommen ist. Das hätte sie gehört.

Der Gedanke daran, zur Arbeit zu gehen, sich normal zu geben, obwohl alles schrecklich ist, erscheint ihr unerträglich.

Sie schreibt ihrer Kollegin Edlin und bittet sie, für sie einzuspringen. Dann ruft sie den Direktor an und meldet sich krank, erzählt ihm, dass es ihr so schlecht gehe, dass sie sich nicht bewegen könne, und irgendwie stimmt das ja auch.

Den ganzen Tag lang tut ihr alles weh, sie muss sich sacht auf Stühlen niederlassen und zuckt zusammen, wenn sie sich wieder erhebt. Es ist, als wäre sie am ganzen Körper geschlagen worden – vielleicht ist ja das gemeint, wenn man behauptet, Worte hätten Macht. Oder dass Blicke töten können. Irgendein Teil von ihr ist in der Nacht gestorben. Es ist nichts, was sie sehen kann, doch sie spürt es.

Ihr Telefon stellt sie in den Flugmodus, weil sie unerreichbar sein will. Sie hat sich selbst nichts zu sagen, geschweige denn anderen. Sie fühlt sich weniger lebendig als sonst.

Zunächst versucht sie, sich an ihre Worte, und dann an das, was Ali gesagt hat, zu erinnern, doch alles verschwimmt zu einem Wirrwarr aus unwahrscheinlichen Ereignissen. Ist es wirklich geschehen? Sie stellt sich die Frage mindestens hundertmal. Beinahe könnte sie glauben, dass es nicht passiert ist, bis sie die Kerbe sieht, die Alis Telefon in der Wand hinterlassen hat.

Sie geht ihre Freundesliste auf Facebook durch und löscht jeden Typen, mit dem sie je geflirtet, den sie je gemocht, mit dem sie je gescherzt hat und der sie mal gemocht haben könnte. In ihrer Liste gibt es viele Männer – Freunde und Freunde von Freunden und gelegentlich auch Typen, die man auf einer Privatparty kennengelernt und nie wiedergesehen, aber mit denen man irgendwie eine höfliche Konversation über den Messenger erzwungen hat, weil sie immer sehr nett mit Komplimenten oder Ermutigungen auf ihre Beiträge reagieren. All diese Männer löscht sie aus der Liste. Auf keinen Fall darf sie zulassen, dass Ali sich ihre Facebook-Seite ansieht und glaubt, dass das, was er über sie gesagt hat, der Wahrheit entspricht. Sie muss ihm zeigen, dass sie nur einen Mann liebt. Und nur mit ein paar geschlafen hat, die so wenig bedeutet haben, dass man sie nicht einmal mitzählen muss. Dass das, was sie und Jacob hatten, nicht falsch oder sündhaft, sondern ganz einfach Liebe, die erste Liebe, war. Dass sie naiv an die Sache herangegangen ist. Aber dass sie unbedingt lernen will.

Am späten Nachmittag hört sie, wie der Schlüssel im Türschloss umgedreht wird – und wie sich Ali lachend mit dem Portier unterhält, der vermutlich zufällig vorbeigekommen ist. Wie kann er auch nur den kleinsten Funken Leichtigkeit in sich haben kann, während sie den ganzen Tag auf dem Grund des Ozeans verankert gewesen ist?

Als Erstes bemerkt sie sein Humpeln, als er über die Schwelle tritt und sie, die Hände in den Taschen, anstarrt. Er muss den Tisch wirklich hart getreten haben.

Sie betrachten einander, und da sie nicht weiß, was sie sonst sagen soll, entscheidet sie sich für »Hi«.

Er schweigt eine Minute lang, ehe er »Hallo« sagt und hinzufügt, dass er duschen gehe.

Sie nickt eilig. »Kann ich dir irgendwas bringen? Tee? Schmerztabletten?«

Er richtet den Kopf auf den Boden. »Nein, danke.«

Sie sieht zu, wie er über den Flur davonhumpelt, und schöpft Zuversicht aus der Tatsache, dass er »danke« gesagt hat. Dass er nicht hereingekommen ist und sie aufgefordert hat zu verschwinden. Dass es vielleicht doch nicht vorbei ist.

Sie kaut auf ihren Nägeln herum. Setzt sich und steht wieder auf. Öffnet den Kühlschrank und schließt ihn wieder. Räumt ein wenig Geschirr weg. Tut alles, um ihre Hände zu beschäftigen. Alles, was irgendeinem Zweck dient.

Mit dem Einsetzen der Dämmerung kommt er wieder ins Wohnzimmer. Von seinen Haaren tropft Wasser, er trägt seine Jogginghose und ein Tanktop, bereit, es sich für den Abend bequem zu machen. Er nimmt ihr gegenüber auf der Couch Platz und nimmt ihre Hände in seine. Noch bevor er den Mund aufmacht, weint sie, und es fühlt sich an, als würde die Stadt um sie herum in sich zusammenfallen.

»Nein, nein, nein, hey, Kookie, bitte weine nicht. Es tut mir leid, wirklich.«

Sie schluchzt heftiger, auf eine Art, die sie glauben lässt, dass ihr Herz in diesem Moment zum ersten Mal bricht und alles andere, was zuvor passiert ist, nur die Generalprobe gewesen ist.

Er zieht sie mit sich hoch, sodass sie beide stehen, und dann sind sie wieder auf der Couch, doch diesmal sitzt sie auf seinem Schoß, was sie noch heftiger zum Weinen bringt.

Er küsst ihre Stirn. Murmelt Entschuldigungen. Sagt, er habe nichts von dem, was er gesagt hat, so gemeint. Dass er rotgesehen habe, als er daran gedacht habe, dass sie einem anderen Mann schreibt und er sie verlieren könnte. Er spricht davon, wie wundervoll sie sei. Dass er sich glücklich schätzen könne und sie beide gesegnet seien. Dass sie von Gott zusammengeführt worden seien und sie das niemals vergessen dürften. Dabei streichelt er ihren Rücken. Dankt ihr dafür, dass sie die Wohnung aufgeräumt hat. Fragt, ob sie arbeiten war. Wischt ihre Tränen fort. Küsst ihre Fingerspitzen. Reicht ihr ein Taschentuch. Sagt immer wieder »Genug, genug«. Küsst sie auf den Mund. Holt ihr ein Glas Wasser. Zieht sie wieder zurück auf seinen Schoß, nimmt sie in die Arme, als wäre sie ein Kind. Fragt, wie er so gemein zu seinem Baby sein könne.

Sie weint noch heftiger, und fast weint er mit ihr.

»Nein, nein, nein. *Habibti. Hayati. Elbi. Ya asal.* Mein Schatz. Meine Liebste. Baby. Du bist mein Ein und Alles.«

Sie sind eingehüllt in salzige Tränen und Küsse. Berühren einander sanft. Streicheln den Schmerz weg, den niemand sehen kann. Glauben daran, dass morgen alles besser sein wird. Flüstern leise, ganz leise, Liebe in zerbrochene Körper.

Trotz seines Hinkens trägt er sie zum Bett. Liebt sie zärtlicher als jemals zuvor. Gibt mehr, als er sich nimmt. Verspricht alles. Besteht darauf, dass sie unter der Decke bleibt, während er Tee holt. Bestellt Abendessen; ihr Lieblingsgericht. Murmelt Entschuldigungen. Bestärkt sie in ihren zögerlichen Gefühlen und beruhigt sie, als sie sagt: »Ich hatte solche Angst, dass du nicht mehr zurückkommst.«

In einem Tonfall, so leise und sanft wie ihrer, als würde er ein verängstigtes Tier anlocken, schwört er ihr Treue. Verspricht ihr, sie niemals zu verlassen. Sagt ihr, dass sich alle Paare streiten, aber dass sie füreinander bestimmt seien, und dass es nichts Mächtigeres gebe als das. Er erzählt ihr, für wie intelligent er sie hält, für wie außergewöhnlich. Wie besonders. Jedes Wort untermauert er mit einem Kuss, mit dem er sanft jeden Schmerz auslöscht, der sich zuvor in ihrem Körper ausgebreitet hat.

Eine solche Sanftheit hat sie noch nie erlebt. Hat nicht geglaubt, dass ein Mann so weich werden kann. Ist glücklich darüber, dass sie jemand gefunden hat, der zu so einer besonderen Liebe fähig ist.

Ein kleiner Teil von ihr fragt sich, ob ein Mann nur dann so weich werden kann, wenn er eine Frau gebrochen hat. Sie wünscht sich, mit Kees und Jenna darüber reden zu können, denn sie ist sich sicher, dass sie die Antworten hätten, die ihr selbst momentan so fernliegen.

Bilquis

»Hast du den Verstand verloren?«, fragt Addy fassungslos.

Sie fährt mit ihrer Geschichte fort und schildert, wie ihre Mutter sie angesehen habe, als könne sie nicht glauben, dass sie Kees zur Welt gebracht hat. Dass ihr Vater geweint habe und wie die Tränen eines Mannes, von dem man geglaubt hatte, er sei nicht fähig zu weinen, aussähen. Dass ihr die Welt plötzlich leer vorkomme. Gewiss, es gebe noch immer Menschen, aber nicht in ihrer Umgebung. Sie fragt ihn, ob sie auch ganz allein als Familie gelten könne, und lacht, ohne eine Antwort abzuwarten. Natürlich nicht.

Sie erzählt ihm von der Hochzeit, und obwohl er nach Details zur Braut fragt und wie ihr Kleid bestickt gewesen sei, berichtet sie ihm, dass Onkel Mahmoud sie so angelachelt habe, wie es nur Onkeln vorbehalten ist, die einen stets als pummeliges Baby sehen, das um Süßigkeiten bittet. Dass dieses Lächeln archivierte Geschichte geworden sei und niemand ahne, dass sie mittlerweile Zitronensorbet mag.

Sie sitzen in dem Mitgliederclub, in dem Addy unbedingt zu Mittag essen will und den sie hasst.

»Um es zusammenzufassen«, sagt er mit einer schwungvollen Geste aus dem Handgelenk – je mehr er sich ärgert, desto theatralischer wird er –, »du wurdest sozusagen aus dem Haus deiner Eltern verbannt und hast ihnen für den

Mann, den du liebst, das Herz gebrochen. Und als du nach Hause gekommen bist, hast du mit ihm Schluss gemacht, statt dich dramatisch in seine Arme zu werfen?«

Sie verdreht genervt die Augen. »Ich habe nicht mit ihm Schluss gemacht. Ich fühle mich nur nicht danach, heute den Ring zu tragen.«

»Weil du darüber nachdenkst, mit ihm Schluss zu machen, Kees«, zischt er. »Das war die Generalprobe. Weißt du denn nicht, wie eine Liebesbeziehung, in der man leidet, auszusehen hat? Hast du irgendwelche Filme gesehen? Was wäre aus Romeo und Julia geworden, wenn Julia irgendwann beschlossen hätte, dass sie doch nicht so verliebt ist?«

»Dann wäre sie nicht gestorben. Sie hätte ihr Leben nicht unnötig eingebüßt.«

»Oh, Oprah sei meiner Seele gnädig und gebe mir Geduld«, ächzt Addy und winkt die Kellnerin herbei. Er bestellt einen Gin Tonic und sieht Kees erwartungsvoll an.

»Nur einen Kaffee bitte.«

Die Kellnerin schenkt ihr ein angedeutetes Lächeln und schlurft davon. Sie weiß, dass Kees nicht die Art von Person ist, die fünfhundert Pfund Trinkgeld hinterlässt, so wie es manche Geschäftsleute tun.

»Weißt du was, du verdienst den Ring nicht mal.«

»Addy!« Kees runzelt die Stirn.

»Ich meine es ernst. Die meisten Frauen wären außer sich vor Freude darüber, so einen Klunker am Finger zu haben und einen Mann, der aussieht wie …«

»Hör auf …«

Addy hebt die Hände. »Na schön, aber du weißt, was ich meine. Und du wirfst Geschirr durch deine Wohnung, führst dich auf wie eine totale Bitch. Gegenüber einem Mann, der nichts falsch gemacht hat, und lässt deinen Verlobungsring zu Hause. Ich nehme an, du hast ihn dort gelassen, damit er ihn findet und weiß, dass du ihn nicht trägst?«

Sie will etwas sagen, wird aber sofort von ihm unterbrochen, indem er mit seinem Zeigefinger in ihre Richtung wedelt. »Schätzchen, versuch es erst gar nicht.« Er nippt an seinem Gin Tonic, den die Kellnerin serviert und ihn dabei leicht an der Schulter berührt hat.

Mit überschlagenen Beinen, eleganter, als sie es selbst jemals zustande gebracht hat, legt er seinen Ellbogen auf den Stuhl neben ihm. Jede seiner Bewegungen wirkt perfekt. »Und wenn ich recht habe, was normalerweise der Fall ist, wirst du sicherstellen, dass du erst nach ihm nach Hause kommst, damit er eine leere Wohnung vorfindet, und den Verlobungsring. Über den er sich wahrscheinlich monatelang den Kopf zerbrochen hat. All seine Freunde und Verwandten mussten sich unzählige Bilder von Diamanten ansehen, die Platz in ihren Handy-Fotoalben eingenommen haben – Diamanten, die sie nie selbst besitzen werden. Und jetzt stellt er fest, dass du weg bist und der Ring da ist, und er wird denken, dass alles vorbei ist und du mit ihm Schluss machen willst. Aber du willst, dass er das denkt, nicht wahr? Und wenn alles so kommt, wie du es dir wünschst, wird er sich auf die Bettkante setzen, den Kopf in die Hände stützen und weinen. Er wird laut und erbärmlich schluchzen und dich vielleicht sogar anrufen, um zu fragen, wo du bist, aber du wirst nicht rangehen. Und dann … dann wird ihm das Herz in die Hose rutschen, und ihm wird schlecht werden, und er wird in der Wohnung auf und ab gehen und sich fragen, was er getan hat und was schiefgelaufen ist. Du wirst keinen seiner Anrufe entgegennehmen und dann irgendwann, superspät, nach Hause kommen, und natürlich wird er dann noch wach sein und aussehen wie ein gebrochener Mann. Und du wirst hereinspazieren und dich, so, wie ich dich kenne, wie ein richtiges Miststück aufführen und etwas Herablassendes darüber sagen, dass du auf der Arbeit warst und aufgrund deiner ethnischen Abstammung viermal so hart arbeiten musst. Und abhängig davon, wie grausam du gerade drauf bist, wirst du das tagelang am Stück durchziehen.«

Sie ist still. »Das war aber eine sehr lebendige Ausführung.«

Addy zuckt mit den Schultern. »Ich bin Anwalt. Es ist mein Job, Leute zu beeinflussen.«

»Selbst wenn das alles stimmen würde«, sagt sie, »warum sollte ich ihm das antun wollen?«

Er stellt sein Getränk ab und beugt sich vor, die Hände auf dem Tisch zusammengelegt, bereit, sein letztes Argument vorzubringen. »Weil du alles verloren hast. Und dein Herz gebrochen ist. Deine Mutter redet vielleicht nie wieder ein Wort mit dir. Dein Vater erzählt den Leuten vielleicht bald, dass er nur eine Tochter und nicht zwei Töchter habe. Und obwohl es deine Entscheidung war und Harry dich nie unter Druck gesetzt hat, hast du das alles für ihn getan. Du gibst es vielleicht nur ungern zu, aber in Wahrheit willst du, dass er auch etwas von deinem Schmerz spürt. Du willst, dass er zumindest ein bisschen daran zerbricht, weil es ungerecht ist, dass nur du Opfer bringen musstest.« Er lehnt sich zurück und greift wieder nach seinem Getränk. »Das ist zumindest das, was ich empfinden würde.«

Als Kees an diesem Abend um halb neun die Tür zu ihrer Wohnung öffnet, hat sie schon schätzungsweise vierhundertsechsundsiebzig Mal über Addys Hypothese nachgedacht. Sie wurde schon öfter als kalt bezeichnet. Überheblich. Glanzlos. Direkt. Unverblümt. Verletzend. Barsch. Sarkastisch. Herrisch. Herrisch ist die Bezeichnung, die sie am häufigsten hört, weil sie sich nicht davor scheut, Leuten zu sagen, was getan werden muss. Als grausam wurde sie noch nie tituliert, aber wenn Addy recht hat, dann ist das, was sie tut, grausam.

Sie weiß sofort, dass Harry nicht zu Hause ist. Dennoch ruft sie seinen Namen und sieht in jedem Zimmer nach. Beim Anblick der Rosen neben ihrem Verlobungsring weiß sie, dass er ihn bemerkt hat und dass Addy recht gehabt hat. Sie wollte ihn verletzen. Aber *so* ist das nicht geplant gewesen. Er sollte hier sein.

In der leeren Wohnung legt sich die Erkenntnis, dass sie ihn verlieren könnte und vielleicht vorher noch *nicht* alles verloren hatte, wie ein schwerer Stein in ihren Magen. Zuerst Malak. Dann ihre Eltern. Ihre Geschwister. Jetzt Harry. Sie sind in alle Winde verstreut. Einzig der Gedanke bleibt zurück, dass sie, Bilquis Saeed, die ihr Leben damit verbringt, für die Unterdrückten zu kämpfen, der auf Dinnerpartys vor Stolz die Brust schwillt, wenn jemand sagt, sie sei eine Aktivistin, grausam ist.

Sie versucht dreimal, ihn anzurufen, erreicht ihn aber nicht. Schließlich zieht sie sich Jeans, Stiefel und seine Skijacke an und bricht zu einem Spaziergang auf, den Verlobungsring wieder fest am Finger. Die Vorstellung, in der Wohnung zu sitzen und auf ihn zu warten, ist unerträglich. Geduldig war sie noch nie. Alle paar Minuten tippt sie auf ihr Handydisplay, nur für den Fall der Fälle.

Sie spürt die Kälte und sieht die Leute, die auf der Straße sitzen, greift in ihre Tasche, holt ein paar Münzen hervor und drückt sie einer jungen Frau in die Hand.

Deren Ausruf »Gott beschütze dich« folgt ihr wie ein Segen, weil ihr genau in diesem Moment einfällt, wo Harry ist.

Aufgeregt macht sie sich an ihrem Handy zu schaffen, bestellt ein Taxi und fährt den Fahrer verärgert an, der sie dreimal anruft, um ihr mitzuteilen, dass er sie nicht sehen könne.

Als sie endlich vor der Kirche im Viertel von Harrys Eltern halten, springt sie aus dem Wagen, knallt die Tür zu und rennt die Stufen hinauf, gerade als der Abendgottesdienst beginnt.

Sie entdeckt Harry zwischen seinen Eltern in der Kirchenbank, in der seine Familie immer sitzt. Sie haben die Köpfe zum Gebet gesenkt. Nathaniel holt hin und wieder verstohlen sein Telefon aus der Tasche, vermutlich um sich die Sportergebnisse anzuschauen.

Auf Zehenspitzen steuert sie auf die Reihe zu. Alle rutschen erschrocken auf, um ihr Platz zu machen, und werfen einander nervöse Blicke zu, die Kees verraten, dass Harry ihnen etwas erzählt hat. Sie senkt den Kopf, um ebenfalls zu beten. Zum ersten Mal seit Wochen redet sie mit Gott, fleht ihn an und hofft, dass sie nicht alles verloren hat.

»Ich hoffe, du kannst mich hören, Gott. Ich weiß, ich bin nicht in deinem üblichen Haus, aber ich vermute, du kommst genauso oft hierher wie an alle anderen Orte.«

Jedes Mal, wenn Vater Bastian erwähnt, dass Jesus Gottes Sohn sei, fühlt sie sich schuldig und schickt ihr eigenes Gebet nach oben.

Endlich ist es vorbei. Ihrer Meinung nach hat es wie immer viel zu lange gedauert – wenn die Katholiken genauso viel Zeit mit Beten verbringen würden wie mit dem Brimborium, das sie *um* das Beten machen, wären sie besser dran. Diese

Ansicht hat sie bisher noch nicht mit Harrys Familie geteilt, obwohl sie beide zu Beginn ihrer Beziehung darüber debattiert haben. Harry hat darauf bestanden, dass die Leute manchmal Zeremonien bräuchten, um die Wichtigkeit einer Sache zu begreifen.

Als alle hinaus auf die Straße treten, dreht sich Vivian zu Kees um und küsst sie auf beide Wangen.

»Schön, dich zu sehen, Liebes, ich freue mich, dass du es einrichten konntest. Ich nehme an, du übernachtest heute mit Harry bei uns?«

Beinahe wäre Kees für ein weiteres Gebet zurück in die Kirche gelaufen, diesmal um für Vivians Taktgefühl zu danken. An der Art, wie sie sie anlächelt und einen schnellen Blick auf ihre linke Hand wirft, erkennt sie, dass Harry ihr etwas gesagt hat, und sie wünscht sich, weiße Menschen würden ihren Eltern nicht immer alles erzählen.

Sie schaut kurz Harry an, der müde aussieht. »Das hatte ich zumindest vor, wenn es okay ist.«

»Aber natürlich. Harry hat gesagt, dass du heute vielleicht noch kämest. Wir freuen uns, dass du es geschafft hast.« Vivian hakt sich bei Kees ein, und gemeinsam treten sie den zehnminütigen Heimweg an, während die Lüge über ihnen in der Luft hängt.

Zu Hause angekommen, entzündet Nathaniel auf die Bitte seiner Frau hin den Kamin. Vivian läuft eilig herum, um Horlicks zuzubereiten, offenbar fest entschlossen, Harry und Kees nicht allein zu lassen.

Trotz der späten Stunde schlägt er nicht vor, ins Bett zu gehen. So sitzt Kees mit der Familie im Wohnzimmer und nippt an dem Getränk, das sie noch nie mochte, aber diesmal nicht ganz so ungenießbar findet.

Sie beobachtet Vivian, die profane Fragen über Couchbezüge stellt, während sie die *Country Life* durchblättert und Harry, den das nicht zu interessieren scheint, unterschiedliche Muster zeigt. Vermutlich ist ihr die Meinung ihres Sohnes ohnehin gleichgültig. Gleichwohl gibt sie sich sichtlich Mühe, Kees das Hierbleiben zu erleichtern.

Nathaniel gibt irgendeine Geschichte von der Arbeit zum Besten, die er schon mal erzählt hat. Harry sitzt da, trinkt aus seinem Becher und sieht erschöpft aus. Eine Familie, die ihre Mitglieder beschützt.

Alles, woran Kees denken kann, ist, dass sie keine Familie mehr hat. Sie ist neidisch auf ihren Verlobten, dessen Familie sich um ihn herum versammelt wie Löwen, um ihn zu verteidigen. Sie fühlt sich hilflos. Als sie sieht, wie Vivian sich auf die Armlehne des Sofas stützt, Harry eine Hand auf den Rücken legt und auf etwas in der Zeitschrift deutet, fühlt sie die Leere um sich herum. Erst als Nathaniel fragt, ob alles in Ordnung sei, merkt sie, dass sie angefangen hat zu weinen.

Alle erheben sich eilig, und mit einem Mal ist der ganze Raum in Bewegung. Nathaniel reicht ihr eine Packung Taschentücher und tätschelt ihr unbeholfen die Schulter. Harry steht neben ihr und murmelt etwas; sein Schmerz scheint der Sorge gewichen zu sein. Ein paarmal hat er sie bereits weinen sehen. Sie weiß, dass es sich für ihn noch immer so anfühlt, als würde in solchen Momenten etwas zerbrechen.

Vivian kniet neben ihr und streicht ihr die Haare aus der Stirn, so wie es Mütter bei ihren Kindern tun, und sie weint noch heftiger.

Niemand weiß, was er tun oder wie er sich verhalten soll, nun, da die sonst so gefasste Frau, die sie kennen, hysterisch in einem Dreitausend-Pfund-Sessel schluchzt, den Vivian aus Paris hat liefern lassen.

Während einer kurzen Pause putzt sie sich lautstark die Nase, macht sich von dem Gedanken frei, irgendjemand beeindrucken zu müssen, und wendet sich Harry zu.

»Ich habe meinen Eltern nach Sabas Hochzeit von dir erzählt. Dass wir verlobt sind.«

»Oh, wundervoll. Vielleicht können wir sie ja zum Abendessen einladen«, schlägt Nathaniel vor.

Vivian schüttelt kaum wahrnehmbar den Kopf.

Kees sieht Harry an, der ihre Hand umklammert. Ihr ist bewusst, dass der nächste Satz alles für ihn verändern wird. Dass sie ein unerträgliches Gewicht auf seine Schultern laden und ihn bitten wird, es zu tragen. Dass er die Verantwortung spüren wird, alles für eine Frau zu sein, die seinetwegen nichts mehr hat. Doch das muss er aushalten.

»Mum hat gesagt, dass ich nie wieder nach Hause kommen kann, wenn ich dich heirate. Dass ich nicht zurückkehren darf.« Sie zieht die Nase hoch und erinnert sich plötzlich daran, dass Vivian das nicht ausstehen kann; sie ist der Ansicht, es zeuge von schlechten Manieren. Sie nimmt ein weiteres Taschentuch, das Nathaniel ihr hinhält. »Und ich darf auch keinen Kontakt mehr zu Saba und Hakim haben.«

Harry sieht so wütend aus, wie sie ihn noch nie erlebt hat. »Und was hast du dazu gesagt?«

»Dass ich dich liebe und dich heiraten werde.« Sie stößt ein ersticktes Lachen aus. »Wenn du mich noch willst.«

»Ach, Kees, sei nicht albern, natürlich will ich dich noch heiraten. Warum hast du mir denn nichts davon erzählt?«

Der zweite Schwall Tränen erstickt ihre Worte. Schluchzend legt sie das Gesicht in ihre Hände. Als sie den Kopf schließlich wieder hebt, sind es nicht Harrys Arme, in die sie sich fallen lässt, sondern Vivians. Nicht weil Vivian es versteht, sondern weil Kees einfach eine mütterliche Umarmung braucht.

Im Erdgeschoss des viktorianischen Stadthauses trocknet Vivian die Becher ab, die Nathaniel ihr reicht.

»Welche Mutter verstößt denn ihr Kind?«, fragt sie fassungslos.

Nathaniel, der seine Frau normalerweise beruhigt, hat keine Antwort darauf. Er hasst es, Leute aufgebracht zu sehen. Der Anblick der bebenden Schultern der Freundin seines Sohnes hat ihn unangenehm berührt.

Im Schlafzimmer des Dachgeschosses wird Harrys T-Shirt bis auf die Brust durchnässt, während er die zitternde Frau hält, die seit fünfundvierzig Minuten weint. Er sagt nichts. Sie ist an einem Ort, den er nicht erreichen kann. Gelegentlich küsst er ihren Kopf und zieht sie ein wenig näher zu sich heran. Er überlegt, Kees' Mutter einen Brief zu schreiben.

Ein paar Straßen weiter – zwölf, um genau zu sein – macht sich Vater Bastian bettfertig und denkt darüber nach, wie schön es ist, dass die zukünftige Schwiegertochter der DuVaughns in die Kirche kommt und was für ein wunderbares Beispiel die Familie für interreligiöse Beziehungen ist. Er kritzelt eine Notiz in den Block neben seiner Bibel auf dem Nachttisch, dass er das muslimische Gemeindezentrum von Chelsea besuchen und den Imam zum Abendessen einladen muss, vielleicht in eines der indischen Restaurants, das würde ihm gefallen.

Neben dem Fluss schließt Abdel-Hadey die Moschee für heute Abend, nachdem es ihm endlich gelungen ist, den letzten Mann aus dem Gebäude zu lotsen, indem er ihm noch einmal für das Essen gedankt hat, während er im Stillen denkt, wie sehr er die indische Küche verabscheut. Auf seinem langen Fußweg nach Hause gibt er es einem Obdachlosen und freut sich, es losgeworden zu sein.

Meilenweit entfernt, über Hunderte von Feldern hinweg, tippt Hakim in der Dunkelheit auf seinem Handy – schnell, ehe er den Mut verliert – und bittet das hübscheste Mädchen der Schule um ein Date. Temi antwortet noch in derselben Minute, dass sie schon dachte, er würde nie fragen. Mit einem Lächeln im Gesicht schläft er ein.

Unten im Haus öffnet seine Mutter einen Eimer Farbe, ein tiefes Dior-Blau, und streicht die zweite Schicht auf die Küchenschränke. Sie hat die letzten beiden Tage damit verbracht, das Holz abzuschmirgeln und zu lackieren, sodass es glatt und makellos ist, und heute ist ihr ganzer Körper mit Farbspritzern bedeckt wie mit einer zweiten Haut.

Im Wohnzimmer nebenan starrt Itasham angestrengt aus dem Fenster, das zum Tor vor dem Haus hinausgeht, und beobachtet, ob jemand kommt. Jedes Mal, wenn er blinzelt, ist der Weg leer. Er nimmt sich vor, am nächsten Morgen beim Optiker anzurufen. Schon seit über einem Jahr will er sich eine neue Brille anschaffen.

Auf der anderen Seite der Stadt sitzt Jenna in Mos Auto, mit dem er sie nach Hause bringt, und denkt an Lewis. Sie fragt sich, warum alles enden muss. Sie liefert Mo ein paar schwache Argumente, aber sie ist müde und er beharrlich, sodass sie ihm am Ende gleichgültig zustimmt.

Bei ihr zu Hause tanzen ihre Eltern eng umschlungen zu einem Lied von Roberta Flack, das aus den Lautsprechern ertönt. Sie sprechen flüsternd über all die Dinge, die sie tun werden, jetzt, da Nidal eine Woche freihat, und malen sich ein paar Tage an der Küste aus.

Hunderte von Kilometern entfernt sieht Lewis, der gerade von Liverpool aus nach Hause fährt, eine Nachricht auf seinem Display aufleuchten. Er blickt zu lange auf sein Handy, sodass das laute Hupen eines Lastwagenfahrers seine Aufmerksamkeit abrupt wieder auf die Straße lenkt. Fluchend macht er einen Schlenker zurück auf die Fahrspur und denkt darüber nach, warum Frauen immer alles komplizierter machen wollen.

Nicht allzu weit entfernt sitzt Jacob in seinem Dachgeschosszimmer und betrachtet sein Telefon, ehe er schließlich eine Nachricht versendet, die ihn weiterbringt und von der Frau entfernt, die er einst geliebt hat.

Tausende Kilometer entfernt, jenseits von Ozeanen und Wolken, schläft Ali ein, während er an die Frau denkt, die er liebt und die er an diesem Wochenende verwöhnen wird.

Im Nebenzimmer sitzt Malak auf dem Boden, zieht Kleidungsstücke aus dem Schrank und teilt sie in drei Kategorien ein. Behalten. Ausmisten. Ändern. Der letzte Berg ist der höchste; sie stopft alle Teile in eine Tasche und stellt sie an die Tür, damit sie sie zum Schneider bringen kann, der Schlitze zusammennähen und tiefe Ausschnitte verschwinden lassen soll.

Der Imam der Al-Azhar-Moschee reckt sich langsam, um wach zu werden, und geht in den Waschraum, wo er sich auf den Marmorhocker setzt, sich den Schweiß vom Schlafen von der Stirn wischt und erleichtert seufzt, als er seine Füße unter den Kaltwasserhahn hält und dabei zusieht, wie der Staub Afrikas im Abfluss verschwindet. Er hinterlässt nasse Fußabdrücke hinter sich. Die einäugige bengalische Katze kommt hereingetappt, lässt sich neben ihm nieder und legt den Schwanz schützend um seine Füße, während er sich an die richtige Stelle der *Mihrab* stellt und die Taste am Mikrofon betätigt. Er öffnet seine Kehle und beginnt mit dem Ruf zum Morgengebet.

Eine Millisekunde später ertönt der Adhan von allen Moscheen Kairos, und jeder davon trägt zur Sinfonie der Stadt bei. »Gott ist groß! Gott ist groß! Gott ist groß!«

Jenna

Jenna verbringt in diesen Tagen viel Zeit im Fitnessstudio. Es gibt immer einen neuen Kurs, den man ausprobieren kann und der verspricht, lebensverändernd zu sein.

Zuerst war es Spinning – alles, was man angeblich brauchte, war ein Fahrrad, mit dem man sich nicht fortbewegen kann, um so wie die Leute auszusehen, die man beim Scrollen auf seinem Handy entdeckt hat. Dann kamen Yoga und Pilates, vermarktet mit dem Versprechen, dass die eigene Zufriedenheit nur ein paar »Oms« entfernt sei. Als Nächstes gab es Zumba, eine Gelegenheit, sich in ein neues Leben zu tanzen. Dann waren alle besessen von Bootcamps – strapaziöse Trainingseinheiten von hoher Intensität, die sowohl körperliche Grenzen als auch die Geduld auf die Probe stellten, während ein eingebildeter Möchtegern-Spartaner einem zubrüllte, dass der Schmerz nur Sekunden andauere, aber Reue ein ganzes Leben.

Durch das viele Training rutschen ihre Hosen ihr mittlerweile fast von den Hüften, und der Abstand zwischen ihren Brüsten ist größer geworden. Langsam wird sie immer dünner.

Wenn sie nicht im Fitnessstudio ist, geht sie joggen. Manchmal zehn Kilometer an einem Abend, obwohl sie für nichts Bestimmtes trainiert. Sie läuft an den Kanälen der Stadt entlang, bahnt sich ihren Weg um die Universität herum und dann raus auf die Felder, die bis hinaus aufs Land führen. Sie läuft so weit, wie sie kann, kommt aber immer wieder zurück.

Eigentlich macht es ihr keinen besonderen Spaß, zu joggen oder zu trainieren. Wenn sie andere Leute sagen hört »Ich fühle mich großartig, wenn ich jogge« oder »Ich gehe unheimlich gern ins Fitnessstudio, das ist für mich der beste Teil des Tages«, dann weiß sie, dass sie lügen. Das Fitnessstudio ist für niemand der beste Teil des Tages. Man muss schon ziemlich dumm sein, um das ernsthaft zu glauben. Die Leute sind vielmehr daran interessiert, was dieser Lifestyle repräsentiert, als an der Realität. Sie wollen in der Lage sein, in einer Unterhaltung die Haare zurückzuwerfen und zu sagen: »Ich war heute Morgen joggen.«

Sie selbst trainiert nur, weil ihr die Resultate gefallen, aber vor allem, weil es keinen Raum gibt, an irgendetwas anderes zu denken, wenn man bei den letzten zehn Kniebeugen die Zähne zusammenpresst, wenn die Arme während der letzten Liegestütze zittern oder wenn man auf den letzten eineinhalb Kilometern nach Luft japst. Es bedarf all ihrer Konzentration, einfach das verdammte Training zu Ende zu bringen, und ausnahmsweise wird ihr Gehirn dann zu einem stillen Ort. Sorgen existieren nicht mehr. Erinnerungen verblassen. Das ständige Abspielen jener Nacht, sein Geruch, sind auf magische Weise verschwunden. Ihr Gehirn hört auf zu flackern wie eine Lampe, die nicht richtig funktioniert.

Wenn sie gerade keinen Sport treibt oder versucht, Ärztin zu werden, ist die Anziehungskraft dessen, wie es einst war, zu stark, um ihr zu widerstehen, und sie schwimmt in einer verzweifelten Nostalgie, sehnt sich nach dem Unmöglichen.

Alles, was sie will, ist, dorthin zurückzukehren. Zu der Zeit, als Kees und Malak feste Bestandteile ihrer Welt gewesen sind, nicht nur in Form von verpixelten Bildern auf ihrem Bildschirm. Sie verfolgt das Leben der anderen beiden voller Neid, nicht wegen dem, was sie haben, sondern wegen der Art, wie sie lächeln. Sie vermisst Lewis, aber die Version von ihm, bevor er eine Freundin gehabt hat. Sie vermisst es, sechzehn zu sein. Sie vermisst es, mit Fremden zu flirten und grundlos zu kichern. Nun gibt es keine Gründe mehr zu lachen. Ihr ist schmerzhaft bewusst, dass sie es vermisst, auf der Bühne zu stehen, aber sie erlaubt sich nie, darüber nachzudenken. Es ist sinnlos, eine Einbahnstraße entlangzugehen.

Die Verlobung geht anders vonstatten als die Heiratsanträge, die sie aus ihren Lieblingsfilmen kennt. Mo kniet nicht nieder. Sie sind nicht für ein romantisches Wochenende verreist. Sie liegen nicht im Bett. Es regnet nicht.

Sie reden einfach darüber, während sie lernen und im Supermarkt einkaufen. Wann sollte sein Dad ihren Dad anrufen? Kann seine Mutter ihre Mutter anrufen? Vielleicht sollten sie sich alle treffen? Eventuell nächste Woche. Sie gehen logistisch und praktisch vor. Aufgaben abhaken und Zeitpläne organisieren.

Sie weiß nicht, wann sie beschlossen hat, Mo zu heiraten, oder ob er überhaupt richtig gefragt hat, aber sie weiß, wo der Pfad enden wird. Wenn man mit einem Muslim zusammen ist, muss alles schnell gehen, und die Familien sind involviert. Daher ist es keine Überraschung gewesen, als ihre Eltern ihr erzählten, dass sie bereits mit seinen Eltern gesprochen hätten, und fragten, ob sie ihn wirklich heiraten wolle.

Natürlich hat sie Ja gesagt, denn welcher Sinn hätte sonst in all dem gelegen, was sie taten? Außerdem wirkten ihre

Eltern ausgesprochen zufrieden mit seiner Familie, und das war schon die halbe Miete. Wenn die Familien sich erst einmal mögen, entwickelt die ganze Sache ein Eigenleben.

An einem Samstagnachmittag sind sie zum Tee gekommen, und ihre Mutter hat eine Auswahl an Süßigkeiten und Knabbereien angeboten, von denen sie noch die gesamte folgende Woche essen konnten, weil es so viel gewesen ist. Diamanten funkelten an den Handgelenken und Fingern von Mos Mutter, der größte davon an ihrem Ehering, der stolz alle Blicke anzuziehen schien. Sie ist eine Frau, die weiß, wie sie sich zu kleiden und zu geben hat. Sein Vater hat ein Gesicht, das stets so wirkt, als würde er jeden Moment in Gelächter ausbrechen, und wer weiß, welche Art von Mann er ohne seine Frau geworden wäre?

Sie hat an jedem ihrer Söhne, besonders an Mo, ihre eigene Note hinterlassen, und als die Familie Khalayleh in ihrem riesigen Wohnzimmer saß, Mos Mutter zwischen ihrem Mann und den drei Söhnen auf der anderen Seite, jeder von ihnen mit gepflegten Händen, ordentlich gekämmt und exzellent gekleidet, hat man den Stolz auf diese Männer, der von ihr ausging, fast schmecken können.

Jenna hat die meiste Zeit über geschwiegen, sah aber wunderschön aus, und das genügte allen. Sie hat gelächelt und einen Witz gemacht, als Mo ihr einen Strauß langstieliger Rosen überreichte, der so schwer war, dass sie ihn mit beiden Händen entgegennehmen musste, und die Khalaylehs sprachen später auf der Heimfahrt darüber, was für eine angemessene Partnerin sie sei.

Jenna ist glücklich darüber gewesen, dass sich ihr Leben entwickelt. Diese Treffen sind nicht für die Liebenden, sie sind für die Eltern. Während sie ihren Vater und ihren zukünftigen Schwiegervater zusammen lachen sah, hat sie darüber nachgedacht, dass Romeos und Julias Familien von Anfang an das Gleiche hätten tun sollen, dann wäre alles ganz anders ausgegangen.

Die Wochen vergehen, und sie beobachtet, wie die Dinge geschehen, tut jedoch nur wenig. Sie sieht zu, wie ihre Mutter über Blumenarrangements und Kleider spricht. Hört ihren Vater über den zu mietenden Festsaal und das Catering reden. Beobachtet Mo, wie er auf ihrer Verlobungsfeier Freunden die Hand schüttelt. Kees schafft es nicht rechtzeitig aus dem Gerichtssaal, und Malak ist am anderen Ende des Ozeans, obwohl die beiden die einzigen Menschen sind, bei denen es ihr wichtig ist, dass Mo sie kennenlernt.

Er ist aufmerksam und legt ihr hin und wieder eine Hand auf die Schulter, schaut ihr tief in die Augen und fragt, ob alles in Ordnung ist.

Jedes Mal hält sie einen Moment inne, wägt ab, ehe sie seine Hand drückt und ihm sagt, dass sie einfach nur glücklich sei. Sie will ihm mehr geben, weiß aber nicht, wie.

In der Phase ihrer letzten Medizinklausuren einigt man sich darauf, dass die Braut und der Bräutigam zu beschäftigt sind und nicht mit Fragen über Farbpaletten und kleinen Gefallen behelligt werden sollen. Sie sind umgeben von ihren Familien, und die Familie ist da, um zu helfen.

Lediglich ein Bild ihrer manikürten Hand mit dem funkelnden Verlobungsring lädt sie hoch und schreibt darunter: »The one where we got engaged.« Es ist einfacher, einen Spruch aus einer Comedyserie zu klauen, als sich selbst einen auszudenken.

Sie legt ihr Handy weg und geht joggen. Als sie zurückkommt, ist ihr Akku fast leer, strapaziert von einer Reihe von

Benachrichtigungen von Leuten, mit denen sie seit Jahren nicht gesprochen hat, von Freunden, die ihr lange Zeit keine SMS mehr geschickt haben, und von Glückwünschen in Großbuchstaben von Leuten im Internet.

Die einzigen Nachrichten, die sie öffnet, sind die von Kees und Malak, die ihr beide unabhängig voneinander geschrieben haben.

Kees macht eine Bemerkung über den Ring und schickt ein Bild von ihrem eigenen, da sie vergessen hat, es nach Sabas Hochzeit zu senden. Sie reden über die Farbe und den Schliff, aber die Unterhaltung ist kurz. Kees verteidigt derzeit einen jungen Mann, der nichts Illegales getan hat; er braucht sie dringender.

Malak sendet ihr mit erstickter Stimme eine Sprachnachricht, die Jenna zum Weinen bringt, gratuliert ihr und verkündet, wie sehr sie sich freue.

Das bricht etwas zwischen ihnen auf. Den ganzen Abend schreiben sie hin und her, und einmal weinen sie sogar beide. Sie unterhalten sich darüber, wie sehr sie einander vermissen. Wie lange sie sich nicht mehr gesehen haben.

Sie schreiben sich die ganze Woche, machen sich nicht die Mühe, sich eine gute Nacht oder einen guten Morgen zu wünschen, denn die Konversation ist fortlaufend.

Am Wochenende fühlt sich Jenna so gut wie lange nicht Sie lässt den Gang ins Fitnessstudio am Samstag ausfallen und beschließt am Montagmorgen, Malak in Kairo zu besuchen. Als Belohnung für die bald beendete Prüfungsphase.

Die letzten Klausuren sind leichter zu ertragen, jetzt, da sie weiß, dass Malak danach auf sie wartet.

»Ich finde, das ist eine tolle Idee«, meint Mo, als sie ihm von ihrem Plan berichtet.

»Wirklich?«, fragt sie, verwirrt über seine Begeisterung. »Willst du mich loswerden?«

Sie sind im Auto auf dem Parkplatz der Bibliothek, nachdem sie sich in einer Lernpause spät am Abend im Drive-Thru bei McDonald's etwas zu essen geholt haben.

Mo streichelt ihre Wange. Jenna schließt die Augen und lehnt sich an seine Hand. Sie berühren sich nur selten. Er ist immer anständig und gesittet, das gefällt ihr, aber ihr Körper wurde schon seit Monaten nicht mehr berührt. Mittlerweile schmerzt ihre Haut vor Sehnsucht.

»Du bist in letzter Zeit total gestresst und nicht du selbst. Und du arbeitest so hart, Jenna. Was bewundernswert ist, aber du weißt nicht, wann du aufhören und eine Pause machen musst. Genau genommen bestehe ich sogar darauf, dass du Urlaub machst, ob es dir gefällt oder nicht.« Seine Augen sind so voller Sicherheit, dass ihre Finger zucken. Doch als sie ihn für einen Kuss heranziehen will, löst er die Hand von ihrem Gesicht und drückt die ihre. »Wir kehren besser zurück zu den Büchern.« So bleibt alles wie gehabt.

Ihre Eltern sind voller Begeisterung für ihre Reise. Auch sie merken an, wie hart sie gearbeitet habe und dass sie noch ein wenig Spaß vor der Hochzeit und dem Eheleben haben solle.

Ihr Dad donnert »Genau, genau«.

Sie wechselt einen stummen Blick mit ihrer Mutter und fragt sich, wie das Eheleben wohl aussehen wird, wenn sie sich ausruhen muss, bevor es losgeht, aber ihre übliche Lebhaftigkeit hat in letzter Zeit einen Dämpfer erlitten.

Ihr Vater küsst sie auf die Stirn und verkündet, dass er ihr ein Ticket buchen werde. Mo besteht darauf, sie zum Flughafen zu bringen.

Ihre Mutter sieht sie am nächsten Abend über den Esstisch hinweg mit einem Gesichtsausdruck an, den Jenna noch nie an ihr gesehen hat. Doch als sie fragt, was los sei, weicht ihre Mutter einer Antwort aus.

Jenna verlässt die Ankunftshalle, gefolgt von einem Mann, der ihr versichert hat, dass er helfen wolle, und nun ihren Gepäckwagen schiebt. Nervös sieht sie sich nach Malak um. Ihr wird bewusst, dass sie sich seit über einem Jahr nicht mehr gesehen, geschweige denn miteinander gesprochen, sondern sich nur sporadisch geschrieben haben.

Sie richtet ihr Kopftuch. Zupft ihre Jacke zurecht. Schaut nach links und rechts.

Als sie Malak entdeckt, die auf sie zugerannt kommt, hat sie eine Sekunde Zeit zu lachen, ehe sie von dem vertrauten Geruch ihrer Freundin eingehüllt wird, und die Sorge, dass es merkwürdig werden könnte, verfliegt.

Sie lösen sich voneinander. In ihrer beider Augen haben sich Tränen gesammelt, und wieder müssen sie lachen.

»Oh mein Gott, du siehst toll aus, Malak!« Jenna hält sie eine Armeslänge von sich entfernt. Nichts an Malak erinnert mehr an die Frau, die damals England verlassen hat. Jenna schätzt, dass sie mehr als fünf Kilo abgenommen haben muss, seit sie sie zuletzt gesehen hat. Ihr sonst krauses schwarzes Haar fällt ihr elegant und in sanften Wellen über den Rücken, ihr Teint ist so golden gebräunt, dass jede Flasche Selbstbräuner neidisch auf sie wäre, ihre Nägel sind lang und manikürt, was früher nie der Fall gewesen ist, und die Handtasche hängt an einer goldenen Kette über ihrer Schulter.

»Bist du sogar geschminkt?«, quietscht Jenna. »Seit wann trägst du Make up und Handtaschen?«

Malak wirkt amüsiert ob ihres Entsetzens. »Findest du nicht, dass ich gut aussehe? Ich dachte, es würde dir gefallen.«

»Das tut es auch, vollkommen. Du siehst wirklich umwerfend aus! Obwohl ich ein wenig eifersüchtig bin. Ich habe mir so viel Mühe gegeben, dir das Schminken beizubringen und dich davon zu überzeugen, deine Grunge-Hoodies abzulegen. Offenbar hat es jetzt jemand anders geschafft, dich zu dieser durchgestylten Fashionista zu machen.«

»Übertreib nicht.« Malak schließt sie erneut in eine Umarmung. »Ich freue mich so, dass du hier bist, Jenna.«

»Ich mich auch.«

»Komm, Ali wartet draußen im Wagen, ich will unbedingt, dass du ihn kennenlernst.«

Zu Beginn findet Jenna Ali arrogant, aber im Laufe der Woche fällt ihr auf, wie er Malak ansieht – als hätte er erkannt, wie schön das Leben sein kann. So beschließt sie, ihn zu mögen. Letztendlich tendieren alle arabischen Männer zu einer gewissen Arroganz, man muss nur ein wenig härter daran arbeiten, sie zu lieben.

Jenna ist begeistert von Kairo. Der ständige Lärm von siebzehn Millionen Menschen, die versuchen, sich umeinander herumzubewegen, ist auf eine merkwürdige Art beruhigend.

Im Garten des Sofitel Hotels, das sich so perfekt am Fuß des Nils befindet, dass die Gäste einen atemberaubenden Ausblick auf die Stadt haben, beobachten sie und Malak zwei Männer, deren Boote fast kollidieren. Sie schreien sich so laut an, dass Jenna glaubt, sie würden jeden Moment in den Fluss springen, aufeinander zuschwimmen und zu kämpfen beginnen. Doch das geschieht nicht. Als schließlich der

Kellner hinunter zur Reling läuft und ihnen zuruft, dass sie seine Gäste stören, segeln sie weiter an ihnen vorbei.

Jenna wendet sich vergnügt Malak zu. »Was haben die beiden gesagt?«

»Ich hab nicht alles verstanden, so gut ist mein Arabisch nicht, aber irgendwas wie, seine Mutter sei ein Esel und dass es genug Platz auf dem ganzen Nil gebe und warum er so nah zu ihm heransegeln müsse.«

Jenna wirft den Kopf zurück und lacht.

»Wenn sich in Kairo zwei Menschen anschreien, kann man davon ausgehen, dass die Mutter von einem der beiden erwähnt wird«, erklärt Malak.

»So viel Drama. Ich liebe es«, erwidert Jenna begeistert.

»Das habe ich mir schon gedacht.« Malak grinst. »Die Stadt passt perfekt zu dir.«

Jenna murmelt etwas Zustimmendes. »Vielleicht sollte ich zu Hause alles aufgeben und davonlaufen, um hier bei dir zu leben.«

»Ich bin bereit für dich, Schätzchen.«

Jenna nimmt ihre Sonnenbrille ab und mustert Malak. Sie kann noch immer nicht begreifen, wie sehr sie sich verändert hat. »Also, diese Stadt bekommt dir wirklich gut. Du strahlst förmlich.«

Malak drückt zum Dank ihre Hand.

»Ich meine es ernst. Du siehst phänomenal aus. Aber jetzt erzähl doch mal, wo der Junge, der übrigens toll ist, gerade nicht hier ist. Es ist Zeit für ein ehrliches Gespräch. Ich will alle Einzelheiten über eure Beziehung wissen. Wie ist er im Bett? Bist du glücklich mit ihm? Meinst du, er wird dir einen Heiratsantrag machen? Willst du für immer hier wohnen? Hörst du eigentlich noch von Jacob?«

Malak legt Jenna eine Hand auf den Arm. »Langsam, das sind zu viele Fragen. Ich wollte dich gerade das Gleiche fragen, Jenna. Verlobt! Und ich weiß nichts über den Mann. Ich muss wissen, wie er ist. Ist irgendwas vorgefallen, das *haram* ist, oder haltet ihr alles auf *halal*-Level? Freust du dich auf die Hochzeit? Wie sieht dein Kleid aus? Du wirst die schönste Braut werden, die die Welt je gesehen hat, aber das wussten wir ja schon immer.«

Beide lachen, die Hand auf dem Arm der anderen, endlich auf derselben Seite des Ozeans, mit vielen Fragen, die sie unter dem heißen Himmel von Kairo abarbeiten müssen.

»Warte, lass mich kurz Dessert bestellen.« Malak winkt den Kellner heran.

Jenna fällt auf, wie ungezwungen sie wirkt, als sei sie daran gewöhnt, dass man ihr gehorcht. Sie bestellt auf Arabisch bei dem freundlichen Kellner, der sie fragt, wo sie ursprünglich herkämen. Er kann an Malaks Akzent hören, dass sie nicht hier aufgewachsen ist.

Sie erzählt ihm, dass sie beide aus England kämen.

Er notiert die Bestellung und hebt eine Hand an sein Herz. »*Nawarto Masr.* Sie haben Ägypten mit Ihrer Anwesenheit erstrahlen lassen.«

Malak erwidert anmutig sein Lächeln. Jenna bemerkt erneut, wie viele Kleinigkeiten sich an ihr verändert haben. Sie wirkt selbstbewusster. Sicherer.

»Und jetzt«, sagt Malak, »lass uns loslegen. Wo sollen wir anfangen?«

Dies ist der Moment, in dem sie beginnen, einander anzulügen. Keine großen Lügen, aber eine Reihe von Notlügen und verheimlichten Wahrheiten, die im Gesamten eine ganz andere Geschichte erzählen.

Malak berichtet ihr alles über Ali und wie sie sich kennengelernt haben. Die Geschichte ist so grandios wie jede romantische Komödie. Jenna hört ihr zu, das Kinn auf die Hände gestützt, und seufzt an den richtigen Stellen. Malak erzählt ihr, dass sie ihren Job nicht liebe, aber dafür das Leben. Dass sie morgens unterrichte und ihre Nachmittage im Pool oder mit Sonnenbaden verbringe. Sie zählt ihre Lieblingsrestaurants auf und verspricht Jenna, sie diese Woche in einige der besten auszuführen. Sie erzählt nicht, dass sie sich in ihrem Job nutzlos fühlt. Dass man beim Unterrichten auf niemanden Einfluss hat, und wenn man Glück hat, erinnern sich eine Handvoll Kinder an deinen Namen, wenn sie älter sind. Sie redet nicht über den Verkehr und dass es in dieser Stadt unmöglich ist, mehr als eine Sache pro Tag zu erledigen, was sie manchmal fast um den Verstand bringt und sie sich auf das Dach ihres Hauses stellen und schreien will. Sie erzählt nicht, dass ihre Familie, die Menschen, zu denen sie eine Bindung aufbauen wollte, meistens mit der Arbeit und dem Leben beschäftigt sind und dass man aufgrund des Verkehrs niemals jemand auf die Schnelle besuchen kann. Dass sie an manchen Abenden so müde ist, dass sie sich nicht dazu aufraffen kann, in die besten Restaurants und Konditoreien zu gehen, sondern sich etwas von KFC auf die Couch bestellt. Sie erzählt Jenna nicht, dass Ali eine ganze Woche lang im Gästezimmer geschlafen hat, nachdem er geschworen hatte, dass Malak im Schlaf Jacobs Namen gesagt hat, obwohl sie sich sicher war, dass das nicht stimmte. Sie lässt aus, dass die Beziehung mit ihm sich manchmal so anfühlt, als wäre sie dahingewelkt und innerlich gestorben, aber dass sie sich an guten Tagen noch nie mit jemandem so lebendig gefühlt hat. Und dass es hier so heiß ist und sie manchmal den Eindruck hat, sie würde durch die Hölle gehen, weil sie Kleidung tragen muss, die ihren Körper bedeckt.

Stattdessen erzählt sie Jenna, dass alles klimatisiert sei. Dass das Leben meistens gut sei, auch wenn noch so großes Chaos in der Stadt herrsche. Sie berichtet vom Beten mit Ali, dass sie sich einen Gebetsteppich teilten und dass es sie Gott näherbringe, mit jemandem zusammen zu sein, der den gleichen Glauben hat. Dass ihre Mutter recht hatte, als sie behauptete, wie wichtig es sei, sich mit jemandem ein Leben auf gemeinsamen Prinzipien aufzubauen. Dass sein Glaube ihr den eigenen Glauben näherbringe und dass sie Gott stets intensiver spürten, wenn sie zusammen seien.

Jenna nickt die ganze Zeit. Sie versteht es. Genau das ist es, was sie immer gesagt hat. Gewiss, Jacob ist nett, aber Glaube ist wichtig.

Malak pflichtet ihr inbrünstig bei. »Ich muss es dir wahrscheinlich nicht extra sagen, aber erwähne Jacob bloß nicht vor Ali. Ich meine, er weiß natürlich von ihm, aber du weißt ja, wie arabische Männer sind.« Sie verdreht die Augen, als wäre die Erwähnung der eigenen Vergangenheit vor dem aktuellen Freund eine kleine Unannehmlichkeit und nicht etwas, wodurch man alles verlieren könnte.

Dies ist der einzige Moment in der Unterhaltung, in dem sich das Druckventil löst. Jenna stößt den Atem aus. »Oh mein Gott, ich weiß. Mo ist ganz genauso.«

»Unfassbar! Sie sind einfach lächerlich in dieser Hinsicht«, erwidert Malak, offensichtlich erleichtert, mit dem Problem nicht allein dazustehen.

»Ich musste aufhören, mit Lewis abzuhängen, weil Mo rausgefunden hat, dass wir uns als Teenager mal geküsst haben.« Jenna hat keine Angst mehr davor, die Information preiszugeben.

»Oh, da gehe ich jede Wette ein. Wenn Ali wüsste, dass ich Kontakt zu einem Ex oder irgendjemandem habe, mit dem ich mal was hatte, würde er durchdrehen.« Malak schaudert angesichts einer Erinnerung.

»Ja, er war nicht glücklich darüber. Ich hab gemerkt, dass es ein Problem darstellt, also hab ich kurzerhand die Entscheidung getroffen. Ich glaube, bei manchen Dingen muss man einfach Kompromisse machen.«

»Absolut«, erwidert Malak entschlossen.

»Und weißt du was?«, fragt Jenna. »Ich kann es verstehen.«

»Ich auch.«

»Wenn er mit einer Frau rumhängen würde, mit der er mal geschlafen hat oder zusammen war, würde ich mich wahrscheinlich auch merkwürdig aufführen.«

»Total«, pflichtet Malak ihr bei.

Keine der beiden merkt an, dass sie keine eifersüchtige Frau sei. Dass es nicht in ihrer Natur liege. Stattdessen stimmen sie einander zu und stacheln sich gegenseitig an. Sie lachen und fallen sich ins Wort in ihrer Eile, der anderen beizupflichten und sich selbst davon zu überzeugen, dass sie sich begehrt statt eingeengt fühlen, wenn sie mit einem eifersüchtigen Mann zusammen sind.

Jenna erzählt, dass sie jetzt mit der Uni fertig sei und bald endlich arbeiten werde, so wie Kees und Malak. Dass sie ihre erste Stelle nach der Hochzeit antreten werde, die ihr ihr Vater vermittelt habe. Wie froh sie sei, endlich ihren Abschluss zu machen, und wie stolz auf ihre Arbeit. Sie redet über ihr Hochzeitskleid – weiße Seide mit Spitzenärmeln und von

Hand angenähten Knöpfen am Rücken. Sie berichtet von ihrer Wohnungssuche und wie schwierig es sei. Für eine Weile würden sie bei Jennas Eltern wohnen, ihre Mutter renoviere gerade den Dachboden. Sie könnten ihr eigenes Reich haben, das sogar in der Nähe des Krankenhauses liege. Ihr Dad sage, jetzt etwas zu kaufen, sei keine gute Idee. Schlechte Zeiten für den Markt. Sie erzählt von ihren Plänen und all den Dingen, die geschehen werden.

Sie erzählt Malak nicht, dass es ihr den größten Kummer ihres Lebens bereitet hat, zurückzubleiben, während ihre Freundinnen ein neues Leben begonnen haben. Dass sie monatelang zu viel getrunken hat, nachdem alle fortgegangen waren, und dass es ihre Schuld gewesen ist, dass sie in ihrer Hochzeitsnacht nun keine Jungfrau mehr sein würde. Sie spricht nicht über jene Nacht und darüber, dass sie danach nie wieder einen Mann berührt hat. Dass sie sich nie wieder von jemandem hat berühren lassen.

Sie will Malak erzählen, dass sie manchmal traurig darüber ist, dass der letzte Mann, der sie angefasst hat, nicht aufgehört hat, als sie ihn darum gebeten hat, und dass sie sich angesichts seines Gewichts auf ihr und seines Ächzens geschämt hat. Dass sie seit jener Nacht nicht mehr getrunken hat. Sie erwähnt nicht, dass das vergangene Jahr das schlechteste ihres Lebens gewesen ist. Dass sie seitdem nur noch ein halbes Leben führt und dass es sich für eine Frau, die Freude aus allem zieht, anfühlt, als hätte sie genauso gut sterben können. Dass ein halbes Leben nicht lebenswert ist, weil alles, was sie will, ist, Dinge zu fühlen, niemals zwischendrin zu sein und sich stets unbekümmert in jede Situation zu stürzen. Aber seit jener Nacht, in der alle Leute sie verlassen haben, in der sie sich sogar selbst verlassen hat, ist sie nur noch zwischendrin, ein langes Jahr aus stoischer Mittelmäßigkeit, was sie fast jeden Abend zum Weinen bringt. Sie redet nur über Dinge, die in der Zukunft geschehen werden. Die Hochzeit. Den neuen Job. Wie sie ihr Zuhause einrichten wird.

Es entsteht eine Pause. Malak hat das starke Bedürfnis, Jenna eine Hand an die Wange zu legen. Sie zu fragen, warum sie so stark abgenommen habe und wo das Leuchten in ihren Augen geblieben sei. Sie will zugeben, dass der Mann, den sie liebt, grausam sei und sie nicht wisse, was sie dagegen unternehmen soll.

Jenna registriert, dass sich Malak abrupt vorbeugt, dann aber in der Bewegung innehält und sich auf ihre Hände setzt. Sie sieht nervös und unsicher aus. Jenna will den Arm ausstrecken, ihre Finger mit Malaks verschränken und sie fragen, was nicht stimme. Sie fragen, warum der gehetzte Ausdruck auf ihrem Gesicht nicht zu dem Leben passe, das sie führt.

Stattdessen lächeln sie zu dem Kellner auf, der mit ihrem Essen kommt. Der Himmel ist so blau, und die Sonne scheint ihnen heiß auf den Kopf. Vom Hotel weht die Musik herüber, und der Tag ist zu hell und zu perfekt für solch harte Realitäten. Es ist noch zu früh am Tag für derart schwere Themen. So sagen sie nichts und belassen es für den Moment dabei, einander kleine Lügen zu erzählen, um weiterhin eine Version ihrer Wahrheit zu leben.

Bilquis

Kees’ erster großer Fall führt zu mehr langen Abenden im Büro, als sie für möglich gehalten hätte. Sie lebt dauerhaft mit der Angst, es zu vermasseln und vier junge Männer ohne Vorstrafenregister hinter Gitter zu bringen, weil sie nicht schlau genug war, sie rauszuboxen.

Als sie mit Addy über ihre Sorgen spricht, versichert er ihr, dass es nichts damit zu tun habe, ob man schlau ist. »Dumme Anwälte gewinnen andauernd Fälle. Es geht darum, das System auszutricksen.«

»Aber ich will das System nicht austricksen. Ich will Gerechtigkeit walten lassen.«

Daraufhin lacht er lange. »Wach auf, Kees. Es gibt keine Gerechtigkeit im Justizsystem, nur schlaue Anwälte, die wissen, wie man die Richter und die Jury austrickst.«

Seit über einem Monat hat sie nicht mehr mit ihrer Familie gesprochen, doch das hat sie nicht davon abgehalten, regelmäßig Nachrichten zu schicken. Sie hat Hakim geschrieben und sich erkundigt, wie es mit seinen GCSEs laufe und ob er Hilfe brauche. Sie hat Saba geschrieben und gefragt, wie ihr das Eheleben bekomme. Sie hat ihrem Vater Artikel gesendet, von denen sie glaubte, er könnte sie interessant finden, hauptsächlich über die Labour Party. Sie hat ihre Mutter um Rezepte gebeten und Bilder von den Gerichten geschickt, die sie zubereitet hat. Jede Nachricht endete mit einer Reihe von Entschuldigungen. Dass sie sie vermisse. Dass sie sich wünsche, sie könnten reden.

Doch auf jede Nachricht folgte eine Wand des Schweigens. Nicht einmal Hakim hat geantwortet. Sie vermutet, dass ihre Mutter alle instruiert hat, dass Schweigen die neue Parteipolitik sei. Harry fragt sie jeden Abend danach, und sie kann nur traurig den Kopf schütteln. Ihr Handy hält sie trotzdem den ganzen Abend bei sich, nur für den Fall, dass sich einer von ihnen meldet.

So vergehen die Monate, in denen sie ihren Kopf in Fallakten vergräbt und nach Antworten sucht. Oder sie scrollt durch Facebook in der Hoffnung, ihre Familie zu sehen. Die Tage haben eine neue Schwere an sich, obwohl die Zeit schnell verfliegt.

Sie verbringt zu viele Stunden im Büro, und Harry sagt nichts dazu. Cleverer Mann, denkt sie. Er wird sie nicht bitten, noch etwas aufzugeben; das Gewicht ihrer verlorenen Familie ruht schon schwer zwischen ihren Schulterblättern.

Er lässt sich nicht mehr den Nacken von ihr massieren, so wie er es früher getan hat, wenn er gestresst war. Sie weiß nicht, wie verhärtet seine Muskeln sind und wie viel Schmerzen sie ihm bereiten.

Er hat Kees' Mutter einen Brief geschrieben, hatte aber ihre Adresse nicht. Bislang ist es nicht wichtig gewesen zu wissen, wo ihre Familie wohnt, also hat er den Brief im Schredder seines Büros zerkleinert. Es gibt nichts, was er tun kann, also besucht er in der Mittagspause eine Masseuse und verliert kein Wort darüber, wie viel Zeit Kees mit ihrer Arbeit verbringt.

Sie ist froh über sein Schweigen. All ihre Energie fließt in den Versuch, ihren ersten Fall zu gewinnen. Sie braucht das

Gefühl, zumindest irgendetwas gewonnen statt alles verloren zu haben. Es erspart ihr auch, zu viel an ihre Familie zu denken. Auf diese Weise kann sie die niederschmetternde Wahrheit noch ein wenig länger in Schach halten, auch wenn sie ihr dicht auf den Fersen ist.

Es ist Anfang Februar. Bei ihrem ersten gemeinsamen Abendessen seit zehn Tagen verkündet Harry, dass der Verkauf der Wohnung abgeschlossen sei und dass sie einziehen könnten – sollte sie das noch wollen, fügt er leise hinzu.

»Mum und Dad haben gesagt, sie können die Wohnung für eine Weile vermieten, wenn wir noch nicht einziehen wollen.« Über das Dal hinweg, das Kees am Wochenende zubereitet hat, drückt er ihre Hand.

»Danke, Baby«, erwidert sie lächelnd. »Meine Familie hat mich ohnehin schon verdammt. Da können wir genauso gut aus dieser kleinen Wohnung ausziehen.«

»Was immer du willst, Schatz.«

»Aber Harry ... ich will nicht dort einziehen, solange wir nicht verheiratet sind. Das kann ich einfach nicht.«

Harry murmelt, dass er das verstehe. Er klingt nicht überzeugend.

Gott segne ihn dafür, dass er es versucht, denkt Kees.

Sie erzählt ihm nicht, dass ihre Mutter sie nie besuchen würde, wenn sie in einer neuen Wohnung zusammenleben würden, ohne verheiratet zu sein. Mit dem Eheversprechen im Rücken und der Aussicht auf die Hochzeit wäre es zumindest nicht ganz so schlimm.

»Willst du früher heiraten als geplant?«, fragt Harry. Seitdem er ihr den Antrag gemacht hat, haben sie über eine Hochzeit im Sommer gesprochen.

»Nein, deine Mutter freut sich so auf die Hochzeit.«

»Zur Hölle mit meiner Mutter, das ist *unsere* Hochzeit, Kees«, erwidert er verärgert.

»Sei nicht so weiß, Harry, hab ein wenig Respekt vor deiner Mutter. Es ist ihr gutes Recht, sich auf die Hochzeit ihres Sohnes zu freuen.«

»Drei Söhne von ihr haben doch schon geheiratet. Ich glaube, sie hatte ihre Freude.«

»Sei nicht albern. Wir haben schon ein paar Familienmitglieder verloren; lass uns nicht noch weitere vergraulen.«

Harry will ihr sagen, dass ihm nichts einfällt, was bewirken könnte, dass seine Eltern sich von ihm abwenden, aber lässt es dann schlauerweise unerwähnt. Er versteht, dass Kees so viel Familie um sich herum versammeln will, wie sie kann.

»Dann warten wir mit dem Einzug einfach bis zum Sommer. Wir können hier noch ein wenig länger wohnen.«

»Es bringt doch nichts, hier und für deine neue Wohnung Miete zu zahlen. Außerdem passen deine Sachen nicht alle hier rein. Ich will nicht die große Hochzeitsfeier, die deine Mutter geplant hat, aber ich würde gern eine Nikah haben und islamisch heiraten, bevor wir einziehen. Dann können wir die große Feier im Sommer veranstalten, die am Ende wahrscheinlich gar nicht so groß sein wird, da von meiner Familie niemand kommt.« Kees hat Mühe, nicht verbittert zu klingen.

Harry steht auf und legt einen Arm um sie. »Dann machen wir es so.«

»Aber ganz klein, Harry. Vielleicht können wir es einfach im Haus deiner Eltern machen? Ich werde Mum und Dad, Hakim und Saba einladen, obwohl ich weiß, dass sie nicht kommen werden.«

»Lade sie trotzdem ein, Baby. Man kann nie wissen.«

Nachdem sie beschlossen haben, die Nikah zu veranstalten, besuchen sie am folgenden Wochenende Harrys Eltern. Kees versucht, ihnen behutsam zu erklären, was eine Nikah überhaupt ist.

»Dann heiratet ihr also?«, fragt Vivian, während sie das Abendessen zubereitet.

»Nein, Mum«, erwidert Harry, »zumindest nicht vor dem britischen Gesetz.«

»Betrachte es als Verlobung«, sagt Kees enthusiastisch.

Harrys ältester Bruder Samuel lehnt an der Spüle, seine Frau Lottie hilft Vivian beim Gemüseschneiden. Er stibitzt ein Stück Paprika vom Schneidbrett. »Aber seid ihr nicht schon verlobt?«

»Ja«, sagen Harry und Kees gleichzeitig.

»Warum braucht ihr denn dann eine ganze Zeremonie, um euch noch mal zu verloben?«

Harry seufzt. Kees streckt den Arm aus und streichelt sein Bein. »Was ich sagen will, ist, dass wir dann nur vor dem islamischen Gesetz verheiratet sind, was hierzulande nicht bindend ist, also werden wir vor dem britischen Gesetz noch nicht verheiratet sein.«

»Aber vor dem islamischen Gesetz seid ihr dann das, womit du dich, wie ich annehme, wohler fühlst, wenn ihr zusammenwohnt?«

Kees hat das dringende Bedürfnis, Lottie zu umarmen. »Ja, genau.« Sie strahlt und schenkt ihr einen dankbaren Blick.

Lottie zwinkert ihr zu und schneidet weiter Paprika.

»Aber es gibt doch nur ein Rechtssystem. Ich verstehe das nicht.« Samuel sieht seinen Vater an, der bis jetzt schweigend Fleisch mariniert hat. »Dad, verstehst du es?«

»Samuel, sie wollen es so, mehr gibt es dazu nicht zu sagen. Wo ist das Problem?«

»Nein, oh Gott, das ist absolut kein Problem. Kees, ich hoffe nicht, dass du denkst, ich hätte ein Problem damit.« Samuel wendet sich ihr zu, die Hand an der Brust in einer Geste der Bestürzung. »Ich wollte es nur genauer wissen, weil es so anders ist als bei uns.«

Kees spürt, noch bevor sie es sieht, wie sich Lottie verspannt.

»Aber es ist faszinierend«, ergänzt Samuel. »Ich würde gern mehr erfahren. Auf der Arbeit haben wir einen Typen aus Indien, und ich liebe es, mich mit ihm über seine Kultur zu unterhalten, weißt du? Ich hoffe, du denkst nicht, ich wollte unhöflich sein. Ich habe es nur nicht verstanden.«

Ehe Kees die Chance hat, etwas zu erwidern, sagt Lottie: »Genau, Schatz, du verstehst es nicht, also lass sie einfach in Ruhe.« Sie reicht Vivian die Schale mit dem geschnittenen Gemüse und löst den Knoten ihrer Kochschürze. »Sollen wir unsere Kinder suchen und schauen, was sie gerade machen?«

»Ja, ich hab gesagt, dass ich Livy Milch bringe, bevor sie anfängt, das ganze Haus zusammenzuschreien.« Samuel geht rückwärts aus dem Raum ins Wohnzimmer.

Lottie flüstert ihm zu: »Warum musst du immer von den indischen Leuten auf der Arbeit anfangen, Samuel? Mit so vielen arbeitest du doch gar nicht.«

»Was denn?«, zischt er zurück. »Ich will ihr doch nur zeigen, dass wir kultiviert sind.«

»Das sind wir aber nicht. Kees kommt aus Pakistan, und dass du ständig Indien erwähnst, ist wahrscheinlich beleidigend für sie.«

»Ach ja, das vergesse ich immer.«

Als sie weg sind, schüttelt Vivian den Kopf. »Ich weiß nicht, was mit dem Jungen nicht stimmt, ganz ehrlich.«

»Sorry«, sagt Harry.

»Sei nicht albern«, erwidert Kees heiter. »Es ist wirklich verwirrend, ich komme selbst oft durcheinander.«

»Finde keine Entschuldigungen für ihn, Kees, der Junge ist einfach ein Dummkopf, das war er schon immer.«

»Nathaniel!«, ruft Vivian, aber Harry und Kees lachen beide, als er aufblickt und ihnen zuzwinkert.

Kees steht auf, um das Geschirr abzuwaschen, das neben der Spüle aufgestapelt ist. »Es ist nur so, dass ich mich wohler fühlen würde, wenn wir es tun, das ist alles. Du musst niemandem erzählen, dass wir verheiratet sind, weil die Leute sonst vielleicht glauben, sie wären nicht eingeladen gewesen. Nur Harry und ich müssen anwesend sein, und du und Nathaniel, wenn es euch nichts ausmacht, Trauzeugen zu sein?«

»Aber natürlich nicht«, sagt Vivian. »Wenn es dir damit besser geht, dann machen wir es so.«

In den nächsten Wochen ist Vivian überaus hilfsbereit bei den Vorbereitungen für die Nikah. Manchmal glaubt Kees, es liege daran, dass sie so erleichtert ist, dass Harry nicht zum Islam konvertiert, und manchmal vermutet sie, dass Vivian sie einfach mag.

Irgendwann während der Planungsphase ruft Vivian sie an und erklärt, dass sie Harrys Brüder eingeladen habe, weil es sich nicht gehöre, sie nicht dabeizuhaben, und Harrys Großmutter, weil sie einsam sei und es ihr eine Gelegenheit biete, ihre Familie zu sehen. Bei drei Brüdern, drei Ehefrauen, sechs Kindern, der Großmutter, Vater Bastian, weil er so interessiert daran ist, eine islamische Zeremonie mitzuerleben, nachdem Vivian ihm davon erzählt hat, Vivians bester Freundin Florietta und ihrem Mann James, weil sie schließlich Harrys Paten sind, würde es eine größere Veranstaltung werden als das eilige Unterschreiben und das Abendessen mit der Familie, so wie Kees es sich eigentlich vorgestellt hat.

Vivian fragt Kees nach der Adresse ihrer Familie, da sie ihnen gern persönlich eine Einladung schicken will. Kees gibt sie ihr, denkt aber, dass Vivian jeglichen Realitätssinn verloren hat. Auf Beharren ihrer zukünftigen Schwiegermutter lädt sie Addy und Jenna ein und gibt zähneknirschend zu, dass es vielleicht schön wäre, jemand von ihrer Seite dabeizuhaben. Sie versucht, nicht an Malak zu denken.

Harry und Kees streiten sich darüber, ob sie Jacob einladen sollen, und obwohl sie dagegen ist – sie würde sich fühlen, als falle sie einer Frau, mit der sie nicht mehr spricht, in den Rücken –, erinnert Harry sie daran, dass sie nicht einmal verlobt wären, würde es Jacob nicht geben.

»Können wir ihn nicht einfach zur richtigen Hochzeit einladen?«

»Nein, Kees. Er verdient es, dabei zu sein. Außerdem hätte ich auch gern einen Freund dabei.«

Sie schnaubt höhnisch. »Du hast drei Brüder und deine ganze Familie, bald wird wahrscheinlich die ganze Nachbarschaft daraus, wenn niemand deine Mutter aufhält. Ich glaube, es ist in Ordnung, wenn kein Freund von dir kommt.«

Harry bleibt beharrlich. »Ich lade ihn ein.«

Es ist nur eine Formalität. Eine Nikah ist keine Hochzeit. Vielmehr ist es eine Aufgabe, die man anschließend auf der Liste abhaken kann. Kees hat ohnehin nie von einer Hochzeit geträumt. Sie verpasst nichts; man kann sich nicht nach etwas sehnen, das man nie wollte. Es ist eine kleine Veranstaltung. Ein winziges Fest. Eine praktische Angelegenheit nur für den Fall, dass ihre Mutter beschließen sollte, sie in Zukunft in ihrem neuen Zuhause zu besuchen. Sie würde nicht über die Türschwelle treten, wenn sie nicht verheiratet wären, und obwohl die Frau, die sie zur Welt gebracht hat, momentan nicht mit ihr spricht, möchte Kees vorbereitet sein. Der Tag wird schnell vorübergehen. Er wird vorbei sein, bevor er begonnen hat. Es lohnt sich nicht, irgendjemandem davon zu erzählen. Ganz einfach.

Das sind die Dinge, die sie sich einredet, während sie allein am Fenster sitzt, das nach Osten zeigt, und die Morgensonne ihr Licht ins Zimmer wirft. Die Pailletten ihres Saris, der an der Tür hängt, reflektieren die Strahlen, das weiße Material leuchtet.

Der Tag ist kalt, aber klar. Das Haus der DeVaughns strahlt Wärme aus, ebenso wie der Duft der Blumen, die Vivian in allen Räumen verteilt hat. Sie hat darauf bestanden, dass sie das ganze Wochenende bleiben, auch in der Nacht vor der Nikah, und verkündet, dass Harry und Kees nicht im selben Zimmer schlafen dürften, da es kein Glück bringe, die Braut vor der Hochzeit zu sehen. Kees ist rot geworden und hat angemerkt, dass es keine richtige Hochzeit sei, aber ihre Einwände wurden abgetan.

Schließlich hat sie erkannt, dass Vivian das alles getan hat, damit es für Kees eine schöne Erfahrung werden würde; sie hat zu viel Essen bestellt, ihre besten Speisen zubereitet, die Holzbalken des großen Wohnzimmers, in dem sie die Unterschriftenzeremonie abhalten wollen, mit Blumen dekoriert und Unmengen von Champagner bestellt, auch alkoholfreien für sie. Kees hat bei jeder Frage gelächelt und Vivian noch einmal lange umarmt, ehe sie ins Bett gegangen ist – als Dankeschön. Vivians zufriedenem Strahlen nach zu urteilen, hat sie die Botschaft verstanden.

Unausgesprochen gelassen hat Kees die Tatsache, dass Vivians Pläne eine Traurigkeit in ihrem Herzen haben entstehen lassen, die so scharf war, dass sie manchmal bewusst schwieg aus Angst davor, was sie von sich geben könnte. Manchmal verspürte sie den wilden Drang, alle Blumenkataloge und Kochbücher vom Tisch zu fegen, während Vivian über ein Rezept sprach oder ihr einen Strauß zeigte, und sie anzuschreien, weil sie nicht wusste, dass man es so nicht machte. Auf einer Nikah würde es nie Alkohol geben, niemals. Dass er ausgeschenkt wurde, fühlte sich an, als würde sie sich gegen alles stellen, woran sie je geglaubt hat. Alkohol auf ihrer Nikah zu haben, ließ sie sich als Muslimin schlechter fühlen, als unverheiratet mit dem Mann geschlafen zu haben. Sie wollte sagen, dass man Blumen nicht in Vasen stellt, sondern um den Hals des Bräutigams legt, und dass Vivian es falsch mache. Dass Lachsfilet als Hauptgang so war, als würde man einen Block Eis zum Abendessen servieren, und dass ihre Familie wusste, wie man Gerichten Geschmack verlieh, da sie mehr Gewürze als nur Salz und Pfeffer verwendeten. Sie wollte Vivian sagen, dass all ihre Pläne falsch waren und der Enthusiasmus, den sie für die Nikah zeigte, ein Schamgefühl in ihr auslöste. Dass sie wahre Güte hätte zeigen können, indem sie sie das Fest relativ ruhig hätte austragen lassen, mit Vivian und Nathaniel als einzigen Zeugen ihrer Schmach.

Es hat drei Wochen und eine Menge Recherche durch Kees gebraucht, einen Imam zu finden, der sich bereit erklärt hat, sie zu vermählen. Die einzige Antwort, die sie von allen anderen bekommen hat, bevor die Verbindung unterbrochen wurde, war »*Mamnue*« gewesen – verboten.

Wenn sie es schaffte, länger als zwei Minuten mit einem Imam zu reden, musste sie die Situation erklären, nur damit die Männer ihr einen Vortrag über *Fatwas* und die Sünde einer interreligiösen Ehe halten konnten. Einer der Imame hatte ihr aufgetragen, Gott und ihren Vater um Vergebung zu bitten und dann die Strafe ihres Vaters zu akzeptieren. Daraufhin legte sie auf.

Ein anderer fragte sie, warum sie sich, obwohl es doch Millionen von muslimischen Männern gebe, ausgerechnet einen nicht-muslimischen ausgesucht habe, besonders wo es doch so viele *großartige* Männer in ihrer Gemeinschaft gebe. Dann hatte er behauptet, falls der Mann sie nicht gut behandeln würde, liege es daran, dass er kein Muslim ist, woraufhin sie ihm eine Reihe von Beleidigungen durch das Telefon zurief. Die Behauptung, dass eine Familie und ein Mann, die ihr nichts als Hilfsbereitschaft und Liebe entgegengebracht hatten, grausam und unfreundlich sein könnten, nur weil sie keine Muslime waren, war zu viel für ihre ohnehin schon am seidenen Faden hängende Geduld gewesen. Harry nahm ihr schließlich das Telefon aus der Hand und legte auf, aber sie fluchte für den Rest des Abends weiter.

»Warum wollen sie einem alles so verdammt schwer machen? Es muss doch nicht so kompliziert sein!«, schrie sie.

Harry saß über seinen Laptop gebeugt auf der Couch, vor sich eine Liste mit Imamen, und sagte trocken: »Man muss zugeben, dass es einem die Katholiken nicht leichter machen.«

Harry hatte mehr Glück und konnte sich zumindest ein wenig länger mit den Imamen unterhalten, aber irgendwann fragten ihn alle, ob er konvertieren würde, und wenn er verneinte, verabschiedeten sie sich schnell und legten auf.

Doch schließlich, als sie sich schon fragte, ob dies Gottes Weg war, ihr mitzuteilen, dass sie die Sache nicht tun sollte, fanden sie jemand. Imam Abdel-Rakim, ein Mann, der behauptet hatte, er könne keine Entscheidung treffen, ohne vorher gebetet zu haben, rief sie schließlich zurück, um ihnen seinen Preis mitzuteilen und zu verkünden, dass er sie vermählen würde, da es besser für sie sei, in den Bund der Ehe zu treten, als in Sünde zu leben. Kees mochte ihn nicht, und hätte sie eine Wahl gehabt, hätte sie nicht ihn ausgewählt. Sie hatte davon geträumt, dass ihr Dad mit seiner beruhigenden Stimme aus dem Koran vorlesen und Gebete sprechen würde, aber da sie keine Wahl hatte, hatten sie widerwillig Abdel-Rakim gebucht.

Nun, da der Morgen gekommen ist, kann sie sich nicht rühren. Sie starrt regungslos aus dem Fenster, betrachtet den Sonnenaufgang und denkt über den Moment nach, als sie Harry kennengelernt hat, und versucht zu begreifen, wie es zu alldem hat kommen können.

Sie hört, wie das Haus um sie herum erwacht, aber niemand stört sie, und darüber ist sie froh. Sie will dem Schauspiel der aufgehenden Sonne noch eine Weile zusehen.

Schließlich klopft Vivian leise an und öffnet lächelnd die Tür. »Deine Freundin Jenna ist hier, und ich habe dir Frühstück mitgebracht.« Sie stellt ein Tablett auf das Sideboard, perfekt angerichtet mit Pancakes, Orangensaft, Kaffee, wie sie ihn mag, und einer Obstschale. Daneben liegt eine einzelne weiße Rose, auf die sie mit dem Kopf deutet. »Von Harry. Versuch, ein wenig zu essen, Schätzchen.« Sie scheint vollkommen in ihrer Planung für den heutigen Tag aufgegangen zu sein und entschuldigt sich nun, da sie sich zurechtmachen möchte, obwohl sie schon jetzt perfekt aussieht. Vivian sieht immer makellos aus.

Sie schließt die Tür hinter sich und lässt Jenna mitten im Raum stehen, einen kleinen Stahlkoffer mit Griff unter dem Arm, eine Handtasche in der Hand.

Die beiden Frauen sehen einander nervös an.

»Ich hätte nicht gedacht, dass ich den Tag erlebe, an dem mich Bilquis Saeed um Hilfe beim Schminken bittet. Bin ich gestorben und im Himmel gelandet?«

An dem Morgen, nachdem sie ihrer Familie alles erzählt hat, hat sie Jenna per SMS in einem Satz darüber informiert, dass ihre Eltern jetzt von Harry wüssten. Seitdem hat sie Jennas Bitten um ein Treffen beharrlich ignoriert. Sie konnte sich nicht dazu durchringen, alle Einzelheiten zu erzählen und dem mitleidigen Blick zu begegnen, den Jenna ihr ganz sicher geschenkt hätte. Schließlich hat Jenna aufgehört, sie anzurufen und zu fragen, wie es ihr gehe, und Kees war sich nicht sicher, ob sie ihre Einladung annehmen würde.

Jenna nun zu sehen, ist für sie ein so willkommener Anblick, dass sie für einen Moment nicht atmen kann ob des Gefühls von Vertrautheit und Sicherheit. Offensichtlich schafft sie es tatsächlich, einen kleinen Teil der Person, die sie einst gewesen ist, aus den Trümmern ihres alten Lebens mit in ihre neue Realität zu nehmen, eine, in der sie verwaist und einsam ist. Das gibt ihr den ersten Hoffnungsschimmer seit dem Abend, an dem der Kontakt zu ihrer Familie abgebrochen ist. Ihre Erleichterung hallt förmlich von den Wänden wider.

Zur Begrüßung halten sie einander einfach fest. Es ist die längste Umarmung ihres Lebens.

»Ich bin dir so dankbar, dass du gekommen bist, Jenna.«

»Sei nicht albern. So was würde ich mir doch nicht entgehen lassen. Wenn nicht für die Nikah, wäre ich zumindest gekommen, um in deinem Gesicht Hand anzulegen. Weißt du eigentlich, wie lange ich darauf gewartet habe?«

Kees' Gesicht ist runder geworden. Ihre Hüften sind breiter, und ihre Hosen passen ihr nicht mehr. Sie hat sich neue gekauft, statt weniger zu essen. Ihre Mutter wäre endlich zufrieden, nachdem sie sich so viele Jahre beschwert hat, dass sie zu dünn sei. Aber ihre Mutter ist nicht hier, um die Traurigkeit zu sehen, die sich um ihren Körper herum angesammelt hat, als würde sie versuchen, Schutzschichten aufzubauen.

Jenna holt Flaschen mit flüssigem Inhalt und Puder hervor, und Kees lässt zum ersten Mal zu, dass sie mit ihrem Gesicht anstellt, was sie will.

»So hätte es nicht kommen sollen«, sagt sie schließlich und schaut zu Jenna auf, die sich auf ihre Augenbrauen konzentriert.

Jenna hält in der Bewegung inne. Sie lacht nicht so, wie sie es sonst getan hätte, und macht keinen Witz, den Kees vulgär gefunden hätte. Sie sind momentan weit von Witzen entfernt.

»Nein, da hast du recht«, erwidert sie.

Sie sagen nichts mehr. Kees hebt einfach wieder ihr Gesicht, und Jenna fährt mit dem Pudern und Schminken fort. Es wird keine Musik gespielt. Es sitzen keine Tanten auf dem Schminkstuhl. Es gibt keine anderen Personen, die geschminkt werden. Es gibt nur sie.

Jenna besprüht sie mit etwas, von dem Kees noch nie gehört hat und dessen Notwendigkeit sie anzweifelt. Schließlich tritt Jenna zufrieden zurück. »Gott, ich bin gut.«

»Es ist nur Schminke, Jenna, nicht die Sixtinische Kapelle.«

Doch als sich Kees im Spiegel betrachtet, sieht sie, dass Jenna wirklich ein Kunstwerk vollbracht hat; sie hat ihrem Gesicht Konturen verliehen, die zuvor nicht da gewesen sind, hat Müdigkeitsringe unter ihren Augen verschwinden lassen, die die langen Nächte und die vielen Tränen widergespiegelt haben, und ihrem Teint ein Strahlen verliehen, bei dem man denken könnte, sie wäre gerade vom Strand gekommen.

»Das hätte ich dich schon früher machen lassen sollen, was?«

»Ich hab es ja versucht.« Jenna lacht. »Hey, Kees … Es tut mir leid. Dass es so ist.«

Kees dreht sich zu ihr um. »Du hattest die ganze Zeit recht, Jenna.« Es gelingt ihr nicht, die Verbitterung aus ihrem Tonfall zu verdrängen. »Ich hätte mich nicht in einen weißen Jungen verlieben sollen.«

»Wir haben alle unsere Grenzen ausgetestet«, erwidert Jenna gleichgültig.

»Du nicht, du hast schon immer gewusst, wo die Grenze ist.«

Jenna schaut sie eine lange Minute an. »Diese Grenze habe ich schon vor langer Zeit verloren, Keesy. Ich habe auch vieles falsch gemacht, selbst wenn ich es besser gewusst habe. *Vor allem*, wenn ich es besser gewusst habe.« Sie geht einen Schritt auf Kees zu, bleibt dann aber stehen. »Ich habe mich jahrelang mit diversen Männern abgegeben, deren Namen ich nicht mal mehr weiß. Ich habe der Liebe geradewegs in die Augen geblickt und bin davongelaufen. Ich bin mit Männern nach Hause gegangen und nie über Nacht geblieben. Man könnte behaupten, ich hätte mich damit an die Regeln halten wollen, aber in Wahrheit bin ich einfach nur feige. Nicht stark genug, um die zu lieben, die ich nicht lieben sollte. Du bist geblieben, Keesy. Du bist mutiger, als ich es je war. Du hast deine gesamte Familie verloren, und dennoch bist du geblieben. Für die Liebe. Das ist das Romantischste, was ich je gehört habe – und ich hätte kein Geld der Welt darauf verwettet, dass du die Romantischste von uns allen bist. Dennoch hattest du nie Angst, du warst schon immer bereit zu kämpfen. Ich hab dir nie gesagt, wie sehr ich das an dir bewundere. Und hier bist du nun, am Tag deiner Hochzeit oder Nikah, wie immer du es bezeichnen willst. Es ist immer noch der Tag, an dem du ein Gelübde vor Gott leistest, das dein Leben an den Mann bindet, den du liebst, und das alles machst du ganz allein. Ohne die Menschen, von denen du gedacht hast, sie würden hier sein. Du bist die mutigste Frau, die ich kenne, Keesy. Ich wünschte, ich hätte ein wenig von deinem Mut.«

Kees blinzelt gegen die Tränen an. Sie registriert, wie sehr sich Jenna verändert hat. Sie wirkt ruhiger, aber auf eine kontrollierte, direkte Art. Als wäre irgendetwas verschoben worden, das sich nun leicht schief in die falsche Richtung neigt, aber sie kommt nicht darauf, was es ist.

Sie hustet und schafft es gerade so, ihre Tränen zurückzuhalten. »Bald wirst du es sein, die genauso mutig ist, und ebenfalls heiraten.«

Jenna schüttelt traurig den Kopf. »Nein, Kees. Ich werde es mit meiner Mutter an meiner Seite tun. Eines Tages werde ich dir vielleicht verraten, was für ein Feigling ich tatsächlich bin.«

Ehe Kees etwas erwidern kann, klopft es an der Tür. Lottie und Adalyn kommen herein und loben voller Begeisterung ihr Aussehen und den Sari, der an der Tür hängt. Adalyn mag sie von allen Ehefrauen am liebsten. Sie ist mit Max verheiratet, dem Zweitältesten, der Harry am nächsten steht. Sie haben schon viele Abende ohne die Brüder miteinander verbracht und über die Eigenarten der Familie DuVaughn gelacht.

»Wir dachten, wir schauen mal vorbei und fragen, ob ihr Hilfe braucht«, sagt Lottie.

»Oder ob wir irgendwas Nützliches tun können.« Adalyn geht zu Kees und umarmt sie. »Tut mir leid, dass wir dich gestern Abend nicht mehr sehen konnten. Vivian hat gesagt, du seist schon im Bett, als wir angekommen sind.«

»Ich war todmüde und bin ziemlich früh schlafen gegangen.« Kees drückt Adalyn und ist nun doch froh, dass sie hier ist, obwohl sie zunächst nicht gewollt hat, dass Vivian alle einlädt.

»Ich ziehe mich nur an und komme dann runter.«

Wieder betonen sie, wie schön sie aussähe und dass sie sie nun in Ruhe lassen würden. Es tut Kees leid, keine Aufgaben für sie zu haben. Sie weiß, wie gern sie sich nützlich machen wollen auf dieser Veranstaltung, die für sie keinen Sinn ergibt, und dass sie unsicher sind, wie sie sich auf einer Hochzeit verhalten sollen, die keine Hochzeit ist.

Gemeinsam mit Jenna verlassen die beiden ihr Zimmer. Kees nimmt sich vor, später, wenn das Ganze vorbei ist, einen Kaffee mit Jenna trinken zu gehen und sie zu fragen, was es mit ihrer letzten Bemerkung auf sich gehabt habe.

Fürs Erste muss sie ihren weißen Sari allein anziehen und die Stoffschichten dreimal neu falten, bevor sie zufrieden ist. Normalerweise braucht sie dabei Hilfe, aber ohne aufgeregte Tanten und Großmütter, die ihr stets sagen, sie habe es falsch gemacht, ganz gleich wie perfekt sie den Stoff um ihren Körper gewickelt hat, ist sie auf sich allein gestellt.

An die Tanten zu denken, treibt ihr wieder Tränen in die Augen. Rasch sieht sie nach oben und blinzelt sie weg. Albern. Wenn es so weitergeht, wird sie die meiste Zeit des Tages damit verbringen, zur Decke zu blicken.

Schließlich nimmt sie die Rose vom Frühstückstablett, von dem sie nichts gegessen hat, und steckt sie sich ins Haar. Sie betrachtet sich im Spiegel und hofft, das zu sehen, was sie in Saba am Morgen ihrer Hochzeit gesehen hat.

Wieder klopft es an der Tür. Jenna öffnet sie einen Spalt und vergewissert sich, dass Kees angezogen ist. Dann öffnet sie die Tür vollständig und lässt Kees' Vater hinein.

Ihr bleibt die Luft weg. Sie starrt ihn ungläubig an. Es verschlägt ihr die Sprache. Plötzlich ist sie nervös und voller Angst vor dem Mann, der noch nie seine Stimme gegen sie erhoben hat. Das Zimmer fühlt sich auf einmal zu klein an, und sie weiß nicht, was sie mit ihrem Körper machen soll, registriert, wie ihr Arm schwer und nutzlos an ihrer Seite herunterhängt. Sie hebt die Hand und greift damit nach der anderen, kommt sich aber albern vor und lässt sie wieder fallen. Für einen Moment nestelt sie an ihrem Sari herum, doch er muss nicht zurechtgezupft werden.

Schließlich erinnert sie sich an ihre Pflicht, ältere Personen zu begrüßen. »*Assalamualaikum, Abaji.*« Sie weiß nicht, ob sie das Wort für Vater noch verwenden darf.

»*Wa-Assalamualaikum, Beta.*«

Dass er sie mit »Tochter« anspricht, lässt ihre Knie weich werden.

»Ich hätte nicht gedacht, dass du kommst«, sagt sie.

Itasham schüttelt leicht den Kopf. Ihr fällt auf, dass er älter wirkt als bei ihrer letzten Begegnung. Er bewegt sich langsamer. Die Krümmung seiner Wirbelsäule, von der die

Ärzte behaupten, man könne nichts dagegen tun, ist schlimmer geworden. Er scheint vor ihren Augen zu schrumpfen. Später an diesem Abend wird sie sich bei Harry darüber ausweinen, dass sie der Grund dafür sein muss, dass ihr Vater dahinsiecht. Dass es ihr lieber wäre, wenn *ihr* das Leben genommen werden würde als ihm. Und Harry wird sagen »Beruhige dich« und sie in seinen Armen wiegen. Dabei wird er stetig wiederholen »Das darfst du niemals sagen« und hoffen, dass die Hochzeitsnacht nach ihrer großen Hochzeit glücklicher werden wird.

»Bilquis, ich kann nicht bleiben.«

Die Hoffnung, die zusammen mit ihrem Vater eingetroffen ist, schwindet dahin, sobald er die Worte ausgesprochen hat.

»Deine Mutter weiß nicht, dass ich hier bin. Ich bin nur gekommen, um dir das hier zu geben.« Er holt eine rote Samtschachtel aus seiner abgetragenen Jacke hervor. Kees fällt auf, dass die Naht gerissen und ausgefranst ist.

Schon seit Monaten will er sich eine neue Jacke kaufen, aber sie vermutet, dass er dies aufgrund von Sabas Hochzeit auf seiner Prioritätenliste ganz nach unten schieben musste.

Er kommt langsam auf sie zu und hält ihr die Schachtel hin. Kees fühlt sich, als hätte sie Wurzeln im Boden geschlagen. Mit zitternden Händen nimmt sie das Kästchen entgegen und öffnet es. Zum Vorschein kommt ein einzelner goldener Armreif, der in das weiche Innenleben der Schachtel gebettet ist. Darauf befinden sich goldene Verzierungen, ein Muster aus Blättern, das sich um das Schmuckstück herumwindet und oben in eine einzelne goldene Blume übergeht. Der Reif ähnelt dem, den ihre Mutter Saba am Morgen ihrer Hochzeit gegeben hat, nur das Muster ist anders. Es ist weniger verschnörkelt als Sabas, denn Kees hat schon immer einen minimalistischeren Stil bevorzugt. Aber die feine Goldarbeit macht den Armreif zu dem schönsten Schmuckstück, das sie je gesehen hat.

Fragend blickt sie auf.

»Deine Mutter und ich haben die Armreife gekauft, als ihr noch Kinder wart, einen für jede von euch am Tag eurer Hochzeit. Wir wussten, dass wir euch nicht viel würden geben können, aber deine Mutter hat beharrlich verkündet, dass ihre Töchter nicht ohne Familiengold heiraten würden. Über die Jahre haben wir gespart, um euch diese Armreife zu kaufen, und einen dritten, als Hakim geboren wurde – für die Frau, die er eines Tages mit nach Hause bringen wird, *inshallah*. Es tut mir leid, dass es nicht viel ist, Beta, aber *alhamdulillah*, es ist wenigstens etwas.«

All die Tränen, die sie so tapfer zurückgehalten hat, fließen nun über ihre Wangen, und sie tut nichts, um sie zurückzuhalten. Die Tatsache, dass ihr Vater, der Mann, dessen Wirbelsäule sich vor ihren Augen krümmt, vor ihr steht und sich dafür entschuldigt, nicht genug für sie zu haben, lässt all die Trauer wieder in ihrer Brust aufkeimen und aus ihren Augen strömen. Selbstverachtung brennt in ihrem Hals. Sie will weg von hier, seine Hand nehmen und sagen, dass es keine Rolle spiele, dass *nichts* von alldem je eine Rolle gespielt habe, dass sie einfach nur selbstsüchtig gewesen sei. Sie will in die Vergangenheit fliehen und einen anderen Weg einschlagen. Sie versucht, etwas zu sagen. Ihm irgendwie mitzuteilen, dass er ihr alles gegeben habe. Dass ihm Entschuldigungen nicht über die Lippen kommen sollten.

Doch die Worte bleiben ihr im Hals stecken, und heraus kommt ein Laut, der weder wie Englisch noch wie Punjabi klingt.

Itasham, der es wie Nathaniel nie ertragen konnte, jemand traurig zu sehen, geht den letzten Schritt auf seine Erstgeborene zu und schließt sie in die Arme. Es fühlt sich an, als würde eine Flut an seiner Brust losbrechen. Jeder gewissenhafte Pinselstrich, den Jenna zuvor gesetzt hat, fließt vom Gesicht seiner Tochter und sickert in sein frisch gebügeltes weißes Hemd, das alte kragenlose, das er schon seit Jahren hat, weil Kragen seine Haut reizen und dieser Schnitt schwer zu finden ist.

Er tätschelt Kees den Rücken und murmelt »Beta, genug, genug«, bis sie schließlich den Kopf und ihren bebenden Brustkorb von ihm löst und ihm das Baumwolltaschentuch abnimmt, das er ihr hinhält und in das sie nun hineinlacht.

»Ich glaube, du bist die einzige Person, die so was noch benutzt, Abaji.«

»Sie sind gut für die Umwelt, und von den anderen Taschentüchern bekomme ich Ausschlag.«

Diesen Satz hat er schon tausendmal gesagt. Kees steht stumm da und genießt den Trost seiner vertrauten Worte.

Schließlich deutet Itasham auf das cremefarbene Sofa am Fenster. »Kann ich mich setzen?«

»Ja, natürlich, Abaji, bitte nimm Platz.« Dass ihr Vater sie fragt, ob er sich setzen könne, ist neu. Das hat er noch nie getan. Etwas hat sich verändert.

»Willst du Tee?«

Itasham schüttelt den Kopf. »Komm und setz dich einen Moment zu mir.«

Sie setzt sich neben ihn, sodass sich ihre Knie beinahe berühren. Der weiße Sari fällt um ihre Füße herum.

»Bilquis, ich kann nicht hierbleiben.«

Erneut fängt sie zu weinen an.

»Du weißt ja, dass deine Mutter mit deiner Wahl nicht einverstanden ist.«

»Und was ist mit dir, Abaji? Was denkst du?« Sie schafft es nicht, ihrem Vater in die Augen zu sehen.

»Was ich denke, spielt keine Rolle. Es geht um das, was uns *Allah Subhanahu Wa Ta'ala* als richtig dargelegt hat. Wenn er bereit wäre, Muslim zu werden, Bilquis, könnte die Sache anders aussehen.«

»Aber er glaubt doch«, merkt sie flehend an. »Und wenn mich jemand bitten würde, meine Religion zu ändern, würde ich es auch nicht tun.«

»*Natürlich* nicht.«

»Warum ist es dann bei ihm etwas anderes, Abaji? Er geht jede Woche in die Kirche. Er glaubt an Gott und ist ein guter Mensch. Ich könnte ihn niemals darum bitten, all das aufzugeben, wo ich doch glaube, dass wir zu demselben Gott beten. Tun wir das nicht?«

»Ja, Bilquis, das tun wir. Es gibt nur einen Gott, und Mohammed ist der Bote. Aber sie glauben, dass Jesus Gottes Sohn war, nicht nur ein Prophet. Wir wissen, dass Gott keine Söhne und Töchter hat, und weder Mutter noch Vater. Der Koran lässt keine Zweifel daran.« Er hat den Tonfall angenommen, in dem er redet, wenn er seinen Kindern etwas erklärt oder wenn er mit Kees über etwas debattiert. Seine Stimme klingt geduldig, doch es liegt auch ein fester, unumstößlicher Glaube darin. »Wie baut man sich ein gemeinsames Leben auf, wenn man an unterschiedliche Dinge glaubt, Bilquis?«

Sie weiß keine Antwort darauf. Hilflos sieht sie ihren Vater an, in der Hoffnung, dass er eine Erklärung hat.

»Wir glauben an denselben Gott. Der Rest wird sich schon fügen, Abaji, wirklich.«

»Das ist der Grund, warum deine Mutter und ich dich darin nicht unterstützen können. Es ist nicht richtig.«

Jegliche Hoffnung, die in ihrer Brust aufgekeimt ist, verebbt wieder. Sie ist wütend. »Warum bist du dann gekommen und hast mir das hier gegeben?« Sie deutet auf die Schachtel mit dem Armreif. So nah war sie noch nie dran, ihren Vater anzuschreien, und als sie seinen traurigen Blick sieht, bereut sie es sofort.

»Obwohl wir dich nicht unterstützen oder mit dir hier sein können, bin ich mir sicher, dass deine Mutter wollen würde, dass du den Armreif an diesem Tag bekommst. Dass es sie traurig macht, dass du ohne Familie und ohne etwas Vertrautes heiratest.«

»Hat Umee dir das gesagt?«

»Nein, Beta. Aber ich kenne meine Frau.«

Sie erwidert nichts, sondern betrachtet nur die Schachtel und fühlt sich innerlich leer.

»Deine Mutter ist eine gute Frau, Bilquis. Sie kann hart und starrsinnig sein, aber sie hatte ein schweres Leben und hat für das wenige, das ihr nun gehört, gekämpft.«

»Aber ich bin ihre Tochter, Abaji«, erwidert Kees mit erstickter Stimme. »Wie kann sie mich nicht wollen?«

»Sei nicht albern, Bilquis.« Nun klingt er streng. »Sie weiß nicht, wie sie das akzeptieren soll, was du getan hast, und sie hat ein Recht zu trauern. Deine Mutter ist stolz auf dich. Das sind wir beide. Aber du hast viele Wege eingeschlagen, mit denen sie sich nicht wohlfühlt, und auf diesem Pfad kann sie dir nicht folgen. Ich werde sie auf ihrem Weg der Wahrheit nicht allein lassen, Bilquis. Deine Mutter und ich treffen unsere Entscheidungen gemeinsam. Immer.« Seine Stimme wird weicher. Er hebt ihr Kinn an. »Aber dennoch verdienst du es, an diesem Tag etwas von uns zu bekommen.«

»Wird sie nicht wütend sein, wenn sie herausfindet, dass du den Armreif einfach genommen hast?«

»Darum musst du dich nicht kümmern, Bilquis.«

Ein dringliches Klopfen an der Tür unterbricht die beiden. Als sie sich erheben, kommt Harry herein.

Ohne Kees anzusehen, geht er mit ausgestrecktem Arm auf ihren Vater zu. »*Assalamualaikum.*«

»*Wa-Assalamualaikum.*« Itasham schüttelt ihm die Hand.

»Abaji, das ist Harry«, flüstert Kees.

»Ja«, erwidert ihr Vater leise.

Sie stehen im Halbkreis, die Luft um sie herum ist dick.

Harry wendet sich Kees zu. »Der Imam kommt nicht.«

»Was?«

»Er hat mich gerade angerufen. Offenbar ist er noch einmal in sich gegangen und kann es nicht mit seinem Gewissen vereinbaren.« Harry zieht eine Grimasse.

»Aber wir haben ihn bezahlt.«

»Ich glaube, das ist unser geringstes Problem.«

Kees schämt sich ein wenig dafür, dass ihr Vater die Worte mitgehört hat. Geld war immer seine größte Sorge.

Vivian und Nathaniel kommen zur Tür herein.

»Hallo, ich bin Vivian, Harrys Mutter.« Auch sie streckt Itasham die Hand zur Begrüßung entgegen.

Kees' Magen zieht sich zusammen. Sie wünschte, Vivian würde wissen, dass Männer und Frauen in ihrer Kultur einander nicht die Hand reichen. Dass sie ihrem Vater die Hand hinhält, kommt der Bitte gleich, er möge seine Ansichten aufgeben.

Doch zu ihrer Überraschung erwidert er zwar unbeholfen, aber dennoch fest entschlossen Vivians Händedruck. »Ich bin Itasham. Erfreut, Sie kennenzulernen.«

»Wollen Sie nicht bleiben, zumindest ein bisschen? Ich weiß, dass es Kees sehr freuen würde.«

Beinahe muss Kees lachen, denn nur weil ein Kind etwas will, heißt das nicht, dass die Eltern sich diesen Wünschen beugen. Nicht ihre Eltern müssen ihr gehorchen, sondern umgekehrt.

»Tut mir leid, das kann ich nicht. Ich wollte gerade gehen.«

»Nun, es gibt wahrscheinlich auch nichts, wofür es sich zu bleiben lohnt«, erwidert Kees verbittert. »Der Imam hat abgesagt.«

»Der was?«, fragt Vivian, deren Miene Hilfsbereitschaft signalisiert.

»Der Imam.« Harry stöhnt leise. »Das habe ich dir doch erklärt. Der Mann, der die Zeremonie durchführt. Die islamische Version eines Priesters.«

»Gewiss, gewiss. Nun, Vater Bastian ist gerade gekommen. Könnte er das nicht übernehmen?«

»Nein!«, entgegnen Kees, Itasham und Harry wie aus einem Munde und sehen einander betreten an ob ihrer seltsamen Eintracht.

»Ich versuche ja nur, eine Lösung zu finden«, trillert Vivian.

Auch Nathaniel, der sich bis jetzt an der Tür herumgedrückt hat, kommt nun herein. »Was können wir denn tun, um zu helfen, Kees?«

»Ich weiß es nicht.« Sie lässt sich zurück auf die Couch fallen.

Harry berührt ihren Arm. Sie zuckt zusammen, da ihr nur allzu bewusst ist, dass ihr Vater neben ihr steht. »Ich hab meinen Laptop dabei. Darauf ist die Liste mit den Namen gespeichert. Dad und ich können ein paar von ihnen anrufen und sehen, ob wir jemand dazu bewegen können, herzukommen. Es könnte später werden, aber wir werden die Nikah heute über die Bühne bringen, Kees, und zwar mit einem Imam, okay? Das verspreche ich.«

»Ich werde auch ein paar Anrufe machen«, sagt ihr Vater, nachdem Nathaniel und Harry das Zimmer verlassen haben. »Ich habe mein Adressbuch dabei.«

»Abaji, das musst du nicht tun ...« Itasham hebt eine Hand. »Ich kann nicht bleiben, Bilquis. Kann ich dich nicht dazu bewegen, es dir anders zu überlegen?«

Sie schüttelt langsam den Kopf.

»Dann kann ich zumindest dafür sorgen, dass ein Imam die Nikah durchführt und aus dem Koran liest.«

Vivian, offensichtlich beflügelt von der plötzlichen Aktivität, erklärt, dass sie Tee kochen werde, und verlässt das Zimmer.

Wieder allein mit Kees, fragt ihr Vater: »Ist sie eine Heidin? Eine Priesterin?«

Kees kann sich das Lachen kaum verkneifen. »Sie ist eine gute Frau. Sie versteht es nur einfach nicht.«

Ihr Vater holt ein kleines Adressbuch, das in einem blauen Gefrierbeutel steckt, aus der Jackentasche und murmelt beim Durchblättern vor sich hin.

Das Haus um sie herum vibriert mit einer neuen Dringlichkeit. Kees geht zwischen Fenster und Tür auf und ab und kommt sich nutzlos vor. Jenna eilt herein und wieder hinaus, mit Tee für ihren Vater und beruhigenden Blicken für sie.

Adalyn fragt dreimal nach, ob es ihr gut gehe, doch Kees hat keine Antwort darauf. Harry arbeitet sich durch die Liste und betet, dass sie Glück haben. Nathaniel ruft den einen muslimischen Mann an, mit dem er arbeitet, und fragt ihn, ob er irgendwelche Verbindungen oder Ideen habe. Vater Bastian, der von Vivian instruiert wurde, ruft im islamischen Gemeindezentrum von Chelsea an, um Abdel-Hadey zu fragen, ob er eine »Neeka« durchführen könne. Samuel flüstert seinen Brüdern zu, wie lächerlich es sei, dass Vater Bastian nicht einfach einspringen könne. Lottie schüttelt den Kopf über ihren Mann und überlegt, wie jemand, der so intelligent ist, so dumm sein kann. Gus, der die Nörgelei seines Bruders leid ist, sagt ihm, er solle die Klappe halten, und freut sich, dass jemand in der Familie sich gegen die Erwartungen der Gesellschaft und den Tratsch im Tennisclub auflehnt. Er ist neidisch, dass Harry so mutig ist, eine Frau mit nach Hause zu bringen, die anders ist. Während er sich wünscht, er selbst wäre so kühn, entsperrt er sein Handy, um Drew zu schreiben. Er hat sich nicht getraut, Drew mit nach Hause zu bringen, als er die Chance dazu gehabt hat. Die Kinder rennen lachend und schreiend durch das Haus und kümmern sich nicht um die Erwachsenen.

Etwa sechzig Meilen entfernt fragt sich Abida, warum ihr Mann so lange fort ist; er wollte doch nur zum *Zuhr*-Gebet. Nicht weit weg steht Evie Khatieb im Zimmer ihrer Tochter und hofft auf ein Zeichen, auf etwas, das ihr verrät, was mit der Tochter geschehen ist, die sie einst gekannt hat. Am anderen Ende der Stadt sitzt Mohammed mit seiner Mutter am Küchentisch und redet über die Frau, die er bald heiraten wird. Seine Mutter lächelt, weil sie ihren Sohn so glücklich sieht. Achtzehn Straßen entfernt erhält Lewis einen Anruf und erfährt, dass er den Job bekommen hat; er stößt einen Freudenschrei aus und ruft Zee an, um ihr zu erzählen, dass er endlich nach Liverpool ziehen werde. Irgendwo auf der anderen Seite des Ozeans fliegt eine Tasse durch das Wohnzimmer und trifft Malak seitlich am Kopf. Die ägyptische Regierung erklärt den Ausnahmezustand. Eine Revolution hat begonnen.

Am Ende ist es ihr Vater, der den Imam findet, der seine Tochter vermählen wird, trotz seiner Wünsche und Zweifel.

»Er ist auf dem Weg«, verkündet er. »Ich kenne ihn aus der Moschee, und, *akhamdulillah*, er hat sich bereit erklärt, obwohl Harry kein Muslim ist.«

Kees ist nicht in der Lage, noch etwas zu sagen. Ihr Gesicht ist nackt. Das meiste von der Schminke ist weg, haftet am Hemd ihres Vaters, und den Rest hat sie abgewaschen, während alle telefoniert haben; es schien das einzig Sinnvolle zu sein, was es noch zu tun gab.

»Ich muss gehen, deine Mutter wird sich fragen, wo ich so lange bleibe.«

Er kommt nicht auf sie zu, um ihr eine Hand auf den Kopf zu legen, so wie er es normalerweise getan hätte. Sie regt sich nicht, aus Angst, das zerbrechliche Bündnis, das wankend zwischen ihnen entstanden ist, zu zerstören.

Er geht zur Tür und dreht sich mit einer Hand an der Klinke noch einmal zu ihr um. »Betest du weiterhin regelmäßig?«

»Ja, Abaji, jeden Tag.« Der Abend, an dem sie ihren Eltern von Harry erzählt hat, ist der Tag gewesen, an dem die Gebete zu ihr zurückgekehrt sind.

»*Alhamdulillah*.« Dann öffnet er die Tür und ist fort.

Harry, der vor dem Zimmer auf und ab gegangen ist, um ihnen ein wenig Privatsphäre zu geben, bleibt stehen. Beim Anblick seines entfremdeten zukünftigen Schwiegervaters verspürt er einen Anflug von Schuldgefühlen. Itasham sieht gütig aus. Nicht wie der wütende, tobende Mann, den er sich in all den Jahren vorgestellt hat, in denen Kees ihm erzählt hat, er würde ihre Ehe nicht gutheißen. Hauptsächlich fühlt er sich deshalb schuldig, weil er Kees ihrer Familie entrissen und diese noch dazu so falsch eingeschätzt hat.

»Ich kann Sie nicht überreden zu bleiben?«, fragt er vorsichtig.

Itasham zieht den Reißverschluss seiner Jacke hoch. »Danke für Ihre Gastfreundschaft, aber ich muss gehen«, antwortet er höflich.

Harry will etwas Tiefgründiges, etwas Großes darüber sagen, dass er sich um seine Tochter kümmern werde, aber das kommt ihm dumm und leer vor, ja sogar kindisch. Nervös sieht er sich um, ringt unsicher nach Worten. Doch er wird von seinem Vater erlöst, der durch den Flur auf sie zukommt.

»Itasham, gehen Sie? Möchten Sie nicht noch bleiben?«

»Danke, aber nein«, erwidert Itasham lächelnd und merkt an, wie ähnlich Harry seinem Vater sei.

»Dann gestatten Sie mir wenigstens, Sie noch zur Tür bringen«, schlägt Nathaniel mit offenen Armen vor und bedeutet ihm, vorzugehen.

Harry streckt Itasham noch einmal seine Hand entgegen. »*Assalamualaikum*, Onkel.« Kees hat ihm einmal erzählt, dass er ihre Eltern niemals beim Vornamen anreden dürfe, weil sie sonst vor Scham sterben würde. »Es tut mir aufrichtig leid, dass ich Ihrer Familie so viel Schmerz bereitet habe.

Und sollte ich Sie beleidigt haben, dann vergeben Sie mir bitte, das war nicht meine Absicht.«

Itasham hält einen Moment inne, ehe er ihm die Hand reicht. »*Wa-Assalamualaikum*, Harry.« Er geht an Harry vorbei und folgt Nathaniel durch das Haus, bei dem es sich um das größte handelt, das er je betreten hat.

Sie begegnen niemandem. Die Nachricht, dass die Nikah nun doch stattfindet, hat dafür gesorgt, dass alle wieder in ihre Zimmer geeilt sind, um sich fertig zu machen. Vivian ist in der Küche mit den Vorbereitungen beschäftigt.

»Bitte lassen Sie mich Ihnen ein Taxi rufen, das erspart Ihnen die Zugfahrt.« Nathaniel holt sein Telefon hervor.

Itasham lächelt und fragt sich, was dieser Mann wohl macht, dass er sich so lange Taxifahrten leisten kann. »Danke, aber ich fahre gern mit dem Zug und werde den Spaziergang zum Bahnhof genießen.«

»Sind Sie sicher? Es ist noch kalt.«

»Jaja, absolut.« Itasham legt sich zum Dank eine Hand an die Brust.

So stehen sie auf der Türschwelle und wissen nicht, wie sie die Kluft der Welt, die zwischen ihnen liegt, überbrücken sollen. Sie wollen die Verbindung noch nicht durchtrennen.

Sie machen Bemerkungen über das Wetter, und Nathaniel fragt, ob Itasham Cricket möge.

Ein paar Momente später deutet Itasham mit dem Kopf Richtung Straße und sagt, dass er gehen müsse. Er wirkt zögerlich. Schließlich holt er einen braunen Umschlag hervor und reicht ihn Nathaniel.

Darin befinden sich Geldscheine, ungefähr zweitausend Pfund, würde er schätzen.

»Für die Hochzeit meiner Tochter«, erklärt Itasham. »Danke, dass Sie alles organisieren. Es tut mir leid, dass Ihnen allein diese Last aufgebürdet wurde.«

Nathaniel versucht nicht, das Geld abzulehnen oder zurückzugeben. Zum ersten Mal glaubt er, den Mann und die Familie, zu der Kees gehört, zu verstehen.

»Es ist keine Last, eher ein Segen. Es ist uns eine Ehre.«

Sie schütteln einander die Hand, und als Itasham die Einfahrt entlanggeht, ruft Nathaniel ihm hinterher.

»Wir kümmern uns um sie, und Sie und Ihre Familie sind hier jederzeit willkommen!«

Itasham legt noch einmal eine Hand auf sein Herz und nickt zum Dank, bevor er durch das Tor geht und auf die Straße verschwindet.

Nathaniel sieht ihm hinterher. Später wird er Vivian erzählen, wie viel Respekt er für ihn hat.

»Warum um alles in der Welt hast du das Geld angenommen, Nathaniel?«, zischt Vivian. »Hast du seine Jacke gesehen? Sie hatte Risse, und Schuhe braucht er auch unbedingt neue. Ich wusste nicht, dass ihre Familie so arm ist, sie sieht immer so adrett aus. Sie brauchen das Geld mehr als wir, um Gottes willen.«

Nathaniel zieht seine Frau näher zu sich heran. »Ich weiß, aber ich verstehe sein Bedürfnis, selbst für die Hochzeit seiner Kinder aufzukommen. Mir würde es genauso gehen.«

Vivian murmelt etwas davon, dass Stolz eine der sieben Todsünden sei. Entgegen aller Vernunft macht ihr Itashams Jacke schwer zu schaffen, und sie wird noch wochenlang darüber nachdenken.

Draußen auf der Straße geht Itasham um die Ecke und setzt sich auf die erstbeste Bank, die er findet, obwohl ihm die Finger vor Kälte wehtun und der Schmerz in seiner Wirbelsäule so schlimm ist wie seit Monaten nicht mehr. Dort bleibt er sitzen, bis ihn der Imam zwei Stunden später anruft, um ihm zu berichten, dass es vollbracht und seine Tochter verheiratet sei. Erst dann geht er zum Bahnhof und steigt in den Zug, der ihn aus der Stadt und nach Hause zu seiner Frau bringt.

Kees sitzt mit Addy auf der Couch, den Kopf auf seine Schulter gebettet.

»Danke, dass du so viel *Laddu* mitgebracht hast, auch wenn ich nicht weiß, was wir mit diesen Mengen machen sollen.«

»Nun, irgendjemand musste uns doch repräsentieren.« Er lacht. »Und außerdem kann man nicht ohne *Laddu* heiraten.«

Die Zeremonie ist perfekt verlaufen. Der Imam hat kein Wort darüber verloren, dass Harry kein Muslim ist, und auch nicht über das Höllenfeuer. Kees hat sich Sorgen gemacht, dass er etwas von Sünde erwähnen würde, aber er hat nur aus dem Koran vorgelesen und über den Segen der Ehe gesprochen. Ob er Anweisungen von ihrem Vater bekommen hat?

Vivians Essen ist köstlich gewesen, auch wenn sie die Gerichte nie selbst ausgewählt hätte, und mit ihrer Dekoration hat sie das Haus in ein Winterwunderland verwandelt. Addy hat auch eine Blume für Harrys Knopfloch gekauft, die er seitdem nicht abgenommen hat.

»Es sind die kleinen Dinge, auf die es ankommt«, hat er gesagt und recht behalten.

Vivian fliegt förmlich durch das Haus, lächelt alle an, füllt Gläser, küsst ein Enkelkind, überredet Gäste zu zweiten und dritten Portionen, schiebt Nathaniels Mutter ein Kissen in den Rücken, bewundert ein Outfit. So ist sie am glücklichsten, wenn alle Kinder zurück ins Nest kommen, wenn auch nur für eine Nacht oder ein paar Stunden.

Addy küsst Kees auf die Stirn. »Okay, ich muss los. Bringst du mich noch zur Tür?«

Auf der Schwelle reicht sie ihm seine Jacke. »Vielen Dank, Addy. Ich weiß nicht, wie …«

»Ach, hör schon auf«, unterbricht er sie. »Keine Tränen mehr. Es reicht jetzt.«

»Aber eigentlich sollten wir doch am Ende alle am meisten weinen.«

»Stimmt. Aber du hast das mit dem Weinen schon am Anfang erledigt. Ich kann immer noch nicht fassen, dass dein Dad aufgetaucht ist.«

»Ich auch nicht.«

»So ist das Leben.« Er seufzt. »Okay, wir sehen uns am Montagmorgen, wahrscheinlich bevor alle anderen da sind. Sollen wir zusammen frühstücken? An meinem Schreibtisch oder an deinem?«

»An meinem.«

»Abgemacht.« Er zieht seine schwarzen Lederhandschuhe an. »Übrigens, wusstest du, dass dein Schwager schwul ist?«

»Was? Nein, ist er nicht. Welcher?«

»Gus natürlich.«

»Er ist verheiratet, Addy.«

»Na und? Als wenn einen das von irgendwas abhalten würde.«

»Du täuschst dich«, flüstert sie. Plötzlich hat sie Angst, dass Gus in den Eingangsbereich kommen und sie hören könnte.

»Ich täusche mich nie, vertrau mir, ich erkenne meine Leute, und Gus gehört zu uns. Nun gut, es ist kalt, geh wieder rein. Wir sehen uns.«

Kees schließt die Tür und sieht Jenna auf sie zukommen.

»Hey, du«, sagt diese und reicht ihr ein Stück Hochzeitstorte, die Vivian bestellt hat, weil sie der Ansicht gewesen ist, dass sie den Kindern gut schmecken würde. »Ich hab mir gedacht, du brauchst vielleicht etwas Kuchen und eine kleine Auszeit.« Sie deutet mit dem Kopf zur Treppe.

»Du bist meine Heldin, ja bitte«, erwidert Kees erschöpft.

Sie setzen sich auf die Stufen, wo niemand vorbeikommt.

»Wie schlägst du dich?«, fragt Jenna.

»Ich kann nicht glauben, dass mein Dad gekommen ist.«

»Ich kann nicht glauben, dass du all deine Schminke an sein Hemd geschmiert hast.« Jenna lacht.

»Tut mir leid, Liebes.«

»Ich verzeihe dir. Verspricht mir einfach, dass du dich bald wieder von mir schminken lässt.«

»Auf der richtigen Hochzeit hast du freie Hand.«

Eine Weile bewundern sie schweigend die Umgebung und essen den Kuchen, den Kees auf ihrer Handfläche balanciert. Kees möchte etwas sagen, hält sich aber zurück. Jennas zu lautes Kauen ist das einzige Geräusch in ihren Ohren. Diesmal macht es ihr nichts aus.

Jenna durchbricht als Erste die Stille. »Es ist eineinhalb Jahre her … Die Verlobungsfeier deiner Schwester.«

Kees nickt zustimmend. Was sie wirklich meinen, ist, dass es genau eineinhalb Jahre her ist, dass sie drei zusammen in einem Raum gewesen sind. Es ist genau eineinhalb Jahre her, dass das Leben einen Sinn gehabt hat. Es ist genau eineinhalb Jahre her, dass die Leere entstanden ist, die sich formt, wenn die Frauen, die man liebt, verschwinden.

»Alles ist so anders«, fährt Jenna fort. »Ich bin anders. Und du auch, Kees.«

»Bin ich das?« Sie spürt, dass Jennas Traurigkeit auf sie übergeht und etwas Schweres zwischen ihnen entstehen lässt.

»Ja, du wirkst trauriger.«

»Du auch.«

Jenna legt ihren Kopf auf Kees' Schulter. Kees legt den Kopf auf ihren. In dieser Position verharren sie wie Puzzleteile, die endlich ihren Platz gefunden haben.

Irgendwann kommt Harry auf der Suche nach seiner frisch angetrauten Frau vorbei und findet die beiden aneinandergelehnt vor. Er schleicht sich auf Zehenspitzen davon und wünscht sich, er hätte ein Bild von den beiden machen können. Sie sehen aus wie Soldatinnen auf dem Schlachtfeld, nachdem der Kampf vorüber ist, müde und erschöpft, sich nach Ruhe sehnend.

Malak

Gewisse Momente im Leben kristallisieren sich heraus und werden von Erinnerungen zu etwas Unsterblichem.

Der Moment, in dem der erste Teller an ihrem Ellbogen zersprungen ist, ist einer davon. Sie weiß noch, wie das Licht ausgesehen hat, das durch das Küchenfenster hereingeströmt ist, und welches Lied im Hintergrund lief: *Called Out in the Dark* von Snow Patrol. Sie hat sich das Lied seitdem nie wieder angehört.

Sie erinnert sich an die Schaumspritzer, die sich wie Perlen an ihrem Handgelenk angesammelt haben, und daran, wie viel Geschirr tropfend im Trockenständer gestanden hat. Zwei Tassen. Eine Schale. Drei Teller. Die große Salatschüssel, die sie auf dem Chan el-Chalili gekauft hatte: marineblaue Keramik mit verschnörkelten orangefarbenen Mustern im Inneren und Punkten an der Außenseite. Wenn sie ihre Augen lange genug schließt, sieht sie noch, wie viele Schaumkronen von der Schüssel getropft sind: drei.

Sie erinnert sich daran, wie sich die Luft um ihre Ohren herum angefühlt hat, und obwohl der Ofen aus gewesen ist, hat sie eine brennende Hitze hinter sich gespürt, während Ali auf und ab lief, auf und ab, sechzehn Mal insgesamt, bevor er einen der drei Teller vom Trockenständer genommen und ihn an ihrem Ellbogen zertrümmert hat.

Das restliche Geschirr wurde an diesem Tag nicht mehr gespült.

Später hat er behauptet, er habe nicht einmal realisiert, dass der Teller in seiner Hand gewesen sei; dass er nicht er selbst gewesen sei.

Durch nasse Wimpern hat sie schüchtern zu ihm aufgeschaut und ihn den langen Schnitt an ihrem Ellbogen küssen lassen, während er ihr so sanft wie einem Neugeborenen einen Verband anlegte.

Als er fertig war, hat er ihren Blick zwei Minuten lang ohne zu blinzeln gehalten, ehe er ihr sagte, sie mache ihn zu einem besseren Mann. Dass es eine Reise zu mehr Größe sei, mit ihr zusammen zu sein, und dass er es nicht allein schaffen könne.

Dies ist der zweite Moment gewesen, der unsterblich geworden ist. Sie hat nie vergessen, wie er sie angeschaut hat, wie er mit den Lippen Worte geformt hat, die sie ihm geglaubt hat. Das, was sie tat, wie sie sich durch die Welt bewegte, konnte für einen Mann, der manchmal fast wie der Teufel war, einen Unterschied machen. Doch es ist der Augenblick gewesen, in dem sie geblieben ist, der ihr für immer im Gedächtnis bleibt.

Sie hat nichts anderes gekannt. Wie man jemand verlässt, wird einem nicht beigebracht. Frauen wird beigebracht zu bleiben. Bedingungslos zu lieben. Koffer nur für ihre Männer zu packen, niemals für sich selbst. Sie hat zugesehen, wie die Tanten und Onkel, die sie seit ihrer Kindheit kennt, dort geblieben sind, wo sie waren, erstarrt wie Figuren auf einem Schachbrett.

Nun steht sie selbst auf dem Spielbrett und kann nirgendwo hin. Sie weiß zwar nicht, wie man jemand verlässt, aber sie hat doch andere Dinge gelernt. Wie man an Tagen, an denen er unglücklich ist, zu einem Schatten zusammenschrumpft. Wie man leichtherzig spricht, damit die Worte unbemerkt über ihn hinwegfliegen. Wie sie seine Schultern auf eine Art massiert, die ihn vor Wonne seufzen lässt, sodass er sie küsst und sagt: »Hayati.«

Sie kennt seine Lieblingsgerichte und seine Morgenrituale. Sie hat gelernt, mit anderen Männern auf eine Art zu reden, die an Desinteresse grenzt. Manchmal ist sie unfreundlich zu anderen Männern, weil der Gedanke daran, sie könnten ihre Höflichkeit mit Flirten verwechseln, ihr das Blut in den Adern gefrieren lässt. Sie hat die Wahl: Freunde von Freundinnen können sie für unhöflich halten, oder sie kann sich anschließend von dem Mann, den sie liebt, als Hure beschimpfen lassen. Sie entscheidet sich stets für Ersteres.

Ihre Freundinnen haben mittlerweile aufgehört, sie anderen Freunden vorzustellen. Das weiß sie, weil die Typen die Augen verdrehen und sie bitten, nicht die »verkrampfte Unhöfliche« einzuladen, und sie ist froh darüber, von gemischten Treffen ausgeschlossen zu werden. Sie hat gelernt, dass Treffen, an denen nur Frauen teilnehmen, keine Grenzen haben. Wenn sie mit Frauen unterwegs ist, schreibt er ihr Dinge wie: *Ich hoffe, du hast einen wundervollen Abend mit deinen Freundinnen, Baby.* Aber während der Treffen, bei denen Männer anwesend sind, fragt er: *Wann kommst du nach Hause?* Oder: *Warum gehst du nicht an dein Telefon?*

Der einzige Mann, den sie anlächelt, ist ihr Cousin Haytham, der ihrer Familie zu nahesteht und der zu alt ist, um einen Grund für Eifersucht darzustellen. Sie hat gelernt, dass Männer auch eifersüchtig werden können, wenn keine anderen Männer anwesend sind. Der Bikini, der am Strand zu weit nach unten geschoben wird, genügt, um Ali von einem Mann in ein Monster zu verwandeln, und das kleine bisschen mehr Bräune ist es nicht wert. Sie trägt lieber überhaupt keine Bikinis, sondern zieht Tankinis vor und erzählt ihren Freundinnen, wie sehr sie momentan ihren Bauch hasse. Sie war noch nie dünner als jetzt, aber es ist eine Ausrede, die Frauen hinnehmen. Sie kauft ihre Schwimmsachen immer in Größe 44, obwohl sie eigentlich 36 trägt. Mehr Platz bedeutet auch mehr Stoff und damit ein weniger tiefer Ausschnitt, was wiederum für mehr Harmonie zwischen ihnen am Strand sorgt. Sie stimmt Ali zu, dass ein tiefer Ausschnitt vulgär und gewöhnlich ist. Selbst sie kann nicht aufhören zu starren, wenn die Brüste einer Frau fast aus ihrem Kleid herausfallen, und sie will nicht, dass die Leute sie so anschauen.

Eines Abends, als sie mit Freundinnen unterwegs ist, scrollt sie durch Facebook und löscht alle alten Bilder. Abende voller Gelächter, Arm in Arm mit Kees oder Jenna in einem Top, das in Kombination mit einem Gürtel und hohen Schuhen zu einem Kleid geworden ist. Sie ist schon immer stolz auf ihre Brüste gewesen, aber nun sieht sie sich die alten Fotos an und empfindet einen tiefen Hass gegenüber der Frau, die sie einst war. Ihr Profil ist befreit von früheren Liebhabern und festen Freunden, belastenden Fotos von durchzechten Nächten und freizügigen Bildern. Die Fotos von ihr im Urlaub, umgeben von sechs Männern am Strand, sind fort. Die Bilder von ihr, auf denen sie männliche Freunde auf dem Rücken tragen, sind verschwunden. Es gibt nichts mehr, was sie belasten oder womit sie jemand verärgern könnte. Nichts deutet darauf hin, dass ihre Haut irgendjemandem gehört außer ihm.

All das tut sie, obwohl sie auf Facebook nicht einmal befreundet sind. Einmal hat sie vorgeschlagen, dass sie einander hinzufügen, aber Ali hat ihr ganz sachlich dargelegt, warum sie das nicht tun sollten, und sie hat ihm zugestimmt. Sie fand sogar, dass mehr Leute so denken sollten. Das Gespräch ist aufgekommen, als sie sich bei Twitter angemeldet und Ali stolz ihren ersten Post – *Hiermit verliere ich meine Twitter-Jungfräulichkeit* – gezeigt hat. Er hat voller Unbehagen den Kopf geschüttelt.

»Tut mir leid, aber genau das ist der Grund, warum ich es besser finde, wenn wir einander nicht folgen oder uns online miteinander verbinden.«

Auf ihre Erwiderung, sie mache nur Spaß und so sei eben ihr Humor, meinte er: »Ich weiß, aber ich verstehe ihn einfach nicht, weißt du?«

Sie hat nie wieder etwas getwittert. Ihre Pinnwand ist leer geblieben, abgesehen von diesem ersten Eintrag, der drei Likes erhalten hat, alle von Robotern.

Nach dem ersten Teller sind noch mehr an ihr abgeprallt, aber an diese erinnert sie sich nicht auf die gleiche Weise. Die Erinnerungen sind an den Ecken verblasst, ausgefranst und an einen vergessenen Ort verbannt worden. Manchmal erinnert sie sich verschwommen an einen Teller, der ihr entgegenflog. Eine Vase, die sie am Bein traf. Die Fernbedienung, die an ihrer Stirn abprallte. Ein Parfümflakon, der sie erwischte, während sie aus dem Zimmer ging. Er zersprang auf den Kacheln, nachdem er von ihrem Rücken auf den Boden gefallen war. Die nächsten zwei Wochen haben sie im Gästezimmer geschlafen, weil der Geruch von Davidoff Cool Water so intensiv war, dass sie Kopfschmerzen bekamen. Ihre Wohnung duftete am besten von allen in ganz Kairo.

Aber all das ist nicht häufig vorgekommen. Es waren seltene Einzelfälle, die sich immer am Ende eines Streites ereigneten, und meistens hat sie genauso laut geschrien wie er. Ihre Stimme hat ein Eigenleben entwickelt, etwas, das sie beide zerrissen hat. Und auch wenn sie nie Teller geschmissen hat, so hat sie ihm doch einmal an den Kopf geworfen, er sei unsicher und sie habe sein Ego an jeder Wand der Wohnung zerbersten sehen.

Immer wieder hebt sie die Einzelteile auf, findet sie unerwartet an den unmöglichsten Orten; in einer Unterhaltung, auf einem Wochenendtrip oder auf dem Pasta-Gang im Supermarkt.

Sie haben gelernt, einander zu reizen, und das Schlimmste daran ist, dass es den Sex besser macht. Die Sanftheit, die Ali zeigt, nachdem etwas an ihrem Körper zerbrochen ist, ist hedonistisch, nicht von dieser Welt, belebend. Es macht süchtig. Sie hat noch nie einen Mann erlebt, der auf die Knie fällt und ihr Entschuldigungen zu Füßen legt. Ihn zu sehen, wie er auf den Boden sinkt, ihre Knie küsst und schwört, dass sie der Grund dafür sei, dass er besser wird, ist die stärkste Droge, die sie je genommen hat.

Einmal, als sie in der Schulpause mit ihren Arbeitskolleginnen Delia, Reham und Noha zusammensaß, hat Noha gefragt, wie Frauen in einer Beziehung enden könnten, in der Gewalt herrsche.

»Sobald jemand seine Hand erheben und mich schlagen würde, wäre ich weg«, hat sie angesichts eines Artikels über die Statistik von häuslicher Gewalt entschieden verkündet.

Noha ist Amerikanerin und dementsprechend arrogant. Delia und Reham, die ihr ganzes Leben im selben Land verbracht haben, zuckten nur gelassen mit den Schultern. Noha hat ihr Schweigen als Zustimmung gedeutet.

Malak hat ihren Pfirsich weiter in Scheiben geschnitten, sich jedes Stück in den Mund geschoben und die Süße und Frische der Frucht genossen, die nicht importiert gewesen ist.

Es ist einfacher, als du glaubst, hat sie gedacht.

Dies ist die dritte Erinnerung, die für den Rest ihres Lebens in ihr haften bleiben wird: das Wissen, dass sie in einer gewalttätigen Beziehung gesteckt und nicht gewusst hat, was sie dagegen unternehmen sollte. So etwas kann man wohl kaum während der Mittagspause berichten, und obwohl Frauen immer behaupten, man könne ihnen alles erzählen – wie kann man anderen gegenüber etwas äußern, das man sich selbst kaum eingestehen kann?

Der 25. Januar 2011 sticht auch hervor, aber nur, weil das Blut von jemand anderem vergossen wurde. Der Tag war gleichzeitig der Beginn von Alis und Malaks bester Phase. Ihre Liebe ist wieder aufgeblüht und wild um sie herum gewachsen. Die Revolution hat einen größeren Kampf mit sich gebracht, einen gemeinsamen Feind. Sie mussten sich nicht mehr miteinander anlegen.

Ali ist besessen wie nie gewesen. Die Verwirklichung so vieler Twitter-Einträge hat sich endlich draußen auf den Straßen entfaltet. Er hat Tage und Nächte damit verbracht, auf dem Tahrir-Platz zu sitzen und gegen die Regierung zu demonstrieren. Malak ist für einige Wochen bei ihrer Tante und ihren Cousinen eingezogen, weil eine Revolution keine gute Zeit ist, um allein zu schlafen. Sie wäre wieder in ihre alte Wohnung zu Nylah und Rayan gezogen, doch deren besorgte Eltern hatten sie schon Monate zuvor zurück nach England geholt.

So haben Ali und Malak reichlich Gelegenheit gehabt, einander zu vermissen, und wenn er kam, um zu duschen, zu schlafen oder um Artikel zu schreiben, die er an Lektoren in England schickte, war ihre Liebe pure Magie.

Die Schule hatte geschlossen, und Malak war froh über die Pause. Das Land befand sich im Stillstand. Als die Märsche losgingen, hat sie sich ihnen angeschlossen und gemeinsam mit Haytham und ihren Cousinen oder ihren Tanten, die das harte Leben leid waren, demonstriert. Manchmal auch mit Ali. Zusammen haben sie geschrien: »*Ash-sha'b yurıd isqat annizam'*!« Das Volk will das Regime stürzen.

In diesen Momenten, umgeben von einer Million anderen Ägypterinnen und Ägyptern, hat Malak genau gewusst, wer sie war. Für sein Land zu kämpfen, entweder im Krieg oder in Form von Protesten, ist die einfachste Art, sich mitreißen zu lassen. Man kann für sein Vaterland kein Blut vergießen oder sein Leben riskieren und sich nicht dazugehörig fühlen. Sie hat gewusst, warum sie hierhergekommen ist und dass alles, was zu diesem Moment geführt hatte, sich gelohnt hat.

Die Revolution geht weiter. Während der Ausgangssperre lernt sie, mit ihren Tanten zu stricken, und verbringt viele Stunden damit, Wolle in Metallhaken zu fädeln. Sie kocht mit ihren Cousinen, und sie bereiten jeden Tag eine neue Süßigkeit oder einen Kuchen zu. Die Zeit vergeht langsam, und es gibt nicht täglich Märsche und Demonstrationen. Manchmal verlieren so viele Menschen ihr Leben, dass ihre Tanten darauf beharren, dass sie das Haus nicht verlassen darf. Ali unterstützt sie dabei – er weigert sich, sie den Platz betreten zu lassen, aus Angst, sie in der Menschenmenge zu verlieren. Zu viele Männer sind in letzter Zeit gestorben, und Frauenkörper, lebendig oder tot, werden durch die Straßen gezogen und werden zu Berichten und Schlagzeilen.

Malak redet mit mehr Freundinnen von zu Hause, da alle sie plötzlich kontaktieren, um herauszufinden, ob sie noch lebt. Ihre Mutter und ihr Vater rufen an den meisten Tagen an. Samir fragt gelegentlich, ob es ihr gut gehe, aber die Revolution ist für ihn weit weg. Er hat noch nie die Nachrichten geschaut.

Sie gibt allen die gleiche Antwort: »Es sieht in den Nachrichten schlimmer aus, als es ist.« Das glaubt sie auch, bis sie zu einer Demonstration geht, die eigentlich friedlich verlaufen sollte und bei der ein Mann in ihren Armen stirbt.

Die Schüsse fallen ein paar Straßen weiter. Während sie flieht, sieht sie einen Mann am Boden liegen, dessen Blut in die Gosse fließt, vermischt mit dem schmutzigen Wasser der Wäscherinnen in der Nähe. Ihr Körper schreit, dass sie wegrennen soll, aber sie fängt den Blick des Mannes auf, und seine stummen Rufe erreichen sie. Sie zieht ihn in den Schatten einer Seitenstraße und versucht, ihn in ihrem gebrochenen Arabisch zu beruhigen, doch das einzige Wort, an das sie sich erinnern kann, ist »okay«, also wiederholt sie es zehn Minuten lang, bis sein Licht plötzlich erlischt.

Sie weiß nicht mehr, wer ihn ihrem Griff entzogen hat, aber während sie wie in einem Nebel nach Hause läuft, denkt sie: Vielleicht ist es doch so schlimm, wie es in den Nachrichten erscheint.

Als sie in ihrer gemeinsamen Wohnung ankommt, ist Ali wütend. Die Revolution verläuft nicht gut, und sie hätte schon vor Stunden zu Hause sein müssen.

Ehe sie erklären kann, dass sie darauf gewartet hat, dass der sterbende Mann seinen letzten Atemzug nimmt, schreit

Ali sie an, weil sie zu spät gekommen ist. Sagt ihr, sie sei egoistisch, da er sich solche Sorgen um sie machen musste. Dass sie größeren Respekt vor ihm haben sollte. Seine Wut bedeckt an diesem Abend jede freie Fläche in der Wohnung. Wieder denkt Malak über die Liebe nach und wie wichtig sie ist, wenn der Tod anklopft. Doch jedes Mal, wenn sie an die Liebe denkt, erscheint Jacobs Gesicht vor ihren Augen, nicht Alis, der sie weiterhin tadelt, ohne ihre blutdurchtränkte Kleidung zu bemerken. Sie denkt über den Tod nach und über all die Dinge, die sie im Leben falsch gemacht hat.

Später am Abend erfährt sie von Kees' Nikah und dass Jenna dort gewesen ist, und obwohl sie diejenige gewesen ist, die sich damals in ein Flugzeug gesetzt hat, fühlt sie sich zurückgelassen. Sie kann nicht aufhören, über die Entscheidungen nachzudenken, die Leute treffen, und darüber, wie viel jeder zu verlieren hat.

Im Februar und März kehrt endlich Normalität in Malaks Leben ein. Das Land setzt sich schwerfällig wieder in Bewegung, jetzt, da Mubarak eine Geschichte der Niederlage und des Triumphes geworden ist, die man sich beim Abendessen erzählt.

Die Schule hat wieder geöffnet, und sie ist zu den täglichen Kämpfen mit ihren Schülerinnen und Schülern zurückgekehrt, als hätten sie nie aufgehört. Sie trägt wieder hohe Schuhe und bahnt sich ihren Weg durch lange klimatisierte Korridore, um den Kindern das Partizip Präsens beizubringen, das ihnen vorher schon egal gewesen ist – und jetzt, nach der Revolution, noch viel mehr. In ihrem Land bricht ein neuer Morgen an. Sie haben keine Zeit für die Englischlehrerin, die nicht hier aufgewachsen ist und die ihre Sprache immer noch nicht versteht.

Sie ist zurückgekehrt zu Pfirsichscheiben in der Pause und unausgesprochenen Gedanken. Wieder zerbrechen Teller, und wieder fegt sie die Scherben auf dem Boden zusammen. Aber die sanfte Liebe ist auch zurückgekehrt.

In letzter Zeit findet sie alles schwieriger. Sie ist weniger motiviert und besucht ihre Tanten seltener. Haythams Anrufe ignoriert sie absichtlich und sendet ihm später per Nachricht eine Entschuldigung, ohne weitere Erklärung.

Sie ist dauerhaft müde. Die Härte einer Stadt mit siebzehn Millionen Einwohnern nagt langsam an ihr. Die Muslimbruderschaft wurde gewählt, und überall im Land macht sich Enttäuschung breit. Sie reden nach dem Abendessen auf dem Balkon mit weniger Begeisterung über Politik. Die Revolution ist weit weg, als hätte sie in einer anderen Zeit stattgefunden.

Sie streiten sich weniger, und es zerbrechen seltener Gegenstände, aber es fällt Malak immer schwerer, alles zu ertragen. Zum ersten Mal tut sie so, als würde sie schlafen, als Ali sie mit Küssen bedeckt, und das Schlimmste daran ist, dass es ihm nichts auszumachen scheint. Sie hat gehofft, dass sie sich zumindest darüber streiten würden, dass er ihr auf irgendeine Art zeigen würde, dass er sie wollte, aber als sie nachts aufsteht, um zur Toilette zu gehen, findet sie ihn vor seinem Laptop. Er lacht über etwas, das sie nicht versteht; offensichtlich ist es ihm egal, dass seine Freundin ausnahmsweise geschlafen hat, statt wach zu bleiben und Sex mit ihm zu haben.

Sie spürt eine irrationale Flutwelle der Wut in sich aufsteigen und tut nichts, um sie aufzuhalten. Sie beschwert sich darüber, dass er so laut auf seinem Laptop tippt, und stolpert zurück ins Bett.

Jeden Morgen um halb acht steht sie hinten in einer Versammlung mit Edlin, ihrer engsten Freundin bei der Arbeit, obwohl sie dreißig Jahre älter ist, und versucht verzweifelt, mithilfe einer Tasse Tee wach zu werden, während Edlin an ihrem Kaffee nippt. Nur ganz leise singen sie die ägyptische Nationalhymne mit, weil keiner von ihnen den ganzen Text kennt. Immer noch nicht. Sie hört sich nach anderen Jobs um, wird aber nur belächelt. Die Wirtschaft ist zerstört. Das Land hinkt nach der Revolution. Niemand stellt ein, und internationale Firmen, die ihr perfektes Englisch gebrauchen könnten, schauen sich nicht einmal in Ägypten oder in anderen Teilen des Nahen Ostens nach Personal um, wo die Länder wie Dominosteine der Revolution zum Opfer fallen.

Malak schlurft zurück ins Lehrerzimmer, um die Tests zu Ende zu korrigieren, und wischt sich den Schweiß von der Stirn.

»Du siehst fürchterlich aus«, merkt Edlin mit ihrer gedehnten Aussprache an, die im Süden üblich ist. Sie schaut von ihrem Stapel Aufsätze der Neuntklässler auf. Das Halbjahr ist fast vorbei, sodass alle Lehrerinnen und Lehrer mit den Benotungen und die Schülerinnen und Schüler mit Arbeiten beschäftigt sind.

»Mir ist schon seit drei Tagen übel«, erwidert Malak. »Ich glaube, ich habe einen schlechten Burrito gegessen. Seit Sonntagabend fühle ich mich komisch. Ich war bei Amellios, und ich hab von jemandem gehört, der von dort auch krank geworden ist.«

»Das ist ein merkwürdiges Restaurant«, sagt Andy vom anderen Ende des Tisches aus. »Ich hab mich viermal übergeben, nachdem ich dort war.«

»Musst du dich heute Morgen in jede Unterhaltung einmischen?« Edlin wirft ihm einen so strengen Blick zu, wie ihn sich nur Frauen über fünfzig erlauben können.

Malak sieht sie dankbar an. »Mein Rücken bringt mich auch um, aber ich bin kurz vor meiner Periode.«

»Trink Pfefferminztee, das hilft gegen die Übelkeit.«

Edlin beugt sich wieder über die Aufsätze, und Malak fragt sich, ob jemand die Klimaanlage ausgeschaltet hat, da es nicht so kühl ist wie sonst.

Fünf Minuten später steht Edlin mit der Handtasche unter dem Arm hinter ihrem Stuhl. »Ich fahre zur Tankstelle, um Zigaretten zu holen. Willst du mit?«

»Danke, aber ich muss mit dem Korrigieren fertig werden«, erwidert Malak.

Edlin packt sie am Arm und zieht sie hoch. »Vielleicht haben sie auch Pfefferminztee«, sagt sie und schiebt Malak entschlossen aus dem Lehrerzimmer.

Die schnalzt empört mit der Zunge und befreit ihren Arm. »Ich weiß nicht, warum du dir überhaupt die Mühe machst, mich zu fragen, wenn du es ohnehin schon beschlossen hast.«

»Es klingt, als seist du schwanger«, zischt Edlin ihr ins Ohr.

Malak hält entsetzt inne und sieht sich nervös um. »Edlin, ich nehme die Pille. Wahrscheinlich hab ich nur was Falsches gegessen.«

»Ich hab Lucas auch trotz Pille bekommen.« Edlin spricht leise und tritt näher an sie heran.

»Meinst du das ernst?« Malak klammert sich an der Pinnwand zu ihrer Rechten fest. Mit einem Mal fühlt sie sich schwach.

»Todernst«, sagt Edlin mit fester Stimme und packt sie wieder am Arm. »Komm schon, wir fahren zur Apotheke und holen einen Schwangerschaftstest.«

Eine halbe Stunde später stehen sie gemeinsam in der Damentoilette, Edlin mit dem Rücken zur Tür. Jedes Mal, wenn ein Kind versucht einzutreten, verkündet sie mit strenger Stimme, dass diese Toilette geschlossen sei.

Malak starrt ungläubig den positiven Schwangerschaftstest in ihrer Hand an. Jegliche Übelkeit ist aus ihrem Körper gewichen.

»Kann man in Ägypten überhaupt abtreiben?«

»Wenn das deine erste Frage ist, verrät uns das schon, was du tun willst, nehme ich an?«

»Ich kann kein Kind bekommen, Edlin. Ich bin ja nicht mal verheiratet.« Malak lehnt sich rücklings an das Waschbecken.

»Aber du hast doch vor, Ali zu heiraten. Wenn du das Baby willst, könntet ihr die Hochzeit vorziehen. Das ist möglich, aber natürlich nur, wenn du es willst.«

Malak schweigt. Edlins Worte hat sie verstanden, aber eigene kann sie nicht finden.

»Wann war deine letzte Periode?«, fragt Edlin sachlich.

»Ich weiß es nicht mehr ...«

»Was soll das heißen, du weißt es nicht mehr?« Edlin bemüht sich sichtlich um Geduld.

»Ich hab die Pille die letzten drei Monate durchgenommen, weil ich meine Periode nicht bekommen wollte.«

»Lieber Himmel.« Edlin reibt sich die Augen. »Ich brauche Kaffee. Und du musst zum Arzt. Ich mach dir einen Termin bei meinem; nach der Schule kannst du hingehen. Kannst du Ali sagen, dass du heute mit zu mir kommst und mit mir und den Kindern zu Abend isst?«

»Ja, ja. Lass es uns so machen.« Plötzlich fühlt sich Malak wie ein wildes Tier. »Edlin …«

»Mach dir keine Sorgen, Schätzchen.« Ausnahmsweise wirkt Edlin weich und zieht Malak in ihre Arme. »Am Ende wird alles gut werden. Du wirst schon sehen.«

Die Schulglocke ruft sie zurück zur Arbeit. Malak muss quer durch das Schulgebäude rennen, um es noch rechtzeitig zu ihrem Unterricht zu schaffen.

Im Laufe des restlichen Tages fällt ihr auf, dass die konstante Übelkeit verschwunden ist. Sie wurde ersetzt durch einen festen Klumpen Sorge, der bewirkt, dass sie sich auf eine ganz andere Weise schlecht fühlt.

Später, als sie dem Arzt gegenübersitzt und er ihr verkündet, dass sie im dritten Monat schwanger sei, beruhigt sich alles in ihrem Körper, selbst ihr Herzschlag. Die Panik, die sie vorhin auf der Toilette empfunden hat, ist verschwunden. Die Nervosität ist fort. Sie ruht nun in sich, stumm und leer, getragen von einer Idee. Einem Wunsch. Einem Ding der Unmöglichkeit. Ein weiterer Moment, der unsterblich wird.

Jenna. Bilquis. Malak.

Es ist Viertel nach vier am Morgen. Jenna hat gerade die Augen geöffnet. Für eine Millisekunde schwebt sie zwischen Traum und Realität, ein Fuß in beiden Welten. Der gleiche Traum sucht sie schon seit einigen Monaten sporadisch heim, aber in letzter Zeit hatte sie ihn öfter. Er ist voller verschwommener Details und namenloser Leute, aber sie weiß, dass sie jemand umgebracht hat. Sie kann hören, wie sich die Sirenen nähern, während sie versucht, die Leiche zu verstecken. Sie wacht jedes Mal auf, bevor sie gefasst wird, und dann schlägt ihr Herz so schnell gegen den Brustkorb, dass es das einzige Geräusch im Haus ist.

Sie liegt da und starrt an die Decke, ihr Körper zittert, obwohl sie sicher ist in ihrem großen Bett mit zu viel Platz und niemandem darin, zu dem sie sich umdrehen kann. Das Licht, das durch die offenen Fenster hereinfällt, verrät ihr, dass es noch zu früh ist, um den Tag zu beginnen. Sie versucht, wieder einzuschlafen, aber immer wieder öffnen sich ihre Augen, und ihr Körper windet sich in den Laken. Sie überlegt, ob sie joggen gehen soll, aber wer um vier Uhr morgens läuft, muss verrückt sein. Wer um fünf Uhr morgens läuft, ist ehrgeizig, somit bleiben ihr noch fünfundvierzig Minuten, ehe ihr Training als inspirierend und nicht mehr als wahnsinnig betrachtet wird.

Da sie die Helligkeit eines Displays nicht ertragen kann, greift sie nicht nach ihrem Telefon und sieht sich keinen Film an, sondern liegt einfach nur im Bett und beobachtet, wie sich das einfallende Licht verändert.

Um vier Uhr siebenundfünfzig steht sie auf, zieht ihre Leggings an, bindet sich einen weißen Baumwollschal um den Kopf und bedeckt damit ihr Haar, legt eine Notiz für ihre Eltern in die Küche und verlässt leise das Haus. Ein Seufzen der Erleichterung entfährt ihr, weil sie ihren Körper endlich bewegen kann.

Eineinhalb Stunden lang läuft sie, hält nur dreimal an, aber nie, um Atem zu schöpfen. Sie treibt ihren Körper an seine Grenzen und verlangt ihm dann noch ein bisschen mehr ab.

Wieder zu Hause angekommen, hat sie zehn Kilometer hinter sich.

Alle sind wach – und laut.

»*Sabah el keer, habibti!*«, ruft ihr Vater über den Frühstückstisch hinweg und deutet auf das Essen, das vor ihm angehäuft ist. »Deine Mutter hat ein Festmahl zubereitet. *Yalla*, komm rein und iss mit mir!«

»Guten Morgen, Baba.« Angesichts seiner ansteckenden Freude, für die es keinen ersichtlichen Grund gibt, kann Jenna nicht anders, als zurückzulächeln. »Ich gehe duschen, und dann komm ich runter. Morgen, Mama.«

»Guten Morgen, mein Schatz!«, ruft ihre Mutter über die Schulter und schlägt sechs Eier in die Shakshuka. Die Küche ist erfüllt vom Duft gerösteter Tomaten und Kreuzkümmel.

Jenna erinnert sich zufrieden an eine Zeit, in der sie nichts sehnlicher gewollt hat, als in der Mitte der Glückseligkeit ihrer Eltern zu sein.

Sie steigt in die Dusche und weint. Warum, weiß sie nicht. Jetzt, im Tageslicht, kann sie die Kisten sehen, die sich in ihrem Zimmer stapeln. Ein Turm aus Unterlagen, Broschüren, HR-Dokumenten und Richtlinien für Angestellte sowie der Einstellungsbrief zu ihrem neuen Job, den sie in drei Wochen beginnen wird, befinden sich auf ihrem Schreibtisch. Ihr Hochzeitskleid hängt im Gästezimmer. Sie ist froh, dass sie es nicht sehen muss. Was als Unfähigkeit begann, sich wegen der Prüfungen auf die Hochzeitspläne zu konzentrieren, wurde zu »Du entscheidest, ich vertraue dir«. Ihre Mutter sieht sie immer merkwürdig an, wenn sie diese Worte sagt, und Jenna weiß, dass sie ihr versichern muss, wie sehr sie Mo liebt. Dann verschwindet die Sorge, die den Blick ihrer Mutter umwölkt hat.

Alles kommt Jenna vor, als sei es weit weg und außer Reichweite; eine Reihe schöner Dinge geschieht, aber sie ist nicht in der Lage, sie zu fühlen.

Vor ein paar Wochen hat Mo sie mit auf eine Fahrt zur Küste genommen. »Ich weiß, es ist nicht das Gleiche wie der Strand von Ägypten, an dem du mit deiner Freundin gewesen bist, aber du redest ständig davon, wie toll es war, am Meer zu sein, also dachte ich, wir fahren zusammen hierher.« Er hat sie so voller Liebe angesehen, dass sie sich schuldig gefühlt hat, weil sie sich so distanziert gegeben hat.

Dann hat sie etwas gemacht, das sie noch nie zuvor bei ihm getan hat. Sie ist einen Schritt auf ihn zugegangen, hat sein Gesicht mit den Händen umfasst und ihn zu einem Kuss herangezogen. In diesen Kuss hat sie alles gelegt, was sie über die Jahre gelernt hat, in denen sie Männer und Frauen geküsst hat, und als sie fertig war, hat Mo vor Schreck geblinzelt.

Einen Moment lang hat sie befürchtet, das Falsche getan zu haben. Seit sie zusammen sind, hat sie ihn nur geküsst, wenn er es initiiert hat, was selten vorkam. Gewisse Grenzen sind nie überschritten worden, und Mo ist ein Mann, der immer das Richtige tut. Er ist von einer Frau großgezogen worden, die mehr mit Gott als mit ihrem Mann spricht und die ihren vier Söhnen beigebracht hat, Türen aufzuhalten und sich von Frauen fernzuhalten, außer von der Frau, mit der sie verheiratet sind. Jenna hat ihn nie gefragt, aber sie würde das Vermögen ihres Vaters darauf verwetten, dass alle Frauen, mit denen Mo bisher zusammen gewesen ist, weiß und keine Musliminnen gewesen sind. Das glaubt sie, da auch alle Männer, mit denen sie selbst zusammen gewesen ist, nicht muslimisch waren. Das ungeschriebene Gesetz lautet, dass man die Regeln nur dann bricht, wenn es nicht im eigenen Umkreis geschieht. Sonst gibt es Gerede.

Also bittet Mo Jenna nie, ihm ihren Körper hinzugeben, und sie bietet sich ihm nie an. Ihre Küsse sind sanft und zögerlich, und selbst wenn er sie zu sich heranzieht, stellt sie sicher, dass ihr Körper nicht reagiert. Doch an jenem Tag an der Küste hat sie ihn an sich gedrückt, mit ihrer Zunge nach seiner gesucht und ihn wissen lassen, dass sie eine Frau ist, die sich nach bestimmten Dingen sehnt.

Er hat schockiert darüber gewirkt, wie leidenschaftlich sie war. Sie dachte schon, er würde sie zurechtweisen, aus dem Koran zitieren, die Hochzeit abblasen oder sogar einfach gehen, doch stattdessen hat er sie noch einmal zu sich herangezogen – und wieder waren sie in einem Kuss miteinander verschlungen, der weder höflich noch keusch und definitiv nicht anständig gewesen ist.

Das ist bisher ihr bester gemeinsamer Tag gewesen. Sie haben ihre Schuhe und Socken ausgezogen und sind durch die Brandung gelaufen. Berührten sich. Streichelten einander Hände und Stirn. Fanden immer wieder einen Weg zu den Lippen des anderen, ihre Zungen hungrig und voller Begehren. Dort an der wilden See hat Jenna gespürt, dass ein Teil von ihr zurückgekehrt ist. Sie hat den Ozean schon immer magisch gefunden. Fühlte sich stets am mächtigsten, wenn sie dort war.

Während Mo mit ihr gelacht hat und neben ihr hergerannt ist, der Strand leer, weil es noch zu kalt war, hat sie den Mann betrachtet, mit dem sie plötzlich mehr in Verbindung brachte als Medizin, teure Restaurants und Sätze aus dem Koran, die er mit lästiger Regelmäßigkeit zitiert. Und obwohl sie ihren Glauben und die Melodie des Korans liebt, hat sie sich auch gefragt, ob er ihr nicht gelegentlich im Weg war. Gewiss, Keuschheit ist schön und gut, aber manchmal muss man die Zunge eines Mannes in seinem Mund spüren, um zu wissen, wie er wirklich ist.

Es ist Viertel nach vier am Morgen. Das Sortieren von Dokumenten ist das einzige Geräusch, das die Stille am Tisch durchbricht. Kees reibt sich die Schläfen und verflucht denjenigen, der den Konferenzraum mit hellen Lampen ohne Dimmer ausgestattet hat. Ihre Kopfschmerzen sind schon die ganze Nacht lang ein gleichmäßiges Pochen, und nun sind sie kurz davor, ihren Höhepunkt zu erreichen, trotz der Schmerztabletten, die sie alle vier Stunden eingenommen hat.

Ihr gegenüber steht Nina auf und legt ihre Unterlagen vor sich zu einem Stapel zusammen. »Ich gehe nach Hause. Wir müssen um elf Uhr im Gericht sein. Wir treffen uns um halb zehn draußen, dann können wir unser Plädoyer noch ein letztes Mal durchgehen, okay?«

Kees nickt. »Ich lese nur noch ein letztes Mal die Zeugenaussagen, dann gehe ich auch.«

Nina nimmt ihre Tasche vom Tisch. »Ich weiß, dass erste Fälle Angst einflößend sind, ich hab mir damals fast in die Hose gemacht. Ich erinnere mich zwar nicht mehr an sehr viel – es ist so verdammt lange her –, aber du bist bereit, Kees. Man kann auch *zu* gut vorbereitet sein.«

»Ich weiß, ich ruf mir gleich ein Taxi.«

Im Gehen dreht sich Nina noch einmal zu Kees um. »Weißt du, in meinen fünfunddreißig Jahren als Anwältin hab ich gelernt, dass es nur zwei Gründe gibt, warum Leute bis spät in die Nacht arbeiten. Entweder sind sie hungrig und brennen darauf, so schnell wie möglich an die Spitze zu kommen, oder sie wollen nicht zu dem zurückkehren, was sie zu Hause erwartet.«

Kees öffnet den Mund, doch ehe sie etwas erwidern kann, winkt Nina ab.

»Du bist ehrgeizig, Kees, und du willst die Welt heute verändern, nicht morgen. Aber die Stunden, die du hier verbringst, gehen weit über einen gesunden Ehrgeiz hinaus. Geh nach Hause. Was immer es ist, bring es in Ordnung. Ob du es begreifst oder nicht, es wird auch Einfluss darauf haben, welche Art von Anwältin du wirst.«

Kees starrt ungläubig die Tür an, die Nina hinter sich geschlossen hat. Bring es in Ordnung. Bring es in Ordnung. Zu verärgert, um weiterzuarbeiten, klappt sie ihre Mappe zu und ruft ein Taxi.

London befindet sich in einem ruhigen Zustand – zwischen denjenigen, die spät ins Bett gehen, und denjenigen, die früh aufstehen; die Straßen sind leer, nicht einmal die Arbeiter, die die Hauptstadt instand halten, sind da.

Kees hat sich noch nicht an ihre neue Adresse gewöhnt, geschweige denn daran, dass sie ihr geschenkt wurde. Sie schleicht sich zur Tür herein und hat wie immer den Eindruck, es gebe zu viel Platz um sie herum. Die Zimmer sind fast vollkommen leer, weil sie nicht genügend Möbel haben, oder genügend Familienmitglieder, die ihnen Einweihungsgeschenke machen. Nathaniel und Vivian haben versucht, ihnen etwas zu kaufen, doch sie hat Harry gesagt, dass sie es ihnen ausreden würde, wenn er es nicht tue. Die Wohnung war das Geschenk. Das Schamgefühl, das sie empfinden würde, wenn sie ihnen noch mehr Dinge gäben, könnte sie nicht ertragen.

Sie stellt ihre Tasche am Eingang ab und geht ins Wohnzimmer, einen Raum mit großen Erkerfenstern und hohen Decken im viktorianischen Stil. Die einzigen Möbel darin sind ein alter Lederpuff, den sie seit ihrer Unizeit besitzt, und ein billiger Couchtisch von Ikea aus Harrys alter Wohnung. Auf der Fensterbank steht eine Friedenslilie, die sie spontan vor zwei Wochen gekauft hat und deren Blätter nun braun werden, da keiner von beiden zu Hause gewesen ist, um sie zu gießen. Kees greift nach dem Topf, geht damit in die Küche, hält ihn unter Wasser und stellt ihn wieder auf die Fensterbank.

Sie könnte schlafen. Noch drei Stunden, wenn sie sofort ins Bett ginge. Stattdessen setzt sie sich auf den Lederpuff und streicht über das verblasste Muster.

Nina hat recht; sie hat es vermieden, nach Hause zu kommen. Bei der Arbeit gibt es Probleme, die sie lösen kann. Hier hat sie nichts als eine leere Wohnung, die sie daran erinnert, wie sehr sie ihre Familie vermisst. Sie hat ihrer Mutter per Post Bilder von der Nikah geschickt, wird seitdem aber von der Vorstellung verfolgt, dass sie sie in der Spüle verbrannt hat, genauso wie ihren Brief. Sie hat Bilder an Saba geschickt, die auch noch auf keine ihrer Nachrichten geantwortet hat, und Hakim hat sie zum zwanzigsten Mal geschrieben, um zu fragen, wie es ihm gehe. Doch ihr ist die gleiche leere Stille entgegengeschlagen – bei ihren Geschwistern erscheint nicht einmal ein Gelesen-Häkchen. Ihre Nachrichten sind auf ihren Handys hinterlegt, ungeöffnete Staubfänger.

Sie hat Harry nicht erzählt, dass sie glaube, die neue Wohnung sei nicht gesegnet und dass sie das auch nie sein würde. Dass der einzige Segen, den sie brauche, der sei, dass ihre Mutter über die Türschwelle tritt.

Jedes Haus, in dem Kees bislang gelebt hat, hat auch ihre Mutter betreten. Ins Studierendenwohnheim ist sie gekommen, um die Tiefkühltruhe aufzufüllen, sich über den Dreck zu beschweren und Kees zu überreden, wieder zu Hause einzuziehen. In dem kleinen Apartment, in dem sie zu Beginn ihres Jobs gelebt hat, hat ihre Mutter sie auch besucht und vorgeschlagen, wo sie die Möbel platzieren soll. Sie hat ihr dabei geholfen, die Wände zu streichen. Aber hier, in dieser neuen Wohnung, hat sie keine Spuren hinterlassen. Es ist, als wäre sie gestorben.

In ihren wütendsten Momenten denkt Kees, dass es besser wäre, wenn das tatsächlich der Fall wäre. Im nächsten Moment fühlt sie sich aber miserabel, weil sie sich ihre Mutter fortwünscht, obwohl sie sie doch dringender braucht als jemals zuvor.

Gelegentlich bietet Harry an, dass sie zu Ikea oder einem anderen Geschäft fahren, um Möbel zu kaufen. Er schickt ihr Fotos von Sofas und Rahmen, die ihm gefallen. Kurzzeitig hat sie sich auf ein neues Bücherregal gefreut, aber am nächsten Tag hatte sie schon kein Interesse mehr daran.

Es ist ihm gegenüber nicht fair. Er will ein Zuhause mit ihr erschaffen, und sie hat den gleichen Wunsch; sie weiß einfach nur nicht, wie. Deshalb verbringt sie all die Stunden im Büro und grübelt über den Fall nach. Sie hat ihre gesamte Energie hineingelegt, fest entschlossen, zumindest *eine* Familie zu retten, selbst wenn es nicht ihre eigene ist.

Nun steht sie in der großen Wohnung, die sie nicht einrichten will, weil sie nicht mehr weiß, wer sie ist. Wie soll sie dann wissen, was ihr gefällt? Und wie soll man überhaupt an der Person festhalten, die man ist, wenn man keine Familie hat, die einen daran erinnert, wer man ist?

Es ist Viertel nach vier am Morgen. Noch immer kann Malak Kairo draußen unter ihren Fenstern hören; ein Hund winselt, ein Baby weint, und gelegentlich ruft ein Bettler etwas. Sie liegt wach und lauscht Alis Atem, eine Hand auf ihrem Bauch, die andere unter ihrem Kopf. Die Uhr auf dem Frisiertisch zeigt an, dass es zum Aufstehen noch zu früh ist.

Sie schlüpft dennoch aus dem Bett, vorsichtig, damit sie Ali nicht weckt, schleicht sich auf Zehenspitzen ins Wohnzimmer, schaltet das Licht in der Küche ein und stellt den Wasserkocher an, nur für den Fall, dass Ali aufwacht und sie ein Alibi braucht. Schließlich setzt sie sich mit dem Laptop auf die Couch und blinzelt, als der Bildschirm zum Leben erwacht.

Sie tippt die Fragen ins Suchfeld ein und sucht nach Antworten. Bisher hat sie recherchiert, wie schnell man in Ägypten heiraten kann und welche Dokumente man dafür braucht. Sie hat Preise von Kindergärten und Schulen recherchiert. Wie viel Geld sie für einen Kinderwagen und ein Babybett ausgeben muss. Außerdem hat sie ausgiebig nach Namen gesucht, sowohl für Jungen als auch für Mädchen, und eine Liste mit seltenen Namen angelegt, die für beide Geschlechter infrage kommen würden. Sogar »Wie sagt man seinem Freund, dass man schwanger ist« hat sie eingegeben, und die Frage, wie man einen Mann mit den tollen Neuigkeiten überraschen kann. Sie recherchiert, in welcher Woche sie ist und wie klein ein Frühchen ist. Sie zählt an den Fingern nach und überlegt, ob sie ihre Eltern austricksen kann. Wahrscheinlich nicht, aber sobald sie einen Ring am Finger trägt und ein Baby in der Wiege hat, wird es niemand mehr stören.

Sie legt nun öfter die Hand auf ihren Bauch, obwohl sie sich immer wieder in Erinnerung rufen muss, es nicht vor anderen zu tun. Ihr Rücken schmerzt jeden Tag, was sie merkwürdig findet, da das Baby doch erst die Größe einer Bohne hat.

Sie recherchiert auch, ob Abtreibungen in Ägypten legal sind, und findet heraus, dass das nicht der Fall ist. Sie verbringt Stunden damit, durch Foren zu scrollen, auf der Suche nach Frauen, die wiederum Frauen kennen, die ihr helfen könnten. Manches sieht so zwielichtig aus, dass sie dem Link nicht weiter folgt, anderen sendet sie Nachrichten, um sich Rat zu holen. Sie sucht nach Flügen nach Hause, informiert sich über den Abtreibungsprozess in England und darüber, wie lange es dauert, einen Termin zu bekommen. Als sie eine Ärztin in der Nähe ihrer Eltern findet, setzt sie ihren Namen auf die Warteliste, obwohl sie noch nicht einmal ein Flugticket hat. Außerdem sucht sie nach Berichten von Frauen, die Kinder von aggressiven Männern bekommen haben, findet aber keine Antworten. In den Ergebnissen tauchen immer nur geschlagene Frauen und Gesichter mit Blutergüssen auf. Da ihr dies selbst noch nie passiert ist, hilft es ihr nicht weiter.

Von nun an löscht sie jeden Abend, bevor sie sich zu Ali ins Bett legt, ihren Suchverlauf, vernichtet die Spuren einer Frau, die zwischen den Klauen eines Mannes und dem Instinkt einer Mutter gefangen ist.

Letztes Jahr haben sie während eines ihrer Ausflüge in die Wüste über Babynamen gesprochen und darüber diskutiert, ob ein Junge Ismail oder Adam heißen sollte.

»Natürlich müssen wir ihn Ismail nennen«, hat Ali argumentiert. »Es ist ein typisch islamischer Name, und alle werden wissen, dass er Muslim ist. Ich will, dass alle Welt sieht, dass meine Kinder Muslime sind, das ist mir wichtig.«

Damals hat sie es als eines der schönsten Dinge empfunden, die er je gesagt hat. Immer wenn sie sich mit Jacob darüber unterhalten hat, ob er an Gott glaube, hat er auf die Unwahrscheinlichkeit des Ganzen verwiesen statt auf das Wunder, das hinter dem Leben stehen muss. In dieser Nacht haben sich Malak und Ali unter dem Sternenhimmel geliebt, berauscht von der Idee, Kinder zu haben und ein Leben, das auf sie wartet.

Nun wächst ein Kind in ihrem Bauch, entgegen allen Erwartungen – trotz der Pille –, und sie kann nicht aufhören, darüber nachzudenken, ob es leben soll oder nicht.

Gelegentlich sieht sie von ihrer Recherche auf und betrachtet die Kerbe, die Alis Telefon bei ihrem ersten großen Streit in der Wand hinterlassen hat. Sie fragt sich, was dies wohl für ein Kind bedeuten würde. Doch dann ruft sie sich wieder in Erinnerung, dass Ali sie nie mit Händen geschlagen hat und niemals ihr Kind anrühren würde. Er kann wunderbar mit Kindern umgehen, besser als sie. Sie sieht ihm immer gern dabei zu, wenn er mit seinen Neffen zusammen ist oder das neueste Baby der Familie in den Armen hält, während er mit seinen Cousins über Politik diskutiert. Das gleiche Gefühl hat sie, wenn er nach einem Streit weich wird; als würde sie kurz durch ein Fenster blicken und den Mann sehen, der er werden könnte, und das Potenzial erkennen, das er in sich trägt.

Potenzial, hat sie festgestellt, ist eine mächtige Droge, und das Lebewesen, das in ihrem Bauch heranwächst, hat solch großes Potenzial.

Nach intensiver Recherche und vielen Fragen, die sie sich gestellt hat, trifft sie die Entscheidung schließlich ganz plötzlich, als Ali eines Abends spät von der Arbeit nach Hause kommt. Sie hat eine Minute, um die Nachricht abzuschicken. Da sie sich nicht sicher ist, ob die Nummer noch dieselbe ist, öffnet sie ihren Posteingang und schreibt eilig eine E-Mail. *Kannst du kommen? Es ist dringend.* Sie schließt den Laptop, eine Sekunde bevor Ali ihre Hand nimmt und sie ins Schlafzimmer führt.

Sein Oberkörper ist nackt. Er küsst sie, hebt schnell ihr Kleid und dreht sie herum, bis sie gebeugt vor ihm steht, die Arme auf den Fenstersims gestützt.

»Mein böses, böses Mädchen«, stöhnt er und gleitet bereits in sie hinein und wieder heraus. Nur in solchen Situationen ist er glücklich darüber, dass sie böse ist.

»Gefällt dir das? Gefällt dir das?«, fragt er, und sie antwortet: »Ja, oh Gott, ja.«

Er sieht nicht, wie sie aus dem Fenster auf die Stadt blickt, während sich ihr bedacht rhythmisches Stöhnen mit den Schreien anderer Ägypterinnen vermischt, die verzweifelt auf ein besseres Leben hinarbeiten.

Bilquis

Ehrgeiz ist das Spiel der Süchtigen. Nichts ist jemals genug. Wenn man ein Ziel erreicht oder sich einen Traum erfüllt hat, sieht man sich schon nach dem nächsten um. Das Hochgefühl ist so flüchtig, dass es ein Wunder ist, dass es überhaupt jemand anstrebt.

Kees ist schon seit Jahren Sklavin ihres Ehrgeizes. Auf dem Sperrbildschirm ihres Handys hat sie ein Zitat über das Streben nach etwas Großem abgespeichert. In ihrer Kindheit hat sie zu viele Tage damit verbracht, mit ihrem Vater über den Aufstieg von armen Leuten in die Politik und Führungspositionen zu sprechen, wenn sie eigentlich im Garten hätte herumrennen sollen. Aber nun sitzt sie vor dem Gerichtssaal, einige Stunden nachdem sie die Geschworenen davon überzeugt hat, dass ein weiterer Junge mit dunkler Haut nicht für ein Verbrechen weggesperrt werden muss, das er nicht begangen hat; und sie spürt nichts von dem Hochgefühl, das mit dem Sieg einhergehen sollte.

»Allen Widrigkeiten zum Trotz! Was für ein erfolgreicher erster Fall für dich, Gratulation«, hat Nina am Ende gesagt und sie fest gedrückt, nachdem der Richter die Verhandlung für beendet erklärt hat. »Deine harte Arbeit hat sich ausgezahlt. Kommst du mit auf einen Drink ins The Pleasure? Alle werden da sein.«

»Ich komm gleich nach. Ich muss nur noch schnell was abheften«, hat sie geantwortet.

Nina hat gelacht. »Du arbeitest also immer noch. Es hört nie auf, was?«

»Das sagt die Richtige.«

»Richtig. Ich mache auch nie eine Pause. Willkommen im Leben als Anwältin, es ist unerbittlich.«

Kees hat ihr zum Abschied lächelnd zugewinkt und versprochen, dass sie nachkomme.

Das ist nun zwei Stunden her. Seitdem sitzt sie auf der Bank vor dem Gerichtssaal und beobachtet den Beginn der letzten Verhandlung des Tages. Sie wünschte, jemand hätte ihr gesagt, dass Ehrgeiz sie nicht erfüllen, sondern ein Gefühl der Leere in ihr hervorrufen würde. Niemand hat ihr gesagt, dass die Geschäftigkeit und die Plackerei gleichbedeutend sind mit der Opferung ihres Glückes, ihres Verstands und wahrscheinlich ihrer persönlichen Beziehungen.

Seit der Nikah hat sie Harry kaum gesehen, und Sex gehört mittlerweile der Vergangenheit an. Sie leben in einer leeren Wohnung, und sie vermeidet es, darüber zu reden. Die Energie, die sie früher in ihre Beziehung gelegt hat, fließt nun in ihre Arbeit, und das hat sich ausgezahlt. Sie hat gewonnen. Hat eine Mutter mit ihrem Sohn wiedervereint. Hat eine Familie gerettet. Und dennoch fühlt sie sich nicht besser. Zumindest fühlt sie sich nicht so wie erwartet: triumphierend und als läge ihr die Welt zu Füßen.

Sie will ihren Vater anrufen und ihm erzählen, dass sie endlich, nach so vielen Jahren, in denen sie über ihren Traum, Anwältin zu werden, gesprochen hat, ihren ersten Fall gewonnen hat. Die Leere in ihrer Brust ist schwer, sie kann sich nicht bewegen, sitzt wie angewurzelt auf der Bank und denkt darüber nach, ob Liebe wirklich genügt und ob ein einziger Mann je den Platz von vier anderen Familienmitgliedern und einer ganzen Gemeinschaft einnehmen kann.

Es dämmert schon, als ihr Handy vibriert. Sie holt es heraus und sieht eine E-Mail von Malak auf dem Display, so kurz, dass sie als Vorschau angezeigt wird. *Kannst du kommen? Es ist dringend.*

Zwanzig Minuten lang starrt sie auf die Worte. Seit eineinhalb Jahren haben sie nicht mehr miteinander geredet. Warum schickt Malak ihr so eine E-Mail? Was könnte passiert sein? Ist jemand aus ihrer Familie gestorben? Dafür würde Malak zurückkommen, statt sie zu bitten, nach Ägypten zu reisen.

Die Nachricht verrät nichts, doch Kees erkennt, dass das auch gar nicht nötig ist. Manche Dinge können nicht ausgelöscht werden, selbst wenn sie so lange keinen Kontakt mehr zueinander gehabt haben – die gemeinsamen Jahre bedeuten trotzdem etwas. Sie kennt diese Frau, weiß, dass die Nachricht aus der Verzweiflung heraus geschrieben wurde. Schlagartig wird ihr klar, dass Malak sie bittet, über den Ozean zu fliegen, um ihr zu helfen.

Verdammt.

Sie holt den Laptop aus ihrer Tasche, bucht den letzten Flug des Abends von Gatwick und hebt sechshundert Pfund von ihrem Sparkonto ab. Jeden Monat hat sie Geld zurückgelegt und sich überlegt, wie sie ihre Eltern dazu bringen kann, es anzunehmen. Mindestens vierzehnmal am Tag kommt ihr die zerrissene Jacke ihres Vaters in den Sinn.

Malak, innerlich verfluchend und leichte Panik verspürend, läuft schließlich die Stufen des Gerichtsgebäudes hinab und biegt Richtung U-Bahn-Station ab.

Jenna, geh ran, geh ran!

»Wehe, du rufst an, um mir zu sagen, dass du nicht zu meiner Hochzeit kommst, Keesy«, sagt Jenna.

»Meldest du dich immer so am Telefon – indem du Drohungen aussprichst?« Kees klingt wie ihre Mutter. Obwohl sich der Vergleich im Moment tröstlich anfühlt, erschaudert sie.

»Und?«, fragt Jenna.

»Malak hat mir eine E-Mail geschrieben.«

Jenna saugt scharf die Luft ein. »Was stand denn drin?«

»›Kannst du kommen? Es ist dringend.‹«

»Das war's? Was soll das heißen?«

»Ich hatte gehofft, dass du vielleicht eine Idee hast, Jenna«, erwidert Kees ungehalten. Sie ist immer wieder erstaunt darüber, dass es Jenna gelingt, sie auf der Stelle zu verärgern.

»Warum hat sie *mir* nicht geschrieben?« Jenna klingt verletzt.

»Was?«

»Na ja, warum hat sie mich nicht gefragt, ob ich auch kommen kann?«

»Um Himmels willen, Jenna! Das ist doch jetzt nicht wichtig. Unsere Freundin braucht Hilfe, und ich frage dich, ob du irgendwas weißt?«

»Ihr habt doch seit einem Jahr keinen Kontakt mehr«, sagt Jenna leise.

Kees hört ihrer Stimme an, dass sie sich zurückgewiesen fühlt, und wird weicher. »Sogar seit eineinhalb Jahren.«

Jenna schweigt.

Kees versucht, Mitgefühl in ihre Stimme zu legen. »Süße, du hast sie doch vor nicht allzu langer Zeit noch in Kairo besucht. Hat sie irgendwas gesagt? Irgendeine Idee, was los sein könnte?«

»Es ist drei Monate her, Kees. Da kann eine Menge passieren.«

»Eindeutig.«

»Was machst du jetzt?«

»Ich habe ein Ticket gebucht, mein Flug geht noch heute Abend.«

»Soll ich mitkommen?«, fragt Jenna aufgeregt. »Ich kann denselben Flug buchen.«

»Jenna, es ist Mittwoch.«

»Na und?«

»Deine Hochzeit ist am Samstag«, gibt Kees geduldig zu bedenken. »Deshalb hat sie dich wahrscheinlich nicht gebeten zu kommen.«

»Ach ja, das hab ich ganz vergessen.«

Jennas Reaktion verrät Kees, dass mit ihr etwas nicht stimmt. Doch schon in der nächsten Sekunde strömt wieder all die Leichtigkeit der Jenna, die sie kennt, durch die Leitung.

»Okay, geh und hilf unserer Freundin. Halt mich auf dem Laufenden. Wenn du Geld brauchst, sag einfach Bescheid.«

»Jenna ...«

»Diskutier nicht mit mir, Süße«, zwitschert Jenna abweisend. »Du bist eine moralisch einwandfreie Anwältin, was bedeutet, du musst pleite sein. Und wenn du selbst nach der Hochzeit noch an der dummen Idee festhältst, kein Geld von Harry anzunehmen, dann brauchst du ein bisschen Bares. Geld von einem Typen anzunehmen, ist eine Sache, aber bei deiner besten Freundin, die du praktisch als deine Schwester bezeichnest, ist das was ganz anderes.«

Darauf weiß Kees nichts zu erwidern.

»Hey.« Jennas Stimme klingt sanft. »Wir hatten dieses Jahr nicht viel Kontakt, aber das ändert nichts.«

»Ich weiß«, murmelt Kees. »Tut mir leid, Jenna, dass ich nicht da war.«

»Du musst dich nicht entschuldigen. Ich war ja auch nicht da. Kümmer dich einfach um Malak, sie braucht dich. Und vergiss nicht, mich anzurufen, wenn du Geld brauchst; ich kann was überweisen.«

»Das mach ich, danke.«

Beiden ist klar, dass sie das nicht tun wird. Wenn es etwas gibt, um das Kees nicht bitten kann, dann ist es Geld.

Sie legt auf und geht endlich zur U-Bahn-Station herunter. Gedanklich erstellt sie bereits eine Liste mit Dingen, die sie packen muss. In der Bahn schickt sie eine E-Mail an die Personalabteilung und ihre Vorgesetzte, um ihnen mitzuteilen, dass sie sich wegen eines Notfalls in der Familie ein paar Tage freinehmen müsse. Sie weiß, dass sie es ihr gestatten werden.

Die Listen setzen sich in ihrem Kopf zusammen, das Adrenalin ist zurück. Sie versucht zu ignorieren, wie berauschend es sich anfühlt, gewollt zu werden, nein, gebraucht zu werden – von jemandem, der einen seit Kindertagen kennt und daher so gut wie zur Familie gehört.

Auf dem Weg von ihrer Haltestelle nach oben nimmt sie zwei Stufen auf einmal. Jenna hat ihr geschrieben und mitgeteilt, dass sie ein Auto gemietet habe, um sie in ein paar Stunden abzuholen und zum Flughafen zu fahren. Sie nimmt Kees Kosten ab, wo sie nur kann.

Es ist eines der wenigen Male, dass Kees in einem Flugzeug sitzt, und wenn sie nicht so große Panik hätte und versuchen würde, die Angst in ihrem Bauch mit drei Dosen Cola zu vertreiben, würde sie sich freuen.

Als sie Harry angerufen und ihm mitgeteilt hat, dass sie wegfliege, lautete seine erste Frage: »Habt ihr gewonnen?«

Die Gerichtsverhandlung hatte sie schon vergessen, obwohl sie monatelang mit nichts anderem beschäftigt gewesen war, und sie hätte sich dafür ohrfeigen können, dass sie ihm nicht geschrieben hatte.

Auf ihre gestammelte Entschuldigung hin hat Harry geschwiegen. Zum zweiten Mal an diesem Tag hat sie erkannt, dass sie manchmal besser den Mund halten sollte.

»Oh. Na gut«, hat er schließlich tonlos und distanziert erwidert.

»Sie braucht mich«, hat sie leise hinzugefügt. »Sie ist eine meiner besten Freundinnen.«

»Du hast seit eineinhalb Jahren nicht mehr mit ihr gesprochen.«

Über diese Worte hat sie sich bei ihm viel mehr als über Jennas sehr ähnliche Bemerkung geärgert. Warum gehen Männer immer davon aus, dass Frauen nicht mehr miteinander befreundet sind, nur weil sie keinen Kontakt mehr haben? Die Einfachheit von Männerbeziehungen und die sachliche Art, mit der sie geführt werden, sind ihrer Meinung nach eine vollkommen alberne Basis für eine Freundschaft.

»Das heißt aber nicht, dass wir keine Freundinnen sind oder dass sie meine Hilfe nicht braucht, Harry«, hat sie knapp erklärt.

Seine einzige Reaktion war ein schweres Seufzen. »Soll ich kommen und dich zum Flughafen fahren?«

»Nein danke, Jenna hat schon ein Auto gemietet. Ich glaube, sie will helfen, also lasse ich sie wohl am besten.«

»Natürlich, ihr drei habt schon alles geregelt, wie immer.«

»Harry!«, rief sie, überrascht von seiner Schärfe.

»Ich muss weiterarbeiten, Kees. Nur weil wir nicht alle benachteiligte Jugendliche aus dem Knast holen, heißt das nicht, dass meine Arbeit unwichtig ist. Wir sehen uns, wenn du beschließt, damit aufzuhören, andere Leute zu retten, und dir selbst das gleiche Privileg zukommen lässt.« Damit hat er das Gespräch beendet.

Kees hat schockiert ihr Telefon angesehen. Sie weiß, dass seine beißende Bemerkung lange überfällig gewesen ist. Die letzten Monate hat er mit bewundernswerter Geduld ertragen, was sie jedoch nicht würdigen konnte, weil sie sich dafür schämt, dass sie selbst diese Fähigkeit nicht besitzt.

Bei dem Gedanken daran, wie sie sich bei Harry entschuldigen könnte, wird sie von Müdigkeit überrollt. In der letzten Nacht hat sie nur zweieinhalb Stunden geschlafen, und auch an den anderen Tagen der Woche waren es nicht viel mehr.

Erst als das Flugzeug auf der Rollbahn aufsetzt, schreckt sie aus einem tiefen Schlaf hoch, überrascht darüber, auf diesem beengten Platz überhaupt zum Schlafen in der Lage gewesen zu sein.

Bei der Gepäckausgabe wartend, ist sie zum ersten Mal nervös. Ein Flattern in ihrem Magen erinnert sie daran, dass sie gleich die Flughafenhalle verlassen und das Gesicht einer Frau suchen wird, mit der sie seit eineinhalb Jahren nicht mehr gesprochen hat. Ihre einzige Antwort auf Malaks E-Mail ist ein Bildschirmfoto ihres Flugtickets gewesen.

Malak hat daraufhin geschrieben, dass sie sie am Flughafen abholen würde. Ein Satz, das war alles. Man konnte es nicht einmal als Interaktion bezeichnen.

Trotz ihrer Nervosität ist Kees kein einziges Mal in den Sinn gekommen, nicht zu fliegen. Sie schreibt Harry eine Nachricht und teilt ihm mit, dass sie gelandet sei, und entschuldigt sich für die letzten Monate. Sie verspricht, dass sie es wiedergutmachen werde, wenn sie nach Hause komme.

Seine Antwort ist knapp, was darauf hindeutet, wie sehr er sich über sie geärgert hat.

Beim Verlassen der Ankunftshalle überfällt sie der Lärm der Menge, doch dann entdeckt sie Malak, die den Hals reckt und nach ihr Ausschau hält. In den wenigen Sekunden, in denen Malak sie noch nicht gesehen hat, betrachtet Kees ihre Freundin und ist überrascht über die Veränderungen, von denen Jenna ihr kurz berichtet hat. Laut ihr sah Malak gut aus, aber das scheint eine Untertreibung gewesen zu sein. Trotz des weiten Maxikleids, das ihr bis zu den Knöcheln reicht und ihre Figur verdeckt, kann Kees erkennen, wie stark Malak abgenommen hat. Ihr Teint ist vier Nuancen dunkler als früher und strahlt auf eine Art, die wohl unweigerlich entsteht, wenn man seit mindestens eineinhalb Jahren unter der afrikanischen Sonne lebt. Sie sieht besser aus als gut; sie sieht fantastisch aus.

Plötzlich wird Kees bewusst, dass sie sich seit Monaten kaum im Tageslicht, geschweige denn in der Sonne aufgehalten hat. Sie zieht ihren Pullover weiter über ihren Bauch, wo sie, wie sie weiß, zugenommen hat.

In dem Moment entdeckt Malak sie und winkt.

Für einen Moment sehen sie sich nur an, ehe sie sich unbeholfen umarmen. Wäre sie eine bessere Freundin oder weniger unsicher, was ihr Gewicht anging, würde Kees Malak fester in die Arme schließen, sie zur Beruhigung drücken, aber stattdessen lässt sie sie los, sobald es akzeptabel erscheint.

»Danke, dass du gekommen bist.« Malak nimmt ihren Koffer und zieht ihn hinter sich her.

Kees folgt ihr und versucht, ihn ihr wieder abzunehmen, doch Malak winkt ab.

»Willst du mir erzählen, was los ist?«

»Ja. Aber nicht hier. Wir verlassen die Stadt, übernachten in der Wüste. Es ist eine lange Fahrt, ich hoffe, das macht dir nichts aus.«

»Klingt geheimnisvoll.«

»Das ist es aber nicht«, erwidert Malak. »Es ist einfach so schön da, und es ist einer meiner Lieblingsorte. Ich möchte dir hier ein paar Dinge zeigen. Außerdem wird man uns dort draußen nicht stören – in der Stadt dagegen ist es zu laut.«

Die Fahrt dauert fünf Stunden. Obwohl sie wach bleiben möchte, wird Kees wieder von Müdigkeit übermannt – und schläft besser, als sie es in den letzten Monaten je getan hat. Sie wacht erst wieder auf, als Malak ihr eine Hand auf die Schulter legt und sie sanft rüttelt. Sie wischt sich mit dem Handrücken den Mund ab.

»Wir sind da, Liebes«, verkündet Malak.

»Oh Gott, tut mir leid. Ich kann nicht glauben, dass ich die ganze Fahrt verschlafen habe. Ich weiß nicht, was mit mir los ist, aber ich war so müde.«

Sie taumelt aus dem Auto in die Mittagssonne – und schnappt nach Luft. Um sie herum gibt es nichts außer Malaks Wagen und drei weißen Zelten. Abgesehen davon heben sich nur sechs oder sieben sandfarbene Steinformationen von der Landschaft ab. Wohin sie auch sieht, gibt es nichts als weiße Sandhügel.

»Es ist wunderschön, nicht wahr?« Malak betrachtet ihre schockierte Miene.

»Es ist unglaublich. Kein Wunder, dass du noch nicht nach England gekommen bist. Ich verbringe meine Tage gedrängt zwischen Millionen anderen Londonern und weiß nicht mal, warum, wo es doch hier so viel Platz gibt.«

Malak schüttelt lachend den Kopf. »Glaub mir, Kairo ist viel überfüllter als London. Dort kann man nicht atmen, deshalb brauche ich die Wüste, damit ich ab und zu eine Ruhepause bekomme.« Sie deutet mit dem Kopf zu dem Zelt, das ihnen am nächsten ist. »Das da ist unseres. Ich fürchte, wir müssen es uns teilen. In dem großen kann man essen, und das andere Zelt ist für die Angestellten.«

»Angestellte?« Kees hat gar nicht bemerkt, dass jemand ihr Gepäck bereits ins Zelt gebracht hat.

Eine Frau mit einem lose umgewickelten Kopftuch und einem langen roten Rock kommt auf sie zu. Sie trägt ein Tablett, auf dem sich zwei Gläser befinden, die offensichtlich mit Orangensaft gefüllt sind.

»*Assalamualaikum*«, erwidert Kees auf die Begrüßung der Frau hin. Nachdem sie sich ein Glas genommen und probiert hat, stellt sie überrascht fest, dass es Mangosaft ist.

Malak wirkt nervös, so als wollte sie etwas sagen. Doch dann legt sich ein strahlendes Lächeln auf ihr Gesicht. »Okay, nun beginnen die heißesten Stunden des Tages, wir sollten uns ein wenig hinlegen. Ich glaube, du könntest auch noch etwas Schlaf vertragen.« Mit einer Handbewegung bedeutet sie Kees, ihr ins Zelt zu folgen, das viel geräumiger ist, als es von außen erscheint.

»Ehrlich, Malak, es geht mir gut. Willst du mir jetzt endlich verraten, was verdammt noch mal los ist?«

Malak sieht für einen Moment ernüchtert aus, strafft dann aber die Schultern. »Natürlich, allerdings bin ich gerade fünf Stunden gefahren und dementsprechend erschöpft. Und du warst die ganze Nacht im Flugzeug und mit dem Auto unterwegs. Der Guide kann dich begleiten, wenn du einen Spaziergang machen willst, aber ich muss schlafen.« Gähnend lässt sie sich rücklings auf der dünnen Matratze nieder, die auf dem dicken Webteppich in der Mitte des Zeltes liegt.

Die Hitze des Tages zieht auch Kees zu Boden, und das Letzte, was sie hört, ehe sie einschläft, ist Malak, die ihr sagt, wie schön es sei, sie zu sehen.

Sie hofft, dass sie etwas erwidert hat.

Malaks Telefon hat nahezu dauerhaft aufgeleuchtet, seit sie am Nachmittag die Nachricht an Ali gesendet hat. Ein simpler Satz, in dem sie ihm mitgeteilt hat, dass sie schwanger sei und heute mit einer Freundin in der Wüste übernachte. Er hat angerufen, geschrieben, wieder angerufen, ihr eine Nachricht auf der Mailbox hinterlassen und eine Reihe von Sprachnachrichten geschickt. Keine davon hat sie bisher geöffnet oder sich angehört. Die Push-Benachrichtigungen hat sie ausgeschaltet, sodass sie nicht einmal die ersten Sätze lesen konnte. Sie wollte es nicht wissen.

Sie hat Ali von unterwegs geschrieben, während Kees neben ihr geschlafen und der Tankwart Benzin nachgefüllt hat. Kurz bevor sie auf die Wüstenstraße abgebogen sind. Ihrem Freund per SMS mitzuteilen, dass sie schwanger sei, und dann seine Anrufe zu ignorieren, ist nicht das, wozu die Artikel, die sie gelesen hat, geraten haben. In den meisten hat es geheißen, sie solle ein aufwendiges Candle-Light-Dinner zubereiten und ihm einen kitschigen – natürlich selbst gebackenen – Kuchen überreichen, auf dem der Satz »Du wirst

Vater« geschrieben steht. Lächerlich. Warum sollte er eine so schöne Nachricht erhalten, während sie in der Schule Panik hat, weil sie nicht aufhören kann, sich in die Toilettenschüssel zu übergeben?

Obwohl ihre Finger beim Schreiben des einzigen Satzes gezittert haben, ist sie weitergefahren – mit dem Handy auf ihrem Schoß, sodass sie zusehen konnte, wie es immer wieder aufleuchtete. Sie konnte den Blick nicht abwenden, wie bei einem Horrorfilm, dessen Ende sie nicht verpassen will, bis der Akku leer war und sie es an das Auto-Ladegerät angeschlossen hat. Kurz darauf hat das erneute Aufleuchten des Displays einen weiteren Anruf Alis angezeigt.

Dass Kees auf dem Beifahrersitz schlief, hat bewirkt, dass sich alles zugleich besser und schlimmer angefühlt hat. Es war, als wäre sie in die Vergangenheit zurückgereist, in der ihre beste Freundin stets da gewesen ist, um sie zu trösten, und eine kleine Ecke ihres Magens ist ruhiger geworden. Andererseits hat sie Kees aus einem bestimmten Grund hierherbeordert, und zwar nicht, um einen Mädelsurlaub miteinander zu verbringen, sondern damit sie ihr dabei helfen kann, ihr Leben zu ruinieren. Daher ist ihre Anwesenheit nicht wirklich beruhigend.

Bei den Zelten angekommen, hat sie keinen Empfang mehr gehabt. Auch aus diesem Grund hat sie hierherkommen wollen – Ali sollte wissen, dass sie unerreichbar war. Er sollte hinter seinen verschickten Nachrichten nur ein Häkchen statt zwei sehen. Zudem wollte sie so viel Distanz zwischen sie beide bringen wie nur möglich, zumindest für den Moment.

Dennoch greift sie nun alle paar Minuten nach ihrem Handy und prüft, ob irgendetwas angekommen ist. Sie bürstet ihr nasses Haar und spürt, dass sich Kees hinter ihr rührt. Als sie sie am Flughafen gesehen und festgestellt hat, wie mitgenommen sie aussieht, ist sie schockiert gewesen. Kees ist immer schlank gewesen, aber in den letzten eineinhalb Jahren ist sie in die Breite gegangen. Ihre Haut ist aschfahl und ungepflegt, die Ringe unter ihren Augen scheinen ihr leicht geschwollenes Gesicht nach unten zu ziehen. Dennoch sieht sie gut aus. Malak hat schon immer bewundert, dass Kees' Schönheit nicht viel Schminke braucht. Nicht die zusätzlichen Kilos sind es, die sie überrascht haben. Es ist eher die Art, wie sie ihre Schultern hängen lässt, und die unverkennbare Tatsache, dass die Traurigkeit ihr neue Linien ins Gesicht gemeißelt hat.

Kees ist nicht wie Jenna. Sie hat nie auf die gleiche leichte Art gelacht wie sie beide, und sie ist schon immer ernster gewesen, aber sie war dennoch glücklich und zuversichtlich. Davon kann Malak nichts mehr sehen. Etwas ist fort, und an seine Stelle sind Müdigkeit, Kummer und Herzschmerz getreten. Sie möchte sich an Kees' Schultern festhalten und die Wahrheit aus ihr herausschütteln, aber Sorge um sie zu zeigen, hat noch nie dazu geführt, dass man etwas aus ihr herausbekommt. Sie ärgert sich, dass Jenna nichts davon erwähnt hat, und nimmt sich vor, ihr das vorzuhalten.

»Oh Gott, wie lange habe ich geschlafen?«, fragt Kees ächzend.

»Schon in Ordnung. Ich bin auch erst vor zwanzig Minuten aufgewacht.« Malak hat dem Drang widerstanden, sich hinter Kees zu legen und sich an sie zu schmiegen, genau wie früher, und den Rest der Nacht so zu schlafen.

»Hier gibt es eine Dusche?« Kees deutet auf Malaks feuchtes Haar und das Handtuch.

»Das nicht, aber einen Eimer mit Wasser, wenn du unbedingt willst.«

Kees reibt sich den Schlaf aus den Augen. »Kannst du dir vorstellen, Jenna zu verkünden, dass sie mit einem Eimer Wasser duschen muss?«

Sie amüsieren sich bei dem Gedanken daran, schauen einander nervös an, und mit einem Mal rotiert das Leben ein wenig gleichmäßiger auf seiner Achse.

Als Kees einige Zeit später zu Malak ins Essenszelt kommt, sieht sie viel besser aus als am Flughafen, aber sie ist immer noch nicht die Frau, die Malak von früher kennt. Da die Zeit knapp ist, bietet sich jedoch keine Gelegenheit, sie zu fragen, warum sie so niedergeschlagen aussieht.

Malak schluckt den Kloß herunter, der sich in ihrem Hals gebildet hat, kaut kurz an ihren Nägeln, nimmt abrupt die Finger aus dem Mund und platzt heraus: »Ich bin schwanger, Kees. Ich behalte das Kind nicht, und ich glaube, ich muss meinen Freund verlassen.«

Kees landet mit einem wenig grazilen, dumpfen Geräusch neben ihr, zieht die Füße an, überkreuzt die Beine und will gerade den Mund aufmachen, doch Malak hebt rasch eine Hand. Nun kann sie ebenso gut alles erzählen.

»Er ist nicht besonders nett. Er schlägt mich zwar nicht, aber er bewirft mich mit Gegenständen. Er kann grausam sein. Ich liebe ihn, Kees, ich glaube, wir könnten es hinkriegen, aber ich glaube nicht, dass das richtig wäre. Ich habe für Samstagnachmittag in England einen Termin gebucht. Für die Abtreibung, meine ich. Ich muss rechtzeitig nach Hause. Ich brauche deine Hilfe, Kees. Ich weiß, dass es eineinhalb Jahre her ist, seit wir zuletzt Kontakt hatten, und wenn ich ehrlich bin, weiß ich nicht mal, warum, weil nichts von diesen Nichtigkeiten mehr wichtig scheint, auch wenn ich das damals anders gesehen habe, aber ich wusste nicht, wen ich sonst anrufen sollte. Jenna heiratet ja am Samstag.« Sie lacht, nicht weil es lustig ist, sondern weil sie es irgendwie geschafft hat, die schrecklichen Dinge, die ihr über die Lippen kommen, beiläufig, unwichtig, willkürlich klingen zu lassen. Andernfalls würde sie vielleicht nicht die Kraft finden, die sie für das braucht, was als Nächstes kommt. Möglicherweise würde sie es sonst vorziehen, unter der Last all dessen zusammenzubrechen.

Kees bleibt der Mund offen stehen. Die Brise, die eben noch durch das Zelt wehte, ist verschwunden. Mohammed, der zahnlose alte Koch, sieht um die Ecke, sagt etwas über den Sonnenuntergang und winkt sie beide heraus.

»Komm«, Malak hält Kees ihre Hand hin, »der Sonnenuntergang hier ist spektakulär, du kannst nicht den ganzen Weg bis hierher auf dich nehmen und ihn verpassen.«

Sie führt die sprachlose Kees aus dem Zelt und den kurzen Pfad zur Spitze der Sanddüne herauf. Dort beobachten sie, wie die Sonne zu einem glühenden Feuerball wird und rosa und orangefarbene Strahlen über den Himmel wirft, was hier noch schöner wirkt, weil es nichts als die Dünen gibt, die das Licht reflektieren, und die weite Landschaft eine endlose, kunstvolle Leinwand bildet.

»Schau.« Malak deutet hinauf zum Himmel.

Kees wendet ihr Gesicht schweigend dem Licht entgegen, legt einen Arm um Malaks Taille, wie sie es früher immer getan hat, und zieht sie zu sich heran.

So verharren sie, bis das Tageslicht schwindet, und sehen schweigend zu, wie die Sonne auf die andere Seite der Welt sinkt.

Die drei sind eng miteinander verschlungen: Kees, Malak und das Kind, das sie nicht austragen wird, bis es nur noch die violette Dämmerung gibt.

Bilquis

Sie wird nie in der Lage sein zu beschreiben, was sie an diesem Abend gegessen hat. Es sieht fantastisch aus; kleine Schalen mit marineblau-weißen Mustern, gefüllt bis zum Rand mit Hummus, Salat, gebratener Aubergine und perfekt eingewickelten *Wara Ainab*. In der Mitte steht ein Teller mit Fisch, umgeben von Zitronen, serviert auf Zucchini und Paprika, eine dampfende Pfanne mit Reis daneben. Der Duft der Gerichte erfüllt das Zelt, und obwohl sie immer wieder neue Aromen kostet, wenn Malak ihr etwas zu essen reicht, kann sie sich anschließend nicht mehr an den Geschmack erinnern.

Einmal, als Malak über einen Witz lacht, den der Koch offenbar gemacht hat, ihr ruhig einen weiteren Teller reicht und sie drängt zu probieren, weil es »zum Dahinschmelzen und das beste *Kibbeh* in Ägypten« sei, will Kees sie schütteln und fragen, wie sie so gelassen sein könne nach allem, was sie ihr vorhin offenbart hat.

Reiß dich zusammen, tadelt sie sich in Gedanken. Malak braucht dich, und in Jenna-artige Verhaltensmuster zu verfallen, ist nicht das, was ihr weiterhilft.

Sie wartet, bis Mohammed das Zelt verlassen hat. Dann atmet sie tief durch. »Okay, erzähl mir alles, von Anfang an.«

Endlich schildert Malak, wie sie Ali kennengelernt hat und wie sie ihr gemeinsames Leben hier führen. Sie spricht, als würde sie aus einem Buch vorlesen; unbewegt und emotionslos.

Während sie ihren ersten großen Streit beschreibt, scheint sie in sich zusammenzusinken. Ein Anflug von Gefühlen trübt ihren Blick. Beschämt wendet sie das Gesicht ab und zitiert das Wort »Hure«, berichtet, dass Ali sie so laut angebrüllt habe, dass sie Angst gehabt hätte, die Nachbarn könnten ihn hören.

Als Nächstes erzählt sie von dem ersten Teller, der an ihrem Ellbogen zerbrochen ist und dort eine Narbe hinterlassen hat, die an ihrem rechten Arm verläuft. Dabei wirkt sie wieder so ruhig und distanziert, als würde sie eine Einkaufsliste vorlesen; weder erschaudert noch blinzelt sie, obwohl Kees allein vom Zuhören übel wird. Erst als sie schildert, wie ihr Freund ihr zugeflüstert hat, dass sie schmutzig und eine Schlampe sei, lässt sie zitternd die Schultern hängen und senkt den Blick, sodass sie Kees nicht direkt anschauen muss.

Sie zählt eine schlimme Sache nach der anderen auf, zunächst langsam, doch dann plötzlich schnell, als wäre ein Damm gebrochen: dass er ihr gesagt habe, er könne keine Hure heiraten, weil die Frau, die seine Kinder großzieht, über jeden Vorwurf erhaben sein müsse; dass er mit einer Tasse Tee dagesessen und zugeschaut habe, wie sie für ihren Urlaub in Dahab gepackt hat, jedes Outfit begutachtet und für angemessen oder schlecht befunden habe, ehe sie es in den Koffer legen durfte; dass er manchmal im Gästezimmer schlafe, weil er behaupte, sie widere ihn an; dass er sie zwinge, nach dem Sex zu duschen, bevor sie zurück ins Bett komme, weil sie schmutzig sei; dass er sich nicht von ihr berühren lasse, wenn sie ihre Periode habe, es sei denn, sie blase ihm einen, dann mache es ihm nichts aus; dass sie ihm manchmal einen blase, nur um sich ihm nahe zu fühlen; dass er sich am Strand beschwert habe, als sie ihren Bikini zu weit nach unten gezogen hat, und gezischt habe, sie habe Glück, dass er sie überhaupt einen Bikini tragen lasse; dass er gesehen habe, wie sie einen Kuss an das Ende einer Nachricht für einen Freund gesetzt hat, und sie auf offener Straße angeschrien habe; dass sie ihn angebettelt habe, aufzuhören und ihm in allem beigepflichtet habe, nur damit er aufhört, und sie dachte, sie müsse vor Scham sterben; dass er sie oft anlächele und ihr mitleidig verkünde, dass sie einfach nicht so viel wisse wie er und dass das in Ordnung sei; dass er sie oft beobachte, während sie sich anzieht, und ihr sage, sie müsse aufpassen oder wöchentlich zweimal mehr ins Fitnessstudio gehen; dass er ihr Bilder von Models und Schauspielerinnen schicke und sie bitte, ihren Stil zu kopieren; dass er sie manchmal als Secondhandware bezeichne, weil sie ihre Jungfräulichkeit an Jacob verloren hat; dass sie jeden Moment ihres Tages damit verbringe, sorgfältig einzuschätzen, in welcher Stimmung er ist und wie sie sich verbiegen muss, um ihn glücklich zu machen. Dass sie manchmal schon, bevor sie die Augen öffne, wisse, dass er schlecht drauf sei und sie neben dem Teufel im Bett aufwache; dass er aus Wut auf sie einmal so fest gegen den Tisch getreten habe, dass er sich drei Zehen gebrochen habe; dass die Schlagkerbe in der Wand sie erschaudern lasse und dass er während ihrer Beziehung schon drei Handys gekauft habe, weil er sie vor Zorn zerschmettert habe – an der Wand, an Schränken und einmal an ihrem Kopf.

Sie hebt ihre Haare rechts vom Scheitel an und zeigt Kees eine verblasste weiße Narbe an ihrer Kopfhaut, so dünn, dass sie fast unsichtbar ist. Fast, aber nicht ganz.

All das schildert Malak mit abgewandtem Blick, doch als sie erzählt, dass Ali sie dafür angeschrien habe, dass sie Jacob geliebt hat, sieht Kees die ersten Tränen fallen.

»Er hat mich gefragt, wie ich das tun konnte. Mich jemandem wie ihm hingeben, besonders weil er kein Muslim ist. Und weißt du, was das Schlimmste ist?«

Kees schüttelt den Kopf.

»Ich habe mich entschuldigt.« Malak lacht, aber die Tränen fließen nun schneller. »Ich habe mich dafür entschuldigt, dass ich meine Jungfräulichkeit an den Mann verloren habe, den ich mehr geliebt habe als alles andere auf der Welt. Ich habe ihn um Vergebung angebettelt, als wäre er Gott. Und ich habe es so gemeint. Ich habe mir gewünscht, ich hätte Jacob nie kennengelernt, und gedacht, wie schön es gewesen wäre, unberührt mit Ali zusammenzukommen. Damit er der erste Mann gewesen wäre und ich ihn hätte heiraten können, den einzigen, mit dem ich je geschlafen habe. Ich dachte, das wäre romantisch. Und jeden Abend habe ich mich ihm hingegeben in der Hoffnung, dass er es vergessen würde. Dass ich es auch vergessen könnte, wenn ich mich nur ausreichend bemühe.«

»Und? Hat er es vergessen?« Kees reicht Malak eine Serviette.

»Niemals. Irgendwann ist es immer wieder zur Sprache gekommen. Manchmal hat er mich wach gerüttelt und behauptet, ich hätte im Schlaf Jacobs Namen gesagt. Er lässt mich nie vergessen, dass ich vor ihm mit einem anderen zusammen war.«

In keinem der Bücher, die Kees gelesen hat, und in keiner der Vorlesungen, die sie besucht hat, wurde ihr beigebracht, wie man reagieren soll, wenn eine alte Freundin aus Kindertagen einem erzählt, dass sie in einem Kriegsgebiet lebe. Sie ist wütend auf alle, weil sie sie nicht adäquat vorbereitet haben, aber in erster Linie hasst sie sich selbst dafür, Malak nur im Internet gefolgt zu sein, statt ihr geschrieben zu haben. Die Frage, die sie ihr stellen will, lautet »Warum bist du bei ihm geblieben?«, aber das klingt wie ein Vorwurf, und wenn sie diesen Weg einschlägt, muss sie in ihrer blinden Starrsinnigkeit auch das einstecken können, was man *ihr* vorhalten könnte.

»Warum jetzt?«, fragt sie stattdessen. »Was hat dich letztlich zu der Entscheidung gebracht, ihn zu verlassen? Dass du schwanger bist?«

Malak schüttelt den Kopf. »Zum Teil, aber das ist nicht der Grund dafür, dass ich mich entschlossen habe, ihn zu verlassen und abzutreiben. Und auch nicht für all das, was ich dir erzählt habe. Lustig, oder?«

Kees hat in ihrem ganzen Leben noch nie etwas weniger lustig gefunden.

»Es ist ein bestimmter Abend gewesen«, fährt Malak fort. »Der Abend, an dem ich dir die E-Mail geschickt habe. Er hat mir eine Nachricht geschrieben und mir mitgeteilt, dass er länger arbeite, wegen irgendeines Notfalls, und ich habe auf ihn gewartet. Als er endlich nach Hause gekommen ist, hat er mich geküsst, und ich habe Disaronno geschmeckt. Da wusste ich, dass er ausgegangen ist und getrunken hat.«

»Okay?«, erwidert Kees verwirrt.

»Er hat mir gegenüber behauptet, er hätte noch nie Alkohol getrunken. Weil ich nicht vollkommen gottlos wirken wollte, habe ich ihm erzählt, ich hätte auch noch nie getrunken, und mir ein Bein ausgerissen in meinen Bemühungen, es vor ihm zu verheimlichen. Ich habe auf Facebook alle Bilder gelöscht, auf denen ich mit einem Glas Alkohol in der Hand oder angetrunken zu sehen bin.«

»Das müssen viele Bilder gewesen sein …«

»Genau!« Malak erhebt sich und geht im Zelt auf und ab. »Ich habe Nylah und Rayan, meine Freundinnen, mit denen ich damals zusammengewohnt habe, gebeten, nichts zu verraten. Nachdem ich diese Unterhaltung mit ihm geführt hatte, habe ich ohnehin aufgehört zu trinken. Er hat es sogar gehasst, betrunkene Leute auf der Straße zu sehen. Einmal habe ich eine Flasche Whisky ganz hinten im Küchenschrank gefunden, und als ich ihn danach gefragt habe, hat er sich darüber ausgelassen, dass sein Vater trinke und wie wütend ihn das immer mache. Er hat die Flasche in der Spüle entleert und den ganzen Abend über seinen Vater geredet. Den *ganzen* Abend, Kees.«

Kees hebt eine Augenbraue. »Ich kann es mir vorstellen.«

»Als ich dann den Alkohol auf seinen Lippen geschmeckt habe, hat sich ein Schalter in mir umgelegt.« Malak bleibt stehen, greift nach der Schale mit den Oliven und schiebt sich eine nach der anderen in den Mund. Sie wirkt, als würde sie in die Ferne sprechen. »Keine Ahnung, woher ich es wusste, aber das tat ich. Dass er getrunken hatte und dass er *schon immer* getrunken hatte. Und ich Dummkopf bin 33 567 Bilder auf Facebook durchgegangen, um alle zu löschen, die mich belasten könnten, weil ich mit einem Drink oder auch nur einem roten Becher darauf zu sehen bin, damit er es nicht entdeckt und mich für schändlich hält. Und weißt du was?«

»Was?«

»Wir sind auf Facebook nicht mal miteinander befreundet«, sagt Malak verbittert. »Aber das hat mich meinen Entschluss fassen lassen. Die Tatsache, dass ich Bilder von mir gelöscht habe, auf denen ich Becher oder Gläser halte, selbst wenn ich wusste, dass kein Alkohol drin war, nur für den Fall, dass er sie sehen und mich für eine schlechte Muslimin halten würde. Ich kam mir so dumm vor, Kees.«

»Hey«, sagt sie mit strenger Stimme, »du bist nicht dumm. Sag so was niemals. Du hast nichts falsch gemacht.«

»Oh, ich habe vieles falsch gemacht. Ich habe auch selbst viel geschrien und mich beschwert; er war einfach nur schlimmer.«

Dass ihre Freundin denkt, sie treffe irgendeine Art von Schuld, ist vielleicht das, was Kees am traurigsten stimmt. Obwohl sie nie diejenige in der Gruppe gewesen ist, die viel Körperkontakt gesucht hat, steht sie auf, stellt sich hinter Malak und schlingt ihren gesamten Körper um sie, in der Hoffnung, ihr damit etwas mitzuteilen, für das sie momentan keine Worte findet.

Irgendwann werden die Teller abgeräumt, und draußen wird ein Lagerfeuer entzündet. Sie trinken Minztee und essen *Konafa* am Feuer, über ihnen eine Sternenkonstellation, die Kees noch nie gesehen hat.

Ihr ist aufgefallen, dass sich Schuldgefühle durch Malaks Geschichten wie ein roter Faden ziehen. Sie macht sich selbst Vorwürfe, als hätte sie wissen müssen, dass der Mann, dem sie vertraut hat, ihr das Herz brechen würde.

Nachdem die letzten Flammen erloschen sind und nur noch die Glut leuchtet, stützt sich Malak auf die Ellbogen und sieht Kees an. »Aber was ist mit dir? Ich sage es nur ungern, aber du siehst beschissen aus. Was ist passiert?«

Kees verharrt einen Moment reglos, ehe sie in Gelächter ausbricht. »Vielen Dank! Das sage ich selbst die ganze Zeit, aber alle behaupten, ich sehe toll aus. Danke, dass du es einfach ausgesprochen hast.«

»Nein, Schätzchen, sie lügen dich an. Deine Haut wirkt blassgelb, als hättest du Gelbsucht oder so was. Du bist doch nicht krank, oder?«

»Nein, ich habe mich nur nicht um mich selbst gekümmert.«

»Warum nicht?«, fragt Malak.

Nun ist es an Kees, alles zu erzählen. Von ihrer Mutter und dem Abend, an dem sie ihren Eltern von Harry erzählt hat und es sich angefühlt habe, als hätte sie ein Ticket in der ersten Reihe für die Apokalypse ergattert. Von der Nikah mit Harrys gesamter weißer Familie. Dass der Imam abgesagt habe, aber merkwürdigerweise ausgerechnet ihr Vater den Tag gerettet habe, es jedoch trotzdem der schrecklichste Tag ihres Lebens gewesen sei. Dass ihre neue Wohnung ihnen geschenkt worden sei und sie sich deshalb fühle wie ein Eindringling in ihrem eigenen Zuhause. Dass sie nicht wisse, ob Liebe genügt, und dass sie spüre, wie sie sich von Harry zurückzieht. Dass sie oft auf irrationale Weise wütend auf ihn sei, weil er seine Familie habe, und sie vielleicht einfach zu verschieden seien, als dass es jemals funktionieren könnte.

Malak richtet sich auf und wirft ihr eines der Kissen an den Kopf. »Hey! Wage es bloß nicht!« Sie deutet über die Glut hinweg mit dem Finger auf Kees.

»Autsch! Was soll das?«

»Wage es bloß nicht, mit ihm Schluss zu machen.«

»Das mache ich nicht, Malak, aber ich weiß einfach nicht,

wie ich über die Sache glücklich sein soll, die meine Familie ruiniert hat.«

»Weißt du, warum ich damals so wütend auf dich gewesen bin? An dem Abend, als wir den Streit hatten?« Malak dreht die Quasten des Kissens, an das sie sich bis eben angelehnt hat, zwischen ihren Fingern.

Kees sieht sie vorsichtig an.

»Du hast mich glauben lassen, dass ich alle hätte haben können, wenn ich nur gewollt hätte. Dass ich mit Jacob hätte zusammenbleiben können, aber einfach nicht mutig genug gewesen bin.«

»Malak, ich wollte nicht ...«

»Nein, sag nichts«, unterbricht Malak sie. »Du hattest recht. Ich war nicht mutig genug. Ich hatte nicht deine Courage. Und es hätte funktionieren können. Sicher, meine Eltern wären am Boden zerstört gewesen, aber hast du jemals erlebt, dass mein Vater länger als sechzig Sekunden wütend auf jemand ist? Sie hätten sich wieder eingekriegt. Es waren alle anderen, denen ich nicht die Stirn bieten konnte. Die Tanten Naseemas und Um Munthers. Die Noras und Zaynebs, die bereits mit perfekten muslimischen Jungen verheiratet waren. Ich konnte keinen Einzigen von ihnen ausstehen. Und dann habe ich Ali kennengelernt, und endlich hatte ich alles – ich habe den großen Traum gelebt, und an dem Abend, als er mir den Teller an den Arm geworfen hat, habe ich mich gefragt, wo sie sind. All die Tanten, die mir gesagt haben, dass ich mit einem guten muslimischen Jungen zusammenkommen muss, der schließlich meinen Körper als Zielscheibe benutzt hat. Ich habe ihn mit Jacob verglichen, der mir nicht mal beim Sex einen Klaps auf den Hintern geben konnte, weil ihm jegliche Gewalt gegen Frauen Unbehagen bereitet hat, und es hat mich so wütend gemacht. Auf sie, aber auch auf dich.«

»Auf mich?«, ruft Kees.

»Ja. Weil du es gewusst hast. Du wusstest es die ganze Zeit.«

»Oh, Malak, das wusste ich bestimmt nicht. Ich wusste nicht, dass du dich in jemand verlieben würdest, der dich so behandelt.«

Malak lächelt sie an. »Vielleicht nicht. Aber irgendwie wusstest du, dass alles nur Show war. Dass es nichts war, für das es sich lohnt, die Liebe aufzugeben. Ich habe immer noch weiter für diesen perfekten Traum gekämpft, das perfekte muslimische Leben, und ich hätte alles dafür gegeben, es zu bekommen. Ich *habe* alles dafür gegeben. Ich habe Jacob aufgegeben. Und dann mich selbst. Und nun schau mich an.« Sie schüttelt immer wieder den Kopf.

Kees erinnert sich an damals, als sie mit zehn Jahren aus bloßer Langeweile die Schulküche verwüstet haben, um es aussehen zu lassen, als hätte ein Einbruch stattgefunden – eine Idee, die Malak in den Sinn gekommen war. Als sie sich mit baumelnden Beinen auf die Stühle vor dem Büro des Direktors gesetzt haben, hat Malak auch immer wieder den Kopf geschüttelt und gefragt: »Was habe ich nur getan?« Wieder und wieder.

Es bricht Kees das Herz, Malak so zu sehen. Sie will sie festhalten und anschreien, dass sie nichts getan habe.

»Ich war dabei, das Spiel zu gewinnen, und ich dachte, ich hätte dich eines Besseren belehrt«, fährt Malak fort. »Und dann begann langsam alles auseinanderzufallen. Ich wusste nicht, wie ich dich anrufen und dir sagen sollte, dass du die ganze Zeit recht gehabt hast. Ich wusste nicht mal, wie ich es mir selbst eingestehen sollte. Und jetzt wächst ein Kind in meinem Bauch, das ich nie zur Welt bringen kann, nicht mit ihm. Ich wünschte einfach, ich hätte dich schon früher angerufen.«

Kees erhebt sich und zieht Malak auf die Füße, umarmt sie, ehe sie sie eine Armlänge von sich entfernt hält. »Nein, es tut *mir* leid. Ich hatte den Eindruck, du hättest mich fallen lassen, ich war wütend und stolz. Du weißt, ich bin noch nie gut darin gewesen, mich zu entschuldigen.«

»Tatsächlich ist niemand auf der Welt so schlecht darin wie du.« Malak schnieft.

»Na schön, ich bin schlecht darin, mich zu entschuldigen. Aber ich hätte es trotzdem tun sollen. Ich hätte mich bei dir entschuldigen sollen, und zwar schon vor langer Zeit. Selbst wenn es jetzt vielleicht nicht mehr zählt: Es tut mir so leid, Malak. Dass ich dich im Stich gelassen habe.«

»Komm schon, das hast du nicht ...«

»Doch, das habe ich. Das habe ich wirklich. Und wäre ich nicht so stolz gewesen, wäre ich für dich da gewesen. Vielleicht hätte ich etwas tun können, bevor es so weit gekommen wäre. Verzeih mir.«

»Wenn du mir auch verzeihst.« Malak zieht sie wieder an ihre Brust.

So verharren sie zwanzig Minuten, vielleicht auch länger, umschlungen in all den Umarmungen, die sie einander in den letzten eineinhalb Jahren nicht geben konnten. Sie legen sich in den Sand und schauen zu den Sternen auf, ihre kleinen Finger verhakt, wie sie es getan haben, als sie kleine Mädchen gewesen sind. Sie reden über Jenna und senden ihr Küsse. Manchmal weinen sie, und dann lachen sie wieder so laut, dass es fast an Hysterie grenzt. Wie sich das Gleichgewicht des Universums so vollkommen in die falsche Richtung neigen kann. Der Himmel wird heller, und sie klettern noch einmal auf die Düne, diesmal um den Sonnenaufgang zu betrachten. Sie legen die Köpfe aneinander. Ein vollkommener Kreis, vom Sonnenuntergang bis zum Sonnenaufgang.

Erst jetzt lassen sie sich erschöpft ins Zelt fallen. Das Letzte, was Kees sagt, ist »Ich werde alles in Ordnung bringen, Malak, das verspreche ich«, und Malak flüstert: »Ich weiß.«

Bevor Kees einschläft, tut sie das, was Frauen tun, wenn sie von dem Leid hören, das eine andere Frau durch einen Mann erfahren musste. Sie verfasst eine Nachricht an Harry, um ihm mitzuteilen, wie dankbar sie sei, ihn zu haben. Dass sie froh sei, sich für ihn entschieden zu haben, und erinnert sich selbst daran, dass ihre Liebe genügt. Dass eine Liebe wie die ihre etwas Einmaliges ist. Dass die meisten Männer grausam oder rücksichtslos oder gedankenlos oder einfach gemein sind. Dass viele Männer einfach etwas niederbrennen sehen wollen, auch Frauen. Dass er vielleicht zu viel nachdenkt und nicht genug spricht, aber immer an sie denkt, und dass er liebenswürdig ist, und ein liebenswürdiger Mann ist keine Selbstverständlichkeit. Und dass sie sich in jedem Leben für ihn entscheiden würde.

Welcher Zauber es auch gewesen sein mag, der sie durch die Nacht gebracht hat, am nächsten Morgen ist er verschwunden.

Malak ist nervös, hat Angst zurückzufahren.

Kees ist bereits wieder im Anwältinnen-Modus und stellt Malak auf der Fahrt eine Reihe von Fragen, versucht, so viele Informationen zu sammeln, wie sie kann.

»Weiß er, dass du schwanger bist?«

»Ja, aber nicht, dass ich das Kind nicht behalten werde. Ich muss für den Termin nach Hause, Kees. Es ist der letzte, den ich bekommen konnte, bevor es zu spät ist.«

»Keine Sorge. Ich bringe dich hin.«

»Was ist mit Jennas Hochzeit?«

»Ich glaube, das wird sie verstehen. – Wird er zu Hause sein?«

»Kommt drauf an, wann wir zurückkommen. Es ist Wochenende, da könnte er beim *Juma*-Gebet sein, aber wenn nicht, ist er zu Hause.«

Kees schickt Harry ein paar Nachrichten, in denen sie ihm grob die Lage erklärt, ohne ins Detail zu gehen.

Jenna informiert sie etwas ausführlicher und bittet sie um finanzielle Unterstützung, wofür sie sich zum ersten Mal nicht schämt. Sie würde alles dafür tun, Malak sicher nach Hause zu bringen. Jenna soll ihnen zwei Tickets für den letzten Flug heute Abend buchen.

Als sie den Stadtrand erreichen, hat Jenna ihr bereits die Buchungsbestätigung weitergeleitet – zweiundzwanzig Uhr dreißig, erste Klasse.

Gott segne diese Frau und das Geld ihres Vaters, denkt Kees.

Harry hat mit einer langen Nachricht geantwortet, in der er seine Liebe zu ihr bekundet. Etwas in ihr schiebt sich fest an die richtige Stelle: die Gewissheit, dass sie von der Person geliebt wird, die sie mehr als alles andere auf der Welt liebt.

Sie sendet Harry ihre Ankunftszeit am Samstagmorgen. Er verspricht, sie abzuholen, und bittet sie, auf sich aufzupassen.

Sie nickt bei sich; die Tränen des vergangenen Abends sind versiegt und getrocknet.

Als Malak vor der Wohnung parkt, hasst sie sich selbst. In den letzten Stunden hat sie sich innerlich dafür gescholten, zu überstürzt gehandelt zu haben, indem sie Kees angerufen hat, obwohl sie es nicht hätte tun sollen.

Die Stadt hüllt sie ein mit ihrem freundlichen Lärm. Der gewohnte Geruch von Jasmin, der in der Luft hängt, erinnert sie daran, dass man das Ungeordnete und Chaotische lieben kann. Dass Alis Liebe die zärtlichste ist, die sie je hat kennenlernen dürfen. Wieso bildet sie sich dann ein, zu gut für die harte Arbeit zu sein, die man in eine Beziehung stecken muss? »Es ist harte Arbeit«, sagen schließlich alle.

Ein Anflug von Übelkeit überkommt sie. Instinktiv legt sie sich eine Hand auf den Bauch, wodurch alles wieder ins Gleichgewicht gerät. Sie erinnert sich wieder daran, dass sie sich nicht hassen sollte.

Während der Fahrt hatte sie Haytham angerufen, weil er der einzige Verwandte ist, den sie nicht verlassen kann, ohne sich zu verabschieden.

Als sie die Tür aufdrückt, weiß sie gleich, dass niemand da ist.

»Er ist nicht hier«, flüstert sie.

»Okay. Lass uns deine Sachen packen«, erwidert Kees.

Malak schleicht durch die Wohnung und späht sicherheitshalber in jedes Zimmer. Die vertrauten Gerüche ihres Zuhauses begrüßen sie.

Als sie ihren Kleiderschrank halb geleert haben, hören sie Alis Schlüssel im Schloss. Rasch werfen sie notwendige Kleidung und ihre Lieblingsteile in den Koffer, den Rest in eine

Mülltüte. Dann geht Malak zur Tür und begrüßt Ali, weil sie es immer so gemacht hat.

Ohne Kees zu bemerken, die Malak ängstlich gefolgt ist, sieht er sie an.

»Alles okay?« Er runzelt besorgt die Stirn.

Malak kann nur nicken, ihre Kehle ist zu trocken zum Sprechen.

»Hayati, warum hast du mir nichts von dem Baby erzählt?«

Angesichts der Zärtlichkeit in seiner Stimme fühlt sich Malak verloren. Resigniert lässt sie die Schultern hängen.

Ali schließt den Abstand zwischen ihnen, nimmt sie in die Arme und murmelt leise Worte über ihrem Kopf.

Sie genießt den Augenblick, gestattet dem Zweifel, sie noch einmal zu durchfluten.

In diesem Moment sieht Ali Kees. Erschrocken tritt er einen Schritt zurück.

»Das ist Kees«, sagt Malak schnell und bedeutet ihr mit einer Handbewegung, näher zu kommen.

Kees nickt Ali schweigend zu.

»Hi. Ich hab viel über dich gehört«, sagt er. »Ich wusste gar nicht, dass du zu Besuch kommst.«

»Ich auch nicht«, erwidert Kees kühl.

Ob Alis Verwirrung fühlt sich Malak wie ein Schiff ohne Anker.

»Kannst du uns eine Minute allein lassen, Keesy?«, fragt sie und deutet mit dem Kopf Richtung Schlafzimmer.

»Ist das eine gute Idee?«

Kurz denkt Malak darüber nach, ob sie besser Jenna gebeten hätte herzukommen. Mit ihr ist alles weniger auf Konfrontation ausgerichtet, und nun, da sie Ali gegenübersteht, würde sie lieber nachgeben als kämpfen. »Ja.«

»Okay, aber ich bin gleich dort drüben, falls du mich brauchst.«

»Ich muss nach Hause fliegen«, verkündet Malak schließlich mit einer Stimme, die zu unsicher klingt, zu ängstlich, um entschlossen zu wirken. Das Zittern darin hören sie beide.

»Was ist los, Kookie? Geht es deiner Familie gut? Ist etwas passiert?« Ali geht wieder einen Schritt auf sie zu und nimmt ihre Hände in seine.

Alle Worte scheinen ihr im Hals stecken geblieben zu sein. Wie kann er nicht wissen, dass sie nicht bleiben kann, dass nichts richtig ist? Sie fühlt sich, als hätte sie den Verstand verloren, als wären alle Probleme und all das zerbrochene Geschirr entweder Hirngespinste oder einfach das Nebenprodukt einer Beziehung, aus der sie sich aus Faulheit zurückziehen will. Man kann immer mehr für eine Beziehung tun, und vielleicht könnte sie sich größere Mühe geben.

Ali hat weitergesprochen. Sie registriert, dass es um Babynamen geht. Etwas an seinem Grinsen bereitet ihr Übelkeit. Sie tritt einen Schritt zurück.

»Ich behalte das Baby nicht, Ali.« Die Worte schießen aus ihrem Mund wie kleine Bomben.

Er sieht sie verständnislos an. »Was soll das heißen, du behältst es nicht?«

»Ich will kein Kind allein großziehen.«

»Warum solltest du es denn allein großziehen?«

Sie will ihn anschreien, weil er es ihr so schwer macht, da er so intelligent ist, aber nichts begreift.

»Weil ich dich verlasse. Und all das. Was auch immer wir hier tun. Es ist vorbei.«

Nun ist es an Ali, einen Schritt nach hinten zu treten. »Was wir hier tun, ist eine Beziehung führen, Malak«, erwidert er kalt.

»In Beziehungen lügt man aber nicht, Ali. Du solltest nicht die Person anlügen, mit der du zusammen bist.«

»Wovon sprichst du? Ich würde dich niemals anlügen.«

Ehe er noch etwas anderes sagen kann, fragt sie: »Du trinkst, oder?«

Seiner Miene nach zu urteilen, ist dies das Letzte, womit er gerechnet hat.

»Ich habe dir die Wahrheit darüber gesagt, mit wie vielen Leuten ich geschlafen habe, weil Ehrlichkeit wichtig ist. Und du hast mich dafür bestraft. Immer und immer wieder. Aber du trinkst.« Zum ersten Mal fühlt sich Malak ihm gegenüber wirklich tollkühn. »Es war dumm von mir, dir die Wahrheit zu sagen, während du mich die ganze Zeit angelogen hast.«

»Malak, wegen so was beendet man keine Beziehung.« Er schlägt den gleichen herablassenden Tonfall an, in dem er über Politik oder andere Themen spricht, von denen er glaubt, sie habe keine Ahnung davon.

Am liebsten will sie schreien. »Du bist nicht immer nett zu mir«, entgegnet sie stattdessen.

»Ich kümmere mich um dich. Beschütze dich. Mein Interesse gilt allein dir.« Er sieht sie an, als hätte sie den Verstand verloren, und für den Bruchteil einer Sekunde glaubt sie es selbst.

»Manchmal hast du …«

Doch er lässt sie nicht ausreden. Als wüsste er, was sie sagen will, nimmt er ihr Gesicht zwischen seine Hände und streichelt mit dem Daumen ihre Wange. Sie denkt daran zurück, wie er dies zum ersten Mal getan und es sich angefühlt hat, als wäre sie angekommen.

»Wenn ich die Beherrschung verliere und Dinge werfe, ist das normal, Habibti. Alle Männer haben diese Gefühle. Es ist nicht wichtig. Es sind nur Kleinigkeiten. Was zählt, ist, dass ich mich um dich kümmere. Oder tue ich das etwa nicht, Kookie?«

Den Blick gesenkt, drückt sie ihr Gesicht fester in seine Hand. Er hat recht, er holt sie tatsächlich immer überall ab, sorgt dafür, dass sie alles hat, was sie braucht, und es fehlt ihr an nichts. Ihr kommt der flüchtige Gedanke, dass sie so schnell von seinen Lügen über das Trinken abgekommen sind, ohne dass er etwas zugegeben hat.

Plötzlich klopft es an der Tür, die Ali noch nicht geschlossen hat, und Haytham kommt glücklich lächelnd herein. »*Zayokum ya gama.*«

Ali dreht sich um, schüttelt ihm die Hand, und plötzlich passiert alles gleichzeitig.

Kees kommt aus dem Schlafzimmer und sagt in scharfem Tonfall: »Wir müssen los, Malak, sonst verpassen wir den Flug.«

Auf Haythams Frage, ob sie verreise, winkt Ali abweisend ab. »Es geht ihr gut, sie verreist nicht.«

Malak sieht nicht, wie Kees nach dem verzierten Teller greift, den Alis Großvater seiner Großmutter zur Hochzeit geschenkt hat, aber sie sieht, dass er durch das Zimmer fliegt und Alis Kopf nur knapp verfehlt, ehe er an der Wand zerbricht. Sie sieht nicht, dass Ali sich bewegt, aber dass Haytham vor ihn tritt und seine Hände gegen Alis Brust drückt, um ihn zurückzuhalten. Sie sieht nicht Kees' Gesichtsausdruck, aber sie spürt, dass Zorn das Zimmer erfüllt.

Dann erheben alle gleichzeitig die Stimme, reden laut durcheinander. Kees brüllt etwas von einer Anzeige. Doch alles, was Malak hört, ist die Stille, die ihr begegnet ist, als sie Ali gefragt hat, ob er trinke, und die fühlt sich an wie der größte Betrug.

Sie geht schweigend ins Schlafzimmer und packt ihr Leben wieder einmal in einen Koffer.

»Alles okay?«, fragt Kees, die ihr gefolgt ist.

»Er hat nicht abgestritten, dass er trinkt«, erwidert Malak und fühlt sich benommen.

»Und das macht ihn zu einem Mistkerl. Wir müssen los, Malak.«

Sie sieht Kees hilflos an. »Ich weiß nicht, was ich packen soll.«

»Keine Sorge, ich mache das.« Kees' Stimme ist weich geworden. Sanft nimmt sie ihrer Freundin das Kleid aus den Händen.

Malak sitzt auf der Bettkante und versucht zu begreifen, wie sie von der Freude über ein ganz neues Leben zu den vertanen Chancen um sie herum gelangt ist. Sie denkt darüber nach, wie sie mit Jacob zusammengekommen ist und dann mit Ali. Von nun an wird sie jahrelang glauben, dass sie nicht in der Lage ist zu bleiben, sobald Liebe im Spiel ist.

Im Hintergrund schreit Ali durch die Wohnung und beschwert sich bei Haytham über zu emotionale Frauen. Immer wieder sieht Kees besorgt zur Tür, doch Malak weigert sich, es ihr gleichzutun. Regungslos beobachtet sie, wie Kees ihr Leben zusammenpackt, als würde es einer anderen Person gehören, die nichts mit ihr zu tun hat. Sie will nicht sehen, wie Ali zur Tür hereingestürmt kommt, und gleichzeitig hat sie Angst, dass er es nicht tun wird.

Bisher hat sie sich selbst nicht eingestanden, wie schlimm es zwischen ihr und Ali geworden ist, bis sie Kees' Gesichtsausdruck beim Erzählen ihrer Geschichte gesehen hat. Trotz ihrer Bemühungen, ihre Erschütterung nicht zu zeigen, hat Malak die Erschrockenheit über ihre Züge huschen sehen und das leise, kaum hörbare Keuchen gehört.

Vielleicht ist das der Grund, warum man seinen Freundinnen alles erzählen sollte: damit sie es gemeinsam analysieren und dann entscheiden können, ob das Verhalten akzeptabel ist. Denn man kann nicht darauf bauen, dass sich Frauen für einen Mann nicht selbst aufgeben.

Plötzlich verstummen die Gespräche im Wohnzimmer. Malak steht auf und geht benommen durch den Flur.

Haytham steht im Türrahmen, sein Körper bildet, obwohl er schmächtig ist, eine Trennwand zwischen ihr und Ali, der im Wohnzimmer auf und ab geht, sein Blick wölfisch und zornig.

Kees geht ihr, zwei Koffer schleppend, hinterher. Haytham eilt ihr zu Hilfe.

Malak nutzt die entstandene Lücke und schiebt sich an ihnen vorbei ins Wohnzimmer. »Ich gehe«, verkündet sie.

Ali betrachtet sie wie ein Mann, der einem Rätsel gegenübersteht, das er nicht lösen kann. »Du bist mit meinem Kind schwanger«, ist seine einzige Erwiderung.

Haytham dreht ihm erschrocken den Kopf zu. Eilig schlägt Kees vor, die Koffer nach unten zum Wagen zu bringen. Malak hat gewusst, dass es richtig gewesen ist, sie anzurufen.

Ali sieht mit einem Mal verzweifelt aus.

»Du trinkst, oder?«, fragt Malak erneut.

Anstelle einer Antwort stellt er eine Gegenfrage. »Willst du mich wirklich verlassen?«

Später wird sich Malak an diesen Moment erinnern und realisieren, dass sie vielleicht geblieben wäre, wenn er einfach ihre Frage beantwortet hätte. Wenn er einfach das zugegeben hätte, worüber sie so aufgebracht war, hätten sie über Babynamen sprechen können.

Doch nun legt sie ihren Schlüssel auf den Tisch.

Niemand sagt etwas.

Jenna

Bei allem, was an diesem Tag passiert, sieht sie zu, als wäre es eine ihrer Lieblings-Liebeskomödien. Sie hört die Filmmusik in ihrem Kopf, als sie das Hochzeitskleid anzieht, das zwei Mütter aus unterschiedlichen Familien ausgesucht haben. Sie betrachtet die lächelnden Gesichter der Personen, die aufgeregt um sie herumeilen, ihr Rouge auftragen, eine weitere Schicht Lippenstift, ihr ein Glas Wasser reichen, ihr Luft zufächern, damit das Fixierspray trocknet.

Vorsichtig berührt sie die Kette, die ihr ihre Mutter um den Hals legt; ein Diamantcollier, das heute Morgen zusammen mit einem Blumenstrauß vor der Tür gelegen hat – ein Hochzeitsgeschenk von Mo. Auf einem Zettel stand: *Ich kann es kaum erwarten, dich zu heiraten.* Und sie hat sich gefragt, warum. Ist es die Aussicht auf den Sex heute Abend, seine Vorstellung von einer Ehefrau oder die Gesellschaft, nach der er sich sehnt? Mo hat das Geschenk nicht gekauft, weil er die Kette gesehen und gedacht hat, seiner zukünftigen Braut würde sie gefallen, sondern weil der Mann, der er sein wollte, so etwas tun würde. In Wahrheit ist die Kette nicht wirklich ihr Stil, und sie hätte sie sich niemals selbst ausgesucht, aber woher soll er das wissen?

Aus diesem Grund berührt sie sie vorsichtig – so wie es die Frau tun würde, die sie sein will.

Das Haus ihrer Eltern ist festlich dekoriert. Blumensträuße von Menschen, die ihren Eltern und ihr, der einzigen Tochter, gratulieren wollen, sind die ganze Woche lang eingetroffen.

Als ihr Vater leise an die Tür klopft, verlassen die Visagistin, die Friseurin und die Schneiderin, die zusammen mit ihrer Assistentin hektisch eine Naht am Saum ändert, das Zimmer, um ihnen etwas Privatsphäre zu geben.

Ihr Vater holt eine Samtschatulle mit einem Diamantarmband hervor, auf dessen Verschluss ihr Hochzeitsdatum eingraviert ist. »Ein Geschenk von mir an dich, Habibti, zur Hochzeit.«

Sie fragt sich, ob Mo seine Idee von ihm hat, und hält ihrem Vater die Hand hin, damit er ihr das Armband anlegen kann. Er sagt dazu schöne Dinge: darüber, wie stolz er auf sie sei, wie sehr er sich über ihren neuen Job im Krankenhaus freue und dass sie ihnen stets eine gute Tochter gewesen sei, dass sie der Familie schon immer Ehre gemacht habe und das auch immer tun werde.

»Baba, hör auf, sonst weine ich noch und ruiniere mein Make-up.« In Wahrheit ist ihr nicht nach Weinen zumute.

Irritiert entschuldigt sich ihr Vater und ruft die Frauen zurück ins Zimmer, damit sie sie weiter zurechtmachen können – dies ist wohl der einzige Anlass, zu dem sich ein Vater Sorgen um die Schminke seiner Tochter macht, statt sie abwaschen zu wollen.

Nachdem die Braut perfekt zurechtgemacht ist, kommt ihre Mutter mit einer hübsch eingepackten Schachtel unter dem Arm herein. Genau wie ihr Vater findet sie Worte, die Jenna an jedem anderen Tag zum Weinen gebracht hätten, aber da sie die Ereignisse eher wie eine Außenstehende betrachtet und nicht so, als würden sie ihr widerfahren, bleiben ihre Augen trocken.

Sie ergreift die Hand ihrer Mutter, die schon seit dem Moment weint, als sie Jenna gesehen hat, und öffnet die Schleife, die um die Schachtel gebunden ist. Ein weißes Seidennachthemd mit kunstvoll gearbeiteter Spitze am Rücken und einer Schleppe kommt zum Vorschein.

»Ich dachte, das könnte hübsch sein für heute Nacht.« Ihre Mutter lächelt. So weit werden sie sich dem Thema Sex nie wieder nähern.

Jenna erwidert das Lächeln. »Es ist wunderschön. Danke, Mama.«

Ihre Mutter trocknet ihre Tränen und setzt an, Jenna zu umarmen, hat aber wohl zu große Angst, die Schminke zu verwischen. Daher tätschelt sie nur den Arm ihrer Tochter und verlässt das Zimmer.

Wieder allein, betrachtet Jenna ihre veränderte Erscheinung im Spiegel. Da sie seit so vielen Monaten schon ein Gefühl von Leere begleitet, erwartet sie auch heute nicht, etwas zu empfinden. Sie öffnet den Flug-Tracker auf ihrem Handy und beobachtet das Flugzeug, in dem ihre beiden besten Freundinnen sitzen. Es ist schon fast in London angekommen. Entgegen ihren kühnsten Träumen sind die beiden Frauen, nach denen sie sich während des vergangenen Jahres so gesehnt hat, näher denn je, und doch wird keine von ihnen am wichtigsten Tag ihres Lebens bei ihr sein. Wenn die Hochzeit ohne sie stattfinden könnte, würde sie Malak gemeinsam mit Kees in die Klinik bringen. Sie sollte dabei sein. Aber stattdessen wird sie hier sein, wo alle sie haben wollen, und in den Armen des Mannes tanzen, mit dem sie bald verheiratet sein wird. Bald hat sie das Spiel gewonnen.

»Ist das Lewis?« Kees deutet mit zusammengekniffenen Augen in die Ferne, wo Harry sie in der Ankunftshalle erwartet.

»Du meinst, Jennas Lewis?«, fragt Malak.

»Ja, Jennas Lewis. Welchen anderen Lewis kennen wir denn noch?«

Die Menge teilt sich. Kees entdeckt Harry und findet, dass er noch nie so gut ausgesehen hat – obwohl er nur einen Kapuzenpulli trägt.

Sie wirft sich in seine Arme, und er fängt sie auf. Alle Sorgen, dass er vielleicht genug von ihr haben könnte, verfliegen, als sie spürt, wie fest er sie an sich drückt.

»Willkommen zu Hause, Schatz«, flüstert er ihr ins Ohr.

»Tut mir leid, dass ich in letzter Zeit so eine blöde Kuh gewesen bin.« Beinahe vergessen sie, dass Malak und Lewis neben ihnen stehen.

Er küsst sie noch einmal. »Ich bin froh, dass du wieder da bist. Du musst erschöpft sein.«

»So ungern ich euch Turteltauben auch unterbreche, aber könnt ihr bitte damit aufhören?« Lewis wirkt genervt.

Kees wendet sich ihm grinsend zu. »Hallo, Lewis. Wir haben uns lange nicht mehr gesehen. Was machst du hier?«

»Ich dachte, du wärst nach Liverpool gezogen«, sagt Malak überrascht.

»Das bin ich auch. Ich bin gestern Abend hierhergefahren, weil ich mit euch reden muss.«

Kees kennt Lewis hauptsächlich durch Jennas Geschichten und von der ein oder anderen Geburtstagsparty, auf der sie über Religion debattiert haben. Und obwohl sie sich nie einigen konnten, so haben sie dennoch einen gewissen Respekt füreinander gewonnen. Malak und Jenna sind der Ansicht, dass sich die beiden nur so gut verstehen, weil sie nach Herzenslust streiten und diskutieren können, während alle anderen längst auf- oder nachgeben würden.

»Woher wusstest du denn überhaupt, dass wir hier sind?«, fragt Kees.

»Nun, ich hab euch auf Facebook geschrieben, aber ihr habt nicht geantwortet.«

»Meine Benachrichtigungen sind ausgeschaltet«, erklärt Malak.

»Sind wir auf Facebook überhaupt befreundet?«, fragt Kees. »Ich bin nie dort.«

»Ja, ich weiß. Öffne es einfach hin und wieder, Kees.«

Sie ist verwirrt darüber, wie verärgert Lewis klingt, aber ehe sie etwas sagen kann, fährt er fort.

»Am Ende habe ich Harry geschrieben, und er hat mir erzählt, dass du nicht im Land bist und heute zurückkommst. Da dachte ich, es sei am einfachsten, hier aufzutauchen.«

»Und? Was gibt es für einen Notfall?« Malak sieht ihn stirnrunzelnd an.

Lewis schiebt die Hände in die Hosentaschen, zieht sie wieder heraus und verschränkt abwehrend die Arme. »Jenna kann nicht heiraten.«

»Ach, verflucht!« Eine Vorahnung keimt drängend in Kees auf.

»Was soll das heißen?« Malak legt Kees beruhigend eine Hand auf den Arm.

Harry sagt nichts. Sie vermutet, dass er die Geschichte schon gehört hat.

»Es ist die Wahrheit«, sagt Lewis ruhig.

»Ja, aber warum?« Malak versucht, ihren Koffer für eine Familie mit zu vielen Trolleys aus dem Weg zu rollen.

»Ich sage dir, warum«, antwortet Kees anstelle von Lewis. »Weil er irgendein absolut lächerliches Statement darüber abgeben wird, dass er Jenna liebt, und obwohl er sieben verdammte Jahre gebraucht hat, um zu diesem Schluss zu kommen, will er nun unsere Hilfe, damit wir die Hochzeit verhindern, da Jenna die Liebe seines Lebens ist.«

Sie hat Jenna oft nach Lewis gefragt, aber Jenna hat stets behauptet, sie seien nur Freunde. Nun weiß sie, dass sie recht gehabt hat.

Drohend geht sie einen Schritt auf Lewis zu. »Ich lasse nicht zu, dass du auf Jennas Hochzeit aufkreuzt und alles ruinierst. Du hättest jahrelang deine Chance gehabt.«

»Ach, jetzt beschützt du deine Freundin? Wo zur Hölle bist du das ganze letzte Jahr gewesen, Kees? Malak war nicht im Land, aber du wohnst fünfundvierzig Minuten von Jenna entfernt. Trotzdem hast du es nicht geschafft, dich um sie zu kümmern. Versuch es jetzt bloß nicht.«

»Lewis, Kumpel«, sagt Harry beschwichtigend.

Kees will etwas sagen, doch Lewis kommt ihr zuvor. »Spar es dir, Kees. Ich bin nicht hergekommen, um eine freundliche Debatte zu führen, das hier ist ernst. Jenna will diesen Mann nicht heiraten, und sie tut es aus den falschen Gründen.«

»Wovon redest du?« Ärger darüber, dass sie die Sache nicht versteht, wallt in Kees' Brust auf.

Einen Moment lang zögert Lewis. Schließlich sagt er leise: »Sie wurde vergewaltigt. Vor ungefähr sechs Monaten. In derselben Nacht, in der sie diesem Mo geschrieben hat, dass sie mit ihm zusammen sein will. Sie liebt ihn nicht; ich glaube, sie hat nur Angst.«

Betroffen halten sich die drei an ihren Koffern fest, als würde sie das davor bewahren, die Balance zu verlieren.

Lewis wartet nicht darauf, dass sie Fragen stellen. Er liefert ihnen direkt die Antworten, die sie hören wollen.

»Sie war mit irgendeinem Mistkerl, dessen Namen sie mir nicht verraten will, auf einem Date, und am Ende sind sie bei ihm zu Hause gelandet. Sie hat ihm gesagt, er soll aufhören. Drei Mal. Aber er hat es trotzdem getan. Ich musste sie am nächsten Morgen begleiten, um die Pille danach zu holen.«

Endlich begreift Kees, warum Lewis aussieht, als sei ihm übel.

»Ich hab ihr gesagt, sie soll ihn bei der Polizei anzeigen, aber das wollte sie nicht. Sie bezeichnet es selbst nicht mal als Vergewaltigung. Hat behauptet, es sei ihre Schuld gewesen, weil sie betrunken war, weil sie mit zu ihm gegangen ist. Ich hab es bei jeder Gelegenheit wieder zur Sprache gebracht, aber ihr wisst ja, wie starrsinnig sie ist. Wenn sie sich einmal etwas in den Kopf gesetzt hat, ist es, als würde man gegen eine Wand reden. Und dann hat sie gesagt, wir können keine Freunde mehr sein. Seitdem hatte ich keine Gelegenheit mehr, es anzusprechen.«

»Was?« Kees runzelt die Stirn.

»Sie hat mir eine lange Nachricht geschrieben, dass es dem Idioten, den sie heiratet, nicht gefällt, dass ich mit ihr befreundet bin. Offenbar hat er rausgefunden, dass wir uns damals mal geküsst haben. Als würde dieser Kinderkram eine Rolle spielen. Aber offenbar ist er ein Arschloch und hat sie gebeten, die Freundschaft zu beenden.«

»Das würde Jenna nicht tun«, erwidert Kees abwehrend und sieht Malak an, in der Hoffnung, dass sie ihr beipflichtet, aber Malak wirkt betreten.

»Es stimmt«, flüstert sie. »Sie hat es mir erzählt, als sie in Kairo gewesen ist.«

»Ja, es stimmt«, wiederholt Lewis. »Irgendeine armselige Erklärung dafür, dass sie sich auf ihre Beziehung fokussieren und sie priorisieren muss. Aber ich kenne sie. Ihr müsst mir glauben, wenn ich euch sage, dass sie unglücklich ist. Ich muss nicht mal um die Ecke wohnen, um das zu erkennen, ich kann es spüren. Es ist, als hätte jemand in ihr alle Lichter ausgeschaltet.«

»Das ist es!« Malak schnappt nach Luft. »Als sie mich in Kairo besucht hat, konnte ich es nicht richtig benennen. Irgendwas hatte sich verändert, aber ich wusste nicht, was, und um ehrlich zu sein, war ich zu unglücklich, um es zu sehen, aber das ist die perfekte Beschreibung. Irgendjemand hat alle Lichter in ihr ausgeschaltet.«

»Exakt«, bestätigt Lewis. »Vertraut mir, wenn ich sage, dass sie diesen Mann nicht heiraten will. Sie führt sich nur wie ein Dummkopf auf, genau wie immer.«

»Aber warum sollte sie es denn tun, wenn sie es eigentlich gar nicht will?«, fragt Harry verwirrt.

»Wenn Jenna sich einmal etwas in den Kopf gesetzt hat, dann zieht sie es durch, ob es gut ist oder nicht. Irgendwann muss sie zu dem Schluss gekommen sein, dass dieser Typ die Antwort ist. Ich hab euch ja gesagt, sie ist ein Dummkopf.« Lewis ächzt. »Ihr zwei müsst ihr helfen, ihr wisst, dass sie auf niemand sonst hört.«

Malak wendet sich Kees zu. »Wir müssen zu ihr.«

»Dein Termin, Liebes …«

»Schon in Ordnung, wir haben Zeit.«

»Na schön, lasst uns gehen«, erwidert Kees. »Ich fahre mit Harry, ich hab die Adresse. Lewis, du fährst mit Malak hinter uns her.«

»Ich komme nicht mit.«

Sie drehen sich überrascht zu ihm um.

»Wir haben seit Monaten nicht mehr miteinander gesprochen. Sie hat mir in einer Nachricht mitgeteilt, dass die Freundschaft vorbei ist. Ich kann nicht einfach auf ihrer Hochzeit aufkreuzen, verdammt noch mal. Und außerdem, wenn dieser Mistkerl mich sieht, fällt es auf Jenna zurück. Ich bin hergekommen, um es euch zu erzählen, damit ihr etwas unternehmen könnt. Sie braucht *euch.*«

»Bist du fertig?« Malak sieht ihn herausfordernd an.

Er nickt.

»Gut, dann halt die Klappe, und steig ins Auto«, erwidert Kees.

Auf dem Weg zum Hotel hält Harry Kees' Hand in seiner. »Weißt du, ich bemitleide die Männer, die bei euch dreien zwischen die Fronten geraten«, sagt er ruhig.

Obwohl sie lächeln will, denkt Kees an Alis Gesicht und daran, wie er Malak angesehen hat – auf die gleiche Art, wie manche Menschen Obdachlose auf der Straße anschauen.

»Ich nicht«, erwidert sie.

Jenna

Viele Jahre später wird Jenna ein Bild von sich am Tag ihrer Hochzeit betrachten und die Frau darauf nicht wiedererkennen.

Ausnahmsweise trägt sie ihr Kopftuch heute nicht vor ihrer Familie, weil es das ungeschriebene Gesetz gibt, dass man es einmal im Leben ablegen darf, und zwar am Tag seiner Hochzeit. Alle verhalten sich, als wäre es vollkommen normal, dass die Frau, die ihr Haar seit ihrem sechzehnten Lebensjahr verbirgt, es nun allen zeigt. Ein paar karamellbraune Wellen fallen ihr lose um das Gesicht, der Rest ist zu einem tiefen Dutt gebunden. Wenn man genau hinsieht, kann man winzige Perlen darin erkennen.

Obwohl sie so stark abgenommen hat, weiß Jenna, dass sie wunderschön aussieht. Nicht nur weil verschiedene Familienmitglieder, die ins Zimmer kommen, um sie schnell zu umarmen oder zu küssen, ehe die Zeremonie beginnt, bei ihrem Anblick voller Bewunderung nach Luft schnappen, sondern auch, weil sie ihr eigenes Spiegelbild sieht. Sie hat schon immer gewusst, dass sie schön ist. Wenn die Welt stets so auf einen reagiert, gewöhnt man sich an den Klang der Bewunderung, an die Anerkennung der Tatsache, dass man so schön ist, dass die anderen sich mit ihr identifizieren oder darauf hinarbeiten wollen, so gut auszusehen wie sie.

Sie hört, dass die Hochzeitsplanerin verkündet, dass die Zeremonie in fünf Minuten beginne, und alle zu ihren Plätzen eilen.

Kurz hält sie inne und wartet darauf, dass Schmetterlinge in ihrem Bauch umherflattern. Als sie nichts spürt, seufzt sie enttäuscht.

Ihre Mutter Evie kommt in den Raum gehuscht, gerade rechtzeitig, um ihr Seufzen zu hören, und runzelt die Stirn. Das ungute Gefühl, dass es ein Problem gibt, das sie nicht benennen kann, setzt sich in Jennas Brust fest.

»Habibti.« Ihre Mutter stellt sich neben sie an das große Erkerfenster mit Ausblick auf den Rosengarten und die große Rasenfläche, wo die Zeremonie stattfinden soll.

Jenna richtet ihren Blick starr in die Ferne, hinweg über den Imam und den Zelebranten, die zusammen nach vorn gehen.

»Hey, Mama«, murmelt sie.

Beide schauen hinaus auf das gärtnerisch perfekt gestaltete Grundstück und die Rücken der Gäste, die aus aller Welt angereist sind.

Jenna weiß, dass sie eine Bemerkung darüber machen sollte, wie schön alles aussieht, aber ihr fehlt die Energie. Stattdessen denkt sie es nur und hofft, dass ihre Mutter ihre Gesinnung auch ohne Worte spürt.

»Jenna …«

»Hm?«

»Bist du glücklich?«

»So was von glücklich, Mama«, erwidert Jenna leise und ignoriert das Zucken ihrer Hand, mit der sie so gern ihre Mutter berühren würde.

Sie stehen still da, beobachten die Feierlichkeiten, die langsam vor ihren Augen beginnen, legen die Köpfe leicht schief und bewundern ihren stilsicheren Geschmack.

Die Stille wird durchbrochen, als die Tür aufgerissen wird. Mutter und Tochter zucken zusammen, drehen sich um und sehen Malak und Kees ins Zimmer stürzen.

»Was zur Hö…«, setzt Jenna an, bevor alle durcheinanderreden.

»Du kannst ihn nicht heiraten!«, ruft Kees.

»Lewis hat uns alles erzählt«, fügt Malak hinzu.

»Was um alles in der Welt …«, stammelt Evie.

»*Assalamualaikum*, Tante«, begrüßen Kees und Malak sie wie aus einem Mund und wenden sich wieder Jenna zu.

»Liebst du ihn überhaupt?«, fragt Malak nach einer kurzen Pause.

»Du kannst nicht nur wegen dem, was passiert ist, jemand heiraten«, beharrt Kees.

»Was ist denn passiert?«, fragt Evie an Jenna gerichtet.

All die Menschen, nach denen sie sich so gesehnt hat, plötzlich und unerwartet im selben Raum zu sehen, raubt ihr den Atem. Die Frage ihrer Mutter hängt in der Luft, nichts bewegt sich.

Die Tränen, die sie schon heute Morgen hätte weinen sollen, kommen ganz plötzlich und fließen ihr in Bächen über das Gesicht. Ihr Brustkorb hebt und senkt sich wie von selbst. Es fühlt sich an wie der Augenblick im Traum; jeden Moment wird alles herauskommen.

Jenna taumelt nach hinten, versucht, Abstand zwischen sich und die anderen zu bringen, bis die kalte Wand an ihrem Rücken alles ist, was sie spüren kann. Das Zimmer wirkt durch einen Schleier aus Tränen verschwommen, und sie weiß nicht, wer auf sie zukommt. Erst als sie Kees auf der einen und Malek auf der anderen Seite fühlt, sinkt sie auf die Knie, weil sie nirgendwo sonst hinkann. Als die beiden sich auch niederlassen, sie einhüllen, verliert sie schließlich das letzte bisschen Selbstbeherrschung und vergräbt ihr Gesicht vornübergebeugt in ihrem Hochzeitskleid.

Harry und Lewis, die draußen vor dem Zimmer stehen und Jennas Weinen hören, finden, dass es wie das Heulen eines Tieres im Käfig klingt. Sie schauen einander an, werden blass, und es läuft ihnen eiskalt den Rücken hinunter. Lewis ballt die Hände zu Fäusten, und das Gefühl von Panik, das verschwunden war, seit er Malak und Kees getroffen hat, rauscht nun wieder durch seinen Körper, lässt in ihm das Bedürfnis aufkeimen, davonzulaufen oder etwas zu zertreten. Gehetzt sieht er sich um, als würde er jemand suchen, mit dem er kämpfen kann, doch stattdessen fühlt er Harrys Arm um seine Schultern.

Harry hat den Arm um Lewis gelegt, weil er sich an etwas festhalten muss, einen Anker braucht. In Gedanken spricht er ein Dankgebet, aber er ist sich nicht ganz sicher, wofür er dankt.

Ein Kellner kommt mit einem Tablett mit Champagnerflöten vorbei, die ins Wanken geraten, als er die Geräusche hört, und er wünscht sich, die Gläser wären mit Alkohol gefüllt statt mit Holunderlimonade.

Ein Baby in der letzten Reihe beginnt zu weinen.

Onkel Omar, ein alter Freund der Familie, der nie pünktlich kommt, hört den Klang, als er am Fenster vorbeieilt, und denkt an seine Frau, die vor sechzehn Jahren gestorben ist.

Evie hört es aus ein paar Metern Entfernung, während sie zusieht, wie ihre Tochter zu Boden sinkt. Ihr dreht sich der Magen um, so wie es bei Müttern geschieht, die zusehen, wenn sich ihr Kind etwas bricht.

Kees wird das Geräusch später in ihren Träumen hören.

Malak fasst sich an die Brust und glaubt, die Sprache zu verstehen, die Jenna spricht.

Das Geräusch ist nicht von Dauer, es hält gerade lang genug an, um in allen, die es hören, die traurigsten Teile ihrer Erinnerung wachzurufen.

Zwischen Jennas letztem Schluchzen und ihrem nächsten angestrengten Atemzug entsteht eine Pause, und dann geschieht alles ganz schnell und auf einmal.

Die Hochzeitsplanerin erkundigt sich fröhlich danach, ob Jenna bereit sei, ihren Gang vorbei an den Reihen bis nach vorn anzutreten.

Die Visagistin stolziert mit arroganter Miene herein, um der Braut den letzten Schliff zu verpassen.

Mos Mutter kommt durch die Tür und betrachtet erschrocken das tränenverschmierte Gesicht der Braut.

Kees und Malak wechseln panischen Blicke.

Evie klatscht in die Hände. »Wir brauchen noch einen Moment, wir sind noch nicht ganz fertig.« Sie lächelt alle im Zimmer an, und ihre Stimme klingt so ruhig, als würde sie ankündigen, dass das Abendessen serviert sei.

Aida Khalayleh, die nicht die gleiche Gelassenheit besitzt und diese auch nie angestrebt hat, reißt ihren Blick von Jenna los. »Was ist passiert, geht es ihr gut?«

»Natürlich geht es ihr gut«, erwidert Evie leise, »es muss nur noch ein wenig mehr Schminke aufgetragen werden. Warum lassen wir sie nicht allein und schauen in der Küche nach, ob die Kanapees auch fertig sind?« Mit diesen Worten schiebt sie Aida aus dem Zimmer und zieht gleichzeitig die Hochzeitsplanerin an der anderen Hand mit sich.

Die Visagistin hat ihren Hochmut in Anbetracht des hoffnungslosen Zustands von Jennas Gesicht abgelegt und kramt in ihrer Kiste herum, um zu retten, was noch zu retten ist.

»Wir brauchen nur eine Minute.« Malak schaut bedeutsam zur Tür.

»So viel Zeit haben wir nicht, wenn sie auf ihren Hochzeitsfotos gut aussehen will«, versetzt die Visagistin. »Ich kann nicht in fünf Minuten das wiederherstellen, wofür ich zwei Stunden gebraucht habe.«

»Würdest du bitte einfach rausgehen und uns verdammt noch mal eine Minute allein lassen?«, bellt Kees.

Daraufhin zuckt die Frau zusammen und eilt, vor sich hin murmelnd, aus dem Zimmer.

Endlich kehrt Ruhe ein. Die Geräusche der Hochzeit werden schwächer. Alles, was bleibt, sind Jennas verschmiertes Gesicht, das befleckte und zerknitterte Kleid und die beiden Frauen links und rechts von ihr.

Kees durchbricht als Erste die Stille. »Du hast schon mal besser ausgesehen, wenn ich ehrlich bin«, scherzt sie.

»Ich dachte, du würdest dir am Tag deiner Hochzeit ein bisschen mehr Mühe geben«, pflichtet Malak ihr bei.

Der Schock steht Jenna ins Gesicht geschrieben, doch dann entweicht ihr ein Laut, der eine Mischung aus Lachen und Schluchzen zu sein scheint. Sie zieht Kees und Malak zu sich heran.

»Wie kann es sein, dass ihr hier seid?«

»Lewis hat uns am Flughafen abgefangen«, erklärt Kees. »Er hat uns erzählt, was passiert ist. In jener Nacht.«

»Warum hast du dich uns denn nicht anvertraut, mein Schatz?« Malak streicht Jenna die Locken hinter die Ohren.

Jenna sieht auf ihre Hände herab und wünscht sich, alles würde verschwinden, auch sie selbst.

»So was kann man schlecht in einer Textnachricht formulieren.«

Kees macht den Mund auf, um ihr zu widersprechen.

»*Ich* konnte es nicht.«

Kees schließt den Mund wieder und lässt das Argument ausnahmsweise auf ihrer Zunge ersterben.

»Ich weiß nicht, wie ich es laut aussprechen soll …«

»Was ist mit Mo?«, fragt Kees. »Ist er gut zu dir? Hat er dich jemals angerührt? Seine Hand gegen dich erhoben? Dich mit Gegenständen beworfen?«

Jenna sieht, dass sie Malak einen entschuldigenden Blick zuwirft.

»Nein, Gott, nein.« Sie schnappt nach Luft und blickt endlich zu ihnen auf. »Er macht sich ziemlich viele Gedanken über meine Kleidung und andere Männer, aber das sind nur die üblichen Dinge, die arabische Männer tun.«

Sie registriert die ungläubigen Gesichter der beiden.

»Ehrlich«, beharrt sie. »Er hat nichts falsch gemacht. Er ist ein guter Mann. Ein toller Mann sogar. Er ist liebenswert.«

»Na schön«, sagt Kees, »dann ist er also liebenswert. Aber liebst *du* ihn, und willst du ihn heiraten und den Rest deines Lebens mit ihm verbringen? Weil Lewis das Gegenteil behauptet. Ich stimme ihm zwar nur ungern in irgendwas zu, aber ich glaube, es kommt nicht von ungefähr. Hat er recht?«

Jenna sieht fürchterlich unglücklich aus.

»Warum solltest du heiraten, wenn es gar nicht das ist, was du willst?«, fragt Malak sanft. »Ich dachte, du wärst glücklich mit ihm.«

»Ich dachte ja auch, du wärst glücklich mit Ali.« Jenna wischt sich ein paar Tränen aus dem Gesicht.

Malak zuckt zusammen. »Gutes Argument.«

Jenna unterdrückt ein Schluchzen und greift nach Malaks Hand. »So meinte ich das nicht. Ich meine nur, du denkst, du willst etwas Bestimmtes, und du machst einfach weiter, und dann ist es bereits zu spät, um einen Rückzieher zu machen. Und ich wollte es ja auch. Manchmal. Vielleicht. Ich weiß auch nicht – alles war so schlimm, und niemand war da.«

Sie sieht, wie sich Entschuldigungen im Mund ihrer Freundinnen formen, und winkt ab. »Ihr beide musstet euch um Dinge in eurem eigenen Leben kümmern, und zwar zu Recht. Aber ich war einsam, und dann ist diese Nacht passiert. Bei Mo habe ich mich sicher gefühlt, er war verlässlich, und er war für mich da.«

»Sicherheit ist nicht zu unterschätzen«, merkt Malak an.

Jenna drückt erneut ihre Hand.

Wieder scheint alles im Raum stillzustehen. Nichts wird gesagt, dennoch findet eine Art Austausch zwischen ihnen statt.

»Nun gut«, sagt Kees schließlich. »Lasst uns von hier verschwinden.« Sie erhebt sich und zieht Jenna und Malak vom Boden hoch.

Für einen Moment schauen sie einander an, während der Klang von Violinen durch die Fenster hereinweht. Dann atmet Jenna tief durch und glättet ihr Kleid, auch wenn das den Schaden nicht beheben kann. »Okay.« Das erste echte Lächeln in diesem Jahr breitet sich auf ihrem Gesicht aus. »Okay«, wiederholt sie.

Die Visagistin, die in diesem Moment hereinkommt, weisen sie ungehalten an, wieder zu gehen. Später wird sie diese Geschichte erzählen, wenn sie sich über schwierige Bräute ereifert.

»Bitte geh meine Mutter suchen«, sagt Jenna zu Kees. »Macht es dir was aus?«

»Natürlich nicht«, erwidert Kees. »Was immer du brauchst.«

Malak wendet sich Jenna zu. »Ich würde ja gern bleiben, aber wenn ich es nicht zu meinem Termin schaffe, ist es zu spät. Es tut mir so leid.«

»Sei nicht albern.« Jenna zieht sie in eine feste Umarmung. »Geh nur, los. Ich kann nicht glauben, dass du immer noch hier bist.«

Als sich Malak umdreht, um das Zimmer zu verlassen, packt Jenna sie noch einmal am Arm und zieht sie wieder an ihre Seite. »Bist du dir sicher, dass du es tun willst?«

Sie sehen einander an, und schließlich nickt Malak.

»Du musst sie begleiten, Kees, ich regele das hier schon.«

»Nein!« Malaks Stimme klingt entschlossen. »Nein, Kees, bleib hier. Jenna braucht dich. Ich komme zurecht. Außerdem bist du schon über den Ozean geflogen, um mir zu helfen, den Rest schaffe ich allein. Bitte bleib hier und sorge dafür, dass sie nicht aus Versehen den Kerl heiratet.«

»Na schön. Aber du nimmst Harry mit«, erwidert Kees. »Er kann dich hinfahren und mit dir warten. Du gehst nicht allein.«

»Um Himmels willen, Kees, es ist vollkommen in Ordnung für mich, allein hinzugehen.«

»Nimm Harry oder Lewis mit – du hast die Wahl.«

»Warum sollte ich Lewis mitnehmen?«

»Gut, damit fällt die Wahl auf Harry.«

»Du kannst ganz schön nerven, Kees«, murmelt Malak.

Jenna unterbricht die beiden. »Kannst du bitte gehen? Und, Kees, hol endlich meine Mum, verdammt.«

Als sie sich umdrehen, um den Raum zu verlassen, ruft Jenna ihnen zu: »Eure Eltern sind übrigens auch hier!«

Schockiert halten Malak und Kees in der Bewegung inne.

»Schaut mich nicht so an«, erwidert Jenna schulterzuckend. »Ihr konntet euch doch denken, dass meine Mutter sie einladen würde. Ihr wisst ja, wie das läuft. Bleibt einfach wachsam und haltet euch von den Fenstern fern. Und holt mir ein Taschentuch. Und was zu trinken; ich kann kaum sprechen, so trocken ist meine Kehle.«

Kees verdreht die Augen. »Und dennoch schaffst du es irgendwie.«

Malak grinst.

Bilquis

In ihren Leggings und dem übergroßen Pullover ist sich Kees darüber bewusst, dass selbst die Kellnerinnen eleganter gekleidet sind als sie. Auf den Fluren wird es plötzlich unruhig. Gäste, die erkannt haben, dass es nicht so läuft wie geplant, eilen umher. Für die Hochzeitsplanerin wird der schlimmste Albtraum wahr: Die Braut weigert sich, aus ihrem Zimmer zu kommen.

Kees spürt die Panik, die alle ausstrahlen, und tritt leise auf den Flur hinaus. Vorsichtig späht sie in jedes Zimmer und hält Ausschau nach Tante Evie. Sie betet, dass ihre Mutter wie immer in einer der vorderen Reihen sitzt, denn auf einer Hochzeit möchte sie nie etwas verpassen.

Gerade will sie sich umdrehen und den Weg zurückgehen, den sie gekommen ist, als Hakim ihr entgegenkommt und in die Rotunde tritt. Beide halten abrupt an.

»Hakim!« Kees stößt die Luft aus, die sie unbewusst angehalten hat.

»Kees.«

Sie stehen da und mustern einander, verbunden durch die Jahre, die sie unter demselben Dach verbracht haben, und durch das Blut, das ihnen gemeinsam ist, jedoch unsicher, wie Geschwisterbindungen funktionieren, wenn die Familienbande strapaziert sind.

Hakim kommt ihr größer vor als bei ihrer letzten Begegnung. Seine Schultern sind breiter, sein Gesicht wirkt männlicher. Allem Anschein nach hat er damit begonnen, sich zu rasieren.

Er ist erwachsen geworden, und sie sieht nicht mehr das Kind in ihm. Das bedeutet, er ist alt genug, um bessere Entscheidungen zu treffen.

Auf einmal ist Kees eher wütend als traurig. »Warum zur Hölle hast du nicht auf meine Nachrichten geantwortet?«

Hakim sieht sie mit hochgezogenen Augenbrauen an. Kees kommt zu dem Schluss, dass diese Angewohnheit in der Familie liegen muss, vererbt von ihrer Mutter an jedes ihrer Kinder.

»Ich musste mir jede Nacht anhören, wie Umee geweint hat, nachdem du verschwunden bist. Sie hat mich gebeten, dir nicht zu schreiben«, zischt Hakim. »Was hätte ich denn tun sollen?«

»Du hättest mir schreiben und mir das mitteilen sollen. Oder so was. Irgendwas.«

»Du hast sie nicht gesehen, Kees.« Hakim schiebt die Hände in seine Taschen und senkt den Blick. »Sie ist völlig am Ende gewesen.«

Kees lacht. »Und was ist mit mir?«

Hakim zuckt besorgt mit den Schultern.

Er mag erwachsen aussehen, aber das ist er noch nicht, denkt sie. Er hat keine Antworten. Auf einmal fühlt sie sich entmutigt; es bringt nichts, wütend auf ihn zu sein.

»Wie geht es Dad?«, fragt sie.

»Ja, gut. Er wirkt auch traurig, aber nicht so extrem wie Mum.«

»Saba?«

»Schwanger.«

Kees schmunzelt. »Natürlich. Mum muss außer sich sein vor Freude.«

»Sie hat damit begonnen, Muster auf das alte Babybett zu malen, das sie aufbessert.«

»Hakim, Beta!«, ruft jemand.

Als sie die Köpfe drehen, sehen sie ihre Mutter, die zu ihnen in die Rotunde tritt. Sie betrachtet die riesige mit Lilien gefüllte griechische Vase in der Mitte und schaut dann von einem Kind zum anderen – ihr ältestes und ihr jüngstes.

»*Assalamualaikum,* Umee«, sagt Kees.

Sie hat sich selbst nie als besonders mutig betrachtet, aber als sie nun dasteht, ohne dass ihre Beine zittern, fragt sie sich, ob sie mutiger ist, als sie geglaubt hat.

Ihre Mutter mustert sie schweigend von Kopf bis Fuß.

Hakim beobachtet nervös die beiden Frauen.

Die Begrüßung hängt unerwidert in der Luft. Schließlich wendet sich Kees ab, um zu gehen.

»Bilquis!«, ruft ihre Mutter ihr zu. »Warum bist du hier?«

»Es ist die Hochzeit meiner besten Freundin.«

»Deine Freundin heiratet einen Muslim.«

»Tatsächlich tut sie das nicht«, sagt Kees. »Die Hochzeit wird nicht stattfinden. Sie liebt ihn nicht, und im Gegensatz zu dir finden wir, dass Liebe eine Rolle spielt, wenn man sich für die Person entscheidet, mit der man den Rest seines Lebens verbringen will.«

Ihre Mutter legt eine Hand an die Brust, sichtlich schockiert über die Boshaftigkeit, die Kees ihren Eltern noch nie entgegengebracht hat.

»Und ich bin hier, um sie vor der Hochzeit zu bewahren.

Nun kannst du mich also dafür hassen, dass ich nicht nur mich selbst, sondern auch sie ruiniert habe. Vielleicht kannst du ja einfach weitere sechs Monate nicht mit mir reden. Hast du überhaupt meine Briefe und Nachrichten bekommen?«

Ihre Mutter starrt mit großen Augen ihre Tochter an, deren krauses Haar zu allen Seiten absteht, das Gesicht verzerrt vor Schmerz und Zorn, wie Abida ihn noch nie zuvor in ihren Augen gesehen hat.

»Hast du sie nun bekommen oder nicht?«, schreit Kees. Sie weiß, dass sie grausam ist. Sie kann die Traurigkeit im Blick ihrer Mutter sehen, und der Gedanke, dass sie der Grund dafür ist, ist mehr, als ihre Schultern tragen können. Daher entscheidet sie sich stattdessen für Wut. Das ist einfacher. So kann sie überleben. »Du hast keine einzige meiner Nachrichten beantwortet. Ich wollte nur mit dir reden. War das zu viel?«

»Ja, Beta«, antwortet ihre Mutter, ohne den Blick von ihr abzuwenden. »Du hast zu viel von uns verlangt. Was du getan hast, war falsch, und du hast uns auch noch um Unterstützung gebeten. Er ist kein Muslim.«

»Das ist mir egal!«, brüllt Kees.

Abida erbleicht, die Hand noch immer auf der Brust, als könne sie so verhindern, dass ihr das Herz herausspringt und zu Boden fällt.

Kees ist außer sich vor Wut. »Das gehört nicht zum Islam! Mich zu ignorieren! Meine Geschwister gegen mich aufzubringen! Ich werde bald Tante, Umee! Saba ist schwanger, und ich hätte es nie erfahren!«

Die Tränen, die Kees bisher vor ihrer Mutter nicht weinen konnte, fließen nun langsam an ihrem Gesicht hinab. Sie wischt sich die Nase mit dem Ärmel ihres Pullovers ab und lacht hysterisch.

»Das ist nicht der Islam, den du und Abaji uns gelehrt habt. Es ist nicht das, was im Koran steht oder was der Prophet gepredigt hat. Also erzähl mir nicht, es liege daran, dass er kein Muslim ist, und sag mir dann, dass es um Gott geht, wenn mein Onkel einen kleinen Jungen mit nach Hause bringt, dessen Mutter er sich geweigert hat zu heiraten, und du noch mit ihm redest. Ich bin mit einem Ring am Finger nach Hause gekommen und mit einem Mann, der mich liebt. Der den Rest seines Lebens an meiner Seite stehen wird, was mehr ist, als ich von meiner eigenen Familie behaupten kann. Und du willst mit mir darüber reden, was richtig und falsch ist? Worum geht es hier wirklich? Wieso sprichst du nicht mit mir, Umee?«

Als niemand etwas sagt, fragt sie laut: »Warum?«

Hakim zuckt zusammen.

Ihre Mutter rührt sich nicht.

»Bilquis!«

Sie wirft den Kopf herum. Harry hat sich von hinten genähert. Er hat nicht laut gerufen, doch Kees hat ihn noch nie ihren Namen auf diese Art sagen hören. Er spricht sie nie mit ihrem vollen Namen an. Wie eine Peitsche fliegt das Wort durch die Luft und reißt sie zurück.

Er geht auf sie zu und schlingt die Hand um ihren Arm. »Rede nicht so mit deiner Mutter. Niemals. Und schon gar nicht meinetwegen.«

Kees ist zu schockiert, um zu reagieren.

»*Assalamualaikum*, Tante.« Harry legt eine Hand auf sein Herz und neigt kaum wahrnehmbar den Kopf vor Abida. Eine Geste des Respekts. »Hakim.«

Ihr Bruder ist sichtlich verwirrt über das, was sich vor seinen Augen abspielt, und darüber, dass dieser Fremde seinen Namen kennt.

Harrys Griff um ihren Arm wird fester. »Komm schon, geh einfach weg, du bist hier fertig.«

Das Letzte, was sie sieht, ist der überraschte Blick ihrer Mutter.

Jenna

Sie steht allein in dem Zimmer voller Blumen und wartet nervös darauf, dass Kees zurückkommt. Hier hätten die ersten Fotos nach der Zeremonie entstehen sollen. Es ist ein schöner Raum, der dank der Fenster, die vom Boden bis zur Decke reichen, von Licht geflutet wird. Sie hätten die Doppeltür geöffnet und wären für weitere Aufnahmen in den Garten hinausgegangen. Im Hintergrund hätten die Gäste die gewundenen Türme der altertümlichen Gebäude von Cambridge gesehen.

Während sie über die Hochzeitsfotos nachdenkt, auf denen sie abgebildet sein sollte, fragt sie sich, ob sie das Richtige tut. Oder ob sie sich nur wieder in etwas Albernes hineinsteigert.

»Mama …«, murmelt Jenna unsicher, als Kees und ihre Mutter hereinkommen.

Als Evie hört, wie sehr ihre Stimme bebt, wird ihr bewusst, dass sie immer noch gebraucht wird. Sie schließt die Arme um ihre Tochter, die wieder zu weinen begonnen hat.

Malak kommt herein, zieht Kees mit sich hinaus und sagt ihr, dass sie mit Harry fahre.

Jenna fällt nicht auf, dass sie gehen. Sie hört nur die beruhigende Stimme ihrer Mutter.

Schließlich schiebt Evie sie ein Stück von sich weg. »Jenna, ich stelle dir jetzt eine Frage, und ich will, dass du ehrlich zu mir bist.«

Jenna schluckt die Galle in ihrem Mund herunter.

»Willst du Mohammed heiraten?«

Sie hört die Schritte der Gäste in der Ferne, die klirrenden Gläser und die Stimme der Hochzeitsplanerin, die ankündigt, dass nun Kanapees serviert werden.

Langsam schüttelt sie den Kopf. »Nein, Mama. Es tut mir so leid.«

Evie überrascht sie, indem sie ein erleichtertes Seufzen ausstößt. »Gott sei Dank!«

Jennas Augen weiten sich vor Schreck. »Du wolltest nicht, dass ich ihn heirate?«

»Habibti«, ihre Mutter holt ein Taschentuch aus dem Ärmel und reicht es Jenna, »ich möchte, dass du jemand heiratest, den du liebst und der dich glücklich macht, aber du bist schon seit so langer Zeit nicht mehr glücklich. Mir war klar, dass du die ganze Sache nicht wirklich willst. Ich hätte etwas sagen sollen, anstatt dich in deiner Entscheidung zu unterstützen. Verzeih mir.«

»Mama, nein«, presst Jenna mit erstickter Stimme hervor. »Es tut mir leid. Dass ich es so lange durchgezogen habe. Dass ich euch beiden so viel Mühe bereitet habe. Baba hat so viel ausgegeben.«

Ihre Mutter winkt ab. »Das ist nicht wichtig, Jenna.« Sie führt sie zum Erkerfenster und bedeutet ihr, sich hinzusetzen.

»Nun erzähl mir, was passiert ist.«

»Was passiert ist?«

»Ja, Jenna, was passiert ist«, wiederholt ihre Mutter ruhig. »Inwieweit ist Lewis in die Sache involviert? Liebst du ihn?«

Jenna lacht über die Frage. »Nein, Mama, ich liebe ihn nicht. Nicht so.«

»Nun …?« Evie legt eine Hand auf die ihrer Tochter und wartet geduldig, während die Geräusche der Feier um sie herumwirbeln und alle auf die Braut warten.

Es gibt Momente, in denen man lügen muss, und obwohl Jenna gut darin ist, weiß sie, dass dies keiner dieser Momente ist.

Sie erzählt ihrer Mutter von *der Nacht* – mit einer Stimme, die kaum lauter ist als ein Flüstern. Zum ersten Mal spricht sie das Wort »Vergewaltigung« aus, und für ihre Mutter bricht eine Welt zusammen.

Evie atmet tief durch und schließt die Augen, zwingt sich, nicht zu reagieren; stattdessen streichelt sie Jennas Arm, genau so wie sie es mag, seit sie ein Baby war.

Jenna gibt nichts von den Details preis, nur, dass es passiert ist, hält ihre Worte mit Absicht vage. Man kann einer Mutter nicht zu viele schreckliche Dinge auf einmal zumuten. Das ist nicht gerecht. So schildert sie nur bruchstückhaft, was geschehen ist. Dass sie dreimal Nein gesagt habe. Dass niemand in der Nähe gewesen sei. Dass es spät in der Nacht passiert sei. Dass sie ihr Auto zu Hause gelassen habe und auf ein Taxi habe warten müssen. Dass sie in jener Nacht Lewis angerufen habe, damit er ihr helfe, weil sie nicht gewusst habe, an wen sie sich sonst wenden sollte. Dass Lewis sie mit zu sich nach Hause genommen und seine Mutter sich um sie gekümmert habe.

Sie kann ihr nicht erzählen, dass sie die Pille danach nehmen musste, nur, dass sie alle richtigen Maßnahmen ergriffen habe. Dass sie sich um alles gekümmert habe, aber nicht zur Polizei gehen konnte. Dass sie zu dieser Zeit begonnen habe, sich mit Mo zu treffen, weil er nett zu ihr gewesen und es ihr damals so vorgekommen sei, als wäre das Grund genug, mit jemandem zusammen zu sein. Dass ihr in den Tagen danach alles egal gewesen sei und sie gedacht habe, ihn zu daten, würde ihr dabei helfen, die Gleichgültigkeit hinter sich zu lassen, und dass so einfach eines zum anderen geführt habe.

»Die Nacht. War sie im November?«, fragt ihre Mutter schließlich.

»Ja. Woher weißt du das?«

»Weil das die Zeit gewesen ist, in der du verschwunden bist. Warum hast du es mir nicht erzählt, Jenna?«

Jenna sieht auf ihr zerknittertes Hochzeitskleid herab, ballt den Stoff wieder in ihrer Faust zusammen. »Weil es dann alle erfahren hätten«, flüstert sie.

»Was erfahren?«

»Dass ich keine Jungfrau mehr bin, und wer hätte mich dann geheiratet?« Sie schaut zu ihrer Mutter auf. Ihre Augen sind wieder mit Tränen gefüllt.

»Ach, mein Mädchen. Darüber hast du dir Sorgen gemacht?« Evie streicht ihr die Haare aus der Stirn.

»Ich dachte, wenn ich es niemandem erzähle, dann wäre es nicht real und ich könnte in meiner Hochzeitsnacht immer noch Jungfrau sein.«

»Jenna, Jenna«, sagt ihre Mutter tröstend. »Ich war auch keine Jungfrau mehr, als ich deinen Vater geheiratet habe.«

»Ja, aber du warst damals keine Muslimin, das ist nicht das Gleiche.«

Ihre Mutter wirft ihr einen Blick zu. »Und dein Vater war auch keine Jungfrau mehr, mein Schatz.«

»Was? Er hat doch gesagt, du seist die einzige Frau, mit der er je zusammen gewesen ist.«

»Dein Vater erzählt gern Geschichten. Er kann einer guten Darbietung nicht widerstehen, und dabei lässt er sich von der Wahrheit keinen Strich durch die Rechnung machen. Die meisten Menschen sind in ihrer Hochzeitsnacht keine Jungfrau mehr.«

»Aber du hast gesagt …«

»Es ist nur ein Spiel, das wir alle spielen, Schatz. Wir tun so, als ob, aber es entspricht nicht der Realität. Was dir passiert ist, ist nicht das Gleiche, und ich würde nicht wollen, dass du jemand heiratest, der das nicht versteht.« Sie wischt Jenna, die sie sprachlos ansieht, die Tränen aus dem Gesicht.

Die Erkenntnis, dass selbst die Älteren nicht an das Spiel glauben, sitzt Jenna wie ein Knoten in der Kehle, den sie auch vier Jahre später noch loszuwerden versuchen wird.

Ehe sie etwas erwidern kann, ruft Evie: »Lewis! Ich weiß, du drückst dich vor der Tür herum, bitte komm einen Moment herein. Kees, du auch.«

Die Tür wird knarrend geöffnet. Lewis schlüpft mit schuldbewusster Miene herein. Jenna erkennt an seiner Körperhaltung, dass er glaubt, er stecke in Schwierigkeiten.

Doch ihre Mutter erhebt sich und geht auf ihn zu, nimmt seine Hände in ihre und drückt ihm zwei Küsse auf jede Handfläche. »Danke, dass du dich um meine Tochter gekümmert hast, als ich es nicht getan habe. Das wäre meine Aufgabe gewesen.«

Lewis sieht schockiert aus. Er hat gefühlt sein ganzes Leben damit verbracht, sich zu bemühen, Jennas Eltern nicht gegen sich aufzubringen, und der ihm nun entgegengebrachte Respekt bewirkt, dass er sich unwohler denn je fühlt.

»Tut mir leid, dass ich so viel Ärger gemacht habe.«

»Nein. Entschuldige dich nicht bei dieser Familie. Wir sind dir zu Dank verpflichtet.«

Schließlich wendet sich Lewis Jenna zu. »Hallo.«

»Selbst hallo«, erwidert sie.

»Bedeutet das, wir können wieder befreundet sein?«, fragt er grinsend.

Jenna steht auf, stürzt sich ihm entgegen und wirft die Arme um seinen Hals.

»Du bist so eine dumme Kuh«, flüstert er ihr ins Ohr.

»Ich weiß.«

Ihre Mutter klatscht in die Hände, bittet noch einmal um Aufmerksamkeit und geht auf Kees zu, die mit Lewis hereingekommen ist.

»Kannst du bitte meine Tochter von hier fortbringen? Lewis, du kannst sie fahren, nehme ich an?«

»Natürlich, Tante«, erwidert er.

»Sie kann heute bei dir übernachten, Kees?«

»Ja, Tante, ohne Frage.«

»Gut, ich denke, es wird das Beste sein. Bei uns sind zu viele Verwandte im Haus, da würde sie keine Ruhe haben, und ich glaube kaum, dass sie ihr Brautkleid anbehalten will. Kümmert euch um meine Tochter.«

Lewis und Kees nicken.

»Aber Mama, was ist mit Baba? Und der Hochzeit? Mit den Gästen.«

»Überlass das mir.«

»Und Mo ... Soll ich mit ihm reden?«

Evie sieht sie nachdenklich an. »Willst du das?«, fragt sie schließlich.

Jenna zögert. »Nicht wirklich. Zumindest nicht jetzt.«

Evie nickt. »Vielleicht morgen.«

»Ja«, pflichtet Jenna ihr bei, »vielleicht morgen.«

Sie geht auf ihre Mutter zu und umarmt sie. So halten sie einander für mehrere Sekunden, die sich viel länger anfühlen.

Malak

»Wir kommen zu spät.« Malak kaut nervös an den Fingernägeln und beobachtet den Verkehr um sie herum.

»Nein, ich bringe dich rechtzeitig hin. Das verspreche ich dir.«

»Danke, dass du das tust, Harry.«

»Gern doch. Glaub bloß nicht, ich wüsste nicht, dass Kees mich jederzeit nach ihrem Willen einsetzen würde, wenn jemand von euch Hilfe braucht.«

»Ich fürchte, so ist das nun mal, wenn man mit einer von uns zusammen ist«, erwidert Malak amüsiert.

»Das hab ich auch schon gemerkt.«

Sie kommen fünf Minuten zu spät bei der Klinik an. Eilig rennt Malak in das Gebäude. Die Termine werden nur zehn Minuten nach der vereinbarten Zeit frei gehalten. Es gibt kaum Raum für Verspätungen – zu viele Frauen warten darauf, den Verlauf ihres Lebens zu ändern.

»Ich bin da«, informiert sie hechelnd die Rezeptionistin, die ohne jegliches Mitgefühl zu ihr aufschaut.

»Und wer sind Sie?«

»Malak Abdel-Aziz. Ich habe einen Termin um zwölf.«

»Es ist fünf nach zwölf.«

»Ich weiß, aber damit bin ich nur fünf Minuten zu spät.«

»Nehmen Sie Platz.«

»Kann ich meinen Termin noch wahrnehmen?«

»Offensichtlich.« Die Rezeptionistin deutet in Richtung Wartezimmer und wendet sich der Frau hinter Malak zu.

Malak macht sich erst gar nicht die Mühe, die abgenutzten Zeitschriften zur Hand zu nehmen, die voller Schönheitsrituale und Tipps sind, wie man als Frau attraktiver für Männer werden kann.

Harry kommt herein und sieht sich nervös nach ihr um. Sie winkt ihn zu sich.

Es gibt nicht viel zu sagen. Malak weiß, dass er es generell gern kurz und knapp mag. Er greift nach einer Zeitschrift und blättert sie durch, wobei er versucht, wie ein Mann auszusehen, der aufgrund seiner Güte hier ist und nicht wegen seines schlechten Verhaltens.

Ein Paar ihnen gegenüber hat die Hände fest ineinander verschlungen. Hin und wieder laufen ihnen Tränen über das Gesicht. Die Frau trägt einen braunen Schal mit gelbem Muster, den Malak lange anstarrt. Sie fragt sich, warum die beiden das Baby nicht bekommen können, denn ihrer Traurigkeit nach zu urteilen, wünschen sie es sich beide sehr.

Ein rothaariges Mädchen im Teenageralter scrollt wütend auf ihrem Handy herum. Neben ihr streicht ihre Mutter ihr über den Rücken und hält ab und zu inne, um den Kopf zu schütteln.

Malak wird übel bei dem Gedanken daran, ihre eigene Mutter mit hierherzunehmen, und sie überlegt, aus was für einer Welt diese Leute wohl stammen, in der man ganz unbekümmert seine Mutter mit in die Abtreibungsklinik nimmt, als würde man ins Nagelstudio gehen.

Eine Frau in einem perfekt geschnittenen Kostüm sitzt allein in der Ecke und tippt auf ihrem Laptop.

Malak kommt der flüchtige Gedanke in den Sinn, dass sie gestern noch in Kairo gewesen ist und einen Freund und ein ganzes Leben vor sich gehabt hat. Nun ist sie in England, mit dem Verlobten ihrer Freundin, und ist Single. Bisher hat sie noch nicht darüber nachgedacht, dass sie an niemand mehr gebunden ist. Ohne Fesseln in der Welt nach einer so langen Zeit, in der sie einem anderen Menschen gehört hat.

Um zehn nach eins geht sie noch einmal zu der Rezeptionistin und erkundigt sich, warum sich alles so verzögere, wird aber nur mit einem Schulterzucken bedacht. Sie will noch mehr sagen, weiß aber, dass die Frau hinter dem hohen Tresen und der Glasabtrennung ihr das Leben schwer machen könnte. So bedankt sie sich freundlich und nimmt wieder Platz.

Um fünf nach zwei greift sie nach einer Zeitschrift und wirft sie wieder hin. »Tut mir leid, dass es so lange dauert, Harry.«

Er sieht von seinem Handy auf und erhebt sich. »Sorry, wie bitte?«, fragt er zerstreut.

»Ich hab nur gesagt, ich weiß, dass es ewig dauert, und ich bin mir sicher, dass es hundert andere Dinge gibt, die du lieber tun würdest.«

Er fährt sich mit einer Hand durch das Haar und macht eine mitfühlende Geste, wie so oft, wenn er den Eindruck hat, er hätte die Gefühle einer anderen Person verletzt oder jemand mit seinen Worten beleidigt. »Nein, nein, kein Problem. Ich mache mir nur Sorgen um Kees.«

»Dann geh zu ihr, Harry. Sie hätte dich nie dazu auffordern sollen, mich zu begleiten. Sie will mich unnötig beschützen. Und sie ist so verdammt herrisch. Wie immer.«

»Ja, sie ist unglaublich herrisch, aber sie hat auch recht. Ich hätte dich nicht allein hierherkommen lassen, selbst wenn sie nichts gesagt hätte.«

Malak ist froh darüber, dass ihre Freundin mit der richtigen Person zusammen ist.

»Okay, ich werde jetzt gehen, aber nur weil meine Ablösung gerade eingetroffen ist.« Harry nimmt seine Jacke von der Stuhllehne und dreht sich Richtung Tür.

»Ablösung?«

»Ich dachte mir einfach, es gibt da jemand, der besser geeignet ist für diesen Job.«

Malak folgt seinem Blick. Am anderen Ende des Raumes steht Jacob und hebt die Hand zum Gruß.

Sie nimmt kaum wahr, dass sich Harry von ihr verabschiedet. Sieht nur zu, wie er auf Jacob zugeht.

Sie umarmen sich kurz, klopfen einander auf den Rücken, ehe Harry zur Tür hinausgeht.

Ungläubig starrt sie den Mann an, den sie einst geliebt hat. Denjenigen, den sie nicht mehr gesehen hat, seitdem sie sein Schlafzimmerlicht ausgeschaltet und ihm eine gute Nacht gewünscht hat.

Aus einem Grund, den sie nicht versteht, legt sie eine Hand sanft auf ihren Bauch. Ihre Brüste schmerzen. Etwas regt sich in ihr. Später wird sie schwören, es sei das Baby gewesen.

Jacob bewegt sich durch das Labyrinth gestresster Patientinnen auf sie zu.

Sie sagen nichts. Die Stille zwischen ihnen ist schwer und gewaltig.

Malak spürt eine weitere Bewegung.

Als Jacob endlich zum Sprechen ansetzt, betritt die Krankenschwester das Wartezimmer. »Malak Abdel-Aziz.«

Alle starren die Schwester an.

»Malak Abdel-Aziz!«, wiederholt sie nun dringlicher.

Köpfe drehen sich. Blicke suchen die Stuhlreihen ab. Der Teenager hat den verrückten Gedanken, dass sie einfach behaupten könnte, sie sei es, dann würde sie es schneller hinter sich haben.

»Malak«, sagt Jacob schließlich.

Malak steht auf und folgt der Krankenschwester durch die Tür.

Malak. Bilquis. Jenna.

Während ihrer Recherche ist Malak nirgendwo auf die Information gestoßen, dass die Krankenschwester gesetzlich dazu verpflichtet ist, zu fragen, ob sie ein Ultraschallbild von dem Baby sehen möchte. Ihr war nicht bewusst, dass dies eine Option ist. An eine Ultraschalluntersuchung hat sie überhaupt nicht gedacht, weil sie das Kind nicht behalten will. Warum wollen sie es sich in der Klinik dann noch ansehen?

Die Krankenschwester erklärt ihr, dass sie wissen müssten, was sie entfernen – für den Fall, dass es Zwillinge sind, wofür man ein anderes Instrument brauche, ein breiteres. Wenn man es so ausdrückt, ergibt es durchaus Sinn.

Malak will es sehen. Sie ist neugierig darauf, herauszufinden, wie der Schmerz in ihrem Rücken aussieht.

»Ist das der Herzschlag?«, fragt sie und deutet auf den Bildschirm.

Die jamaikanische Krankenschwester, schätzungsweise in den Fünfzigern, ist viel freundlicher als die Rezeptionistin. Auf ihrem Namensschild steht »Imelda«. Durch ihre Warmherzigkeit wird Malak sofort beruhigt.

»Ja, Schätzchen. Aber wir nennen es Herzschlauch. In diesem Stadium ist es noch nicht groß genug, um ein richtiges Herz zu bilden, es ist nur ein winziger Schlauch.«

Malak betrachtet den Bildschirm noch ein wenig länger. Sie will fragen, ob sie eine Aufnahme haben kann, aber ihr ist bewusst, wie merkwürdig das klingt, und obwohl sie sich in Imeldas Gegenwart ruhiger fühlt, ist sie nicht mutig genug, sie darum zu bitten.

»Haben Sie irgendwelche Fragen, Schätzchen?« Imelda zieht ihre Handschuhe aus und schaltet das Gerät ab.

»Was passiert … damit? Wenn es zu Ende ist?«

»Wir beseitigen es, es sei denn, Sie möchten es mit nach Hause nehmen und sich selbst darum kümmern.«

Schnell schüttelt sie den Kopf. »Aber wie machen Sie das?«

»Es wird verbrannt, Schätzchen. Noch andere Fragen?«

Malak verneint, kann aber nicht aufhören, daran zu denken, dass die Einäscherung im Islam als *haram* gilt und dass sie nicht will, dass das Kind auf diese Weise die Welt verlässt, doch sie weiß nicht, wie sie das in Worte fassen soll. Nicht zu wollen, dass die sterblichen Überreste eines Babys, das sie nie in ihrem Bauch hätte haben sollen, verbrannt werden, ist dumm, also sagt sie nichts.

Die Krankenschwester tätschelt ihre Hand und führt sie eine Treppe hinauf, um sie zu einer anderen, jüngeren Krankenschwester zu bringen, die ihr zeigt, wo sie ihre Kleidung ablegen kann und das Operationshemd findet.

Malak bedankt sich lächelnd. Sie will nicht unhöflich wirken.

Als es geschieht und sich ihr Bauch in einem verzweifelten letzten Versuch, das festzuhalten, was entfernt wird, zusammenzieht, stößt sie einen langen Schrei aus.

Die Leute im Wartezimmer halten einander ein wenig fester. Jacob übergibt sich in den Papierkorb. Der Rezeptionistin fällt wieder ein, dass sie sich endlich einen neuen Job suchen muss, einen, der sie fernhält von den Schreien der Frauen, die Babys verlieren, die sie nie wollten. Selbst wenn die Schreie aufhören und sie Feierabend hat, kann sie sie noch hören. Selbst wenn sie überhaupt nicht schreien, kann sie sie hören. Frauen können auf eine Art mit ihrem ganzen Körper schreien, die nur andere Frauen hören können.

Harry parkt gerade ein, als Lewis mit Kees und Jenna vorfährt. Er bedeutet ihm, vor ihm einzuparken. Dann holen die Männer die Koffer aus dem Auto, während Kees ihren Arm um Jenna legt und sie ins Haus führt.

Als sie die Tür öffnet, fühlt sich das Haus zum ersten Mal wie ihr Zuhause an.

»Am besten schminkst du dich gleich ab und ziehst deinen Schlafanzug an.« Sie geht hinter Jenna, der sie die Schleppe hält, damit sie nicht stolpert, die Treppe hoch.

»Kees«, ruft Harry, »ich fahre mit Lewis in den Supermarkt, um ein paar Bettdecken und vielleicht eine Luftmatratze zu kaufen, falls es eine gibt. Wir haben nicht genug Schlafmöglichkeiten für alle, und ich vermute, dass alle hier übernachten.«

In diesem Moment liebt sie ihn noch mehr. »Guter Plan!«

»Lewis, bleibst du heute Nacht hier?«, ruft Jenna nach unten.

»Ja, natürlich, wenn du willst?«

»Ja!«

Kees führt Jenna ins Badezimmer und setzt sie auf den Toilettendeckel. Dann macht sie sich daran, jede Haarnadel ausfindig zu machen, mit der Jennas Schleier befestigt ist, zieht sie nacheinander heraus und legt sie auf die Fensterbank. Sie arbeitet schweigend, denn sie weiß nicht, was man zu einer Frau sagt, die gerade ihre Hochzeit abgesagt hat.

»So hätte es nicht kommen sollen.« Jenna sieht nachdenklich aus dem Fenster und betrachtet die Dächer von London.

Kees denkt daran, dass Jenna auf ihrer Hochzeit das Gleiche zu ihr gesagt hat. »Ich weiß, Süße, ich weiß.«

Langsam befreit sie Jenna; legt den Schmuck sicher beiseite, öffnet sorgsam jeden einzelnen winzigen Knopf aus Seide an ihrem Rücken und hilft ihr aus dem Kleid. Die Perlen aus ihrem Haar gibt sie in einen kleinen Plastikbeutel, zieht ihr die Seidenstrümpfe aus und greift schließlich nach einem Tuch, um die Schminke zu entfernen, die über Jennas gesamtes Gesicht verschmiert ist.

Sie holt den bequemsten Schlafanzug hervor, den sie finden kann, obwohl er für diese Jahreszeit zu warm ist; sie will Jenna in etwas Weiches hüllen, in der Hoffnung, dass es den Ausdruck der Verlorenheit aus ihrem Gesicht vertreibt.

Jacob schreibt, dass sie auf dem Rückweg sind, und bittet sie, ein Bad einzulassen. Für Malak.

Die Männer kommen mit Decken und Pizza zurück. Kees führt Jenna nach unten ins Wohnzimmer und lässt sie bei Lewis, während sie wieder nach oben geht, um das Wasser einlaufen zu lassen.

Harry ist ihr gefolgt. »Alles klar, Kriegerin?«, fragt er.

Kees schüttelt den Kopf. Er geht auf sie zu, um sie zu küssen. »Klingt nach einer passenden Bezeichnung.«

»Hey, ich hab mir gedacht, wir könnten Malak und Jacob für heute Nacht unser Bett überlassen, und wir schlafen mit Lewis und Jenna im Wohnzimmer. Ich glaube, Malak braucht es am dringendsten.«

»Ja, das stimmt, danke.«

»Okay, dann beziehe ich es neu.«

»Vielen Dank.«

»Kees …«

»Ja?«

»Hör auf, mir zu danken. Sind die Mädels nicht deine Familie?«

»Natürlich.«

»Dann sind sie auch meine Familie.«

Malak spürt, wie ihr Körper bebt, als Jacob sie die Stufen zu Kees' Wohnung hinaufführt. Sie kann nicht aufhören zu zittern. Jacobs besorgter Miene nach zu urteilen, geht sie wohl sehr langsam, obwohl es sich für sie wie ein normales Tempo anfühlt.

Sie haben kaum ein Wort miteinander gewechselt, seit sie aus dem Raum geführt wurde, der nur für Patientinnen zugänglich ist, und zurück ins Wartezimmer gekommen ist, wo Jacob nervös gestanden hat.

Sie muss ihren Körper dazu zwingen, alle Abläufe auszuführen. Sie macht eine Bemerkung darüber, wie schön Kees' Wohnung ist. Lächelt Lewis an. Lehnt die Pizza dankend ab. Lässt sich von Jenna und Kees umarmen und fragen, ob sie irgendetwas brauche. Wiederholt, dass sie baden möchte, und sieht Jacob an, der ihr mit einem Nicken zu verstehen gibt, dass er ihr helfen wird.

Als sie sich in das heiße Wasser gleiten lässt, versucht sie nicht, ihren Körper zu bedecken oder sich vor Jacob zu verstecken. Vage erinnert sie sich daran, dass Jenna ihr vor vielen Monaten in Kairo erzählt hat, dass er jetzt eine Freundin hat. Sie realisiert, dass man seinen nackten Körper nicht einem Mann zeigen sollte, der eine Freundin hat, aber es geht gerade nicht darum, sexy zu sein, daher gilt die Regel nicht.

Jacob zieht seinen Pullover aus, krempelt die Ärmel seines Hemdes hoch, kniet sich hin und greift nach dem Schwamm, den Kees bereitgelegt hat. Er gibt Duschgel darauf, taucht ihn ins Wasser und malt damit sanfte Kreise auf ihrem Rücken.

»Du hättest nicht kommen müssen«, flüstert sie.

Jacob hört nicht auf, ihren Rücken einzuseifen. »Vielleicht nicht. Aber ich wäre niemals nicht gekommen, Malak.«

Sie legt den Kopf auf ihren Knien ab und konzentriert sich auf den Schmerz, der durch ihren Bauch fährt. Sie hätte nicht gedacht, dass es so schlimm werden würde.

»Harry hat mir erzählt, was passiert ist.«

Sie lächelt. »Dann seid ihr also immer noch befreundet?«

»Das hab ich dir doch erzählt.« Er hält einen Moment inne und sagt dann: »Malak, es tut mir so leid. Ich dachte, es würde dir fantastisch gehen in Kairo.«

»So war es auch, bis es anders wurde.«

Er taucht den Schwamm wieder ins Wasser, drückt sie sanft nach hinten und seift ihre Arme und Brust ein. Bevor er mit dem Schwamm über ihren Bauch fährt, sieht er sie an, wartet auf ihr kaum merkliches Nicken. Er ist sogar noch vorsichtiger, als er ihn über ihren Bauch und über ihre Beine gleiten lässt.

Er ist schon immer vorsichtig mit ihrem Körper gewesen, aber nun berührt er sie so sanft, dass es kaum ein Flüstern auf ihrer Haut ist.

Schließlich hebt er sie aus der Wanne, wickelt sie in ein Handtuch und trägt sie ins Schlafzimmer, wo er sie auf dem Bett absetzt.

Kees hat einen Schlafanzug und Unterwäsche bereitgelegt. Malak sieht zu, wie er eine der Binden, die sie von der Krankenschwester bekommen hat, auspackt und in ihre Unterhose klebt, ehe er ihre Füße durch die Beinöffnungen schiebt und ihr den Slip über die Hüften zieht.

Sie legt die Hände auf seine Schultern, als er die Schlafanzughose hochzieht, und hebt die Arme, um sich das Oberteil über den Kopf streifen zu lassen.

Er fragt immer wieder, ob sie irgendetwas brauche, und ihre Antwort ist stets Nein, bis sie ein Glas Wasser will, dann möchte sie wieder nichts. Er sagt, sie solle etwas zu sich nehmen, aber der Gedanke an Essen, selbst an Eis, wonach sie sich zuvor noch gesehnt hat, bewirkt, dass sie sich miserabler fühlt als ohnehin schon. Sie will nur noch in einen Zustand der Bewusstlosigkeit gleiten.

»Ich bin einfach so müde«, sagt sie.

Jacob hebt die Decke an und dann ihre Beine auf das Bett.

»Bleibst du bei mir?«, fragt sie.

Schweigend klettert er hinter sie und schmiegt sich an sie, so wie früher. Ihre Körper scheinen sich daran zu erinnern, in welcher Position sie am besten zusammenpassen, fügen sich aneinander wie alte Freunde. Er hält sie fest an seine Brust gedrückt, und sie spürt eine seiner Tränen auf ihrer Schulter und drückt seine Hand, die sogar noch fester mit ihrer verschränkt ist.

»Weiß deine Freundin, dass du hier bist?« Es ist einfacher, es jetzt anzusprechen, da es dunkel ist und sie ihm den Rücken zugewandt hat.

»Ja, natürlich.«

»Wie heißt sie?«

»Grace.«

»Und es hat ihr nichts ausgemacht?«

»Sie hat es verstanden.«

»Liebst du sie?«

Es entsteht eine Pause, die Dunkelheit scheint sich noch schwerer um sie zu legen, und die Nacht wirkt schwärzer als zuvor.

»Ja«, antwortet Jacob zögerlich. Er erinnert sich an das Gespräch, das er damals mit Kees im Pub geführt hat. Es fühlt sich mittlerweile an wie ein anderes Leben.

»Bist du glücklich?«, fragt Malak.

»Ja. Es hat wirklich lange gedauert, an diesen Punkt zu kommen, Malak. Du hast mir das Herz gebrochen.«

»Ich weiß«, flüstert sie. »Es tut mir leid.« Sie hebt seine Hand an ihre Lippen und küsst sie. »Es tut mir so leid.«

»Ich weiß, mir auch.« Nach einer Pause fügt er hinzu: »Du würdest sie mögen.«

Das Deprimierendste, denkt Malak, ehe sie einschläft, ist, dass er wahrscheinlich recht hat; Jacob hatte schon immer eine gute Menschenkenntnis.

Jacob spürt, dass Malaks Körper in seinen Armen schlaff und ihre Atmung langsam wird. Er versucht, den Rhythmus seines rasenden Herzens dem ihren anzupassen. In dieser Nacht schläft er nicht viel, denn er will wach sein, falls sie etwas braucht.

Unten schmiegt sich Jenna an Lewis' Brust und schluchzt in sein T-Shirt, entschuldigt sich immer wieder dafür, was sie ihrer Freundschaft angetan hat.

In der Küche hält Harry Kees davon ab, das Geschirr wegzuräumen, und zieht sie in seine Arme. Nun, da ihre Freundinnen in Sicherheit sind, lässt sie ihren eigenen Tränen freien

Lauf und fragt Harry wieder und wieder, ob es irgendeine Chance gebe, dass ihre Mutter jemals wieder mit ihr redet, nachdem sie sie angeschrien hat.

Darauf hat er keine Antwort. Er erinnert sich an den kalten Ausdruck in Abidas Augen und wie sehr es geschmerzt hat, das zu sehen. Er weiß nicht, wie Kees es erträgt, die Frau, die in den letzten Monaten öfter geweint hat als in den viereinhalb Jahren zuvor.

Fünfundvierzig Minuten von ihnen entfernt schreibt Hakim seiner Schwester Saba, dass er finde, sie sollten Kees in London besuchen. Ihm hat es nicht gefallen, wie sie ihn angesehen hat. Seit er seinen eigenen Verrat in ihren Augen gesehen hat, missfällt es ihm, wie er sich verhalten hat.

Unten legen Abida und Itasham die Köpfe aneinander und machen sich Sorgen um all ihre Kinder. »Ich glaube, dieser Harry könnte ein guter Mensch sein«, sagt Abida schließlich.

Ihr Mann stimmt ihr zu, dass er nett wirke, obwohl er kein Muslim sei.

Vierzehn Straßen weiter bittet Evie ihren Mann im Schlafzimmer, sich hinzusetzen, und erklärt vorsichtig, was mit ihrer Tochter geschehen ist. Anschließend denkt sie, vielleicht hätte sie sich die Mühe nicht machen sollen, denn ihr Mann verbringt die nächsten vier Stunden damit, zu schreien und auf und ab zu gehen.

Vier Straßen weiter sitzt Malaks Mutter zu Hause auf der Couch und redet mit ihrer Freundin am Telefon darüber, welch eine Schande es sei, dass die Hochzeit nicht stattgefunden habe, und dass sie hoffe, dass ihre eigene Tochter bald endlich verheiratet sein würde.

Dort, wo die Feierlichkeiten hätten stattfinden sollen, hilft Mohammed seiner Mutter dabei, Dinge ins Auto zu laden, die für die Hochzeit bestimmt gewesen waren, zu der es nicht gekommen ist, obwohl alle ihm erklärt haben, er müsse nicht helfen.

Schließlich bellt der letzte Hund, die Babys hören auf zu weinen, und London geht in seine einzige ruhige Phase über – die Stunden zwischen vier und halb sechs.

Die letzte Träne für heute Nacht ist gefallen, und in der gesamten Stadt greifen Körper nacheinander.

Wenn sich der Staub legt

Der Tag bricht im Haus an. Sie wachen auf, Paar um Paar, recken sich und suchen nach den Armen des anderen.

»Erinnerst du dich noch daran, wie wir zum ersten Mal nebeneinandergeschlafen haben?« Jenna richtet sich auf und zieht ihre Beine, die sie mit Lewis' verschlungen hat, zu sich.

»Auf David Grates Party. Wir waren sechzehn.« Er lacht.

»Du hast die dünne Decke diesem Mädchen geklaut. Wie hieß sie noch? Die sich immer besinnungslos betrunken hat.«

»Natasha Birtch.« Er lacht erneut. »Du kannst nicht behaupten, ich sei kein Gentleman gewesen«, fügt er hinzu.

»Zumindest haben wir diesmal mehr Bettwäsche.« Jenna schlägt die Decke zurück.

»Aber wir schlafen immer noch in der Ecke eines Wohnzimmers mit anderen Leuten.« Lewis deutet mit dem Kopf zu Kees und Harry, die ebenfalls aufgewacht sind.

»Jenna, warum hast du morgens immer das Bedürfnis, so viel zu reden?«, sagt Kees und gähnt.

Oben sitzt Malak auf der Bettkante und sieht Jacob dabei zu, wie er sich anzieht. Sie hat tief geschlafen und fühlt sich ruhig, trotz der Bombe, die gestern in ihrem Bauch explodiert ist. In ihr fühlt es sich immer noch an, als würde Geröll zu Boden fallen, und der Rauch des Feuers steigt immer noch auf, aber zumindest hat ihr Körper aufgehört zu zittern.

Sie hatte vergessen, wie es sich anfühlt, neben jemandem zu schlafen, der ihr morgens nicht den Prozess dafür macht, was in ihren Träumen passiert ist.

»Musst du gehen?«, fragt sie und legt alle Sehnsucht der Welt in ihre Stimme.

Jacob nickt. »Grace ist auf dem Weg, um mich abzuholen. Wir müssen zur Hochzeit eines Freundes.«

Er ist zu einem »Wir« geworden, hat Freunde, von denen sie nichts weiß, ist Teil eines Paares, das verpflichtet ist, zusammen auf Hochzeiten zu erscheinen, und sie fühlt sich beraubt.

Im letzten Jahr ist Malak zu einer Frau geworden, die gelernt hat, sich über die Maßen zu freuen und am Boden zerstört zu sein, alles zur selben Zeit. Und sie erkennt das Gefühl nun, da sie seinem Blick begegnet. Sie findet, dass das Leben voller unmöglicher Dinge ist.

Schließlich bringt Jacobs Handy ihn dazu, den Blickkontakt zu unterbrechen, da es zweimal laut klingelt, ehe es wieder aufhört. Er schaut auf das Display, dann wieder zu Malak. »Sie ist draußen.«

In der Zeit, die sie dafür braucht, ein- und auszuatmen, will sie sich in eine Frau verwandeln, die alle Vorsicht in den Wind schießt. Will den Abstand zwischen ihnen schließen und ihm Treue schwören. Loyalität. Für immer. Was auch immer es bedarf, ihm begreiflich zu machen, dass es für sie immer nur ihn gegeben hat und geben wird. Sie will ihren Namen auf seine Lippen stempeln. Ihn so lange küssen, bis er vergisst, dass sie ihn verlassen hat. Will etwas aus den Trümmern errichten.

Sie atmet aus. »Okay. Lass uns gehen.«

Er folgt ihr die Treppe herunter. Sie betreten das Wohnzimmer, wo überall Isomatten und Decken ausgebreitet sind.

Eine Tee- und eine Kaffeekanne stehen auf dem einzigen Möbelstück in der Mitte des Raumes.

»Morgen, Leute.« Malak lächelt, und in dem Chor aus Begrüßungen und inmitten der Gesichter, die ihr zugewandt werden, denkt sie, dass sie das Ganze vielleicht doch überleben wird.

»Hey, Kumpel.« Jacob nickt Harry zu, der den Gruß erwidert.

Kees und Malak lächeln einander an und machen einen Witz darüber, dass die Jungs erst Freunde geworden sind, nachdem die Frauen weg waren.

Ein Moment vergeht.

»Okay, dann geh ich mal besser«, sagt Jacob.

Sie erheben sich und schauen einander an. Der Gedanke an das letzte Mal, als sie alle zusammen gewesen sind, flammt in ihren Köpfen auf, und jeder erinnert sich an etwas anderes von jenem Tag: die Blüten vor dem blauen Himmel, die Sonne auf warmer Haut, der Klang von Gelächter.

Malak möchte den Moment einfrieren, sie alle hier festhalten. Denn jetzt sind sie zusammen – und als dies zuletzt vorgekommen ist, haben sie nicht gewusst, dass es für lange Zeit das letzte Mal sein würde, doch jetzt wissen sie es besser.

Jenna durchbricht die Stille, indem sie die Arme ausbreitet und dramatisch ruft: »Los, Leute, kommt her. Gruppenumarmung.«

Kees sieht Malak an und stöhnt, ein schiefes Lächeln kämpft sich auf ihr Gesicht. »Warum macht sie das immer?«

Malak lacht. »Du kennst sie doch.«

Und so strecken sie die Arme aus, umschlingen einander, schmiegen ihre Körper aneinander. Lewis steht an der Wand, denn er will kein Teil von etwas sein, zu dem er kein Recht hat, bis Jenna sagt »Sei nicht albern« und auch ihn zu ihnen heranzieht. Genau wie Kees beschwert er sich über die organisierte Zuneigungsbekundung, aber er legt dennoch die Arme um diejenigen, die er gerade erwischt, und verbirgt ein kleines Schmunzeln.

Jacob geht, und sie sind wieder zu fünft, stehen im leeren Wohnzimmer. Die drei Frauen sehen einander an.

Lewis fühlt sich auf einmal fehl am Platz. »Was machen wir jetzt?«, fragt er Harry.

»Nichts. Wir haben unseren Teil erledigt. Nun lassen wir sie allein.«

Als die Männer gegangen sind, organisiert Kees ein Frühstück, weist Malak an, sich hinzusetzen, doch die besteht darauf, zu helfen und Toast zu machen, und bittet Jenna, frischen Tee zuzubereiten.

»Warum klingt es aus ihrem Mund immer wie ein Befehl?«, fragt Jenna Malak, die mitfühlend einen Arm um sie legt.

»Na ja, weil es auch einer ist. Da kannst du dir sicher sein.«

Schließlich stehen sie in der Küche, ein Tablett mit Tee, Toast und Brötchen vor ihnen. Jenna hält zwei Marmeladengläser in den Händen, eine Schachtel Pralinen klemmt unter ihrem Arm.

»Wie ich sehe, hast du meine Schokoladenvorräte gefunden«, bemerkt Kees.

»Sieht so aus. Dein Haus mag kahl sein, aber ich wusste, dass es irgendwo Schokolade gibt. Wo sollen wir frühstücken?«

»Ich will einfach nur zurück ins Bett.« Malak umklammert die Wärmflasche, die Kees ihr für ihren Bauch gegeben hat.

»Dann ab ins Bett«, sagt Kees.

Sie folgen Malak die Treppe hinauf, jede trägt etwas – Milch, Tassen, zusätzliche Kissen vom Wohnzimmerfußboden.

Kees und Malak klettern ins Bett und schütteln die Kissen hinter sich auf, während es Jenna gelingt, am meisten Platz zu beanspruchen, indem sie sich am Fußende auf den Bauch legt und Malaks und Kees' Füße aus dem Weg stößt. Das Tablett mit dem Frühstück steht zwischen ihnen.

»Also …« Jenna strahlt von einem Ohr bis zum anderen. »Was gibt's Neues?«

Malak lacht, und Kees hebt eine Augenbraue. »Jenna Khatieb, hast du die gestellte Hochzeit nur organisiert, damit wir alle zusammenkommen?«

»Wäre das mein Plan gewesen, hätte ich es schon früher getan.« Jenna hält Kees ihren Teller hin, die, ohne zu fragen, was sie haben möchte, ein Brötchen darauflegt.

Langsam – erst während des Frühstücks, dann bei Schokolade und schließlich inmitten von Döner-Kartons und Pommes-frites-Tüten – erzählen sie einander von den letzten eineinhalb Jahren. Sie verlassen das Bett nicht, sondern begeben sich nur immer wieder in unterschiedliche Positionen; mal liegen sie kreuz und quer übereinander, mal auf ihren eigenen Armen, den Kopf in die Handflächen gestützt. Ihre Körper berühren sich im Licht, das durch das Fenster hereinfällt.

Einmal greift Jenna nach ihrem Handy, auf dem mehrere verpasste Anrufe und Nachrichten von Mo eingegangen sind, schiebt es dann aber nervös unter ein Kissen, sodass sie es nicht mehr sehen kann.

Malak beobachtet sie. »Willst du nicht mit ihm reden?«

»Irgendwann schon«, flüstert Jenna, »aber nicht jetzt.«

Die Sonne ändert ihre Position am Himmel, und sie diskutieren darüber, ob Tante Abida jemals wieder mit ihrer Tochter reden wird.

»Jetzt, da ihr hier seid, fühlt es sich schon nicht mehr ganz so schlimm an.« Kees lächelt. »Damit will ich nicht sagen, dass es mir nicht das Herz bricht, dass meine Mutter mich aus der Familie ausschließt und sich weigert, mit mir zu sprechen.«

Malak und Jenna murmeln etwas Zustimmendes und sind insgeheim froh, dass ihre Mütter noch ans Telefon gehen, wenn sie anrufen.

»Ich will nur sagen«, Kees streckt die Hände nach den beiden aus, »dass ich nun zumindest das Gefühl habe, einen Teil meiner Familie zurückzuhaben.«

Schließlich stellt Jenna Malak die Frage, für die Kees nicht den nötigen Mut gehabt hat.

»Wolltest du es? Das Baby.«

Malak kann die Worte nicht aussprechen. Sie nickt nur.

»Oh, Malak.« Kees richtet sich auf. »Warum hast du es dann getan? Ich weiß, dass es als alleinerziehende Mutter hart geworden wäre, aber wäre es schwieriger als das hier?«

»Nein. Wahrscheinlich nicht. Ich glaube, es wäre die einfachere Wahl gewesen, auch wenn es meiner Mutter das Herz gebrochen hätte. Bei Babys ist sie aber schon immer schwach geworden, und früher oder später hätte sie sich damit abgefunden. Aber das Kind auszutragen, wäre egoistisch gewesen. Es hat weniger als ein Jahr gedauert, eine ganz neue Person zu werden, und ich hab die Veränderung nicht mal bemerkt. Ich hab mich immer wieder so verbogen, wie er mich haben wollte, nur um seine Anerkennung zu bekommen. Stellt euch vor, wie sich unser Kind hätte verbiegen müssen, um Anerkennung von seinem Vater zu bekommen. Es klingt makaber, aber ich verstehe, warum Tiere ihre Jungen fressen. Habe ich nicht das Gleiche getan? Etwas vernichtet, weil ich ihm keine Sicherheit bieten konnte? Es ist merkwürdig, weil sie einem in der Klinik schwierige und fürchterliche Fragen stellen. Tun Sie dies aus freien Stücken? Wollen Sie die Schwangerschaft wirklich beenden? Sollten es Zwillinge sein, würden Sie es wissen wollen? Es fühlt sich an, als wäre alles, was sie fragen, darauf ausgerichtet, dich zu brechen, dich dazu zu bewegen, deine Entscheidung zu revidieren. Stattdessen sollten sie lieber andere Fragen stellen: Ist der Vater ein Mistkerl? Wird es dem Baby im Himmel besser gehen als in den Armen seines Vaters? Werden Sie dadurch ein besseres Leben führen können? Retten Sie sich selbst, indem Sie es tun? Bewahren Sie Ihr Kind vor einem Leben, geprägt von Elend und Therapie? Das sollten sie fragen. Ja, ich wollte das Baby. Doch das Einzige, was ich noch mehr wollte, war, es zu beschützen, und das habe ich getan.«

Malak kann nicht aussprechen, dass sie es auch in dem Wissen getan hat, Ali damit zu verletzen. Nach der langen Zeit, in der er grausam zu ihr gewesen ist, war dies das Grausamste, was sie ihm antun konnte. Doch das wird sie niemals vor irgendjemand zugeben.

Der Tag bewegt sich weiter, und die Sonne sinkt tiefer am Himmel.

Sie lehnen sich zurück, berühren einander auf die ein oder andere Art. Ein Arm ruht auf einem Bein. Ein Fuß berührt eine Hüfte. In diesen fließenden Bewegungen ihrer Verbindung fühlen sie, dass sich der Kreis wieder schließt.

Am anderen Ende von London fragt Harry seine Eltern, ob er sie zum Gottesdienst begleiten dürfe. Auf der harten hölzernen Kirchenbank sendet er so inbrünstig, wie er kann, Dankgebete gen Himmel, weil die Frau, die er liebt, mit der Hilfe der Frauen, die *sie* liebt, zu ihm zurückgekehrt ist, und er bittet Gott, alle drei zu beschützen.

Vivian wirft einen Blick auf ihren Sohn, dessen Gesicht Gott zugewandt ist, und fragt sich, wofür er so dankbar ist.

Über vierhundert Kilometer entfernt betritt Lewis seine Wohnung. Er ist endlich zu Hause und spürt, wie Zee sich zur Begrüßung auf ihn stürzt. Obwohl er nicht daran glaubt, dass irgendeine höhere Macht existiert, glaubt er an die Frau, die sich an ihn schmiegt, und ist so dankbar, dass er den Gedanken ins Universum schickt, vielleicht zu den Sternen.

In Cambridge mistet Abida ihre Kommode aus, da sie sie nach unten in die Küche bringen will, um sie neu zu gestalten; sie denkt darüber nach, kleine orangefarbene Blumen auf die Seiten zu malen, als ihr auffällt, dass das Armband für Bilquis' Hochzeit fehlt. Sie fährt mit den Fingern über die Stelle, wo es sonst immer gelegen hat.

Langsam breitet sich ein Lächeln auf ihren Lippen aus. Sie denkt an den Tag, an dem ihr Mann viel später nach Hause gekommen ist als angekündigt. Sie ist froh, dass sie ihn geheiratet hat.

Schnell wickelt sie sich ihre Dupatta um den Kopf und beugt sich für zwei *Ruku* vor, um Gott dafür zu danken, dass er ihn ihr geschickt hat.

Im Erdgeschoss beugt sich Itasham vornüber, legt seine Stirn auf den Gebetsteppich und schickt seinen Dank so weit nach oben, wie er kann. Er ist dankbar dafür, dass Worte, wenn auch Worte des Zorns, zwischen Mutter und Tochter ausgetauscht wurden, und das genügt für heute.

In seinem Zimmer lächelt Hakim, als Saba ihm zurückschreibt. *Ja, lass sie uns besuchen, bevor das Baby zur Welt kommt.*

Vierzehn Straßen weiter wiegen sich Evie und Nidal eng umschlungen hin und her. Das Haus ist endlich leer, keine Gäste und keine Familie, und sie flüstern gemeinsam Dankgebete, da ihre Tochter nun in Sicherheit ist. »*Alhamdulillah, alhamdulillah*«, sagen sie abwechselnd zwischen Küssen.

Sechzehn Straßen weiter sitzen Malaks Eltern in unterschiedlichen Stockwerken des Hauses und sind, obwohl sie nicht immer glücklich gewesen sind, auf einmal dankbar dafür, einander zu haben und dass keiner den anderen am Tag ihrer Heirat hat sitzen lassen.

Am anderen Ende der Stadt scrollt Mohammed durch alte Nachrichten von Jenna, die er gespeichert hat, solche, die in ihm Freude auf das Leben hervorgerufen haben, und beschließt, dass er keine weiteren Ablenkungen mehr will. Er ist ein Mann, der sich auf seine Karriere fokussiert. Er erzählt niemandem, dass er an dem Tag, an dem er hätte heiraten sollen, in der Hochzeits-Suite übernachtet hat, weil es zu spät gewesen ist, um sie zu stornieren, und geweint hat, bis die Sonne wieder durch die Fenster hereinfiel. Er wird es nicht einmal der Frau erzählen, die er schließlich zehn Jahre später heiratet.

Hundert Kilometer entfernt bricht in London die einzige Ruhephase zwischen vier und halb sechs am Morgen an, und um Punkt Viertel nach vier weckt Kees' Telefon sie sanft aus dem Schlaf. Die drei Frauen, die noch immer im selben Bett ineinander verschlungen sind, rühren sich.

»Es ist Zeit für das *Fadschr*-Gebet«, flüstert Kees. »Schlaft weiter, ich gehe nur kurz beten.«

»Kann ich mit dir beten?«, fragt Jenna, und Kees bejaht überrascht.

»Könnt ihr es hier tun, damit ich zuhören kann?«, fragt Malak.

Kees und Jenna nicken.

In Kairo reckt der Imam der Al-Azhar Moschee seine alten Knochen, so wie er es jeden Morgen tut, und nachdem er sich die Träume aus den Augen gewaschen hat, geht er hinüber zur *Mihrab*, wo er denselben Schalter umlegt, den er schon seit siebenundvierzig Jahren betätigt. Dann platziert er die Hände links und rechts von seinem Gesicht, sodass die Fingerspitzen an seinen Ohren ruhen, legt den Kopf zurück und setzt zum morgendlichen Gebetsruf an. Die Katze hat sich zu seinen Füßen eingerollt.

In vielen Teilen der Welt graut in diesem Moment der Morgen, Handys leuchten auf, Uhren blitzen, Imame wenden sich in Richtung Mekka, Mikrofone werden mit einem Klicken eingeschaltet, Menschen kriechen aus dem Bett, einige stehen Schulter an Schulter, andere hören nur zu, während der Ruf in Häuser und durch Städte schallt. Über ihnen allen vibriert wie eine perfekte Symphonie: »Gott ist groß! Gott ist groß! Gott ist groß! Gott ist groß!«

Danksagung

Ich glaube, dass die Welt in zwei Arten von Menschen unterteilt ist: diejenigen, die Danksagungen nicht lesen, und solche, die jedes einzelne Wort auf jeder einzelnen Seite eines Buches verschlingen. Sollten Sie zu Letzteren gehören und geblieben sein, bis der Abspann kommt, gilt mein erster Dank *Ihnen*. Sie sind ein*e Gleichgesinnte*r. Ich würde ein Buch niemals als beendet betrachten, ehe ich die Danksagung und »Über die Autorin« gelesen und nur zur Vorsicht all die leeren Seiten umgeblättert habe, die aus mir unbekannten Gründen am Ende eines Buches vorhanden sind.

Ich habe auch angesichts der ein oder anderen Danksagung schon die Augen verdreht und mich gefragt, ob es wirklich notwendig ist, dass man als Autorin allen dankt, die man je in seinem Leben getroffen hat. Aber dann habe ich selbst ein Buch geschrieben und bin zu folgendem Schluss gekommen: Ja. Ja, es ist notwendig. Denn ein Buch zu schreiben, ist ein schreckliches, zermürbendes, schweißtreibendes, rühmliches, fürchterliches Unterfangen, und ohne die Hilfe der Menschen in seinem Umfeld kann es einem wirklich das Herz brechen.

Lassen Sie mich also damit beginnen, meiner Agentin Florence Rees dafür zu danken, diese erste E-Mail geschrieben und den Grundstein für das gelegt zu haben, was ich in späteren Jahren als eine der wichtigsten Beziehungen meines Lebens bezeichnen würde. Danke, dass du an meine Geschichte geglaubt hast und dass du mir abgekauft hast, dass das Buch »so gut wie fertig« ist, obwohl ich erst drei Kapitel geschrieben hatte. Danke für das unermüdliche Lesen von Entwürfen und für deine scharfsinnigen Beobachtungen. Dafür, dass du nicht mit der Wimper gezuckt hast, als ich dir fest entschlossen meine Lebenspläne dargelegt und dich gefragt habe, ob du ein Teil davon werden möchtest. Ich schulde dir den größten Dank.

Danke an meine Lektor:innen Sam Eades, Seema Mahanian und Zoe Yang. Es war traumhaft, von eurer Liebe, Fürsorge, eurem Fleiß und Enthusiasmus umgeben zu sein. Seema, Zoe, ich habe mich gegen eine Menge von euren Änderungsvorschlägen gewehrt, aber ihr habt mein Buch so viel besser gemacht. Danke, dass ihr mich jedes Mal überzeugt habt.

Ich danke dem ganzen Team bei Orion, ich könnte euch küssen. Danke an Cait Davies und Leanne Oliver für eure Marketing- und Publicity-Expertise und eure Bereitschaft, euch meinen großen Planen anzuschließen. Als ich vorgeschlagen habe, bei der Buchvorstellung Party-Tüten zu verteilen, so wie auf Kindergeburtstagen, habt ihr nur mit den Schultern gezuckt und gesagt »Warum nicht?«, und deshalb habe ich eine Menge Respekt vor euch.

Danke an Georgia Goodall für das Verständnis für meine Aversion gegen Gedankenstriche und dafür, dass du mir die vollkommen irrationale, aber hysterische Gesinnung ausgetrieben hast.

Ein großes Dankeschön an das Publicity-Team von Grand Central für eure Arbeit und Hingabe und dafür, dass ihr mir immer wieder den Tag gerettet habt. Ich möchte mich mit euch allen hinsetzen und euch mit Kuchen füttern.

Danke auch an alle anderen bei Trapeze, Orion und Grand Central; es bedarf wirklich eines ganzen Dorfes, um ein Buch zu veröffentlichen, und ich fühle mich geehrt, euch als Teil von meinem zu betrachten.

Dieses Buch ist heute in aller Welt erhältlich, weil es Fremden, denen ich vorher noch nie begegnet bin, gefallen hat, weil sie davon geschwärmt und es dann international verkauft haben. Tausend Dank daher an Alexandra McNicoll, Prema Raj und das Team für Auslandsrechte bei AM Heath. Ich will nicht zu Jackie Wilson mutieren, aber eure Liebe für mein Buch hat mich wirklich höher und höher getragen.

Ich stehe in Richard Scrivens Schuld, weil er die allerersten Versionen dieses Buches gelesen hat, trotz der Tatsache, dass sie wirklich fürchterlich waren, und mich dazu ermutigt hat, es zu schreiben. Du hast zwar gelogen, als du behauptet hast, das Manuskript sei gut, Richard, aber diese Lügen haben mich angetrieben und mir erlaubt, etwas viel Besseres zu schreiben. Danke. Seit wir uns vor einigen Jahrzehnten an einem Lagerfeuer in Island kennengelernt haben, ist deine Freundschaft eine konstante und wunderbare Präsenz in meinem Leben.

Danke an meine liebe Freundin Linda Mackessy, dafür, dass sie so rückhaltlos an mich als Schriftstellerin und an dieses Buch geglaubt hat. Auch wenn du dich ständig über mich lustig machst – wie du mich imitierst, ist zugegeben wirklich witzig –, möchte ich dir dafür danken, dass du dich nie über die eine Sache lustig gemacht hast, die mir so wichtig ist: das Schreiben.

Danke, Linda Ayoola, für deinen Glauben an mich. Er war so unerschütterlich, dass ich sogar dann, wenn ich selbst an mir gezweifelt habe, Mut daraus und aus dem Wissen geschöpft habe, dass du in Bezug auf solche Dinge immer recht hast.

Und zu guter Letzt: Danke, Lewis, dass du in jener Nacht ans Telefon gegangen bist.